决策参考(14)

中国经济社会发展研究

宋大伟◎著

中国言实出版社

图书在版编目（CIP）数据

中国经济社会发展研究 / 宋大伟著. —北京：中
国言实出版社，2014.12
　　ISBN 978-7-5171-0834-4

　　Ⅰ.①中… Ⅱ.①宋… Ⅲ.①中国经济－经济发展－
研究②社会发展－研究－中国 Ⅳ.①F124

中国版本图书馆 CIP 数据核字（2014）第 301300 号

责任编辑：肖　彭　唐　伟

出版发行　**中国言实出版社**
　　　　　地　　址：北京市朝阳区北苑路 180 号加利大厦 5 号楼 105 室
　　　　　邮　　编：100101
　　　　　编辑部：北京市西城区百万庄大街甲 16 号五层
　　　　　邮　　编：100037
　　　　　电　　话：64924853（总编室）64924716（发行部）
　　　　　网　　址：www.zgyscbs.cn
　　　　　E-mail：zgyscbs@263.net
经　　销　新华书店
印　　刷　三河市祥达印刷包装有限公司
版　　次　2015 年 1 月第 1 版　2015 年 1 月第 1 次印刷
规　　格　710 毫米×1000 毫米　1/16　28.25 印张
字　　数　447 千字
定　　价　85.00 元　　　　ISBN 978-7-5171-0834-4

《决策参考》书系出版前言

　　决策是对未来工作行动的目标、途径和方法所作出的选择和决定，是做好一切工作的必经步骤和前提条件。决策水平是衡量领导水平、执政水平的重要标准。决策上差之毫厘，工作中就会失之千里。决策是否科学和正确，不仅事关经济社会发展的成败兴衰，而且事关党和国家的前途命运。正因为如此，党中央、国务院历来高度重视决策能力建设，特别是党的十六大以来，更是把提高科学民主决策能力作为提高党的执政能力和领导水平的重要方面，要求各级领导机关"树立科学决策意识，健全决策机制，完善决策方式，规范决策程序，强化决策责任，保证决策的正确有效"。党的十八大报告进一步明确指出，要"坚持科学决策、民主决策、依法决策，健全决策机制和程序，发挥思想库作用，建立健全决策问责和纠错制度"。

　　在中央大政方针的指引下，在党和政府率先科学决策、民主决策、依法决策的示范带动下，各地区、各部门把提高决策科学化民主化水平作为落实科学发展观的具体体现，作为推动依法行政的重要环节，作为促进社会和谐的重要举措，不断健全决策机制、完善决策程序、强化责任追究制度，加快推进决策的科学化民主化。各级党政部门、企事业单位的政策研究和决策咨询部门，不仅自觉发挥推动科学决策的思想库作用，还主动围绕提高科学决策水平深入开展调查研究，为推进决策科学化民主化提供了大量重要参考依据。综观党和政府近些年来作出的正确决策，不论是全面建设小康社会、构建社会主义和谐社会等重大任务和科教兴国、可持续发展、人才强国等重大战略的提出，还是农民工权益保护、土地管理制度改革、农业补贴、能源价格、社会保障、科技、文化、教育、医疗卫生事业发展等具体政策措施的制定出台，都是在深入调查研究基础上作出的科学决策，也都凝聚着政策研究和决策咨询工作者的智慧和汗水。

本套丛书所收录的书稿，是国务院政策研究和咨询部门——国务院研究室的同志，以及地方党委、政府、企事业单位的政策研究部门围绕中心工作，独立或与其他部门同志合作调查研究后形成的优秀调研成果。其中，很多成果得到了国务院领导同志，省、部领导同志的重视和批示，为相关政策制定和实施发挥了重要推动作用，为党和政府科学决策、民主决策、依法决策提供了重要参考。总的看，这些决策参考成果主要有三个特点：一是把调查研究作为提出决策参考的基本方法和必经程序，充分体现了我们党坚持实事求是、与时俱进，运用马克思主义的立场、观点和方法积极探索建设中国特色社会主义的科学精神；二是把调查研究作为把握工作主动权、推动工作创新的重要抓手，针对经济社会发展中的重点、难点、热点问题，集中力量深入研究，提出解决问题的目标和措施，创造性地推动工作；三是把调查研究作为密切联系群众的基本实现形式，坚持问政于民、问需于民、问计于民，既认真总结群众在实践中创造的好经验、好做法，又注重倾听群众对现行政策措施的看法和意见，提出的政策建议最终都受到群众的欢迎和拥护。

我们相信，认真分析研究这套丛书中的决策参考成果和其推动出台的政策措施，对于及时跟踪和发现经济社会发展中的热点、难点问题，深入开展调查研究，提出具有针对性、操作性的政策建议，更好地推动科学民主决策将具有重要作用。

编　者
2013 年 8 月

序

　　"居庙堂之高则忧其民，处江湖之远则忧其君"。宋大伟同志是一位长期从事政策研究和决策咨询的专家，本书是其对经济社会发展问题长期关注和思考的结晶，也见证了作者"以文载道、以文辅政"的过往经历。宋大伟同志积淀深厚、阅历丰富，工作过的地方纵贯市、省、国家等多个层级，横跨经济社会、产业发展、企业管理等多个领域。本书收纳的文章，看似零散却又条分缕析，看似隔行却又融会贯通。丰厚的人生经历和深厚的理论积淀，使本书有着与一般著作不同的独特定位、视野和格局。

　　认真读完这本书，突出的印象有以下几点：一是服务大局。围绕中心、服务大局，是政策研究与决策咨询的灵魂，也是作者的工作性质决定的。从现实国情和现阶段要求看，这个中心就是以经济建设为中心，这个大局就是改革、发展、稳定的大局。本书中的文章在大局中找定位、阐观点、提建议，时时关注大局、处处服务大局，使本书具有较强的政治性、思想性。二是问题导向。本书的观点既有抓总，更有聚焦，突出特点就是问题导向。尤其是聚焦发展的重点、改革的难点、民生的焦点，找准靶子、有的放矢，形成思路和建议，以达到推动经济社会发展工作的目的。三是创新思维。文章的魂在思想、思想的根在创新。面对日新月异的时代，面对艰巨繁重的任务，作者因时而变，因势而作，坚持扎根实践的理念，坚持创新为要的思想，反映的情况原汁原味，撰写的观点不人云亦云，保持思考的独立性和文章的原创性。

　　宋大伟同志在国务院研究室工作10年，先后任社会发展研究司司长和综合研究司司长，多次参与《政府工作报告》和中央经济工作会议文件起草，参与国务院领导同志经济社会、国内考察、出国访问相关讲话起草，参与中国农民工、东北振兴、西部开发、中部崛起、粤港澳合作等多项重大课题研究以及新疆、广西、重庆、贵州等多个区域发展调研和文件制定。2011 年 12 月，宋大伟同志到中远集团工作后，仍然关注远洋运输作为战略性基础产业的有关政策研究。这本书收纳的 70 多篇文章，时间跨度长，涉及领域多，但贯穿始终的一条红线，就是为国家计、为发展谋、为民生呼。这体现了作者的家国胸襟、民生情怀，也体现了一位政策研究和企业管理者的责任和担当。当然，这些文章大部分是为提供国家决策层参考的政策性建议，总体上体现了战略性、全局性，但考虑更多的是针对性、时效性，因此也难免有局限性。

本书收纳的文章内涵丰富、分析深入，尤其是对经济社会热点难点问题的成因、本质、主要矛盾和内在规律的有益探讨，相信会对理论研究、政策咨询、宏观管理部门的同志有所裨益。

2014 年 12 月

目 录

深入学习领会中国特色社会主义理论

改革开放以来，中国共产党领导全国人民坚持把马克思主义同中国实际相结合，牢牢把握解放思想、实事求是、与时俱进这个活的灵魂，开辟了中国特色社会主义道路，形成了中国特色社会主义理论体系，使神州大地发生了翻天覆地的历史性巨变。中国特色社会主义理论体系是包括邓小平理论、"三个代表"重要思想以及科学发展观等重大战略思想在内的科学理论体系。这一理论体系，坚持和发展了马克思列宁主义、毛泽东思想，系统回答了在新的时代条件下什么是社会主义、怎样建设社会主义，建设什么样的党、怎样建党，实现什么样的发展、怎样发展等重大理论和实际问题，凝聚了几代中国共产党人带领人民不懈探索实践的智慧和心血，是改革开放新时期我们党推进马克思主义中国化的最新成果。我们在工作实践中体会到，只有深入学习把握中国特色社会主义理论体系，才能更好地完成重要文稿起草、综合性政策研究和决策咨询任务，不断提高为国务院主要领导同志服务的质量和效率。

一、深入学习领会社会主义本质的重要论断，
充分认识社会主义本质特征和根本任务

我们党对社会主义本质的认识是曲折发展的，曾把许多并不具有社会主义本质属性的东西当作"社会主义原则"加以固守，把许多有利于生产力发展的东西当作"资本主义复辟"加以反对，为此付出了沉重的代价。党的十一届三中全会后，邓小平同志总结新中国成立后社会主义建设的经验和教训，深刻指出"社会主义的本质，是解放生产力，发展生产力，消灭剥削，消除两极分

化，最终达到共同富裕"。这一科学概括，把解放和发展生产力、改善人民生活、促进社会公平正义作为社会主义的根本任务和本质特征，既坚持了马克思主义科学社会主义理论，又赋予了社会主义本质新的含义和时代内容，拨正了我国的发展方向。改革开放以来，我们党始终坚持以经济建设为中心，坚持把发展作为执政兴国的第一要务，坚持科学技术是第一生产力，推进社会主义现代化建设不断跃上新台阶，努力为实现全面建设小康社会目标和第三步战略目标而奋斗。去年我国国内生产总值位居世界第二，出口和进口分别位居世界第一和第二，外汇储备位居世界第一，已经成为名副其实的经济大国和贸易大国。在发展经济的同时，更加重视社会建设，着力保障和改善民生，努力使全体人民学有所教、劳有所得、病有所医、老有所养、住有所居，做到发展为了人民、发展依靠人民、发展成果由人民共享。

二、深入学习领会社会主义初级阶段的深刻内涵，充分认识我国基本国情和发展阶段

中国社会主义处在什么样的发展阶段，是我们党改革开放前一直艰苦探索但又未能很好回答的问题。我国社会主义建设出现过严重失误的一个重要原因，就是提出的一些任务和政策脱离了基本国情、超越了发展阶段。我国的基本国情是人口多、底子薄、生产力落后。巩固和发展社会主义制度需要几代人、十几代人，甚至几十代人坚持不懈地努力奋斗。我们党在新时期对社会主义发展阶段的认识经历了一个不断深化的过程，提出"社会主义初级阶段"这一具有特定内涵的新概念，在马克思主义发展史上是首创。党的十一届六中全会第一次提出"我国的社会主义制度还处于初级的阶段"，党的十三大对社会主义初级阶段理论进行系统阐述，之后的历次党代会都强调并深化对我国处在社会主义初级阶段的认识和把握。这表明我们党对社会主义发展阶段和中国国情认识上的新飞跃，从整体上解决了中国社会主义发展的现实起点问题。特别是在改革开放进程中，我们党始终坚持"一个中心、两个基本点"不动摇，实践证明这是兴国之要、立国之本、强国之路。我们必须坚持党在社会主义初级阶段的基本理论、基本路线、基本纲领和基本经验，清醒认识社会主义初级阶段的长期性和建设中国特色社会主义的复杂性、艰巨性，奋力开拓中国特色社会主义更为广阔的发展前景。

三、深入学习领会坚持改革开放的基本国策，
充分认识改革开放是中国发展的永恒动力

改革开放是我们党做出的决定当代中国命运的关键抉择，是发展中国特色社会主义、实现中华民族伟大复兴的必由之路。这是一场新的伟大革命，目的是解放和发展生产力，实现现代化，让中国人民富裕起来，推动社会主义制度的自我完善和发展。我们的改革涉及经济、政治、文化、社会各个领域，是全面的改革。不仅要从根本上改变束缚我国生产力发展的经济体制，解决社会主义初级阶段的主要矛盾，还要改革政治体制、文化体制和社会管理体制，把推动经济基础变革同推动上层建筑改革结合起来。面对经济全球化的大趋势，我们党把对外开放作为基本国策，以开放促发展、促改革、促创新。历史的经验告诉我们，闭关锁国、关起门来搞建设是不行的，必须全方位、多层次、宽领域的开放，充分利用国内和国际两种资源、两个市场发展壮大自己。中国改革开放是前无古人的伟大事业，丰富和发展了马克思主义关于社会主义改革思想，我们党坚持用"三个有利于"的标准评价其成败得失。我国改革开放取得成功的关键就是坚持社会主义方向，同时正确处理改革、发展、稳定的关系，强调稳定压倒一切。改革开放是改变中国面貌的根本动力，极大改善了中国人民的生活水平和生活质量，显著提升了中国的社会文明程度和国际地位，也为人类文明进步事业作出了重大贡献。

我们党提出社会主义和平发展理论，科学认识和准确把握和平与发展是当今世界两大主题，奉行独立自主的和平外交政策，始终不渝走和平发展道路，坚持互利共赢的开放战略，维护我国主权、安全、发展利益，既通过争取和平的国际环境来发展自己，又通过自己的发展来促进世界和平，推动建设持久和平、共同繁荣的和谐世界。这些重要的理论创新和实践活动，丰富和发展了马克思主义国际战略理论。

四、深入学习领会社会主义市场经济的体制特征，
充分认识市场在资源配置中的基础作用

建设社会主义应该实行什么样的经济体制，是我们党执政后面临的一个重大问题。20 世纪 50 年代开始，我国适应当时的历史背景选择了苏联高度集中

的计划经济体制，曾经在新中国成立后的社会主义经济建设中发挥了重要作用。但这种体制严重压抑了企业和广大职工的积极性、主动性和创造性，使本应生机勃勃的社会主义经济在很大程度上失去了活力。我们党对建立适合中国国情的经济体制进行了积极的探索，在改革开放实践中逐步形成和完善了社会主义市场经济理论。从提出"计划经济为主、市场调节为辅"的方针，到提出"在公有制基础上的有计划的商品经济"的新概念，到提出"国家调节市场、市场引导企业"的机制，到党的十四大明确把建立社会主义市场经济体制作为我国经济体制改革的目标，破除了计划经济和市场经济是制度属性的陈旧观念，更大程度地发挥市场在资源配置中的基础性作用，实现了我们党对马克思主义政治经济学重大理论的突破。社会主义市场经济体制的建立是对传统计划经济体制的根本性改革，它是与社会主义基本经济制度结合在一起的经济形态。实践证明，我国实行的以公有制为主体、多种所有制经济共同发展的基本经济制度，按劳分配为主体、多种分配方式并存的分配制度，完全符合社会主义性质和初级阶段的基本国情，也丰富和发展了马克思主义关于社会主义所有制理论和分配理论。

五、深入学习领会科学发展观的精神实质，充分认识经济社会又好又快发展的新路径

科学发展观的提出，继承和发展了党的三代中央领导集体关于社会主义社会发展的重要思想，集中体现了马克思主义关于社会主义社会发展的世界观和方法论。这是同马克思列宁主义、毛泽东思想、邓小平理论和"三个代表"重要思想一脉相承又与时俱进的科学理论，是发展中国特色社会主义必须坚持和贯彻的重要指导方针和重大战略思想。科学发展观的第一要义是发展，强调聚精会神搞建设、一心一意谋发展，推动当代中国自觉走科学发展、和谐发展、和平发展道路；科学发展观的核心是以人为本，强调党的一切奋斗都是为了造福人民，始终把实现好、维护好、发展好最广大人民的根本利益作为党和国家全部工作的出发点和落脚点；科学发展观的基本要求是全面协调可持续，强调坚持生产发展、生活富裕、生态良好的文明发展道路，实现速度和结构质量效益相统一、经济发展与人口资源环境相协调；科学发展观的根本方法是统筹兼顾，强调善于把握经济社会发展大局，正确处理好各方面的重大关系。科学发

展观创造性地回答了当代中国"实现什么样的发展、为什么发展、怎样发展"等重大问题，从全局和战略的高度明确了建设和发展中国特色社会主义的根本目的，从理论和实践的结合上指出了新时期中国经济社会又好又快发展的有效途径。党的十七大以来，全党开展深入学习实践科学发展观活动已经取得显著成效，为实现全面建设小康社会的目标进一步奠定了思想基础、政治基础、组织基础。

六、深入学习领会社会主义和谐社会的本质属性，
充分认识新时期社会建设的总体部署

社会和谐始终是人类追求的社会理想，也是包括中国共产党在内的马克思主义政党不懈奋斗的目标。随着我国改革开放和现代化建设不断发展，中国特色社会主义事业总体布局逐渐由社会主义经济、政治、文化建设三位一体，发展为经济、政治、文化、社会建设四位一体。党的十六届六中全会提出了构建社会主义和谐社会的重大战略任务，这是确保国家长治久安、人民安居乐业的战略决策，反映了时代发展和全党全国人民的共同愿望，体现了建设富强民主文明和谐的社会主义现代化国家的内在要求。社会和谐是中国特色社会主义本质属性，就是人与自然、人与社会、人与人之间和谐统一与协调发展的社会，就是生产力与生产关系、经济基础与上层建筑和谐统一与协调发展的社会。我们党要建设的社会主义和谐社会，是民主法治、公平正义、诚信友爱、充满活力、安定有序、人与自然和谐相处的社会，努力形成全体人民各尽其能、各得其所而又和谐相处的局面。这充分体现了民主与法治的统一、公平与效率的统一、活力与秩序的统一、科学与人文的统一、人与自然的统一。提出社会主义和谐社会思想，创新发展了马克思主义关于社会主义社会建设理论，完全适应我国改革发展进入关键时期的客观要求，必将把全社会和全民族的创造活力凝聚到党和国家各项事业中来，不断开创中国特色社会主义事业新局面。

七、深入学习领会社会主义政治文明建设的根本要求，
充分认识社会主义民主法制的保障作用

人类政治文明发展历史表明，一个国家实行的民主政治制度要与本国国情相适应。加强政治文明建设是中国特色社会主义事业的重要组成部分，主要任

务是使社会主义民主法制更加健全、人民权益得到切实保障。我们党对加强社会主义政治文明建设的根本要求，就是要深刻理解中国共产党是中国特色社会主义事业的领导核心，人民当家作主是社会主义民主政治的本质和核心，依法治国是党领导人民治理国家的基本方略。这些根本要求，丰富和发展了马克思主义民主政治理论。我国当前正处在一个发展机遇期和矛盾凸现期并存的关键时期，坚持中国特色社会主义政治发展道路尤为重要。我们党坚持和完善人民代表大会制度、中国共产党领导的多党合作和政治协商制度、民族区域自治制度、基层群众自治制度，通过发展社会主义民主政治来保障人民知情权、参与权、表达权、监督权。在加快建设社会主义法治国家方面，加快完善中国特色社会主义法律体系，推进依法行政和法治政府建设，健全公正高效权威的社会主义司法制度，形成人人学法守法的良好社会氛围等。这一切，都体现了把党的领导、人民当家作主、依法治国有机统一起来，坚持并贯彻到中国特色社会主义发展实践中去。

八、深入学习领会社会主义精神文明建设的基本内容，充分认识发展社会主义先进文化的重大意义

在世界多极化、经济全球化深入发展背景下，面对各种思想文化相互交织、相互激荡的复杂局面，我们党提出发展社会主义先进文化、建设社会主义核心价值体系，这是对马克思主义意识形态建设理论的重大创新。主要体现在：建设中国特色社会主义，要一手抓物质文明，一手抓精神文明，"两手抓，两手都要硬"；党要始终代表中国先进文化的前进方向，坚持以科学的理论武装人，以正确的舆论引导人，以高尚的精神塑造人，以优秀的作品鼓舞人，以培育有理想、有道德、有文化、有纪律的公民为根本任务；中国特色社会主义文化是综合国力的重要标志，要发展面向现代化、面向世界、面向未来的，民族的、科学的、大众的社会主义文化；要把弘扬主旋律和提倡多样化统一起来，把依法治国和以德治国紧密结合起来，等等。党的十六届四中全会提出的建设社会主义核心价值体系，是我国社会主义制度的精神之魂和社会主义意识形态大厦的基石。社会主义核心价值体系的基本内容包括马克思主义指导思想、中国特色社会主义共同理想、以爱国主义为核心的民族精神和以改革创新为核心的时代精神、社会主义荣辱观。这四个方面的内容，是一个相互联

系、相互贯通、相互促进的有机统一的整体，必将形成全民族奋发向上的精神力量和团结和睦的精神纽带，激励全党全国人民同心同德走中国特色社会主义道路。

九、深入学习领会"一国两制"的科学构想，
充分认识实现祖国完全统一的方针政策

近代以来，中华民族的悲惨命运和屈辱经历遗留下国家统一的历史课题，如何解决这个课题，在马克思主义国家学说中找不到现成的答案。"一国两制"科学构想代表了中国共产党人长期探索的智慧结晶，在中国特色社会主义理论体系中具有划时代的创造性意义。"一国两制"这一伟大创举已经在香港和澳门显现出强大的生命力，中央政府坚定不移地贯彻落实"一国两制"、"港人治港"、"澳人治澳"、高度自治的方针，全力支持香港、澳门两个特别行政区发展经济、改善民生，充分发挥香港、澳门在国家整体发展战略中的独特作用。香港、澳门不仅保持原有的社会制度、法律体系和生活方式不变，而且更加充满活力、更加生机勃勃、更加繁荣稳定。发展两岸关系，实现祖国完全统一，是中华儿女的共同愿望，符合中华民族的根本利益。我们党和政府遵循"和平统一、一国两制"的方针和现阶段发展两岸关系、推进祖国和平统一进程的八项主张，坚持一个中国原则决不动摇，争取和平统一的努力决不放弃，贯彻寄希望于台湾人民的方针决不改变，反对"台独"分裂活动决不妥协，牢牢把握两岸关系和平发展的主题，真诚为两岸同胞谋福祉、为台海地区谋和平。去年两岸关系实现新的重大进展，不断增进两岸政治互信，成功签署两岸经济合作框架协议，促进两岸各界大交流，努力推动两岸关系有序、稳定、良性发展。

十、深入学习领会马克思主义执政党的根本宗旨，
充分认识新形势下党建工作的主要任务

中国共产党的执政地位是经过长期斗争考验形成的，是历史的必然，是人民的选择。我们党历经革命、建设和改革，已经从领导人民为夺取全国政权而奋斗的党，成为领导人民掌握全国政权并长期执政的党；已经从受到外部封锁和实行计划经济条件下领导国家建设的党，成为对外开放和发展社会主义市场

经济条件下领导国家建设的党。这些都对我们党的执政理论和执政能力提出了全新的课题和严峻的考验。我们党适应长期执政和改革开放的新要求，在新《党章》中规定中国共产党是中国工人阶级的先锋队，同时是中国人民和中华民族的先锋队，强调党的性质决定党必须履行全心全意为人民服务的根本宗旨，确立了坚持立党为公、执政为民的执政理念。党的十六届四中全会第一次明确提出，要使我们党始终成为科学执政、民主执政、依法执政的执政党，把党的执政能力建设和先进性建设作为主线，增强党的阶级基础、扩大党的群众基础，以改革创新精神全面推进党的建设新的伟大工程，使党始终代表中国先进生产力的发展要求，代表中国先进文化的前进方向，代表中国最广大人民的根本利益。这充分体现了对世情、国情和党情深刻变化和共产党执政规律的准确把握，实现了执政党建设理论和制度的统一、理念和方法的统一，是发展马克思主义党建理论的一次质的飞跃。我们党全面加强和改进党的建设，使党的执政方略更加完善，执政体制更加健全，执政方式更加科学，执政基础更加巩固。

我们党在领导全国人民推进改革开放和社会主义现代化建设过程中，对社会主义建设规律、人类社会发展规律、共产党执政规律的认识达到了新的理论高度。中国特色社会主义理论体系之所以能够引领中国不断发展进步，最根本的是他既破除了对马克思主义的教条式理解，又抵制了抛弃社会主义基本制度的错误主张；既坚持了马克思主义的基本原理和立场、观点、方法，又紧密联系中国实际情况并具有鲜明的时代特征。中国特色社会主义理论体系生动而具体地丰富和发展了马克思主义，是与中国国情相结合、与时代发展同进步、与人民群众共命运的当代中国马克思主义。认真履行好国务院研究室的职能，必须加强理论武装、增强党性修养、开阔世界眼光、培养战略思维，努力做中国特色社会主义的坚定信仰者，做科学发展观的忠实执行者，做社会主义荣辱观的自觉实践者，做社会主义和谐社会的积极促进者。

（2011 年 6 月）

全面把握经济社会发展预期目标

2011 年我国国民经济和社会发展的主要预期目标：国内生产总值增长 8% 左右；经济结构进一步优化；居民消费价格总水平控制在 4% 左右；城镇新增就业 900 万人，城镇登记失业率控制在 4.6% 以内；国际收支状况继续改善。这些主要预期目标是综合分析国内外有利条件和制约因素，兼顾当前和长远，充分考虑需要和可能提出的。基本着眼点是，深入贯彻落实科学发展观，加快转变经济发展方式和推进经济结构调整，保持经济平稳较快发展，促进社会和谐稳定。全面把握并努力完成这些主要预期目标，对于继续抓住和用好重要战略机遇期，实现"十二五"良好开局，以优异成绩迎接建党 90 周年，具有十分重要的意义。

一、努力保持经济平稳较快发展

我国已经连续 7 年将经济增长目标定在 8% 左右，但各年的情况、体现的要求都有所不同。今年总的考虑是，巩固和扩大应对国际金融危机冲击的成果，为转变经济发展方式创造良好环境，引导各方面把工作着力点放在加快经济结构调整、提高发展质量和效益上，放在增加就业、改善民生、促进社会和谐上。我国是一个拥有 13 亿人口的发展中国家，解决国内存在的"两难"问题，经受外部环境的严峻挑战，都必须保持一定的经济增长速度，特别要防止经济出现大的起落。"十一五"时期，我国 GDP 总量从 18 万亿元增加到近 40 万亿元，GDP 年均增长达到 11.2%，人均 GDP 从 1700 美元增加到 4000 美元，办成了一系列大事，办好了一系列喜事，办妥了一系列难事，特别是在有效应对国际金融危机中取得新的巨大成就。今年提出 GDP 增长 8% 左右的目标，无论从增加就业、改善民生、扩大消费的需求看，还是从市场预期、发展潜力、宏观经济的走势看，这个速度都是必要的、可能的、适宜的。

需要强调的是，保持经济平稳较快发展要科学认识 GDP。GDP 是一个国家或地区在一定时期内全部生产活动的最终成果。GDP 总量虽然体现了经济规模程度，但不能准确反映经济增长的质量和结构；GDP 增长率虽然体现了经济发展速度，但不能客观反映经济发展对资源环境所造成的负面影响；人均GDP 虽然体现了生活富裕水平，但不能全面反映社会分配和社会公正。科学认识 GDP 要把握好三个关系：

一是经济增长与结构质量效益的关系。我们需要的是好中求快的发展，"好"的标准主要是结构优化、质量提高、效益增加。好中求快的关系，实质上是当前和长远、局部和全局的关系。当前的好中求快要服务服从长远的好中求快，局部的好中求快要服务服从全局的好中求快，这是增强我国综合经济实力和永续发展能力的根本要求。

二是经济增长与人口资源环境的关系。人口众多、资源短缺、环境脆弱，是我国实现现代化建设宏伟蓝图的制约因素。今后一个时期，我们要走的全面协调可持续发展道路，是一条生产发展、生活富裕、生态良好的道路；我们要建设的社会主义和谐社会，是一个人口均衡型、资源节约型、环境友好型的社会。这就要求我们在经济发展中，始终牢固树立就业优先、节约优先、生态优先的理念。

三是经济增长与改革发展稳定的关系。历史经验证明，促进经济增长要坚持把改革的力度、发展的速度和社会可承受的程度统一起来，在社会稳定中推进改革发展，通过改革发展促进社会稳定。经济增长速度过低或者过高，都不利于深化改革，不利于持续发展，不利于社会稳定。

今年 GDP 增长 8% 左右的目标是就全国而言的，各地发展基础、水平、条件、程度差别很大，一定要结合实际科学合理确定增长目标，不能互相攀比、层层加码、盲目追求高速度。要加快完善符合科学发展要求的政绩综合评价和考核指标体系，坚持把"三个代表"重要思想作为政绩观的灵魂和指南，把实现人民群众利益作为追求政绩的根本目的，把实现经济社会可持续发展作为创造政绩的重要内容，把重实干、求实效作为实现政绩的重要途径，把党和人民的需求作为评价政绩的重要尺度，切实改变单纯以经济增长速度衡量经济发展成效的观念和做法。

二、大力推动经济结构进一步优化

这不仅是今年工作的重要目标，也是一项长期的战略任务。改革开放以来，我国经济社会发展取得举世瞩目的伟大成就，去年经济总量已经超过日本位居世界第二位，但经济结构失衡、发展方式粗放的问题亟待解决。2009年，我国全社会研发投入占GDP的比例为1.7%，明显低于全球平均水平，科技贡献率和科研成果转化率与发达国家相距甚远；单位GDP能耗是美国的2.9倍、日本的4.9倍、欧盟的4.3倍，世界平均水平的2.3倍；铁矿石、粗钢、氧化铝和水泥消费分别达到8.7亿吨、5.67亿吨、2600万吨和16亿吨，约占世界消费总量的54%、43%、34%和52%；机电产品和高新技术产品出口中加工贸易分别占65%和82%，服务贸易占全球总额的比重仅为4.5%；石油和铁矿石的进口依存度都超过了50%。总体上看，我国经济结构的现状是一产不稳、二产不强、三产不足，关键核心技术受制于人的局面没有根本改观。我们必须彻底改变靠高投入、高消耗、高污染来换取经济增长，靠低成本、低价格、低效益来拓展市场空间，不调整这样的经济结构是难以为继、不可持续的。

党的十七届五中全会进一步提出，加快转变经济发展方式必须坚持把经济结构战略性调整作为主攻方向，深刻指出了调整经济结构对于转变经济发展方式、促进经济长期平稳较快发展的决定性意义，并把"经济结构战略性调整取得重大进展"作为"十二五"时期经济社会发展的主要目标之一。这是完全符合我国基本国情和发展阶段性新特征的重大战略部署。后国际金融危机时期，世界经济格局大变革、大调整孕育着新的发展机遇，各国都在推动经济发展方式转变和经济结构深度调整，新科技革命将使全球进入空前的创新密集和产业振兴时代。我们必须抓住机遇、迎头赶上、跨越发展，在一些重点领域创占未来竞争的战略制高点，既要逐步改变我国在国际产业链中处于低端位置的状况，也要加快解决制约我国经济社会全面协调可持续发展的突出矛盾。实现经济结构进一步优化的目标，必须坚持不懈地推进三个转变。

一要坚持扩大内需战略，促进经济增长向依靠消费、投资、出口协调拉动转变。我国消费率及消费贡献率明显低于世界平均水平，投资率及投资贡献率明显高于世界平均水平，净出口率在国际上也处于较高水平。必须正确处理好投资与消费、内需与外需这两个重大比例关系，充分挖掘国内需求特别是消费需求的巨大潜力，加快改变主要依靠投资、出口拉动经济增长的传统发展模式。

二要发展现代产业体系，促进经济增长向依靠第一、第二、第三产业协调带动转变。改变一产不稳局面，关键要加强农业基础地位，推进农业现代化，加快社会主义新农村建设；改变二产不强局面，关键要提高制造业核心竞争力，将战略性新兴产业培育成为先导性、支柱性产业；改变三产不足局面，关键要把推动服务业大发展作为战略重点，显著提高服务业增加值占 GDP 的比重。

三要发挥全要素生产率作用，促进经济增长向主要依靠科技进步、劳动者素质提高、管理创新转变。世界经济发展史表明，全要素生产率的提高或者以劳动者素质提升和管理创新为基础的技术进步，对一国经济可持续发展特别是对发展中国家经济起飞和赶超至关重要。转变发展方式、调整经济结构，就是要推动经济发展模式由粗放型增长转向集约型增长，更好地发挥规模经济效率、资源配置效率、技术创新效率。

三、必须保持物价总水平基本稳定

这是进一步加强和改善宏观调控的首要任务。总体上看，今年推动物价上行因素大于下行因素。主要是：全球流动性大量增加，美元贬值使大宗商品价格上涨，输入性通胀压力不断增加；国内货币存量规模较大，对价格的影响逐步释放；劳动力等要素价格成本明显上升，去年居民消费价格变动形成的翘尾影响，等等。物价问题涉及民生、影响稳定、关系全局，必须把做好稳定价格工作放在更加突出的位置。在经济社会发展的主要预期目标中，人民群众对物价上涨的感受最直接、反映最强烈。物价涨幅过高，会导致人民群众实际生活水平下降，也容易激化社会矛盾。今年将居民消费价格总水平调控目标定为4%左右，是中央综合考虑各种因素特别是人民群众的承受能力作出的选择，也充分体现了处理好保持经济平稳较快发展、调整经济结构、管理通胀预期三者关系的总要求。

我们应该看到，实现居民消费价格总水平涨幅控制在 4%左右的目标虽然有难度，但也有诸多调控的有利条件。一是调控物质基础雄厚。我国总供给大于总需求，是稳定价格总水平的重要基础。目前，我国粮食、生猪、蔬菜、水果、鸡蛋、水产品等农产品和居民生活必需品供应是充足的，特别是全国粮食库存占消费的比重超过40%，远高于国际公认的17%至18%的安全储备水平。二是调控能力不断增强。中央加强和改善宏观调控中，持续加大了对农业生产发展支持力度，保持食品等基本生活必需品价格相对稳定，控制物价上涨的货币条件，支持公用事业和公益性服务发展，科学把握政府管理商品和服务价格的调整时机、节奏和力度。同时，建立健全社会救助和保障标准与物价上涨挂钩的联动机制，保障好困难群众的基本生活。三是调控体系日趋完善。我国已经建立起以经济、法律手段为主，辅之以必要的行政手段，全面加强价格调控监管的工作体系。这套工作体系增强了价格调控的针对性、有效性，既能够合理调控生产供应、灵活储备吞吐、促进市场流通，又能够引导企业价格自律、规范价格行为、强化价格执法，还能够在必要时实行价格临时干预、稳定居民生活必需品和重要生产资料价格。四是调控经验更加丰富。长期以来，在党中央、国务院的坚强领导下，我国曾多次成功实施应对通货紧缩、治理通货膨胀的宏观调控。特别是新世纪以来，有效地应对了非典疫情、特大地震和雨雪冰冻灾害等突发事件导致的价格异常波动，有效地抵御了国际市场大宗商品价格大起大落对国内价格的冲击，也有效地平抑了粮食减产、生猪疫情引发的价格大幅波动，促进了经济平稳较快发展，积累了价格调控的丰富经验。

去年下半年以来，居民消费价格涨幅逐月上升，已经成为社会最敏感的话题，稳定价格总水平的任务越来越重。国务院审时度势、趋利避害、沉着应对，于11月下发了《关于稳定消费价格总水平保障群众基本生活的通知》，提出了坚持"立足当前、着眼长远，综合施策、重点治理，保障民生、稳定预期"的原则，制定了发展生产、保障供应，完善法制、加强监管，增加补贴、安定民生等16条措施。这些原则和措施，充分体现了知民之诉求、解民之疾苦、成民之祈愿、增民之福祉。只要各地区、各部门不折不扣地把中央各项政策措施落到实处，完全有能力有条件实现保持价格总水平基本稳定的目标。

四、全面实施更加积极的就业政策

今年是"十二五"规划的开局之年。确定城镇新增就业900万人，城镇登记失业率控制在4.6%以内，既是一个宏观调控目标，也是一个保障民生目标。

就业是民生之本，是人民群众安身立命的基础。就业问题是一个世界性课题，无论是发达国家还是发展中国家都非常重视扩大就业。这次百年罕见的金融危机爆发以来，不同类型国家都面临着新的就业挑战。世界就业发展总的趋势是：产业变动进程加速，服务业逐步成为就业主体；灵活就业比重不断上升，就业模式日趋多样化；工作岗位的创造与消失速度加快，就业稳定性在下降。我国是人口大国，就业压力比世界上任何国家都大，劳动力总量过剩和结构性短缺的矛盾将长期存在。"十二五"时期，以高校毕业生为主体的青年就业问题十分突出，农业富余劳动力转移就业规模继续扩大，城镇登记失业人员实现再就业难度不断增加。同时，经济发展方式转变、产业结构优化升级，对劳动力市场、劳动者素质提出新的更高要求。

今后相当长阶段，我们要始终把就业作为经济社会发展的优先目标，从全局和战略的高度千方百计扩大就业。要坚持发展经济与促进就业良性互动，确立有利于增加就业岗位的经济发展方式；坚持经济结构调整与劳动力结构调整协调推进，发挥市场在劳动力资源配置中的基础性作用；坚持企业重组改制、关闭破产与职工分流安置和再就业统盘安排，充分考虑财政、企业、职工和社会保障承受能力；坚持城镇新增劳动力就业与农村富余劳动力就业统筹兼顾，全面形成市场导向、城乡一体、公平竞争的就业机制；坚持把发展公共就业服务和职业培训与提高就业稳定性结合起来，培养适应改革开放和现代化建设要求的新型产业大军；坚持完善社会保障体系与扩大就业并重，为深化改革、加快发展、保持稳定提供重要保障。今年的就业形势依然十分严峻，我们要认真研究新情况、制定新对策、解决新问题，切实做到领导到位、责任到位、政策到位、资金到位，动员全社会的力量齐心协力完成今年就业工作目标。在工作中特别要注重三个问题。

一是千方百计创造就业岗位。继续实行有利于促进就业的财政、税收、金融、贸易政策，积极发展劳动密集型产业、服务业和各类中小企业，多渠道、多形式增加就业岗位。同时，大力倡导和推进自谋职业、自主创业和灵活就业，改善就业结构，加强就业援助，扩大就业容量。这是统筹做好大学毕业生、农民工、就业困难群体、退役军人就业工作的重要保证。

二是大力发展职业技能培训。技术进步、知识经济和全球化的发展，使劳动者的素质和能力成为竞争的核心。我们要将人口资源优势转变为人力资源优势，必须健全面向全体劳动者的职业技能培训制度，提高职业技能培训的针对性、实用性和有效性，加强对企业职工的在岗培训、下岗失业人员的再就业培训、农民工的技能培训和大学生的见习培训。

三是努力营造良好就业环境。首要的是健全统一规范高效的人力资源市场，为劳动者提供优质高效的就业服务。重点整顿劳动力市场秩序、规范用人单位劳动用工行为、完善劳动争议处理机制、保障农民工合法权益等，严厉打击非法职业中介和各类欺诈行为，建立和谐劳动关系。

五、继续促进国际收支状况改善

这既是我国经济均衡发展的内在要求，也是应对国际压力的现实需要。国际收支涉及跨境货物和服务贸易、资本及各类金融资产的流动和交易、外汇储备资产规模和结构的变动。我国加入世界贸易组织后，在更高层次、更宽领域、更大范围融入了经济全球化进程，国际收支在宏观经济管理中占据越来越重要的地位。促进国际收支状况继续改善，是保持社会总供求基本平衡和宏观经济稳定的重要标志。目前，我国出口额和外汇储备已经跃居世界第一位，影响国际收支平衡的主要矛盾已由过去外汇短缺转化为国际收支顺差较大和外汇储备增长过快。这一转变，既体现了我国综合国力显著增强、国际竞争力逐步提高，也带来了人民币升值压力、贸易摩擦增多和国内资源更多流向国外的问题；进而导致国内资金过于充裕，刺激过度投资和资产价格膨胀，对物价稳定造成潜在压力，使货币政策运用面临不少困难。还要看到，我国国际收支持续盈余，固然有全球产业结构调整和分工格局变化的因素，但深层原因则与我国储蓄率偏高、消费率偏低的结构性矛盾，以及过多依赖投资和出口拉动经济增长有关。促进国际收支状况继续改善，是今年也是"十二五"期间加强和改善宏观调控的一项重要任务。做好这项工作要着力把握好三个方面。

一是推动扩内需和稳外需均衡发展。扩大内需是我国经济发展的基本立足点和长期战略方针，稳定外需对充分利用现有产能、增加就业、促进增长、提高竞争力都具有重要作用。推动内外需均衡发展是改善国际收支状况的根本举措，关键在于扩大内需特别是消费需求而不是压缩外需。坚持扩大内需为主和稳定外需相结合，既要把政策着力点放在全面扩大国内需求上，有效发挥我国经济回旋余地大、内需潜力大的优势；又要充分利用好国际国内两个市场、两种资源，稳定和扩大国际市场份额，加快形成内外需协调拉动经济增长的新局面。

二是促进引进来和走出去有机结合。经济发展的阶段特征、资本双向流动的内在特征和融入世界经济主流的现实需要，都要求把引进来和走出去放在同等重要的战略地位统筹协调发展。这是深度参与全球分工合作、全面提高开放水平的需要，是转变经济发展方式、产业结构调整升级的需要，也是稳步推进资本项目开放、改善国际收支状况的需要。我们要实行更加积极主动的开放战略，构筑具有中国特色的开放型经济体系。既要推动外贸增长由数量扩张型向质量效益型，重点引进高端技术、先进管理和海外智力；也要鼓励企业积极有序地开展跨国经营，树立良性竞争意识、战略经营意识、社会责任意识。

三是统筹做好人民币汇率形成机制改革。这是根据国内外经济金融形势和我国国际收支状况进行的重要改革。2005年以来，我国实行以市场供求为基础、参考一篮子货币进行调解、有管理的浮动汇率制度，实践证明已经取得积极成效。今年将继续按照主动性、渐进性、可控性的原则，进一步推进人民币汇率形成机制改革，促进国际收支状况改善，维护我国改革发展稳定大局。

（2011年3月）

加强社会主义民主法制和精神文明建设

2003 年是认真贯彻党的十六大精神，全面建设小康社会、开创中国特色社会主义事业新局面的第一年，进一步加强社会主义民主法制和精神文明建设具有十分重要的意义。要继续坚持物质文明和精神文明"两手抓、两手都要硬"的方针，实行依法治国和以德治国相结合。一方面，要努力发展社会主义民主政治，建设社会主义政治文明，不断扩大民主和健全法制；另一方面，要牢牢把握先进文化的前进方向，建设社会主义精神文明，进一步繁荣社会主义文化事业。

一、努力发展社会主义民主政治

发展社会主义民主政治，是社会主义的本质要求。我们党和政府历来以实现和发展人民民主为己任。改革开放以来，我国社会主义民主政治建设逐步推进，人民群众的政治、经济和文化权益得到切实尊重和保障，形成了民主团结、生动活泼、安定和谐的政治局面。新的一年，各级政府要致力于实现社会主义民主政治的制度化、规范化和程序化，保证人民群众更好地行使当家作主的民主权利，依法管理国家和社会事务，使各级政府更有效地领导和组织社会主义现代化建设，忠实履行全心全意为人民服务的宗旨。

首要的是健全完善监督和决策机制。各级政府要坚决执行人大及其常委会制定的法律、地方性法规和作出的决定，并自觉接受其监督。主动加强与人民政协的联系，把政治协商纳入政府决策程序，为民主监督和参政议政创造良好条件。积极办理和答复人大代表建议及政协委员提案，使政府工作更好地体现人民的意愿。强化领导班子内部监督，加强和完善政府系统内部层级监督和行政监察、政纪、审计、财政等专项监督，特别是对人财物管理和使用的监督。实行多种形式的领导干部述职述廉制度，健全重大事项报告制度、质询制度和民主评议制度。充分发挥工会、共青团、妇联等组织联系群众的桥梁和纽带作用，注意听取他们对政府工作的意见。高度重视信访工作，密切政府同人民群众的关系。建立广泛的新闻和舆论监督体系，反映群众心声。继续推进决策民主化、科学化，建立和完善人民群众建议征集制度，与群众利益密切相关的重大事项社会公示制度和社会听证制度，政府的重大决策、重大规划和重大改革方案的制定都要有专家参与。不断完善迅速反映社情民意的机制，扩大政府决策及实施的社会基础，保障人民群众的知情权和参与权。

进一步扩大基层民主。《政府工作报告》强调"加强基层政权建设和城乡基层民主政治建设"。各级政府要认真贯彻执行《村民委员会组织法》、《城市居民委员会组织法》和《宪法》中关于企业民主管理的规定，不断健全基层自治组织和民主管理制度，普遍推行村务公开、厂务公开和政务公开，克服和防止基层一些地方存在的压制民主、强迫命令的错误行为，保证人民群众在基层经济、政治、文化和其他社会事务中真正当家作主。依靠社区力量解决社区问题，是当今各国城市发展的大趋势，也是我国逐步推进基层民主政治建设的有效途径。要切实加强社区组织建设，推行居民自治、拓展社区服务、整合社区资源、强化社区功能，不断增强社区凝聚力。

《政府工作报告》根据党的十六大精神，对全面贯彻落实党的民族、宗教、侨务政策提出了具体要求。各级政府要继续坚持和完善民族区域自治制度，巩固和发展平等团结互助的社会主义民族关系，加大对人口较少的民族扶持力度，促进各民族共同繁荣进步。坚决反对分裂祖国和破坏民族团结的行为。全面贯彻党的宗教信仰自由政策，依法管理宗教事务，积极引导宗教与社会主义社会相适应，坚持独立自主自办的原则。进一步做好侨务工作，发挥海外侨胞在推进祖国改革开放与实现和平统一大业中的作用。

二、继续加强社会主义法制建设

坚持实施依法治国基本方略，建立社会主义法治国家，必须继续大力加强社会主义法制建设。这对于推进改革开放和现代化事业，维护国家长治久安和人民安居乐业，是至关重要的。目前，随着依法治国基本方略的深入实行，人民群众的法律意识和法制观念不断提高，全社会对加强社会主义法制建设提出了新要求，对各级政府和政府各部门依法行政提出了新任务。按照《报告》提出的要求，2003年要重点做好四项工作。

第一，抓紧完善行政法规。这是规范政府共同行为，全面推进依法行政的关键。要继续执行国务院《行政法规制定程序条例》，进一步增强行政立法工作的透明度。在制定、修改行政法规的过程中，可以适时地、有选择地就直接涉及公民、法人或者其他组织切身利益的行政法规，通过举行听证会，必要时向社会公布等方式征求意见，保证行政法规制定过程的公开、民主和科学。适应我国加入世贸组织后的新形势，继续做好法律、法规、规章和其他政策措施的立、改、废工作。加强对世贸组织法律问题的研究，无论中央制定新的法律、行政法规、部门规章和其他政策措施，还是地方制定新的地方性法规、地方政府规章和其他政策措施，都要符合世贸组织协定和我国加入世贸组织的承诺。国务院将加强对地方性法规、地方政府规章和国务院部门规章的备案审查，对违反法律、行政法规规定的，该撤销的依法予以撤销，该修改的依法责成制定机关及时修改。各地方也要加强对有关政策措施的备案审查，对违法的政策措施，及时依法作出处理。

第二，继续提高行政执法水平。提高行政执法水平的基本要求是各级国家机关必须依照法定的权限和程序履行职责，既不失职，又不越权，做到有权必有责、用权受监督、侵权要赔偿，其实质是对行政权力加以规范和监督。要切实提高行政执法的公开性、透明度，真正把行政执法置于人民群众的监督之下，做到铁面无私、不徇私情、执法如山。建立健全行政执法责任制和评议考核制，从严查处有法不依、执法不严、违法不究甚至滥用职权、执法犯法、徇私枉法的行为。广泛实行相对集中行政处罚权，解决多头执法、执法效率低下、执法扰民的问题。大幅度减少政府对经济事务的行政性审批，对必须审批的事项要坚持"谁审批、谁负责"的原则，严格履行行政审批职责。继续对行政事业收费和罚没收入实行"收支两条线"管理，使权力与利益脱钩，从源头上消除腐败。总之，要确保法律、法规、规章和其他政策措施得到：统一、公正、合理的实施。

第三，全力维护社会稳定。继续坚持稳定压倒一切的方针，努力为改革发展创造和谐稳定的社会环境。继续坚持"严打"方针，始终保持对刑事犯罪活动的高压态势，巩固和发展"严打"整治斗争的成果，切实保障人民群众的生命财产安全。警惕国际国内敌对势力的渗透、颠覆和分裂活动，维护国家安全和社会政治稳定。进一步深化同"法轮功"等邪教组织的斗争，积极防范、依法惩治其违法犯罪活动。深入开展整顿和规范社会主义市场经济秩序工作，积极预防、严厉打击经济犯罪活动。坚持打防结合、预防为主，全面落实社会治安综合治理的各项措施，广泛深入地开展基层安全创建活动，积极构建社会治安防范体系，增强全社会预防和控制犯罪的能力。进一步完善政法机关的经费保障机制，加快科技强警步伐，努力加强政法队伍建设。高度重视、妥善处理人民内部矛盾特别是涉及群众切身利益的矛盾，满腔热情地关心群众疾苦，认真解决人民群众生产生活中的实际问题。

第四，进一步增强全民法律意识。这是我国社会主义民主和法制建设的重要基础性工作，也是法律能够正确执行的基本条件。要继续深入开展普法宣传教育，进一步提高全体公民的法制观念和法律素质。各级政府机关工作人员特别是领导干部要带头学法、守法、用法，从根本上转变不适应依法治国、依法行政要求的传统观念、思维方法和工作习惯，严格遵守宪法和法律、法规，严格执行党和国家的政策，严格依法办事、依法决策、依法处理问题，增强运用法律手段管理国家事务、经济文化事业、社会事务的能力。

三、扎实推进精神文明建设

2003 年的精神文明建设工作，要以邓小平理论和"三个代表"重要思想为指导，以学习、宣传、贯彻党的十六大精神为主线，解放思想、实事求是、与时俱进、开拓创新，坚持以科学的理论武装人，以正确的舆论引导人，以高尚的精神塑造人，以优秀的作品鼓舞人，不断满足人民群众日益增长的多层次精神文化需要，大力提高全民族思想道德素质和科学文化素质，为我国改革开放和现代化建设提供强大的精神动力、思想保证和智力支持。

围绕建立社会主义思想道德体系，认真贯彻公民道德建设实施纲要，弘扬和培育民族精神。坚持不懈地进行党的基本理论、基本路线、基本纲领和"三个代表"重要思想教育，发扬以爱国主义为核心的团结统一、爱好和平、勤劳勇敢、自强不息的伟大民族精神，加强社会公德、职业道德和家庭美德教育，特别要加强青少年的思想道德教育，引导人们树立中国特色社会主义共同理想和正确的世界观、人生观、价值观。大力倡导文明礼貌、助人为乐、爱护公物、保护环境、遵纪守法的社会公德；大力倡导尊老爱幼、男女平等、夫妻和睦、勤俭持家、邻里团结的家庭美德；大力倡导爱岗敬业、诚实守信、办事公道、服务群众、奉献社会的职业道德。要建立学校、家庭、单位、社区等多层次多渠道的社会教育体系，综合运用教育、法律、行政、舆论等手段，规范和养成良好的行为习惯，约束和制止不文明行为，促进社会主义思想道德风尚的形成、巩固和发展。

广泛开展群众性精神文明创建活动，进一步提高城乡文明程度和公民素质。继续深入开展创建文明城市、文明行业、文明村镇等各项创建活动，巩固和发展科技、文体、法律、卫生"四进社区"和文化、科技、卫生"三下乡"活动的成果。加强调查研究，制定创建文明城市、文明行业、文明村镇的考核评估体系，使创建工作成为人们提高文明素养的过程、道德实践的过程、陶冶情操的过程。扩大创建活动的覆盖面，吸引老龄人口、下岗职工、进城务工人员积极参与，抓紧制定《关于加强非公有制经济组织精神文明创建工作若干意见》。不断探索和推广沿交通干线、沿江沿海、沿经济带、沿旅游带和革命老区等区域性精神文明共建活动的新办法，加强城市与乡村、地方与部门、部门与部门以及军警民之间的同创同建，促进多种形式的创建活动有机结合。

四、积极发展文化事业和文化产业

坚持先进文化的前进方向，积极发展文化事业和文化产业，是 2003 年政府工作的重要任务。要全面贯彻党的十六大精神，在文化建设和文化体制改革中创造有利于文化创新的机制和环境，鼓励和支持广大文化工作者立足于改革开放和现代化建设的实践，着眼于世界文化发展的前沿，发扬民族文化的优良传统，吸取世界各民族的长处，在内容和形式上积极创新，不断增强中国特色社会主义文化的吸引力和感召力。

进一步繁荣文学艺术、新闻出版、广播影视等各项事业。大力实施文化精品战略，以实施国家舞台艺术精品工程为重点，组织和引导文艺工作者深入群众、深入生活，创作出更多更好的无愧于人民、无愧于时代的优秀作品。加强社会文化公益事业建设，大力开展丰富多彩、健康向上的群众文化活动，建立扎根基层、面向大众、覆盖全社会的文化工作网络。在全社会普及科学知识、科学思想、科学精神和科学方法，继续提高广大干部职工"崇尚科学思想、反对迷信愚昧"的意识和能力，倡导健康向上的生活方式。坚持社会科学与自然科学并重，充分发挥哲学社会科学在经济和社会发展中的重要作用。贯彻落实"保护为主、抢救第一、合理利用、加强管理"的方针，继续做好文物和文化遗产保护工作。新闻出版、广播影视既是大众传媒，又是党和国家的宣传思想阵地，一定要始终把握正确的舆论导向。要高度重视并切实加强正在迅速发展的互联网站的建设和管理，使之成为传播先进文化的重要阵地。

深化文化体制改革，着力发展文化产业。抓紧制定和完善文化产业政策，运用财税、金融等手段支持文化产业发展，提高文化产业在国民经济中的比重。通过调整产业结构，引导文化产业进行深度整合，重点发展新闻传媒业、图书音像业、文化娱乐业、文化演出业、体育健身业、会展业和艺术品业等。组建一批大型文化产业集团，实现跨地区发展和多媒体经营，提高产业集中度，形成我国文化产业走向世界和参与国际竞争的主体力量。运用高新技术推动文化产业升级，提高文化产品和服务的科技含量，打造一批国内外知名品牌。努力促进文化产业与教育、科技、体育、旅游、信息等相关行业联动发展，形成新的文化产业发展格局。加强国际文化交流，适应我国加入世贸组织后文化领域进一步开放和竞争的新形势，不断扩大中华文化在世界上的影响，树立当代中国的新形象。继续按照一手抓繁荣、一手抓管理的方针，整顿文化秩序，净化文化市场，深入开展"扫黄"、"打非"斗争，加快中国特色社会主义文化市场体系建设。认真做好 2008 年北京奥运会和 2010 上海世界博览会的前期准备工作，并以此为契机推动文化产业加快发展。

积极推进卫生、体育事业的改革和发展。卫生事业要抓好建立农村新型合作医疗制度试点，全面推进农村卫生工作；大力发展社区卫生服务和改革医疗机构，继续深化城镇医疗卫生体制改革；深入开展爱国卫生运动和健康教育活动，做好重大疾病防治和妇幼保健工作；坚持"以病人为中心"，进一步改善服务态度，提高医疗服务质量。体育事业的改革和发展，要继续贯彻执行党中央、国务院《关于进一步加强和改进新时期体育工作的意见》，以满足广大人民群众日益增长的体育需求为出发点，以增强人民体质、提高全民族整体素质为目标，努力构建多元化的休育体系，积极引导居民体育健身消费和参与全民健身计划。全面实施竞技体育发展战略和奥运争光计划，加强体育队伍建设，大力提升竞技运动水平。要重视人口老龄化趋势，加强老年人服务设施建设，发展老龄事业和产业。加强残疾人事业发展，增强其参与社会生产和生活的能力。切实保障妇女、未成年人的合法权益，进一步提高全社会的保护意识。

（2003 年 3 月）

高度重视维护国家经济安全

目前正在经历的这场国际金融危机，牵动世界格局、国际关系和全球秩序新一轮复杂的变动调整，新兴大国正在成为推动世界共同发展的一支重要力量，中国在稳定世界经济、推进和平与发展中的作用越来越突出。我国"十二五"期间仍处在发展的重要战略机遇期，在这种大趋势、大背景下维护国家经济安全，应主要体现在经济主权独立、基础稳固、运行健康、增长稳定、发展持续，保证我国改革开放和现代化在新的发展阶段顺利达到预期目标。

一、关于粮食安全问题

粮食是关系国计民生的重要战略物质，是维护国家经济安全的重要基础。我国人均耕地和水资源远低于世界平均水平，又是一个自然灾害频繁的国家。同时，面临加快工业化、城镇化和保障土地等资源的双重压力。作为一个拥有13亿人口的发展中大国，必须建立符合我国国情的粮食安全体系，基本立足国内保障粮食供给，确保粮食供求基本平衡。要继续实行最严格的耕地保护制度，坚持集约利用和有效开发相结合，实现耕地总量动态平衡；建立以工补农、以城带乡的长效机制，统筹制定实施农业发展、农民增收、农村繁荣的政策措施，调动和保障种粮农民积极性；持续加大农业科技投入力度，推进以生物技术和信息技术为主导的农业科技革命，为我国现代农业发展提供科技支撑；加快健全粮食安全预警体系、储备体系和流通体系。

二、关于金融安全问题

金融是现代经济发展核心，是经济全球化最敏感、最脆弱的神经。这次国际金融危机充分表明，金融一旦出现系统性风险，传导速度快，涉及面广，危害性大。我们要科学把握金融开放度和国家控制力，全面深化金融体制改革，加快构建现代金融体系。要加强资本市场基础性制度建设，规范发展股票市场、债券市场和基金市场；加快推进利率市场化改革，完善人民币汇率形成机制，积极探索合理使用外汇储备的途径；大力发展多元化的金融组织体系，进一步形成银行、证券、保险、信托、租赁、财务公司、信用社等多种金融机构并存，全国性、区域性、地方性金融机构协调发展的新格局；强化金融监管协调机制，建立更具实用性的风险评估和危机预警机制；积极推进人民币国际化，首先要搞好人民币结算试点，在实现人民币成为区域货币方面取得突破。

三、关于能源安全问题

能源问题是人类发展的永恒主题，石油是全球能源安全的重中之重。我国是世界上人口最多、经济增长最快的国家，尽管一次能源以煤为主的格局短时期内不会改变，但能源特别是石油安全将面临着长期的挑战，必须从全局和战略的高度研究因应之策。要着力发展新能源和可再生能源，重点发展风能、太阳能、生物质能，积极发展水电和核电；构建保障石油安全的支撑体系，统筹应对国际油价、石油来源、运输通道和能源外交四大风险；突出抓好节能减排和提高能源利用效率，逐步建立以低碳排放为特征的工业、交通、建筑体系；实现煤炭合理高效经济清洁开发利用，积极应用大容量、高效率、低污染的煤炭直接燃烧技术，开发煤炭液化、气化技术，发展以煤气化为基础的多联产技术；扩大国际能源合作，建立海外石油生产和储备基地，加强铀资源战略储备。

四、关于生态安全问题

生态安全是促进我国经济社会可持续发展的重要保障，是事关中华民族生存繁衍的一项重大而紧迫的任务。我国生态安全形势不容乐观，尤为突出的是温室气体排放已成为世界"第一大户"。同时也要看到，应对气候变化为我国转变发展方式、调整经济结构、促进技术创新带来前所未有的机遇。我们要坚决落实《中国应对气候变化国家方案》提出的各项任务，坚定不移地推行有利于节约能源资源、保护环境的生产方式、生活方式和消费模式，建设低投入、高产出，低能耗、少排放，能循环、可持续的国民经济体系，坚持人口、经济分布与气候、资源、环境相协调，推动整个社会走上生产发展、生活富裕、生态良好的可持续发展道路。同时，我国应与国际社会一道履行《联合国气候变化框架公约》及《京都议定书》的原则与规定，统筹解决减缓、适应、技术转让、资金支持等方面的问题，在应对气候变化中维护发展中国家的发展权和发展空间。

五、关于经贸安全问题

经贸安全是国家经济安全的重要组成部分，对维护国家整体利益至关重要。这次国际金融危机导致全球经贸格局大调整，对我国经济特别是外贸出口造成了巨大的冲击，凸现了长期形成和亟待解决的结构性矛盾。要统筹内需与外需的关系，把扩大内需特别是最终消费作为宏观调控的重要目标；加大经济结构战略性调整，着力培育自主品牌、加强技术改造、淘汰落后产能、提高经济效益；加快转变外贸增长方式，以技术创新和制度创新推动制造业升级换代和服务业改革发展；全面推进企业国际化经营，发展壮大一批掌握产业核心技术和国际营销网络的跨国公司；健全经贸安全预警机制，增加在国际经贸组织中的话语权，统筹运用国际规则解决知识产权、技术壁垒和贸易壁垒问题；完善内外联动、互利共赢、安全高效的开放型经济体系，形成在经济全球化条件下参与国际经济合作与竞争的新优势。

六、关于人口安全问题

人口安全是促进科学发展、构建和谐社会最基本、最重要的问题。今后很长时期，我们将面临人口数量、就业压力、老龄社会"三峰叠加"的局面，必须高度重视防范人口风险和维护人口安全。要始终坚持计划生育的基本国策，有效治理出生人口性别比失衡问题，加快建立农村计划生育家庭政策得实惠、养老有保障的长效机制；完善城乡统一的劳动力市场，努力实现发展经济与促进就业良性互动，统筹解决进城务工农民工特别要关注80后出生农民工的切身利益问题；制定应对人口老龄化的政策措施，加快推进养老保险制度创新和老龄事业发展，实行适合国情的家庭养老、社会养老、居家养老、自我养老、机构养老、设施养老、集中养老和分散养老等多种方式；坚持优先发展教育，切实推进全民健康工程建设，实施公民道德振兴计划，全面提高人口的文化素质、身体素质和思想素质。

七、关于公共安全问题

公共安全是国家经济安全和社会稳定的基石，是政府加强社会管理和公共服务的重要内容。当前和今后一个时期，我国正处在经济结构调整和社会结构转型时期，我们必须进一步健全国家公共安全保障体系，不断满足人民群众越来越高的公共安全需求。要健全有利于公共安全的法律法规和政策支撑研究体系，创造推进公共安全事业发展的政策环境；完善协调互动的公共安全管理体制和机制，实现公共安全从被动应付型向主动保障型转变、从传统经验型向现代高科技型转变；加强对重大事件、事故、灾害、有毒有害物质及外来生物入侵、恐怖事件等相关公共安全问题研究，建立公共安全检测、监测、预测、预防、预警、应急反应与决策支持体系；加大公共安全宣传教育力度，普及公共安全科学知识，推广实用公共安全技术，提高全民公共安全素养和全社会防御突发公共事件能力。

（2009 年 11 月）

更加注重统筹兼顾，加快社会事业发展

2003 年，是我国发展史上很不平凡的一年。非典型肺炎的蔓延，集中暴露了我国经济和社会发展不协调的问题。经过抗击非典这场惊心动魄的斗争，党中央、国务院更加注重统筹兼顾，促进经济社会全面、协调、可持续发展，在规划制定、政策支持、资金投入、体制改革等方面，及时作出必要调整，加大工作力度。中央财政全年用于教育、卫生、科技、文化、体育的支出855 亿元，比上年增长 12.3%；支持社会事业发展的国债投资 165 亿元，增长近两倍。《政府工作报告》用较大篇幅，回顾和总结了去年各项社会事业取得的成就。

一、以防疫和农村为重点，加强全国公共卫生体系建设

加强疾病预防控制，提高突发公共卫生事件应急能力。制定并组织实施《国家公共卫生监测信息体系建设规划》和《突发公共卫生事件医疗救治体系建设规划》，加紧建立覆盖城乡、功能完善、反应灵敏、运转协调的突发公共卫生事件预警和应急机制。目前，各级疾病预防控制机构通过计算机网络已实现非典等重大传染病疫情个案直报国家疾病预防控制中心，全国县和县以上医疗机构和有条件的乡镇卫生院将通过互联网直报疫情。国家疾病预防控制中心一期工程总面积 7.6 万平方米，总投资 6.34 亿元，全部由国债资金安排。地方疾病预防控制机构建设项目总投资 68 亿元，其中国家安排国债建设投资 29.2亿元，地方配套资金 38.8 亿元。去年四季度开始启动医疗救治体系建设规划，总投资规模 114 亿元，并安排部分资金用与贫困地区农村卫生基础设施建设、中医及专科医院建设。与此同时，在省、地级市分别建立起一支专业救治队

伍，重点加强了传染病执法监督检查工作。

加快农村卫生事业发展，切实把医疗卫生工作的重点放在农村。各级政府继续深入贯彻《中共中央、国务院关于进一步加强农村卫生工作的决定》，制定并完善了加强农村初级卫生保健、建立新型农村合作医疗制度、城市卫生支农、农村卫生人才培养和队伍建设、乡村医生从业管理、农村卫生机构改革与管理等一系列配套措施。全国各地采取中央和地方共建的办法，普遍增加了农村卫生的投入，改善乡镇卫生院基础设施，加大对各类传染病的预防控制力度，提高农村医疗卫生服务水平。在浙江、湖北、吉林和云南省开展新型农村合作医疗制度和医疗救治制度试点，国务院成立了新型农村合作医疗部际联席会议制度，加强对新型农村合作医疗制度试点工作的研究、协调和指导，并召开试点工作会议推动工作。目前，全国29个省、自治区、直辖市共有294个试点县（市），覆盖9330余万农村人口，整个试点工作健康发展。

继续推进城镇医疗卫生体制改革，广泛开展全民爱国卫生运动。加快公立医疗机构管理体制改革和创新，改变不方便病人的工作流程和工作制度。继续推行"开门"办社区卫生服务的政策，在提高服务质量、改进服务方式、健全服务制度方面取得一定进展。不断完善病人选医生、住院费用清单制、药品价格清单制、医疗服务价格公示制等，努力落实"以病人为中心"的服务宗旨。逐步加强卫生经济管理，深化卫生系统人事分配制度改革等，促进医疗机构围绕质量和效率开展竞争。建设一批城市污水治理和垃圾处理项目，支持农民改水、改厕、改灶，逐步改善城乡居民生活环境和卫生条件。广泛开展全民爱国卫生运动，移风易俗，革除陋习，提高全民卫生知识和健康意识。

二、把农村教育作为教育工作的重中之重，教育事业持续健康发展

切实加强农村教育工作，出台了一系列振兴农村教育的政策措施。去年9月，国务院召开农村教育工作会议，并作出了《关于进一步加强农村教育工作的决定》，把农村教育摆上了教育工作重中之重的战略地位。这次会议和这个决定，适应全面建设小康社会的要求，提出了加快农村教育发展的三大目标和五大政策。三大目标是：打好西部地区"两基"攻坚战、巩固"两基"成果和深化农村教育综合改革。五大政策是：巩固和完善"以县为主"的农村义务教育管理体制；进一步促进农村基础教育、职业教育、成人教育"三教统筹"；

推进农村学校的教育信息化建设；提高农村教师队伍素质和农村教育质量；大力帮扶中西部困难地区特别是少数民族地区和困难群众。目前，国家西部地区"两基"攻坚计划已经开始启动，中央财政和国债资金重点支持中西部地区农村教师工资发放补助、中小学现代远程教育工程试点和资助家庭经济困难的学生。许多城市实行以流入地政府管理为主的办法，努力使进城务工农民的子女有书读、有学上。

采取有针对性的措施，扎扎实实做好高校毕业生就业工作。"十五"期间，全国就业形势面临城镇新增劳动力就业、农民进城务工就业和下岗失业人员再就业"三峰叠加"的严峻局面，高校毕业生数量将进入一个较长时期的持续攀升阶段。去年是高校扩招后本科生毕业的第一年，毕业生总规模达到212万人，比2002年净增67万人，增幅为46%。加之非典的影响，高校毕业生就业工作难度加大。党中央、国务院高度重视高校毕业生就业工作，国务院出台了促进高校毕业生就业的11条措施，召开了全国高校毕业生就业工作电视电话会议，全面部署做好高校毕业生就业工作。经过各级政府和社会各界的共同努力，高校千方百计提供就业信息服务和就业指导，高校毕业生就业工作取得扎实成效。到去年底，高校毕业生就业率达到83%。

加大治理教育乱收费工作力度，努力减轻学生家长负担。去年初，中纪委第二次全会把治理教育乱收费作为纠正行业不正之风的重点之一。教育系统制定下发了《关于2003年治理教育乱收费工作的实施意见》，提出在基础教育阶段认真落实中小学"一费制"，公办高中择校生全面实行"限分数、限人数、限钱数"政策，高等教育阶段认真执行国家现行收费政策，进一步规范收费行为，建立教育收费公示制度等措施。去年各地共清退教育违规收费6.3亿元；国家扶贫开发工作重点县农村中小学全部实行了"一费制"，共减轻学生家长负担17亿元。但是，一些学校巧立名目乱收费、政府部门搭车收费的现象还比较严重，人民群众反映强烈。今年，国务院将采取更加坚决有力的措施予以治理。

各级各类教育加快发展，一流大学和高水平大学建设继续推进。启动了"高等学校教育质量和教学改革工程"和实施"高校哲学社会科学繁荣计划"，对254所高校进行了本科教学评估工作，在促进高校管理体制和学科、布局结构调整方面取得新进展。针对普通本科院校和社会力量合办的独立学院发展迅速的新情况，制定并实施《关于规范并加强普通高校以新的机制和模式试办独立学院管理的若干意见》，引导独立学院积极发展、规范管理。继续贯彻落实全国职业教育工作会议精神，以就业为导向，进一步调整、改革、发展职业教育和成人教育。

三、积极营造创新环境，科技改革和发展取得了新的成绩

国家中长期科学和技术发展规划工作全面展开，已有一批重要成果。制定国家中长期科学和技术发展规划，是党的十六大提出的一项重要任务。这次规划将为全面建设小康社会、加速实现代化奠定一个好的科学技术基础，从全局性、战略性、前瞻性的高度进行总体规划和统筹安排。全国科技界共有2000多名专家参与战略研究之中，规划涉及的20个战略研究专题组分别在对168个子课题的研究成果集成、提炼的基础上，进行了系统、深入的研究。目前，已在科技发展的指导思想、重要领域、重大项目等方面形成了初步意见和建议。

科技体制改革取得新进展，科技发展环境不断改善。到去年底，全国已有70%以上的技术开发类科研机构完成了工商注册，有近一半的省（区、市）全面完成技术开发类科研机构转制工作，技术创新能力明显增强，科技产业迅猛发展。社会公益性科研机构分类改革试点已扩大到18个部门248个院所，占中央所属公益类院所总数的94%。中科院"知识创新工程"试点取得重要进展，高等学校的科技创新作用进一步发挥，企业技术创新主体地位继续加强，以长三角、珠三角为代表的区域创新体系建设取得重要进展。在改善科技发展环境方面，颁布了《关于改进科学技术评价工作的决定》和《科学技术评价办法》，在科技界产生了良好影响。"科技中介建设年"活动取得明显成效。全国已有生产力促进中心超过1000家，位居世界第一，其中有100多家通过ISO9000质量认证；各类科技企业孵化器400多家，位居世界第二，在孵企业23000多家；涌现出风险投资机构300多家，所管理的500多亿风险资金85%投向高技术企业；围绕政府决策、企业管理和投资评估等需求，已建立各类科技咨询机构2300多家；国家大学科技园共拥有各类开发机构840多家，在孵企业3800多家，吸引了1600多名海外学子回国创业。

重大科技专项取得重要成果，自主创新能力继续加强。去年是实施重大科技专项的关键一年，全国共有19个部门22省市参与了重大科技专项的实施，

总投入超过 200 亿元。到目前为止，重大科技专项已提出专利申请 600 多项，初步形成技术标准 50 多项，一批重大高新技术获得阶段性重大突破，我国在一些关键技术领域的创新能力得到加强。通过国家自然科学基金、中科院知识创新工程重大项目以及 973、863 和科技攻关等计划的支持，我国还取得了一批具有重要意义和影响的创新成果。在基础研究领域，我国科学家在光电功能材料、纳米科技、疾病基因组学、脑科学、古生物学、化学等领域的创新成果更引人注目。我国国际科技论文数量持续稳定增长，去年已跃居世界第 5 位。连续两届国家自然科学奖一等奖的产生，一定程度上反映了我国原始性创新能力的提升。来自国内的发明专利申请数量，8 年来首次超过来自国外的申请，扭转了国外发明专利申请绝对数量长期高于国内的局面。特别值得提出的是，在抗击非典的斗争中，全国科技界迅速行动起来，组织了 3000 多名优秀科技人员参加攻关，在流行病学调查、早期诊断试剂、中西医结合治疗、防护设备等方面获得了一系列重要成果。"神州"五号载人航天试验区的圆满成功，成为我国科技事业发展的又一个里程碑，标志着我国已进入世界先进航天大国行列。

科技和经济的结合更加紧密，国际科技合作领域进一步拓展。去年全国高新技术产值达到 2.75 万亿元，比上年增长 30.8%。其中，国家 53 个高新技术产业开发区实现产值 1.73 万亿元，比上年增长 30% 以上。高新技术产品出口总额 1002 亿美元，比上年增长 62.7%，增幅高出外贸出口 28.1 个百分点，占全国外贸出口的比重已达 25.1%。其中，国家 53 个高新技术产业开发区出口创汇 570 亿美元，比上年增长 73%。全国技术市场合同交易额首次突破 1000 亿元，达到 1085 亿元，比上年增长 22.68%。全社会研究开发经费总支出超过 1500 亿元，占 GDP 的比重达到 1.32%。一大批民营企业已成为高新技术产业领域最有活力的生力军。在长三角、珠三角和环渤海地区已初步形成各具特色的高新技术产业群。在农业领域，紧紧围绕农业高效、高产和农民增收，强化农业科技创新和成果转化工作。在工业领域，重点围绕振兴装备制造业和促进传统产业结构调整进行了部署，并在一些领域取得突破。在社会发展方面，大幅度增加科技投入，努力改变长期以来社会事业发展领域科研工作相对滞后的局面。在国际科技合作方面，积极参加与世界经合组织、亚太经合组织、亚会议、世界知识产权组织、世界卫生组织等的科技合作，努力推动我国大学、科研院所和其他机构参加六个科技框架计划，一批重大国际科技合作项目取得实质性进展。

四、推进文化建设和文化体制改革，大力发展文化事业和文化产业

深化文化体制改革，促进文化艺术、广播影视、新闻出版工作全面发展。制定了《关于扶持和加强公益文化事业建设的若干意见》、《关于支持和促进文化产业发展的若干意见》和《广播影视体制改革试点工作实施方案》等，明确了今后一个时期文化艺术、广播影视、新闻出版工作的发展思路。以国家舞台艺术精品工程为龙头，推出了2002—2003年10大精品剧目，在京剧、话剧、舞剧、民乐、交响乐等方面都有新剧目和新曲目推出。广播影视文艺创作进一步繁荣，形成了一批特色明鲜、效益突出的专业品牌，全年电视剧产量超过1万部，电影达到130部，涌现出《希望的田野》、《至高利益》和《惊心动魄》等一批思想性、艺术性俱佳的优秀作品。新闻出版业呈现良好的发展态势，第六届国家图书奖推介了一批优秀图书，2003年北京国际图书展赢得了中外读者、书商的普遍好评。成功地举办了"中法文化年"等重要的双边和多边文化外交活动，对外文化交流空前活跃。

加强公益文化事业建设，深入开展社会主义精神文明建设。加快基层文化设施建设，突出农村乡镇和城市社区两个重点，并加强对西部地区和少数民族地区的扶持力度。全国文化信息共享工程，已建立了31个省级分中心，发展近千个基层中心，终端用户达到5万多个。圆满完成了"西新工程"第三阶段第一期建设任务，重点加强了西藏、新疆、内蒙古、宁夏等8省区电视无线覆盖任务及宁夏调频广播覆盖，加强了华北、东部沿海重点地区广播电视试验工程建设。广播影视"走出去工程"和广播电视"村村通工程"、农村电影放映"2131工程"也取得重要进展。广播电视有效覆盖进一步扩大，人口覆盖率分别达到93.4%和94.7%。大力弘扬载人航天精神和抗击非典精神，极大地振奋了民族精神。广泛开展"讲文明、讲卫生、讲科学、树新风"活动，在城乡广大群众中倡导科学健康的生活方式。积极开展"共铸诚信"等活动，推动了全社会的诚信建设。创建文明城市、文明行业、文明村镇活动深入开展，社会风气和城乡面貌进一步改善。

加大文化市场治理整顿力度，努力创造促进文化产业发展的市场环境。制

定了文化市场发展纲要，提出了未来8年我国文化市场发展规划和目标。扩大文化市场准入范围，允许外商参与文化场所建设、改造和经营。文化市场基本实现对民营资本的全方位开放，鼓励国内资本进入文化市场。坚持治理整顿为市场建设服务的原则，从大规模停业整顿转向对重点问题、重点地区进行集中治理。制定了《广播电视广告播放管理暂行办法》，对广播电视广告内容、播放数量等进行了规范和调控。加强对境外卫视节目在境内落地的治理工作，联合开展专项治理整顿工作重点查处各种违法违规行为。深入开展打击盗版教材教辅读物、清理盗版软件、清理整顿在境外注册在境外非法出版发行的各种刊物、打击走私光盘和深挖非法光盘生产线的专项治理，"扫黄打非"工作取得明显成效。坚决治理党政机关报刊散乱和利用职权发行的问题，切实减轻了基层和农民负担。

深入宣传、贯彻《文物保护法》及其实施条例，全面加强了文物保护和管理工作。加强对世界文化遗产地管理，继续推进故宫、布达拉宫等重点文物维修工程，开展三峡工程、青藏铁路等国家重点工程中的文物保护和考古发掘工作，启动云岗石窟防水保护和整治工程，研究制定龙泉府遗址等10余项大遗址保护规划，批准实施陕西汉阳陵等40余项重点遗址保护方案。针对文物保护和管理中出现的问题，加强调查研究和治理整顿工作，制定进一步加强文物保护和管理的意见。中国民间文化保护工程完成了总体规划和第一期实施方案，中华再找善本工程在海内外产生广泛影响，公布了第一批中国历史文化名镇（村）。第五届全国博物馆陈列展览评出"十大精品"，引起了社会的广泛关注，正在成为国内外的著名品牌。

五、稳步发展体育事业，继续努力提高全民族健康素质

积极做好群众体育工作，开展多种形式的全民健身活动。制定了《普通人群锻炼标准》和《国民体质测定标准》，指导广大人民群众增强体质，加强对全民健身的科学化、规范化管理。加大了群众体育设施建设力度，第七批健身路径21851条，第三批国家级全民健身中心35个，第三期"血炭工程"受益单位106个。在群众体育组织建设中，特别重视青少年体育俱乐部建设，全国已建设了1900多个；启动社会体育指导员职业资格制度的有关工作，全国各级各类社会体育指导员目前已近32万人。去年，参加全民健身周活动的群众

达到 3.5 亿人次，"全国亿万青少年健身展示活动"和"全国亿万老年人健身展示大会"效果很好，一些地区开展的假日体育、公园体育、广场体育活动深受群众欢迎。成功地举办了第七届全国少数民族传统体育运动会和第六届全国残疾人体育运动会。

竞技体育成绩斐然，我国体育健儿有创新佳绩。去年，我国运动员参加世界三大赛中，共在 17 个项目获世界冠军 87 个，9 人 1 队 19 次创 16 项世界纪录。其中射击、举重、体操、乒乓球、羽毛球、柔道、跳水、短道速滑等我国传统优势项目，共获得 55 个世界冠军。在国内举办了第五届全国城市运动会和第十届全国冬季运动会，共有来自全国各省、自治区、直辖市以及港、澳、台在内的 78 个代表团（队）的 6648 名运动员参加决赛。这是北京成功申办 2008 年奥运会后，我国首次举行的以青少年为参赛主体的综合性运动会，达到了检阅队伍、锻炼队伍、发现和培养竞技体育后备人才的目的。全面部署 2004 年雅典奥运会和 2008 年北京奥运会备战工作，制定奥运争光计划实施方案和高层次体育人才培养计划。目前，雅典奥运会已经获得 17 个大项、126 个小项的参赛资格。迎战 2008 年北京奥运会，已有部分项目着手抓二线队伍，培养年轻选手。

大力发展体育产业，加强体育产业政策研究和体育法规制度建设。制定了《关于加快体育产业发展的若干意见》，形成了《关于发展全民健身服务业的建议》，对发展体育产业起到重要的指导作用。加强体育市场监管工作，进一步规范体育彩票发行的管理工作，切实加强对体育彩票公益金使用的监督检查。去年 10 月在北京举行的中国国际体育用品博览会，吸引了参展厂商和企业 650 家，有 24 个国家和地区的多个国际知名品牌参展，参观人数达到 12 万人。围绕体育工作重点领域进行体育法规制度建设。去年 8 月 1 日起施行的《公共文化体育设施条例》，有效解决长期以来存在的体育设施总量不足、布局不合理、开放利用率低、侵占破坏现象屡禁不止等问题。《反兴奋剂条例》的颁布，将有利于打击和遏制使用兴奋剂行为和端正赛风。

六、大力实施可持续发展战略，
坚持不懈地抓好人口资源环境工作

稳定现行计划生育政策，进一步做好人口与计划生育工作。继续贯彻落实

《人口与计划生育法》，抓好控制人口数量，稳定低生育水平，提高出生人口素质。重点做好农村特别是中西部地区农村计划生育工作，积极开展救助计划生育困难家庭活动，在宁夏等地开展"少生快富"试点工作。加强城市社区计划生育工作，开展流动人口计划生育管理和服务改革调研，加快建立适应改革和发展需要的工作机制。深入开展"婚育新风进万家"活动，启动"关爱女孩行动"，倡导男女平等、少生优生的社会新风，有效遏制出生人口性别比升高的势头。重视和加强人口发展战略研究，着手制定全国人口和计划生育"十一五"发展规划。特别是在抗击非典的斗争中，全国计划生育系统依靠健全的信息网络，在疫情统计和监测、宣传防治非典知识等方面发挥了重要作用。

以治理整顿土地市场秩序为重点，加强国土资源保护和管理。根据中央的统一部署，着力解决一些地方违法违规乱设开发区、大量圈占土地等问题。全国共清理各类开发区 6015 个，现已撤销 2426 个、整合 294 个。全国共查处土地违法案件 16.8 万件，对有关责任人进行了严肃处理。实行最严格的基本农田保护制度，严禁各类建设违法占用基本农田，切实保护和提高粮食生产能力。积极推进土地复垦开发工作。农业地质调查迅速展开。在全国 19 个城市开展征地制度改革试点取得初步成效。努力为重点工程建设提供服务，资源调查评价取得重要成果。矿产资源管理继续加强，各地查处非法勘察开采、非法转让矿权的行为 2 万多起。重视地质环境保护工作，地质灾害监测预防取得新进展。颁布实施《全国海洋经济发展规划纲要》，省级海洋经济发展规划编制工作全面展开。

加强环境保护和生态建设，全国生态环境质量形势整体稳定。在抗击非典期间，采取紧急措施对医疗废水和垃圾排放、处置严加监管，并完成了计划投资 150 亿元的全国危险废物和医疗垃圾处置设施建设规划，组织示范工程建设。重点流域区域城市污染治理取得进展，特别是太湖流域"十五"水污染防治计划 90% 的工程项目基本完成；三峡库区废物清库和二期蓄水规划治理项目顺利完成；北京等一批重点城市的空气质量明显好转。国家出台了促进燃煤电厂脱硫政策，为"两控区"污染治理创造了条件。完成了全国生态环境调查、西部 12 省区生态功能区划，国家级生态功能保护区建设试点全面启动。巩固和扩大退耕还林成果，加强天然林保护和荒漠化治理，实施天然草原退牧还草工程。在重点行业开展清洁生产，在一些开发区、工业集中区建立了 10

个生态工业示范园区，循环经济试点工作取得新进展。颁布实施《放射性污染防治法》、《医疗废物管理条例》，进一步加强环境法制建设。

切实搞好水资源管理和保护，全面推进可持续发展水利。去年，我国淮河发生了新中国成立以来仅次于 1954 年的流域性大洪水，黄河支流渭河和长江支流汉江出现多年不遇的秋汛，也发生了较大洪水。在党中央、国务院领导下，夺取了防汛抗洪的全面胜利，防灾减灾和灾后重建工作有序进行。国务院成立了南水北调工程建设委员会，南水北调工程的各项前期工作不断深入。"十五"重点水利工程建设顺利进行，重点江河流域治理取得新进展，病险水库除险加固力度进一步加大。三峡工程实现水库初期蓄水、双线五级船闸试通航、左岸电厂 6 台机组并网发电三大目标，三峡工程建设取得了决定性胜利。加大了农田水利基本建设、防治水土流失工作力度，加大了农村人畜饮水解困、灌区节水改造和节水灌溉示范项目建设力度，积极推进牧区水利建设。节水型社会建设试点初见成效，水资源管理与保护得到加强。

回顾和总结过去一年的工作，我们既要看到社会事业发展取得的成绩，又要看到社会事业发展相对滞后的矛盾仍然十分突出。在全面建设小康社会和整个现代化过程中，必须树立和落实科学的发展观，始终坚持国以民为重、法以人为本，更加注重履行政府的社会管理和公共服务职能，统筹经济与社会、城市与农村、东部与中西部地区、人与自然的协调发展，不断提高人民群众的物质生活、文化生活和健康水平。这是应该长期坚持的重大指导方针，并要切实贯彻体现在政府各项工作中。

（2004 年 3 月）

加快转变政府职能

党中央、国务院历来高度重视行政体制改革和政府职能转变。改革开放以来，我国先后进行 5 次大的行政体制改革，都收到了比较明显的成效。政府职能转变取得重大进展，政企分开迈出重要步伐，政府机关与所办经济实体和所管理的直属企业脱钩；以经济手段和法律手段为主的宏观调控体系初步建立，撤销专业经济部门，加强市场监管部门；实行定职能、定机构、定编制，大幅度精减部门和人员；创新政府工作方式和方法，行政效率明显提高。特别是本届政府组成后，三次修订的《国务院工作规则》，对全面履行政府职能，加强国务院及其各部门自身建设提出明确要求。去年 3 月，国务院发布的《全面推进依法行政实施纲要》，对转变政府职能、深化行政体制改革做出具体规定，并把它作为建设法治政府的重要目标之一。国务院下发通知、召开会议，对实施好《中华人民共和国行政许可法》作出部署，尤其是加快行政审批制度改革，大量减少行政审批事项。这三件大事，对转变政府职能、规范政府行为起到了促进作用。

经过多年努力，在建立和完善社会主义市场经济体制过程中，我们在深化行政管理体制改革和转变政府职能方面取得了很大进展，我国已经初步建立起适应市场经济体制需要的行政管理体制。但必须清醒地看到，政府职能"错位"、"越位"和"缺位"的现象不同程度的存在，仍然管了许多不该管、管不了、实际上也管不好的事；政府组织结构及其权利、职责配置还不尽科学，职能交叉、相互扯皮现象严重；有些地方政府沿袭计划经济体制下形成的传统观念和做法，过多地承担了投融资主体的角色等。这种状况，不适应完善社会主义市场经济体制的要求，不适应加入世界贸易组织后新形势的要求，不适应建设法治政府和现代政府的要求，必须从根本上加以改变。

我国已经进入经济社会发展的新阶段，努力建设人民群众满意的政府势在必行。党的十六大报告中指出："进一步转变政府职能，改进管理方式、推行电子政务、提高行政效率、降低行政成本，形成行为规范、运转协调、公正透明、廉洁高效的行政管理体制。"党的十六届三中全会和四中全会，都为加快转变政府职能和深化行政管理体制改革指出明确的方向，这是当前和今后时期政府建设的一项重大任务。

一、深化政府机构改革

精兵简政和优化政府组织结构，不仅是机构改革的重要任务，也是转变政府职能的关键环节。要继续按照精简、统一、效能的原则，调整和完善政府机构设置，理顺政府部门职能分工，提高政府管理水平，解决行政管理体制中的一些突出矛盾和问题。政府职能和行政机构设置，要体现决策、执行、监督相协调的要求，实行政策和规则制定、行政执法、纠纷解决、行政监督四类职能和机构的适度分离，调整政府组织机构，合理配置机构职责。既要适当分工、互相制约，也要提高效率、互相配合，确保政令畅通。要继续在不断总结经验的基础上，逐步健全行政组织立法，实现政府职责、机构和编制的法定化，从制度上保证政府机构设置和职能分工的科学化、规范化。

我国国家大，情况复杂，各地经济、文化发展不平衡，坚持中央统一领导下，充分发挥地方积极性十分重要。要按照宪法和其他相关法律的有关规定，合理划分中央和地方政府在经济调节、市场监管、社会管理和公共服务方面的管理责权，逐步理顺在财税、金融、投资和社会保障等领域的分工和职责。国防、外交、货币制造与发行、宏观经济调控、国家经济安全，以及属于全国性和跨省的事务应由中央统一管理或垂直管理，以保证国家法制统一、政令统一和市场统一。地方政府应当更多地承担起本行政区域的经济社会事务区域公共服务责任，根据法律授权分级自主管理经济结构调整、城市管理、教科文卫体等公共事务，整合行政资源、提高行政效率、降低行政成本。属于中央和地方共同管理的事务，如民政、人事、劳动、计划生育等，可由中央政府以法律形式统一规范，地方政府具体实施。但要区别不同情况，明确各自的管理范围，分清主次责任。特别要加强对社会热点问题涉及的行政体制和运行机制的研究，重点是调整完善应急管理体制，提高保障公共安全和处置突发事件的能力；完善安全生产、公共卫生安全、食品安全等监管体制、机制、责任和职能分工；落实国务院关于严格土地管理的规定，完善省以下土地管理体制，研究建立国家土地督查制度等。

近几年来，中央和省、市、县政府机构改革成效显著。要巩固现有成果，总结历史经验，解决存在问题，加强行政体制改革的总体研究。中央决定，今后几年要加快推进乡镇机构改革，重点是合理界定乡镇机构职能，逐步精简机构和财政供养人员。要围绕农村税费改革的总体要求，按照5年内乡镇机构和人员只增不减的目标，针对各地的不同情况，开展分类指导，推广成功经验，扩大试点范围，通过行政、经济、法律等手段确保控制人员的各项措施落实到位。

今年将要积极推进事业单位改革。目前，全国各类事业单位共有100多万个，人员编制总数2000多万，是一个庞杂的机构群体。事业单位改革的基本思路是，以科学分类为基础，建立服务体系健全、公益目标明确、投入机制合理、监督机制完善、治理结构规范、微观运行高效的事业单位管理体制和运行机制。同时，要依法规范行政机关对事业单位的授权行为，特别要防止把政府不该管的事、不应有的管理权和收费权变相转移、变相管理、变相收费。这既有利于最大限度地调动事业单位人员的积极性，也有利于推动我国经济和社会事业健康发展。

二、全面履行政府职能

转变政府职能并不意味削弱政府管理，该政府管的事一定要依法行使权力、履行职责、坚决管好。在社会主义市场经济条件下，政府的主要职能是经济调节、市场监管、社会管理和公共服务。经济调节，就是对社会总需求和总供给进行总量调控，并促进经济结构调整和优化，保持经济持续快速协调健康发展。市场监管，就是依法对市场主体及其行为进行监督和管理，维护公平竞争的市场秩序，形成统一、开放、竞争、有序的现代市场体系。社会管理，就是通过制定社会政策和法规，依法管理和规范社会组织、社会事务，化解社会矛盾，调节收入分配，维护社会公正、社会秩序和社会稳定。公共服务，就是加强城乡公共设施建设，发展社会就业、社会保障服务和教育、科技、文化、卫生、体育等公共事业，为社会公众提供优质高效的公共产品和服务。这四个方面，是党中央、国务院在总结历史经验教训、合理借鉴国外经验的基础上，结合我国的具体国情对政府职能做出的定位。

过去，各级政府在经济调节方面积累了许多经验，近些年来市场监管方面也在逐步加强。现在，我国已经进入全面建设小康社会和推进现代化建设的新阶段，为了适应建设社会主义市场经济体制的要求，必须在进一步改进经济调节和市场监管的方式方法的同时，要更加注重履行社会管理和公共服务职能，这是政府工作中的薄弱环节。按照全面、协调、可持续的科学发展观要求，各级政府要把财力、物力等公共资源更多地向社会管理和公共服务倾斜，各级领导干部的精力要更多地放在促进社会事业发展和建设和谐社会上。

在经济调节方面，行政机关应当根据经济和社会发展的需要，依照职权和程序对经济进行调解，所采取的措施和手段要遵循市场规律、符合法律规定。要用市场经济手段，抓好生产、流通、消费和分配等国民经济四大环节，统筹考核促进经济增长、增加就业、稳定物价和保持国际收支平衡四大指标。政府公共服务职能与国有资产出资人职能要彻底分开，建立科学的国有资产管理体制，实现管资产与管人、管事相结合。要严格限制政府直接投资的范围，加强对政府投资行为的监督管理，取消对社会投资的不必要限制。特别要加快投资体制改革，按照谁投资、谁决策、谁收益、谁承担风险的原则，确立企业的投资主体地位。

在市场监管方面，行政机关应当依法履行依法市场监管职能，完善发现违法行为的预警机制，公正执法、严格执法。市场经济是竞争、自主、开放的经济。市场监管的目的是维护市场秩序，防范市场风险，消除不正当的竞争，其自身的公正性、有效性尤为重要。政府要公平地保护各类知识产权，保障所有市场主体平等的法律地位和平等的发展权利，保持所有商品、服务和各种生产要素在全国范围内自由流通。要加强对垄断行业的监管，打破部门保护、地区封锁和行业垄断，主要通过规划和政策指导、信息发布以及规范市场准入，引导社会投资方向，抑制无序竞争和盲目重复建设。需要强调的是，行政机关履行市场监管职能，不得执法扰民，不得非法干预企业和个人的法定经营自主权。

在社会管理方面，要把完善社会管理体制，健全处理新形势下人民内部矛盾和各种社会矛盾的有效机制、社会治安综合治理机制、城乡社区管理机制等摆上重要位置，促进社会稳定和全面进步。当前，特别要加快建立健全应急管理体制，提高政府保障公共安全和处置突发事件的能力。国务院对此高度重视，组织有关部门经过一年来的努力，全国应急预案编制工作基本完成，初步形成了国家应急预案体系，包括 1 件总体预案，25 件专项预案，80 件部门预案，基本覆盖了我国经常发生的突发公共事件的主要方面。省级突发公共事件总体应急预案的编制和报备工作已经完成。许多市、区（县）也制定了应急预案。有些预案在应对突发事件中已经发挥了作用。

在公共服务方面，要大力推进教育、卫生、科技、文化等各项社会事业发展，不断完善和实施公共政策，扩大就业和提供社会保障，关心和帮助城乡困难群体；健全政务、办事和信息等公共服务系统等，为社会公众生活和参与经济、政治、文化活动提供保障和创造条件，努力建设服务型政府。特别要坚决纠正一些地方变卖公共教育和公共卫生资源的错误做法，高度重视做好推进农村社会事业发展，健全公共财政体系，逐步建立统一、公开、公平、公正的现代公共服务体制，全面提高人民的物质生活、文化生活和健康水平。

三、大力推进政企分开

这是政府职能转变的根本要求和前提。关键是坚决实行政企分开和政事分开，进一步理顺政府与市场、政府与社会、政府与公民的关系，真正把政府不该管、管不了、实际上也管不好的事，下决心都交给企业、市场、社会组织和中介机构，更大程度地发挥市场在资源配置中的基础性作用，增强企业和整个经济社会的活力与效率。这将改变原来的政府权力对社会经济生活和公民个人生活过度干预的做法，确立市场优先地位，培育社会自律机制，使政府行为真正实现法治化、规范化、理性化。去年国务院发布的《全面推进依法行政实施纲要》，提出推进政企分开、政事分开的三条基本原则，要深入学习领会和认真贯彻落实。

第一，凡是公民、法人和其他组织能够自主解决的，政府就不必干预。国家权力与公民、法人和其他组织权利的界分是现代社会要解决的一对矛盾。随着生产力水平不断提高，生产资料社会化程度不断提高，社会自我管理能力不断提高，需要重新合理界定。此外，我国正处在经济和社会的转轨期，经济成分、组织形式、就业方式和分配方式等逐渐多样化，社会利益格局和社会阶层结构正在发生深刻的变化。传统行政管理体现的是政府全能主义和权力本位思想，严重影响了公民、法人和其他组织的积极性和创造性。适应形势发展和时代进步，在政府管理与公民、法人和其他组织的关系上，注重听取公民、法人和其他组织的意见，依法保障和充分尊重行政管理相对人的权益，不断增强全社会的创造活力。

第二，凡是市场机制能够自行调节的，政府就不必干预。政府和市场都对社会资源配置和利益关系调节产生作用，但方式绝然不同。按照市场的信号主要是价格信号对有限的社会资源进行合理配置，比按照国家指令性计划进行的配置具有更高的效率；由市场通过价格涨落提供的社会需求信号，比任何发布指令的计划部门更加及时准确。政府主要通过各种宏观调控手段，有效调节经济运行，解决市场失灵问题。"看得见的手"和"看不见的手"良性互动，从而使各个经济活动主体能够按需生产、经营和服务，避免资源严重浪费和损失。提高驾驭社会主义市场经济能力的最基本要求，就是政府在制定发展战略、方针政策和领导经济工作时，一定要按照市场规律和科学规律办事，推动社会主义市场经济快速健康发展。

第三，凡是社会组织能够自律管理的，政府就不必干预。由于长时期的集权历史和行政至上的管理理念，我国社会自治功能不健全，政府官员自认为是老百姓的"父母官"，老百姓有事直接找政府。现代政府要求政府与公民之间要有一个健全的社会自我管理层，沟通政府与社会各方面之间的联系，保证政府与社会各司其职、各负其责，架起一座联系畅通的桥梁和纽带。目前，我国的社会组织不健全，社会功能不完善，许多公民的各种公益性需求得不到全面满足。必须按照以人为本的要求，加强和改进对社会组织的管理和监督，完善社会化服务网络，努力形成社会管理和社会服务的合力，形成社会保险、社会救济、社会福利和慈善事业相衔接的社会保障机制，积极培育和充分发挥各类社会组织提供服务、反映诉求、规范行为的作用。

这三条基本原则真正落到实处，一定要继续深化行政审批制度改革。这是行政管理体制改革的重要内容，也是政府职能转变的具体体现。近两年来，为了确保行政许可法的顺利实施，国务院加大了清理和减少行政审批事项的力度，目前国家机关各部门的审批事项已减少48.9%。随着政府职能转变逐步到位，各类社会组织和中介机构不断发育，还要减少行政审批。行政许可法对行政许可的设定范围、设定权限、实施程序、经费保障和监督检查等方面都作了明确的规定。今后，凡是公民、法人或者其他组织能够自主决定的，凡是市场机制能够自行调节的，凡是社会组织能够自律管理的，就不要搞行政审批，特别是已经取消的行政审批不能再恢复，改变过去以批代管、只批不管、重审批轻服务的做法。这必将有效规范和监督各级行政机关的共同行为，保障公民、法人和其他组织的合法权益，维护公共利益和社会秩序。

四、转变政府管理方式

我国传统的行政管理方式，是以直接的、微观的、权力导向性管理为特征。这种行政管理方式，在我国经济和社会发展过程中曾发挥过重要作用。近些年来，各级政府适应深化经济体制改革和加入世界贸易组织的新形势，坚定不移地稳步推进政府机构改革，在转变政府管理方式上取得显著进步。但长期计划经济体制下形成的体制性弊端，不是一朝一夕就能解决的，在有的地方和部门表现的仍然十分突出。在发展观念上，重经济增长，轻社会发展，特别是忽视农村经济与社会全面、协调、可持续发展；在政府职能上，直接干预过多，运行成本过高，市场机制的作用得不到有效发挥；在决策方法上，违反科学民主程序，公众参与度和透明度不高；在工作作风上，存在重管理轻服务现象，办事程序繁琐，行政效率低下。解决这些问题的根本出路，就是转变政府的管理理念、管理职能和管理方式。在直接管理和间接管理之间，重在间接管理；在静态管理和动态管理之间重在动态管理；在事前管理和事后监督之间，重在事后监督；特别要寓服务于管理之中，避免强调政府管理，忽视政府服务。

一要改进经济管理方式。这是提高政府领导经济工作能力的迫切要求。所有政府工作人员特别是领导干部要深刻认识和正确把握社会主义市场经济的内在要求和运行特点，增强全面落实科学发展观的意识和能力，增强按市场经济规律管理经济的意识和能力，增强按国际通行规则办事的意识和能力，增强主要运用经济、法律手段调节经济运行的意识和能力。各级政府要抓经济发展，但不能包办企业投资决策，不能代替企业招商引资，不能干预企业正常的生产经营活动。要彻底改变计划经济体制下形成的直接干预微观经济活动的做法，彻底改变主要用行政手段管理经济的方式方法，着力为市场主体服务和创造良好发展环境。要研究制定国民经济和社会发展规划并认真实施，完善财政、税收、信贷、投资、分配等方面的政策措施，正确引导经济社会发展。要正确处理市场机制和宏观调控的关系，全面准确评价市场经济活动效果，促进国民经济充满活力、富有效率、健康运行。要正确处理改革发展稳定的关系，协调和处理好各种利益关系，把握好改革措施出台的时机和节奏，充分调动和切实保护好各方面发展经济的积极性、主动性和创造性。

二要创新行政管理方式。提高行政效率，降低行政成本，改进行政质量，是转变政府职能的重要途径。要重点抓好三个环节：一是大力推行政务公开。要使政务公开成为各级行政机关施政的一项基本制度，贯穿行政权力运行的全过程。乡镇、县级政务公开要抓好巩固和提高，进一步规范和完善公开的内容、方式、程序和监督保障措施，不断提高政务公开的质量和水平。市（地）级行政机关要借鉴乡镇、县级政务公开工作经验，结合实际妥善解决工作中遇到的重要问题，全面推行政务公开。省部级行政机关要积极推行政务公开，并加强对本系统、本地区政务公开工作的规划和指导。学校、医院以及水、电、气、公交等公用事业单位要全面实行办事公开制度，把群众关心的、涉及群众切身利益的问题作为办事公开的切入点，务求取得实实在在的效果。二是加快电子政务建设。要从基础设施、技术开发、人员培训和安全保障等方面入手，推进政府上网工程的建设和运用，扩大政府网上办公的范围，政府部门之间应尽快做到信息互通和资源共享。要特别注意防止各自为政、搞重复建设，防止贪大求全、做表面文章。当前，要重点开展政务信息、行政审批、社会保障、文教卫生、环境保护和防伪打假等政务信息公开服务，提高政府工作透明度，方便广大人民群众。三是完善基层群众性自治组织，发挥城乡社区自我管理、自我服务的功能。还要发挥行政规划、行政指导、行政合同、行政协调等非强制性方式的作用，探索对经济和社会事务管理的新途径。

三要坚持科学民主决策。这是转变政府管理职能、管理方式的重要环节，也是做好政府工作的前提。我们正处在经济全球化、信息化迅速发展的时代，我国又是一个发展中的大国，经济社会发展和改革开放的任务很重，地区发展差异很大，新情况新问题层出不穷，坚持依法决策、科学决策、民主决策至关重要。近两年，国务院组织各方面专家已经完成和正在进行一些事关全局的重大战略问题的研究，今年还将就国民经济和社会发展的一些重大课题，组织有关专家进行研究论证。同时，要求各级政府都要把科学民主决策作为一项基本工作制度，长期坚持下去。要进一步完善公众参与、专家论证和政府决策相结合的决策机制，明确决策机关的权限和程序。一是对所有重大决策，都要在深入调查研究、广泛听取各方面意见、进行充分论证的基础上，由集体讨论决定。二是对综合性、全局性的重大问题，要组织跨学科、跨部门和跨行业的专家研究论证。三是对涉及面广、政策性强的决策事项，要举行论证会、座谈会等多种形式的专家咨询。四是对与群众利益密切相关的重大决策，要实行社会公示和社会听证，提高决策的透明度和公众参与度。五是对不依法定权限、违反法定程序造成损失的决策行为，要严肃追究责任。各级领导同志要深刻认识到，行政机关掌管着很大的权力和社会资源，决策稍有不慎就会造成严重损失。一定要牢固树立一切从实际出发，坚持按经济规律和科学规律办事，善于听取各方面的意见特别是不同意见，保证决策的科学性、民主性和正确性。

加快转变政府职能，是深化行政管理体制改革的重要内容，是完善社会主义市场经济体制的客观需要，也是贯彻落实党的十六大和十六届三中、四中全会精神的重要举措。各级政府必须努力按照宪法和法律的要求，履行与经济社会发展相适应的职能，形成行为规范、运转协调、公正透明、廉洁高效的行政管理体制，为促进改革开放和现代化建设提供组织保障。

（2005 年 3 月）

建设规范化服务型政府的思考

　　建设规范化服务型政府，是建设法治政府的重要内容，至关重要的是推进依法行政、转变政府职能。国务院历来高度重视这方面的工作。新一届政府组成一年多来，在这方面先后抓了三件大事。第一件是本届政府成立伊始就及时修订了《国务院工作规则》，突出强调了实行科学民主决策、坚持依法行政和加强行政监督三条基本准则，采取了一系列有针对性的措施，取得了明显成效。国务院正在进一步修改和完善这个规则。第二件是提请人大审议通过并颁布《中华人民共和国行政许可法》，将于今年7月1日起正式施行。国务院去年9月底发出《关于贯彻实施〈中华人民共和国行政许可法〉的通知》，12月初下发了《关于贯彻实施行政许可法的工作安排意见》，并于今年1月召开专门会议进行部署。第三件是今年3月国务院发布了《全面推进依法行政实施纲要》。这个《纲要》以邓小平理论和"三个代表"重要思想为指导，明确提出了今后十年全面推进依法行政和建设法治政府的指导思想和目标、基本原则和要求、主要任务和措施。这些推进依法治国、建设社会主义政治文明的重大举措，充分表明了国务院全面推进依法行政、努力建设法治政府的决心，对当前和今后一个时期政府建设和政府工作具有重大指导作用。

　　第一，推进依法行政、建设法治政府势在必行。党的十一届三中全会以来，我国社会主义民主与法制建设取得了显著成绩。党的十五大在总结历史经验的基础上，确立了依法治国、建设社会主义法治国家的基本方略，九届全国人大二次会议将其载入宪法。党的十六大和十六届三中全会把依法治国、依法行政，作为全面建设小康社会、完善社会主义市场经济体制的重要任务。依法治国要求国家是法治国家，社会是法治社会，政府是法治政府。在全面建设小康社会新的发展阶段，政府工作任务繁重而艰巨。《纲要》系统地总结了近年来推进依法行政的基本经验，认真分析了当前存在的问题，从立党为公、执政为民的高度阐述了建设法治政府的重要性、必要性和紧迫性。推进依法行政、建设法治政府，是贯彻"三个代表"重要思想，维护人民群众利益的本质要求；是适应改革开放新形势，完善社会主义市场经济体制的迫切需要；是加强政府自身建设，提高执政能力的根本途径；是落实依法治国方略，推进社会主义民主法制建设的重要内容。归结起来，依法治国最根本的是依宪治国；依宪治国最根本的是依法行政。

第二，推进依法行政、建设法治政府的重点是依法治官、治权。一个国家、一个社会能不能走向法治，能不能实现全体公民守法，最重要的是政府官员带头守法。《纲要》提出了建设法治政府七个方面的目标和推进依法行政的六条基本要求。概括起来就是三句话：职权法定、程序正当、监督有效。职权法定，就是行政职权来自法律，任何人都要受制于法，而没有凌驾于法律之上、超越于法律之外的特权。程序正当，就是行政行为应当遵守法定程序，依法实行科学民主决策，依法管理国家和社会事务。监督有效，就是行政违法必须承担法律责任，一切行政权力都要受到法律的约束，绝不能以权代法、以权压法、以权乱法。我国行政机关承担着广泛而繁重的管理任务，负责实施绝大部分法律法规。只有推进依法行政、建设法治政府，才能使行政权力授予有据、行使有规、监督有力，做到依法"治"官而不是治民，依法"治"权而不是治事，防止行政权力的缺失和滥用，杜绝执法犯法和徇私枉法，更好地履行宪法和法律赋予我们的职能。

第三，推进依法行政、建设法治政府的核心是保护公民权利。一切为了人民是建设法治政府的出发点和归宿。我们的国家是人民当家作主的国家，我们的政府是为人民服务的政府，我们的社会主义法治是人民的法治，我们的行政权力都来源于人民。必须树立人民主权、法律至上、以人为本的观念，对人民负责，受人民监督，确保人民赋予的权力真正用来为人民谋利益。推进依法行政、建设法治政府，首要的是摆正政府与人民的关系，政府是为了人民而存在，不是人民为了政府而存在。对政府而言，"法未授权不可为"；对公民而言，"法未禁止即可为"。《纲要》规定的一系列制度，都是为了维护最广大人民的根本利益，为了保障最广大人民依法享有各项权利和自由。所有政府工作人员都要正确对待和运用手中的权力，克服官僚主义和杜绝腐败现象，防止由人民的"公仆"变成人民的"主人"。特别要合理行使自由裁量权。行政机关需要享有一定的自由裁量权。因为现实生活中总是法条有限、事理无穷，客观上为行政机关留下了自由裁量的空间。但是，自由裁量不是任意裁量，对这种权力也要有规范、讲程序。行政机关行使自由裁量权，一定要做到合理行政，防止滥用职权。

第四，推进依法行政、建设法治政府必须坚持立法、执法和监督并重。社会主义市场经济是法制经济、信用经济，完善社会主义市场经济体制要有完备的法制来保障。随着改革开放的不断深入，我国已经进入了经济社会转型、体制改革攻坚的关键时期，许多深层次的矛盾和问题需要依靠法治加以解决。特别是加入世贸组织后，不仅要求我们按照市场经济规律办事，也要求我们按照国际通行规则办事。推进依法行政、建设法治政府，立法是基础，执法是关键，监督是保障，《纲要》用了几章对此作了充分论述。政府立法工作要立足于遵循经济社会发展规律，适应经济社会发展的需要；立足于体现大多数人民的意愿和利益，充分调动人民群众的积极性、主动性和创造性；立足于有效实现权利与义务的统一，公平与效率的统一；立足于妥善处理法律、法规和规范性文件之间的关系，维护国家的法制统一和政令畅通。国务院在继续加强经济调节、市场监管方面立法的同时，更加重视社会管理、公共服务方面的立法，高度重视人民群众关注的热点、难点问题的立法。今年内争取出台的立法项目有37件，正在抓紧研究、待条件成熟适时出台的立法项目还有96件，包括政府行政法规和提交人大审议的法律议案。严格执法、公正执法、文明执法，至关重要的是从体制、机制和队伍建设等方面入手，坚持有法可依、有法必依、执法必严、违法必究，纠正重实体、轻程序和重权力、轻权利的倾向，既不能失职不作为，又不能越权乱作为，特别要防止执法时紧时松、时热时冷，领导批示才管理、领导不批示不管理的行为。行政监督的实质是人民监督。行政权力脱离人民的监督必然导致权力的滥用和腐败。必须依法运用权力、依法监督权力、依法制约权力，克服不同程度存在的"软监督"、"虚监督"和"漏监督"现象，做到有权必有责、用权受监督、侵权须赔偿、违法要追究。

第五，推进依法行政、建设法治政府有利于转变政府职能。本世纪头20年，是一个必须仅仅抓住并且可以大有作为的重要战略机遇期，实现经济社会全面、协调、可持续发展，对转变政府职能、提高执政能力提出了更高的要求。改革发展稳定的任务越是繁重，越要推进依法行政；经济社会生活中的矛盾越是突出，越要坚持依法办事。《纲要》在这方面也作出了一系列制度安排。推进依法行政、建设法治政府，可以促进各级政府树立和落实科学的发展观，全面履行经济调节、市场监管、社会管理和公共服务职能，全面考核经济增长、增加就业、稳定物价和国际收支平衡指标，全面提高人民群众的物质生活、文化生活和健康水平，全面带动全社会尊重法律、遵守法律、维护法律。需要强调的有三点：一是依法界定政府与企业、政府与市场、政府与社会的关系，充分发挥市场在资源配置中的基础性作用，进一步解放和发展社会生产力。二是要积极创造条件，要加快推进电子政务建设，提高政务信息化、办事公开化、服务网络化水平，让社会组织、企业和公民更广泛地参与公共事务管理。三是抓紧制定和完善突发公共事件应急预案，建立健全各种预警和应急机制，及时妥善处理各种突发事件，提高政府社会管理水平和应对公共危机的能力。

总之，推进依法行政、建设法治政府，是一项事关全局、事关长远的系统工程，是各级政府当前和今后一个时期重大而紧迫的任务。各级政府研究室是为领导同志决策服务的部门，肩上的担子是很重的。我们社会发展司人少、面宽、事多，深感责任重大。在工作中，应力求立足我国现阶段的基本国情，学习和借鉴国外的有益经验，注重探索全局性、战略性和前瞻性问题，注重提高文稿的准确性、鲜明性、生动性，注重研究成果体现时代性、把握规律性、富有创造性。

(2004 年 6 月)

转变经济发展方式必须加快调整经济结构

转变经济发展方式，是我们党科学总结我国改革开放伟大历史进程的宝贵经验，在新的时代条件下继续推进全面建设小康社会和社会主义现代化，所提出的一项刻不容缓的重大历史任务。深刻认识转变经济发展方式的重要性，关键是把握"一个始终不渝"和"四个坚定不移"。

"一个始终不渝"，就是始终不渝地坚持以邓小平理论和"三个代表"重要思想为指导，深入贯彻落实科学发展观，毫不动摇地高举中国特色社会主义伟大旗帜，最根本的是坚持中国特色社会主义道路和中国特色社会主义理论体系。在我们这样一个有着13亿人口的发展中国家实现现代化，照搬别国模式不行、封闭僵化不行、改旗易帜更不行，必须独立自主地走出一条适合中国国情的发展道路。我们党在探索这条发展道路的过程中曾经付出过沉重的代价，照搬苏联模式阻碍了我国社会主义制度优越性的发挥，十年动乱使我国经济一度濒临崩溃的边缘，等等。党的十一届三中全会以来，我国在改革开放实践中找到的中国特色社会主义道路，是全体人民摆脱贫困、走向温饱、达到小康和中等发达水平的必由之路，是进一步实现国家富强、民族振兴、社会和谐的幸福之路。在新的起点和实践中加快转变经济发展方式，将使中国特色社会主义道路越走越宽广。

"四个坚定不移"，一是坚定不移地继续解放思想，这是党的思想路线的本质要求，也是转变经济发展方式的一大法宝。改革开放以来，思想大解放带动了生产力大解放，我国经济年均增长9.9%。2009年，国内生产总值达到33.5万亿，约合4.9万亿美元，居世界第三位。农村贫困人口由1978年的2.5亿人下降到2009年的3500万人。但是中国的现代化还有很长的路要走，转变经济发展方式是一个不断解放思想的过程。最重要的是坚持真理标准与人民利益标准的统一，以人民群众拥护不拥护、愿意不愿意、满意不满意、答应不答应为基础。

二是坚定不移地推进改革开放，这是建立充满活力的体制机制的必然要求，也是转变经济发展方式的强大动力。适应经济全球化发展的大趋势，我国在更高层次、更宽领域、更大范围扩大对外开放。2001 年我国加入世界贸易组织是一个重要转折点。到目前，我国已参加 130 多个政府间国际组织，缔结了 300 多项多边条约。2009 年，我国进出口总额 22072 亿美元，其中出口 12016 亿美元，首次超过德国成为世界第一出口大国。在这样的形势下，我们必须继续大胆吸收和借鉴人类社会创造的一切文明成果，创造具有中国特色的先进发展方式，坚决改革一切同生产力发展不相适应的生产关系和上层建筑。

三是坚定不移地推动科学发展，这是实现我国经济社会又好又快发展的内在需要，也是转变经济发展方式的基本要求。中国改革开放以来取得辉煌成就举世瞩目，但我们的增长付出了沉重的代价，能源资源不足和生态环境脆弱的矛盾日益突出。过去的一年，我国原煤消耗量 30 亿吨（占全球煤炭产量的 45.6%），石油消耗量接近 4 亿吨（石油消费的进口依存度已达 52%），粗钢消耗量达到 5 亿吨（占世界粗钢产量近 50%）；化学需氧量排放量、二氧化硫排放量及酸雨面积、二氧化碳排放量均居世界第一；万元 GDP 能耗约为日本的 7 倍、美国的 4 倍、德国的 6 倍。总体上看，我国产品处在全球产业链的低端，以我国企业生产的耐克鞋为例，价格为 200 美元，外国设计者可得到 100 美元，品牌商可得 90 美元，我们的企业所得只有 10 美元，工人工资更低。我国生产一台 DVD 交给外国的专利费是 18 美元，企业只挣 1 美元。这种粗放型增长模式是难以为继的，加快转变经济发展方式势在必行。关键是要全面把握发展的新要求和人民的新期待，科学制定适应时代要求的和人民愿望的大政方针，真正做到发展为了人民、发展依靠人民、发展成果由人民共享。

四是坚定不移地全面建设小康社会，是全国人民的根本利益所在，也是转变经济发展方式的奋斗目标。到 2020 年，实现全面建设小康社会的目标，是全国同步实现小康。我国人口多、底子薄，城乡、区域发展不平衡的矛盾十分严重。去年，我国城镇居民和农村居民收入比为 3.33∶1，东部地区和中西部地区人均 GDP 之比为 2.2∶1。转变经济发展方式，最根本的是坚持以人为本、全面协调可持续的科学发展观，全面推进东中西部地区的经济、政治、文化、社会建设，切实保障全体人民的政治、经济、文化、社会权益，努力建设富强民主文明和谐的社会主义国家。

这"四个坚定不移"，阐明了当代中国发展前进的思想保证、强大动力、基本要求和奋斗目标。深刻理解和坚持做到这"四个坚定不移"对党和国家事业顺利发展的大局至关重要。特别是在应对国际金融危机中，我国加快转变经济发展方式显得更为紧迫。一年多来，面对国际金融危机的严重冲击，党中央、国务院果断决策、及时部署，全面实施并不断完善一揽子计划。这是一个扩大内需、促进经济增长的计划，坚持了保增长与调结构相统一，发展与改革相促进，克服当前困难与着眼长远发展相结合，既是保增长、保民生、保稳定的应急之举，又是远近结合、综合治理、推动中国经济实现科学发展的长远之策。这个一揽子计划包括四个方面：一是大规模的财政投入，包括结构性的减税，这是扩大内需、促进经济增长最主动、最直接、最有效的措施。二是大范围的实施调整振兴产业规划，这是促进产业优化升级和经济可持续发展的重大任务。制定了汽车、钢铁、造船、石化、轻工、纺织、有色金属、装备制造、电子信息、现代物流十大重点产业调整和振兴规划，明确了76项工作任务和120项措施。三是大力度的科技支撑，这是培育新的经济增长点、提高国民经济整体竞争力的重大举措。大飞机、极大规模集成电路制造装备及成套工艺和高档数控机床等16个重大科技专项全面实施。四是大幅度的改善民生，这是保持经济社会和谐稳定发展的根本出发点和落脚点。重点解决人民群众最关心、最直接、最现实的利益问题。一揽子计划的四个方面是一个统一体，构成了我们国家应对金融危机的一整套系统有效的方案。

在全国人民迎难而上、共同努力下，我国在全球率先实现了经济回升向好。去年国内生产总值比上年增长8.7%（世界经济增长3.9%。发达国家2.1%，美国2.7%，欧元区1%，日本1.7%。发展中国家6%，印度7.7%，俄罗斯3.6%，巴西4.7%）；财政收入6.85万亿元，增长11.7%；粮食产量53082万吨，再创历史新高，实现连续6年增产；城镇新增就业1102万人；城镇居民人均可支配收入17175元，农村居民人均纯收入5153元，实际增长9.8%和8.5%。取得这样的成绩来之不易。今年上半年，国内生产总值同比增长11.1%；规模以上工业增加值增长17.6%。全国财政收入4.3万亿，同比增长

27.6%，前5个月规模以上工业企业利润增长81.6%。社会消费品零售额同比增长18.2%，汽车销量达到901.6万辆；国内旅游收入增长20%。居民消费价格同比上涨2.6%，其中翘尾因素为1.4，物价总水平保持稳定。

今年以来经济社会发展取得显著成绩，但面临的国内外环境仍然错综复杂。从国际环境看，依然存在较多不稳定不确定因素。世界经济在缓慢复苏，但将是一个长期复杂的过程，国际金融危机影响的严重性和经济复苏的曲折性都超过了人们的预期。美国和日本经济恢复较快，今年一季度经济环比折年率分别增长2.7%和5%；德国、法国经济虽持续恢复，但欧元区整体回升势头较弱，环比仅增长0.2%。印度、巴西等新兴经济体增速明显高于发达国家。复苏程度不同导致政策取向出现分化；主要发达国家可持续增长动力不足，新兴经济体通胀压力普遍增大；欧洲一些国家主权债务危机问题凸现，政府债务接近GDP的100%或超过100%。同时全球主要货币汇率大幅波动，主要股市剧烈动荡，原油、铜、铁矿石等能源原材料价格高位震荡；贸易和投资保护主义抬头，应对气候变化挑战严峻。我国面临的国际环境相当复杂。

这次国际金融危机爆发后，各国都在反思经济发展方式和发展道路。中央历来重视转变经济发展方式问题。早在20世纪80年代，就提出要把全部经济工作转到以提高经济效益为中心，从粗放经营为主逐步转到集约经营为主的轨道。90年代，中央进一步提出努力提高科技进步在经济增长中的贡献率，加快实现经济增长方式的根本性转变。进入新世纪，中央对转变经济发展方式提出更高要求。党的十七大报告指出，实现未来发展目标，关键要在加快转变经济发展方式、完善社会主义市场经济体制方面取得重大进展。转变经济发展方式，在发展理念上要正确处理快与好的关系，不仅要继续保持国民经济快速发展，而且要更加注重推进经济结构战略性调整，努力提高经济增长质量和效益；在发展道路上要根本改变依靠高投入、高消耗、高污染来支持经济增长，坚持走科技含量高、经济效益好、资源消耗低、环境污染少、人力资源得到充分发挥的中国特色新型工业化道路，实现可持续发展；在发展的国际环境上要主动适应经济全球化趋势，拓展对外开放的广度和深度，提高开放型经济水平，提高经济整体素质和国际竞争力。应着力在调整五个结构方面取得突破。

一是调整投资消费结构。我国总需求构成中，居民消费需求是短板。改革开放以来，我国投资率从1978年的38.2%上升到2008年的43.5%，消费率则从 62.1%下降到 48.6%，其中居民消费率仅为 35.3%。据世界银行统计，20 世纪 90 年代以来，世界各国平均居民消费率保持基本稳定，2007 年高收入国家居民消费率和投资率分别为 62%和 21%；中等收入国家这两个比重分别为 60%和 25%。可见，我国投资率明显偏高，居民消费率明显偏低。在工业化和城镇化加速推进阶段，投资率上升是适应阶段性发展需要的一般规律，但也必须看到转变经济发展方式迫在眉睫。过高的投资率、过低的消费率，将导致产能过剩矛盾，加剧内外经济失衡状况。由于体制性原因的制约，我国劳动力、土地、资源、资金等要素价格不能完全反映市场稀缺程度和供求状况，资源环境也更加难以承载。中国的消费者有量入为出、崇尚节俭的传统习惯，扩大居民消费不同于西方国家的过度消费、负债消费，而且对于改善内外需关系、产业结构优化升级、调整三次产业结构、增强经济内生动力，都具有战略意义。

扩大居民消费需求，关键是增强居民特别是中低收入者的消费能力，进一步拓展包括旅游在内的消费空间，继续实施和完善鼓励消费的财税金融等政策措施，改善消费环境、提高产品和服务质量和档次，加快社会事业发展和社会保障体系建设以增强居民消费预期等。

二是调整内需外需结构。大国的经济发展从来都是以内需为主，我国改革开放以来的实践也证明这一点。1978 年至 2009 年期间，投资和消费两项构成的国内需求占总需求的比重始终在 90%以上；按支出法计算的净出口所占比重在最高年份的 2007 年也仅占 8.9%。这一期间的内需对经济增长的贡献超过 80%，按支出法计算的净出口对经济增长的贡献只有 1990 年达到 50%。有观点用出口占 GDP 的比重即"出口依存度"来衡量外需的作用，并由此得出我国经济增长以外需为主的结论是不准确的。人们经常使用的出口总额/GDP，只是名义出口依存度，而出口增加值/GDP 是真实出口依存度。改革开放以来，我国出口增加值占 GDP 的比重低于 20%。转变经济发展方式，必须统筹国内国际两个大局，内需外需是互补、互促而不是替代关系。这是因为外需可以调节内需波动，可以吸纳更多人员就业，可以提高低收入者收入，大部分外需可以相对节约资源和环境。

推动内需外需协调发展，至关重要的是理顺价格关系，更好发挥市场在资源配置中的基础性作用；深化企业改革，特别要建立风险约束机制；平等对待市场主体，保护投资者的合法权益；加快服务业改革开放，重点推动服务出口；有效使用两种调控手段，市场机制和政府调控适时使用。

三是调整收入分配结构。我国已经建立起与社会主义经济体制相适应的按劳分配为主体、多种分配形式并存的分配制度，对于调整各种经济主体之间的利益关系、调动经济活动参与者的积极性，从资源优化配置、提高经济效率，以至于推动经济社会平稳较快发展，都起到了积极作用。但分配领域存在的问题不容忽视。主要是居民收入在国民收入中的比重下降。2000 年至 2007 年，居民可支配性收入占国民可支配总收入的比重从 65.5%下降到 57.5%，下降 8 个百分点，政府和企业则分别提高 5.2 个和 2.8 个百分点。居民收入的基尼系数 2000 年超过 0.4 的国际警戒线后，到 2008 年扩大到 0.47。有专家学者认为，国际上衡量最低工资的标准有三个：一是最低工资与人均 GDP 的比率，用于解释国家劳动力的价值；二是最低工资标准与平均工资的比率，用于分配的公平情况；三是最低工资的增长率，用于解释国家对低收入群体的关注情况。中国的最低工资是人均 GDP 的 25%，世界平均值为 58%；中国最低工资是平均工资 21%，世界平均值为 50%。而且，世界各国学历对工资影响有限，最高学历工资与最低学历工资比值为 1.7；年龄对工资影响很小，高年龄段的工资仅高出低年龄段工资 45%。

调节收入分配方式已经刻不容缓了，中央有关部门正在制定方案。我们应该从中国国情出发，从当今世界发展大势出发，从最广大人民群众的根本利益出发，调整目前的收入分配政策。这个根本利益就是要兼顾个人和集体、局部和全局、当前和长远利益的有机统一。

四是调整三次产业结构。关键是发展服务业。当今世界，现代服务发展呈现六大趋势：一是经济结构从工业型向服务型转变。主要发达国家服务业增加值占 GDP 比重已达 70%左右，我国 2009 年为 42.6%；二是服务业就业成为主渠道。美国 2000 年就达到 78%，我国计划到 2020 年才达到 51%。三是生产性服务占重要地位。早在 1998 年，美国生产性服务在服务业总量中的比重就达到 54.8%，欧盟达到 52.3%，日本达到 54.5%，我国不到 30%。四是国际服务贸易增长强劲。1980 年至 2008 年，世界服务贸易出口从 3650 亿美元扩大到 3.7 万亿美元，28 年间增长 10 倍多，占世界贸易出口的比重从 1/7 增长到 1/4。受金融危机冲击远远小于货物贸易。五是信息技术投资增加。六是知识和技术密集型服务业发展迅速。主要是现代金融、电子商务、网络教育、文化娱乐。

发展服务业是转变经济发展方式的重大战略方向，必须坚持劳动密集、技术密集、知识密集的服务业并举，把服务业培育成为我国未来发展的重要经济增长点。这是提高国民经济质量的必要条件，是创造就业机会的主要渠道，是国民经济可持续发展的必然选择，是经济社会跨越式发展的最现实途径。

五是调整城乡区域结构。我觉得调整城乡结构的重点是解决农民工问题，调整区域结构的重点是实现东中西互动、深入推进西部大开发问题。目前我国1980年以后出生的青年农民工已超过1亿人，主体是农村初高中毕业后进城就业的和在城市长大的农民工子女。同老一代农民工相比，他们大部分没有务农经历，文化程度较高，更不愿意回农村，渴望继续学习、技能培训和向往美好生活。这个群体代表着我国未来农民工的主流，正在发生由亦工亦农向全职非农转变，由城乡流动向融入城市转变，由谋求生存向追求平等转变。这说明解决我国城乡二元体制的要求已经日益紧迫。从已经完成工业化和城镇化国家的经验看，我们必须重视解决好新生代农民工的利益需求问题。

西部地区占我国陆地面积的2/3，聚居着3亿多勤劳善良的各族人民，蕴藏着丰富的物产资源，与周边14个国家接壤，具有重要的战略地位和巨大的发展潜力。党中央、国务院实施西部大开发战略10年来，西部地区社会主义现代化建设迈出坚实步伐，进入经济社会发展最快、城乡面貌变化最大、人民群众受惠最多的时期。今后10年是西部大开发的关键时期，应坚持沿海开放和沿边开放并重的战略方针，推进新世纪亚欧大陆桥建设。西部地区的繁荣、发展和稳定，事关各民族人民群众的福祉，事关我国现代化建设的全局，事关中华民族的伟大复兴。西部大开发在我国区域发展总体战略中具有首要地位，在构建和谐社会中具有基础地位，在扩大对外开放中具有前沿地位，在可持续发展中具有特殊地位，这将是我国未来具有全局和战略意义的新的经济增长极。

在这里，着重讲一下转变人才培养方式问题。中国的发展正在进入一个新的伟大时代。这不仅是一个呼唤教育公平和高等教育大众化的时代，更是一个呼唤着具有世界强国水平的技能型和创造型人才大量脱颖而出的时代。可以说，美国在政治、经济、军事上的优势从一定意义上说是以其学术优势和科技优势为基础的。一位诺贝尔奖获得者曾经说过，美国真正的实力并不在于造了多少汽车和飞机，而在于美国是一个大学林立的国家，具有4000多所高等院校和上百所世界知名的研究型大学。2002 年，美国联邦储备委员会前主席格林斯潘在一次谈话中，也强调了美国大学在国际竞争力中的重要作用。他认为，美国大学在全世界高等教育中具有领导地位，吸引了世界各国大量优秀人才。统计资料显示，1972 年美国工程技术领域中 35 岁以下的年轻教授只有 10% 是外国人，而到 1985 年这个比例就上升到了 55%，而工程技术领域中的博士后研究人员外国人所占比例高达 2/3。这是美国工程科学院 1986 年给美国政府的报告。在这些来自国外的工程技术专家中，有 75% 的年轻教授都在申请美国的公民权。该报告指出，这对于美国的科学技术和经济发展及国际竞争力有着至关重要的意义。在世界历史上，无论是英国、德国、美国或者其他国家，大学的发展都是与一定的国家政策取向联系在一起的。美国的大学在总体上成为世界一流还是在二战以后。1900 至 1930 年间，世界上 92 位诺贝尔奖得主中美国只有 4 人。到 1941 年底，全世界的 120 多位诺贝尔奖得主中，只有 10% 左右在美国。而二战以后这几十年来，大部分诺贝尔科学奖获得者都是在美国大学里学习或工作过的。例如，从 1989 到 1998 这十年间，诺贝尔奖获得者数美国学者占了 2/3（欧洲学者 13 人，美国学者 26 人）。这与美国的国家科技政策与高等教育政策密切相关：即把一流大学的建设同国家发展与国家安全紧密地结合起来。美国通过其众多的世界一流大学囊括了世界上大量的优秀人才。

当前和今后一个时期，转变经济发展方式、转变收入分配方式、特别是转变人才培养方式至关重要，关系到国家的前途命运和中华民族的未来发展。

（2010 年 8 月）

着力加强节能减排和生态环境保护

　　能源资源和生态环境是实现经济社会可持续发展的基本条件，坚持节约资源和保护环境的基本国策关系中华民族的根本利益。近几年来，全国上下深入贯彻落实科学发展观，坚定不移地推进节能减排，走生产发展、生活富裕、生态良好的文明发展道路。单位 GDP 能耗逐年逐季下降且降幅逐年增大，化学需氧量、二氧化硫排放总量连续两年出现双下降，但完成"十一五"节能减排和生态环境保护目标仍然艰巨。今年是我国经济发展史上十分重要的一年，应对国际金融危机挑战、保持经济平稳较快发展的任务异常繁重。我们必须在扩大国内需求、转变发展方式、加快结构调整中，毫不松懈地加强节能减排和生态环境保护工作，全面推进资源节约型、环境友好型社会建设。

　　第一，突出抓好工业、交通、建筑领域节能。我国正处在工业化和城镇化加快发展阶段，必须把提高能源效率作为降低单位 GDP 能耗的重要措施。发达国家的经验和我国的实践证明，在工业、交通、建筑三大领域进行节能改造和推广节能技术，是提高能源效率最经济、最快捷、最见效的方式。

　　在工业领域，要继续抓好钢铁、有色金属、煤炭、电力、石油化工、建材等重点耗能行业和重点耗能企业的节能改造工作。深入推进千家企业节能行动和重点用能单位能效水平对标活动，发布重点用能单位能源利用状况公告。需要强调的是，着力加强电机系统改造、提高能源利用效率，对工业领域大幅度节能降耗至关重要。我国电机系统消耗的电力占总量的 60% 以上，一些企业电机节能技术改造的综合节电效果可达到 10% 至 20%。近年来，我国变频调速技术同国外差距逐步缩小，自主研发的稀土永磁电机取得重大突破。要制定实施各行业电动机能效标准，推动开展电机系统节能技术改造。

在交通领域，要积极推进节能型综合交通运输体系建设，加快发展铁路和内河运输，优先发展公共交通和轨道交通，加快淘汰老旧机车、汽车、船舶，鼓励发展节能环保型交通工具，开发和推广车用代用燃料和清洁燃料汽车。进入新世纪以来，以节能环保为标志的新能源汽车已经成为全球汽车产业竞争的制高点。我国已自主研发出电动汽车、混合动力汽车、燃料电池汽车，关键零部件、电子控制技术和系统集成技术取得突破性进展，初步形成了新能源汽车产业链。要落实汽车产业调整振兴规划，采取积极的汽车消费政策，推进企业兼并联合重组，实施新能源汽车战略，加大自主创新和技术改造力度，加快汽车及零部件出口基地建设，在新一轮竞争中促进中国汽车产业由大变强。

在建筑领域，大力发展节能省地型建筑，推动新建住宅和公共建筑严格实行节能设计标准。目前，绿色建筑比既有建筑耗能降低70%至80%，在发达国家已渐成潮流。我国单位建筑面积耗能是同纬度发达国家的2至3倍，绿色建筑发展尚处于起步阶段且发展潜力巨大。要全面开展北方采暖地区既有居住建筑供热计量及节能改造，实施好新建经济适用房、廉租房、新农村农房可再生能源建筑规模化应用项目和绿色建筑项目。我国《公共建筑节能设计标准》已于2005年7月发布实施，关键在于全社会重视并落实到建筑全生命周期过程中。

在突出抓好三大重点领域节能的同时，要继续推进十大重点节能工程建设，形成5000万吨标准煤的节能能力、推广使用节能灯8000万只等。继续抓好城市污水处理厂及配套管网、燃煤电厂脱硫设施建设，新增城市污水日处理能力1000万吨，新增燃煤电厂烟气脱硫设施5000万千瓦以上，新增钢铁企业烧结机烟气脱硫装置20台（套）等。继续督促执行国家产业政策和年度落后产能淘汰计划，今年要分别淘汰炼铁、炼钢、造纸、电力落后产能1000万吨、600万吨、50万吨和1500万千瓦。

第二，大力发展循环经济和清洁能源。我国人均能源资源可采储量远低于世界平均水平，而且资源综合利用效率低、环境承载能力弱，长期形成的高投入、高消耗、高污染的粗放型经济增长方式仍未根本改变。必须坚持走新型工业化道路，优化用能结构和发展循环经济，努力实现经济持续增长、社会全面进步、资源持续利用、环境不断改善的目标。

循环经济是提高资源综合利用效率的有效途径。只有把有限的资源循环使用起来，促进资源消耗的减量化、再利用、资源化和废弃物排放的无害化，才能实现"十一五"规划纲要确定的目标和可持续发展。要组织宣传和贯彻落实好《循环经济促进法》，编制重点行业和重点领域循环经济发展规划。研究鼓励废物"零"排放的政策措施，抓紧研究建立循环经济发展专项资金，建立健全"可量化、可操作、可考核"的循环经济统计制度。深化第二批国家循环经济示范试点和汽车零部件再制造试点，支持建设一批循环经济重点项目，促进灾区建筑废弃物等资源化。推进脱硫石膏、磷石膏、农作物秸秆等资源化重点工程建设，推动废塑料、废有色金属等再生资源产业化发展和第三批城市禁止使用实心粘土砖工作。进一步促进工业领域全面推行清洁生产，最大限度减少工业生产过程中废物排放。着力发展矿产资源领域循环经济，深入整顿矿产资源开发秩序，推进矿产资源节约与综合利用。

发展高效清洁能源的战略重点是可再生能源。要把核能作为国家能源战略的重要组成部分，逐步提高核电在一次能源供应总量中的比重，加快经济发达、电力负荷集中的沿海地区的核电建设。研究和开发以提高核电站安全性和经济性、核废物最少化和防核扩散为主要目标的先进核能技术，增强核电产业发展自主化、本地化水平和整体竞争力。要把发展水电作为促进我国能源结构向清洁低碳化方向发展的重要措施，在做好生态环境保护和移民安置工作的前提下，合理开发和有序利用丰富的水力资源。要积极扶持风能、太阳能、地热能、海洋能等的开发和利用，把推广生物质气化技术作为解决农村和工业生产废弃物环境问题的有效措施。必须看到，我国在相当长的时期内以煤为主的能源结构难以改变，大力开发煤炭清洁高效利用技术势在必行。要在提高煤炭生产集中度、扶持壮大煤层气产业的基础上，发展超临界、超超临界等大容量、高能效发电机组，推进煤炭直接和间接液化、煤基醇醚和烯烃代油大型台套示范工程和技术储备。

依靠科技进步是发展循环经济和清洁能源重要支撑。要抓紧安排一批节能技术和产品推广项目，攻克一批行业关键和共性技术，引进一批国外先进技术和管理经验，实施一批重大技术改造示范工程，发展一批掌握自主知识产权的节能环保企业，不断提高科技对资源节约和环境保护的贡献度。

第三，健全节能环保政策体系。要实施有利于加强节能减排和生态环境保护的经济政策。一要加快资源性产品价格改革，理顺成品油价格，完善天然气价格形成机制，出台鼓励余热余压发电上网和价格政策。二要完善峰谷、丰枯电价政策，逐步推行居民阶梯式电价制度。适时完善脱硫电价管理办法。三要合理调整水资源费征收标准，推行农业用水计量收费和农村终端水价制度。提高排污、污水处理和垃圾处理等环保收费标准、征收范围和收缴率。四要稳妥实施成品油价税费改革。落实资源税改革方案。继续完善调整关税政策，以暂定税率的方式对焦炭、原油、金属矿砂、铁合金、钢坯等产品征收出口关税。继续完善政府采购政策。五要加快建立健全矿产资源有偿使用制度和生态环境补偿机制。六要研究提出支持清洁能源汽车、节能空调、高效电机推广的政策。七要进一步扩大用于节能减排的企业债券发行规模，发行用于污水治理、管网建设等市政项目的收益质押债券，开展污水处理项目收益债券试点、环境责任保险试点。八要推动和引导金融机构继续加强对节能减排重大项目的信贷支持。加大世行、亚行和欧洲投资银行优惠贷款和外国政府贷款对节能减排的支持力度。九要积极推进烟气脱硫、城镇污水和垃圾处理特许经营试点，推动污染治理市场化。十要积极推进太湖流域排污权有偿使用和交易试点工作。

落实节能环保各项政策，必须进一步制定和完善相关法规、标准和规划。要加快节约能源法和循环经济促进法配套法规建设，完善加强节能减排和生态环境保护的法律法规体系。推动落实《民用建筑节能条例》、《公共机构节能条例》；尽快修订《重点用能单位节能管理办法》、《能效标识管理办法》；制定出台《固定资产投资项目节能评估和审查条例》、《排污许可证管理条例》、《城镇排水和污水处理条例》和《节能产品认证管理办法》、《汽车零部件再制造管理办法》、《电力企业节能降耗主要指标监管评价标准》、《道路运输车辆燃料消耗量监测和准入管理评价办法》；建立并推广《能源管理体系要求》认证制度。同时，要集中抓好与节约能源法配套的46项标准的落实工作，组织制定和修订电炉钢冶炼、氧化铝、纯碱、煤炭洗选等十余项高耗能产品能耗限额强制性国家标准，以及水源热泵机组、小功率电机、鼓风机、打印机、荧光灯等用能产品强制性能效标准。要深入调研和总结全国和各地区"十一五"节能环保目标完成情况，结合对当前及未来经济发展趋势、能源供求形势的分析和预测，研究编制"十二五"节能环保规划。

落实节能环保各项政策，必须严格执行指标体系、考核体系和监测体系。要加快建立综合反映节能环保进度、循环经济发展的资源产出率指标统计制度，研究建立综合反映资源节约型、环境友好型社会建设的中国资源环境统计指标体系。进一步强化节能减排目标责任制的量化考核，逐项检查落实节能减排综合性工作方案，合理确定各项节能指标落实情况的考核权重，严格实行问责制和"一票否决制"。加快实施污染源自动监控、执法监督、监督性监测等重点项目，加大对重点地区和行业经常性节能减排监督检查力度，严肃查处违反法律法规的案件。深入开展环保执法专项行动，重点做好电力、钢铁、建材、造纸等12个高耗能、高排放行业排放总量控制和排污许可制度执行情况的监督检查。

第四，深入开展节能减排全民行动。近几年来，各地落实国家节能减排的政策措施取得明显成效，资源节约和环境保护从认识到实践都发生了重大转变，但建设资源节约型、环境友好型社会还有很长的路要走。必须逐步建立政府引导、企业为主、公众参与的运行机制，构建有利于促进节能减排、保护环境的国民经济和社会组织体系，积极倡导资源节约、环境友好的生产方式、消费模式和生活习惯。

公共机构要在全社会节能中发挥表率作用。公共机构是指全部或部分使用财政性资金的国家机关、事业单位和团体组织，应当带头厉行节约，杜绝浪费，有效合理地利用能源。一要制定和组织实施公共机构节能规划，明确节能指标、重点环节、实施主体和保障措施。二要制订年度节能目标和实施方案，分解落实到各个公共机构，有针对性地采取节能管理或节能改造措施。三要实行能源消费分户、分类、分项计量，并加强对能源消费状况的监测，及时发现和解决问题。四要根据不同行业、不同系统公共机构的特点，制定能源消耗定额，财政部门据此制定能源消耗支出标准。五要优先采购列入政府采购名录的节能和环境标志的产品、设备，禁止采购国家明令淘汰的用能产品、设备。六要严格控制公共机构建设项目的建设规模和标准，严格进行建设项目的节能评估和审查，严格执行国家有关建筑节能设计、施工、调试、竣工验收等方面的规定和标准。七要加强对本单位用能系统、设备的运行及使用能源情况进行审计，根据技术和经济性评价结果采取提高能效的措施。八要建立健全本单位节能运行管理制度和用能系统操作规程，加强用能系统和设备运行调节、维护保养、巡视检查，推行低成本、无成本节能措施。九要实行公共机构节能目标责任制和考核评价制度，增强节能意识，培养节能习惯，提高节能管理水平。

努力使节能成为每一个公民的自觉行动。我国是一个拥有 13 亿人口的发展中大国，在全社会倡导健康、文明、节俭、适度的消费理念，节约每一度电、每一滴水、每一张纸的意义十分重大。今年的全民节能减排行动，要以节油节电和全民节能为重点，深入开展节能减排宣传教育进工厂、进乡村、进学校活动，表彰在节能工作中做出突出贡献的单位、企业和个人。新闻出版、广播影视、文化等部门要加大节能宣传力度，普及节能知识，倡导节约风尚，弘扬先进经验，曝光反面典型，发挥舆论引导和监督作用。要组织好全国节能宣传周、城市公共交通周及无车日、世界水日、中国水周、全国城市节水宣传周、"六五"环境日等宣传活动。广泛宣传节能环保驾驶理念，使驾驶者积极参与"汽车节能环保驾驶"活动。在全国行政、教育、科技、文化、卫生、体育等系统中开展"节约型公共机构"创建活动。

第五，加大生态环境保护力度。生态环境保护是功在当代、利在千秋的宏伟事业。近些年来，我国生态环境得到有效保护和改善，但一些地区生态环境恶化的趋势还没有根本遏制。在今年国内外经济形势复杂多变的情况下，要坚持把加强生态环境保护与扩大国内需求、提高发展质量、促进社会和谐有机结合起来，切实解决危害人民群众健康和影响经济社会可持续发展的突出环境问题。

继续强化重点流域、区域污染防治。要加大"三河三江"、渤海、松花江、丹江口库区及上游、三峡库区、黄河中下游污染防治力度，支持规划内城镇污水处理、垃圾处理、流域综合治理等设施建设和重大环保技术示范，特别要合理开发利用海洋资源。稳步实施重点防护林、天然林保护、京津风沙源治理、岩溶地区石漠化综合治理等重点生态工程建设，保护水、森林、草原、湿地等生态环境。加强饮用水水源地保护工作，依法取缔关闭饮用水源保护区内的违法建设项目。着力解决水污染、颗粒物、噪声、餐饮业污染、生活垃圾与机动车尾气污染等群众反映强烈的环境问题，做到请群众参与、受群众监督、由群众评判、让群众满意。

扎实推进工业污染防治取得新进展。在调整产业结构、实施技术改造的过程中，必须坚定不移地削减污染负荷、加强生态建设、保护资源环境，综合运用信贷、土地、价格、税收、进出口等经济政策，提高工业项目节能环保市场准入门槛，严格控制高耗能、高污染行业盲目投资、低水平扩张。对国家明令淘汰、禁止建设、不符合国家产业政策的项目，一律不批；对环境污染严重，污染物不能达标排放的项目，一律不批；对环境质量不能满足环境功能区要求、没有总量指标的项目，一律不批；对位于自然保护区核心区、缓冲区内的项目，一律不批。同时，要进一步加强重点工业污染源的治理，切实抓好钢铁、石化、有色、建材、造纸、化工、酿造、印染等重点行业的水污染物削减，根据实际情况在车间、分厂、总厂实行逐级处理，实现稳定达标排放并符合总量控制目标。

进一步加大农村生态环境保护力度。要充分发挥中央农村环保专项资金的示范带动作用，落实好"以奖促治"和"以奖代补"的政策措施，确保村镇环境整治取得明显成效，稳步推进农村环境综合整治。全面完成全国土壤污染状况调查，制定实施《全国农村环境综合整治规划》，着力整治畜禽养殖污染、生活污水垃圾污染、工矿企业污染和土壤污染，加快推进农村环境保护基础设施建设。开展农村环保目标责任制试点，推动地方各级政府把农村环保工作纳入重要日程，探索尊重农民意愿、符合农村特点的环境管理模式。同时，继续开展全国生物物种资源重点调查，制定《中国生物多样性保护战略与行动计划》。加强外来入侵物种、转基因生物环境安全管理。

第六，提高应对气候变化能力。气候变化问题是当今国际社会亟待解决的重大问题，应对气候变化事关人类的生存环境和各国的繁荣发展。我国作为一个负责任的国家始终高度重视气候变化问题，于2007年颁布实施了《中国应对气候变化国家方案》，明确了到2010年应对气候变化的具体目标、基本原则、重点领域及政策措施，促进经济发展与人口、资源、环境相协调，为应对全球气候变化作出了积极贡献。我国由于基本国情和发展阶段的特征所决定，应对气候变化面临适应任务艰巨、发展空间受制、减排压力增大等严峻挑战，同时也为转变发展方式、调整经济结构、推进技术创新带来新的机遇。必须从深入贯彻落实科学发展观、构建社会主义和谐社会和实现可持续发展的高度，充分认识应对气候变化的重要性和紧迫性，积极履行《联合国气候变化框架公约》相应的国际义务，努力实现《中国应对气候变化国家方案》中提出的各项目标。

应对气候变化事关经济社会发展全局和人民群众切身利益，要统筹考虑经济发展与生态建设、国际与国内、当前与长远，切实纳入各地区、各部门的重要议事日程上来。一要提高全社会应对气候变化的认识，把节约能源、保护环境、减少温室气体排放作为社会公德，引导、规范和制约企业和公众行为。二要落实控制温室气体排放的政策措施，加快转变经济增长方式，科学把握和通盘协调减缓与适应和发展的关系。三要全面增强适应气候变化能力，推进生态保护工程以及防灾、减灾等重大基础工程建设，加强对各类极端天气与气候事件的监测、预警、预报，有效防范和应对极端天气与气候灾害及其衍生灾害。四要充分发挥科技进步和技术创新的作用，加快减缓和适应气候变化领域技术研发、示范和推广，积极发展低碳技术和低碳经济。五要建立应对气候变化的制度体系和管理机制，努力营造有利于减缓和适应气候变化的体制环境和市场环境。六要坚持"共同但有区别责任"的原则，在可持续发展的框架下应对气候变化，促使发达国家切实履行向发展中国家提供资金和转让技术的承诺。

气候变化是环境问题，但本质上是发展问题。全球应对气候变化，不仅要求发达国家转变现有发展模式，也要求发展中国家寻求新的发展道路，将带来新的国际经济技术竞争与合作，世界发展的竞争力格局可能会发生重大变化。我国正处在发展的重要战略机遇期，应对气候变化既是整个现代化建设中的一项长期而艰巨的任务，又是当前发展急需解决的一个重大而紧迫的问题。必须进一步提高我国应对气候变化措施实施能力，争取在全球应对气候变化进程中发挥积极的建设性作用。

（2009 年 3 月）

关于中国成为世界制造中心的思考

改革开放以来，我国制造业取得了突飞猛进的发展，现已成为居美国、日本和德国之后的世界制造业大国，"崛起的中国制造"是当今世界经济发展的重要趋势。近一个时期以来，国内外有关"中国制造"的讨论众说纷纭、莫衷一是，焦点问题是中国能否成为真正的世界工厂，成为下一个世界制造中心，社会各界对此高度关注。

制造业是决定一个国家经济命脉的主导产业，也是衡量一个国家综合实力的重要标志。世界制造业发展的历史，是一部技术革命与创新的历史，也是一部产业升级与转移的历史。18世纪中后期，英国爆发了以蒸汽机技术的发明和广泛应用为标志的第一次产业技术革命，带动了纺织、冶金、机械制造和煤炭等轻重工业发展。从1760年到1860年这100年间，英国制造业占世界总量由1.9%上升到19.9%，使英国成为世界上第一个实现工业化的国家和第一个成为世界制造中心的国家。在英国产业技术革命影响和推动下，德国开创并发展了合成化学技术和工业，合成染料产量1887年占到世界总产量的50%，使人类进入了合成化学时代。与此同时，炼钢业发生质的飞跃，为汽车和其他制造业加速发展奠定基础。到1895年，德国各个产业领域全面超过英国，用40年完成了英国100年的事业，这是世界制造中心的首次转移。19世纪中后期，一场电力革命在整个欧洲和北美兴起。美国抓住这一机遇率先实现大规模的工业化，建立和完善钢铁、化工、电力三大产业，并发展成为"石油化工技术王国"和汽车、飞机制造业强国，无线电技术及相关产业也蓬勃兴起。到1913年，美国的工业产量相当于英、德、日、法四国的总和，占世界总产量的1/3，此后长期保持世界制造业的霸主地位。二战之后，日本实施"技术立国"战略，走出一条技术引进、技术创新、技术融合的发展新路，创造了日本制造业的系列品牌，实现了产业转型、结构升级和经济起飞，成为新的世界制造中心。日本多年来 GDP 占世界总额 15% 左右，工业占世界总额 10% 以上，诸多产品制造技术、产量、质量处于世界领先并领导世界潮流，打破了美国制造独霸天下的格局。20 世纪 60 年代开始，世界制造业呈现美、日、欧三足鼎立，新兴工业化国家和地区逐步争得一席之地的总体态势。20 世纪 90 年代以来，世界制造业进入以发达国家为主导，跨国公司为主要动力的全球大调整时期，美、英、德、日等主要发达国家正在由工业经济向知识经济过渡。

总体上看，经济全球化改变了世界制造业的传统管理理念和生产组织方式，新技术革命不断推动着世界制造业的持续快速增长和产业梯次转移，这也是"中国制造"崛起的时代背景。中国制造业 20 多年来一直保持近 10% 的高速增长率，初步形成了珠江三角洲、长江三角洲和环渤海地区三大世界级产业制造地带，钢铁、机电、纺织、医药和家电等行业有 100 多种产品的产量位于世界第一，全球著名跨国公司在中国设立了 100 多个研发中心和星罗棋布的生产制造基地，1994 年以来每年引入的外资额都在 400 亿美元以上，今年的进出口总额有望突破 1 万亿美元大关。此外，我国在人力资源、制造成本、配套能力、市场需求和基础设施等方面均有明显优势。特别是加入世贸组织后，我国制造业将有更好的参与国际分工、合作与竞争的市场环境，将以更快的发展速度融入世界制造业研发、生产和营销体系，将在更大的范围内承接发达国家产业转移和推进产业技术升级。应该看到，中国制造业已经具备了良好的发展基础，但与世界先进水平相比主要有五大差距：一是我国制造业工业增加值只占世界的 6% 左右，相当于美国的 22%，日本的 35%，与德国接近。劳动生产率仅为美国的 4.4%，日本的 4.1%，德国的 5.56%。二是由于缺乏关键的核心技术和自主知识产权，产品处在世界制造业价值链体系的低端，反映综合效益的增加值率分别比美国、日本和德国低 22.3、22.12 和 11.7 个百分点，制成品出口中 50% 以上是加工贸易。三是全国装备制造业产品进口额近几年均在 1100 亿美元左右，占外贸进口总额近 50%。其中 95% 的集成电路芯片制造设备，70% 的轿车制造业设备、数控机床、纺织机械及胶印设备依赖进口。四是制造业产品耗能和产值能耗占全国一次能耗的 60% 以上，单位产品能耗高出国际先进水平 20% 至 30%，单位产值产生的污染更远高于发达国家。五是中国制造企业和品牌在国际市场上的影响力甚微，尚无一家进入世界一流工业企业的行列。许多专家分析，目前的中国制造业还只是世界加工车间而不是真正的世界工厂，我国要成为下一个世界制造中心需要更多的"中国创造"。还要看到，我国周边的俄罗斯、印度都是中国制造业现实的、潜在的、强大的竞争对手。

21世纪头20年，是我国经济社会发展的重要战略机遇期，也是我国成为新的世界制造中心的重要战略机遇期。我国制造业的发展水平，在全面实现建设小康社会目标中的地位更为突出，在全面提高国家综合竞争实力中的作用尤为重要。综合分析、比较和预测的结果表明，只要我们坚定不移地走中央确定的新兴工业化道路，我国完全有可能到2020年进入世界制造业强国之列，成为新的世界制造中心。为了实现这个事关国家大局和长远发展的重大战略目标，我们应该抓住机遇、跟踪前沿、迎头赶上、跨越发展，采取以下对策和措施。

第一，制定我国成为新的世界制造中心的发展战略规划。要深入分析经济全球化和世界制造业发展趋势，研究我国制造业的比较优势和劣势、面临的机遇和挑战；深入分析英、德、美、日依次成为世界制造中心的经验和教训，研究他们选择发展方向、战略目标、成长道路的具体方法。在此基础上，围绕我国成为新的世界制造中心的战略定位，坚持立足当前、着眼长远、统筹兼顾、突出重点，分阶段、分行业制定我国制造业中长期发展规划，特别要注重加强全局性、战略性、前瞻性问题的研究，充分体现时代性、把握规律性、富有创造性。要重视抓好重点行业、重点区域的规划，这是制定我国制造业发展总体规划的基础和关键。我国制造业现分为29个行业，电子及通信设备制造业、交通运输设备制造业和化学原料及化学制品制造业居前三位。这三大行业产业关联度高、带动系数大，许多产品在国际市场占有一定的份额，也是反映我国制造业总体水平的标志性行业。珠江三角洲、长江三角洲和环渤海地区这三大区域，无论传统产业或高新技术产业都在国内占有举足轻重的地位，其国内生产总值占全国近60%，工业总产值占全国近70%，进出口总额占全国近90%，外资企业数量和实现的总产值都占全国近80%。认真制定并组织实施好这三大行业和三大区域发展的中长期规划至关重要，我国成为新的世界制造中心在很大程度上取决于他们在世界制造业中的地位和竞争力。

第二，因应国际产业转移规律并把握发展机遇。改革开放后，我国制造业大规模地融入国际产业转移序列的过程，也是大踏步地进入世界制造业体系的过程。从发展以"三来一补"为主的劳动密集型产业起步，经过资本、技术、管理经验的积累，到零部件、原材料的本土化生产，到承接资本、技术密集型产业的转移，到越来越多的跨国公司地区总部、研发中心和制造基地在中国安家落户，已有相当多的中国制造企业由 OEM（贴牌生产或称加工贸易）向 ODM（生产基地和研发中心一体化）转变，成为跨国公司在全球商品链中的重要结点。这不仅推进了我国制造业的成长，也加快了我国工业化、现代化的进程。当前，世界制造业在全球范围的扩张形式发生了根本性转变，以贸易全球化为基本特征转向生产、资本、研发、服务的全球化发展，中国仍将是新的一轮国际产业转移的首选地。我国要成为新的世界制造中心，应在承接国际产业转移中抓住四个主要机遇。一是在产业调整上，抓住世界重化工业巨头投资石化、汽车、机床、钢铁和有色金属冶炼等行业的机遇，全面提升我国重化工业的整体水平，将比较优势转化为竞争优势，加快建设世界重化工业中心。二是在投资方式上，跟踪国际产业转移中研究开发和第三产业投资增加的新热点，使引进外资的重心从以产业结构转换和资源开发导向型投资为主，向产业分工网络和技术创新导向性投资转变。三是在生产组织上，顺应国际产业转移呈现的产业供给链整体搬迁和生产外包成为主流方式的趋势，推动生产环节的梯度转移向增值环节的梯度转移演进，在世界制造业价值链体系的高端占有位置。四是在区域布局上，关注国际产业转移向具有综合性优势的区域集聚发展的态势，加快研发、生产和营销服务区域一体化步伐，发展一批世界一流、各具特色的产业集群，构筑面向全球消费市场的制造基地、核心区域和国际分工网络。特别是在振兴东北老工业基地和西部大开发中，应把承接国际产业转移、加快产业优化升级作为一项重大任务。

第三，重视技术融合对中国制造业乃至未来经济社会发展的重大影响。我国制造业的技术创新体系，基本上是坚持引进、消化、吸收相结合，基础、开发、应用研究并重，产、学、研一体化的发展方向，在提高产业技术水平和科研成果转化中起到积极的作用。但是，制造业的原始创新能力和大规模生产技术落后，是我国成为新的世界制造中心的主要障碍。现代科学技术是在不断分化和融合中向前发展的。以信息技术和知识经济为特征的世界新技术革命浪潮，正在全球范围内迎来一场新的技术融合运动。许多专家预测，在21世纪头20至30年，以纳米、生物、信息技术以及认知科学这四大新兴领域为主的诸多技术相互融合和协同作用，将成为未来技术发展的主导趋势，不仅涉及制造业而且涉及经济社会发展的各个层面，远远大于计算机技术和信息技术融合曾经给我们带来的影响。尽管世界发达国家科技计划确定的优先领域不同，但都已看到技术融合的巨大潜力并把跨学科研究作为资助和支持的重点。今后一个时期，在加快国家创新体系建设、确定优先研究领域和项目、提高原始创新能力的全过程，必须紧紧抓住技术融合带来的机遇，在科学技术的若干前沿领域占领制高点，为我国成为新的世界制造中心提供强大的技术支撑。当前，最迫切的是研究、掌握和应用先进制造技术，解决我国大规模生产技术落后问题。要在制造系统的各个生产环节，使传统制造技术有机地融合并有效应用计算机、信息、新材料、能源、管理控制等现代科学技术，形成可以进行大规模工业化生产的"产品方案"和"制造流程"，实现优质、高效、低耗、灵活和清洁地制造出满足市场需求的产品。国家有关部门应重点支持技术融合类研究、开发和应用项目，选择一批企业和科研单位进行具有示范意义试点，在此基础上大范围推广。在制造业推广技术融合的过程中，要注重同国际标准和国际惯例接轨，全面加强国际质量（ISO9000）、环保（ISO14000）和职业安全卫生（OHSAS18000）认证及各类产品技术标准的国际认证，尽快形成一批拥有自主知识产权和国际竞争力的大型骨干企业。

第四，把振兴装备制造业作为一项重大的产业发展政策。当今世界，无论是工业发达国家，还是新兴工业国家，都把装备制造业视为"工业发展的心脏"、"经济起飞的先导"。装备制造业是战略性产业，代表着一个国家的工业化、现代化和信息化水平，关系到一个国家的综合国力和安全保障。我国要成为新的世界制造中心，一定要有全球领先的装备制造业，一定要用中国装备装备中国和世界。要看到，我国装备制造业增加值虽然位于美国、日本和德国之后，但总体水平与许多工业化国家相距甚远，突出表现在产业集中度低、技术创新能力弱、设备成套水平差、国际知名品牌少。振兴我国装备制造业，一要抓住大型电力、石化、冶金、矿山、农牧等成套设备，汽车、船舶、客机、机车等运输设备，高效节能环保设备和国防军事尖端工业这几个重点领域。要大力提高配套性、系统性和国产化、国际化水平，提高产品更新换代、国际合作和自主创新能力，提高产品出口创汇、替代进口比重和在国际市场上的份额。二要集中力量研究、开发和突破影响我国装备制造业跨越式发展的关键技术。要瞄准和跟踪世界装备制造业先进技术发展趋势，选择那些代表产业发展方向、有效解决产业升级的技术约束、蕴藏巨大产业发展商机、提高产业国际竞争力的共性技术，特别是在未来发展中起带头作用的重大技术，维护国家安全和增强国防实力的战略技术。三要着力解决关键设备、关键零部件、关键工艺和关键原材料的"瓶颈"制约。要加快发展以复合、高速、智能、精密、环保为主攻方向的数控机床、加工中心和新一代工业机器人，加快发展以高性能、高质量、可靠性、耐久性和品种、规格多样化为目标的机械零部件和电子元器件，加快发展以提高铸造、锻压、焊接、热处理和模具制造质量为突破口的基础工艺，加快发展满足重大技术装备乃至整个制造业急需的新材料。四要培育一批具有国际竞争力的大公司和企业集团。要加快规范化的公司制改造，鼓励民营资本和跨国公司资本参与企业的战略性重组，实现股权多元化。加快企业技术创新能力建设，坚持自主创新与技术引进、合作开发相结合，实现产品高技术化。加快提高产业集中度，发展成套工程技术装备、专业分工协作体系和"哑铃型"结构模式，实现企业经营规模化。

第五，大力发展可持续制造和循环型经济。制造业是大量消耗资源和造成环境污染的主要产业。在制造业中可用的资源，一类是土地、矿产、天然能源等不可再生资源，另一类是机器、工具、元器件、零部件等可再生资源。近些年来，世界各国都在研究绿色制造技术，以最少的资源消耗生产出能够循环利用和再生产的产品，最有代表性的是一些主要国家实行的"减量化、再利用、再循环"的 3R 原则。我国要成为新的世界制造中心，面对着日趋严重的资源和环境压力，必须建立一种经济、社会与资源、环境相协调的生产模式和增长方式，不能再走高投入、高消耗、高污染和先污染、后治理的粗放型发展的老路，可持续制造和循环型经济是发展方向。最根本的是大量研究、开发和生产绿色产品，重点抓好四个环节：一是抓好绿色产品设计技术。总的要求是不损害和影响产品质量、功能、制作过程并能与环境相容，开展面向节约能源和降低消耗的设计，开展面向资源回收和再利用的设计，开展面向清洁环境和减少污染的设计，开展面向减少废弃物的设计。二是抓好绿色制造过程技术。广泛采用在产品制造过程中节约自然资源、不产生有害物质，以及配备有效处理制造过程中产生的污染物的设备和工艺，在产品制造的全过程实现清洁生产。现在世界上比较先进的技术主要有生长型制造技术、拟实制造技术、再生工程技术等，我们应当广泛推广应用。三是抓好工业生态工程示范区。着眼于整个系统的效益最大化，实现能流、物流集成和废物循环利用，要由传统经济的"资源—产品—污染排放"的物质单行流动，逐步转变为"资源—产品—再生资源"的物质反复循环流动，大幅度提高社会资源和再生资源利用率，最大限度地解决环境污染问题。四是抓好绿色经济核算制度。发展可持续制造和循环型经济，必须改革现行的经济核算体系，从企业到国家建立起企业绿色会计制度、政府和企业绿色审计制度、绿色国民经济核算体系等。同时，还应实行政府绿色采购制度，发展绿色消费体系，提高全社会和全民的绿色消费意识。

第六，广泛采用现代生产经营和管理技术。近30年来，世界制造业的全球化和高速发展的信息化，不仅加剧了国际市场竞争，也加速了现代生产经营和管理模式的创新。加快振兴我国制造业，亟需转变传统的管理理念和管理方式，创造出符合中国国情的现代企业管理模式。首要的是在企业内部建立管理信息系统（MIS），这个系统通常由经营管理、生产管理、财务管理和人事管理等四个大的分系统组成，其中起主导作用的是生产管理分系统。学习和借鉴国际先进经验，应重点推广五种现代生产经营和管理技术。一是制造资源计划（MRPⅡ）。这是20世纪70年代初，IBM等跨国公司和国际组织开发的系统产品，国内有关单位也开发出具有自主版权和我国企业管理特点的系统产品。主要致力于生产组织和管理过程的现代化和计算机化，在物料管理和库存管理的基础上演变成物料需求计划，提高和扩展生产计划和控制能力。20世纪90年代初，美国著名的加特纳公司根据MRPⅡ的发展趋势，率先提出了企业资源计划（ERP），进一步将企业所有资源集成统一管理起来，在目标上充分体现对成本的控制和增强企业的市场竞争力。二是准时生产（JIT）。长期以来，制造业一直实行"福特"模式，即以大批量流水生产方式提高生产效率、降低单件产品成本和获取最大利润。但在实践中，大批量生产容易造成产品积压和浪费。20世纪70年代后，日本丰田公司倡导"只有在必要的时候，按必要的数量，生产必要的产品"，推行按订单组织生产的"准时生产制"，大大减少了库存量，特别是减少了在制品库存量。三是精益生产（LP）。日本制造业迅速崛起，对美国制造业形成巨大的威胁。1985年开始，美国麻省理工学院启动一项历时 5 年完成的研究计划，得出的结论是日本经济的腾飞很大程度上取决于创造了"精益生产"管理模式。这种模式也源于日本丰田公司，主要特征是以用户为"上帝"，重视发挥人的作用，提出了"精简和消除浪费"的对策，实现以最小的投入获取最大的产出。四是敏捷制造（AM）。为了夺回制造业失去的优势，1991 年美国里海大学联合国为 13 家大型企业，在《21 世纪制造企业战略》研究报告中提出"敏捷制造"的概念，建议消费品生产、半导体工业、汽车工业、化学工业等大批量生产的专统企业，应在 21 世纪转变为敏捷制造企业。这种类型的企业，产品开发面向用户，拥有可重构的模块化产品结构、可重组的生产系统、动态联盟式的虚拟公司，能够迅速占领市场和满足用户需求。五是全球化制造。敏捷制造策略促进了制造业的国际化和全球化。近年来，国际化不单是大型跨国公司的经营战略，制造业许多领域的中型企业都把经营目标和竞争能力定位在全球化标准上，世界制造业更加充满竞争性。越来越多的企业到全球市场上销售产品，在全球范围内采购原材料和建立生产基地，雇员国际化已是全球化制造企业成功的重要因素。许多专家认为，在全球新的管理思想和管理模式层出不穷的形势下，中国制造业应加快由传统管理向现代管理、由粗放经营向集约经营转变，这也是我国成为新的世界制造中心必须解决的根本问题之一。

第七，培养和造就庞大的国际化、专业化的人才队伍。人才、技术和管理，是中国成为新的世界制造中心的三大关键问题，其中人才问题是核心。当前和今后一个时期，世界制造业竞争突出地表现为人才的竞争，一些发达国家凭借经济优势加紧在世界范围内开展人才争夺战。我国制造业既存在人才结构性短缺的现象，又面临人才结构性流矢的问题。必须把人才资源作为振兴我国制造业最重要的战略资源，加大人力资源开发和管理力度，解决高素质人才严重不足的矛盾。要牢固树立五种新的理念：一是树立人才资源是第一资源的理念，把培养、吸引、用好人才摆在更加突出的位置。二是树立重视人力资本投资的理念，逐步提高各行各业人力资本积累的收益率。三是树立人才合理流动的理念，充分发挥市场在人力资源配置中的基础性作用。四是树立人才竞争国际化的理念，开发利用好国际国内两个人才市场和资源。五是树立人才管理法制化的理念，增强依法办事和按国际规则办事的意识和能力。要大力培养四个方面的人才：一要培养一批具有世界眼光、熟悉现代管理、精通国际商务的高级 CEO，成为中国制造业开展全球制造、跨国经营和国际竞争的领军人物。二要培养一批熟悉 WTO 规则和国际惯例的跨国工商管理人才，国际贸易反倾销和保障措施等谈判人才，国际商务律师和注册会计师等中介服务人才，国际金融投资、知识产权和现代物流管理的国际化人才。三要培养一批信息技术、生物技术、纳米技术、环保技术、航天航空技术、海洋技术、新材料技术等高新技术领域的专业人才，特别是跨领域、跨行业、跨学科的复合型人才。四要培养大批熟练技术工人尤其是能够掌握先进技术、工艺和技能的高级技工，这是振兴中国制造业亟须解决的一个重点问题。要改革技工学校和高等职业学院的人才培养模式，采取厂校联合办学、签订师徒合同、东中西部地区对口协作等多种形式，千方百计培养各行各业的能工巧匠。培养和造就庞大的国际化、专业化的人才队伍，还要重点提升各类人才的适应能力、学习能力、创新能力、运用信息网络技术能力和跨国界交流能力，重点引进海外学子、外国人才尤其是各类拔尖人才，为中国成为新的世界制造中心提供人才保障。

中国成为新的世界制造中心，将对我国国民经济和社会发展乃至世界经济和产业格局产生重大而深远的影响。我们不仅要有面向全球的发展目标和战略措施，还应完善符合中国国情和国际惯例的经济立法、产业政策，按照市场化原则规范和发展各类行业协会、商会等自律性组织，加快建设企业、个人和社会信用体系，健全统一、开放、竞争、有序的现代市场体系等，创造良好的体制环境和法制环境。

（2004 年 7 月）

我国软件产业发展研究和建议

　　软件产业是信息技术发展和信息化建设的核心，是国民经济和社会发展的基础性、战略性产业。软件产业的高速成长性和产品市场的无限可扩展性，使其成为各国竞争的一个焦点。人类进入 21 世纪后，围绕与软件相关的新技术、新产品及应用的竞争日趋激烈，软件产业对世界经济、军事、文化、社会发展的作用日益加大。一个国家软件产业的兴衰成败，将影响其在新一轮国际分工中的地位。我国作为发展中的大国，应认清形势，把握机遇，迎头赶上，跨越发展，走出一条既符合中国国情又能占领软件产业制高点的发展道路。

一、我国软件产业发展的现状分析

　　1. 20 世纪 90 年代以来，我国软件产业年均增长速度超过 30%，成为全国增长最快的"朝阳产业"。2002 年，在全球经济回升乏力、增长缓慢的大背景下，我国经济仍然保持 8% 的强劲增长势头，成为世界经济的一大亮点。软件产业总额达到 1100 亿元（折合 133 亿美元），同比增长 38.2%，首次突破千亿大关并超过印度。国内计算机市场总额 2900 亿元，同比增长 16%，软件产业总额占计算机市场的比重达到 37.9%。

　　2. 在 1100 亿元软件产业总额中，软件产品销售额 507.4 亿元，占 46.13%，同比增长 53.8%；软件服务收入 468.6 亿元，占 42.6%，同比增长 15.5%；软件出口 124 亿元（折合 15 亿美元），占 11.3%，同比增长 106.7%。近两年，由于计算机、通讯、数字消费的融合，含有嵌入式软件的各类数码设备大量增加，软件产业结构正在发生深刻的变化。一批涵盖通讯、PDA、手机、数字家电、数控、工控领域的嵌入式软件企业脱颖而出，系统集成、咨询、培训、测试、加工、维护、售前售后服务等在软件产品销售过程中的主导作用日益突出，已初步形成软件产品开发商、嵌入式软件开发商和系统集成服务商三足鼎立的局面。

3．到 2002 底，全国共认定软件企业 6282 家，登记备案软件产品 10900 项，为软件企业减免各种税收 40 多亿元。从软件企业的经济类型看，股份制经济占 58.9%，外商及港澳台投资经济占 14.6%，其他经济类型占 23.5%，国有经济只占 3%。从软件产业的发展规模看，北京软件产业总额 361.1 亿元，占全国的 32.8%；深圳 199 亿元，占 18.1%；广东 142 亿元，占 12.9%；上海 117 亿元，占 10.6%；浙江 110 亿元，占 10%。这五个省市的软件产业总额，占全国的 84.5%。

4．目前，全国累计已有 50 家软件企业通过 CMM2 级以上评估，有 16 家企业通过 CMM3 级以上评估。东软集团首先通过 CMM5 级评估，使我国成为继美国、印度之后，全球第三个拥有 CMM5 级软件企业的国家。全国共有 783 家软件企业获得系统集成商资质认定，有 106 家软件企业被认定为首批软件重点企业。软件与系统集成年销售额超过 10 亿元的企业 19 家，超过 5 亿元的企业 35 家，超过 1 亿元的企业 192 家。全国软件行业从业人员总数约 55 万人，其中从事软件研发和编程的专业人员约 30 万人，去年软件研发经费投入达到 129 亿元。此外，还有约 45 万与软件相关的技术人员，在全社会各行业、各领域从事计算机软件研究、教学与应用等相关工作。

5．去年以国办发〔2002〕47 号文件发布的《振兴软件产业行动纲要(2002 年至 2005 年)》，确定到 2005 年，我国软件产业销售额达到 2500 亿元，国内软件产品和服务的国内市场占有率达到 60%，出口达到 50 亿美元，软件人才达到 80 万人。通过对国内外软件发展形势、国际软件市场发展态势和国家信息化建设发展趋势的综合分析，预计今后几年我国软件产业销售额和出口将继续保持 30%—35% 和 50%—60% 的增长率，我们完全有条件实现这四大目标；到 2005 年我国软件产业的总体规模将与印度相当，但出口仍有很大差距。

二、我国软件产业发展的国际比较

1．2002 年全球软件产业总额为 6965 亿美元，其中美国 2797 亿美元，占 40.16%；西欧 2158 亿美元，占 31%；日本 712 亿美元，占 10.22%；韩国 168

亿美元，占 2.42%；中国 133 亿美元，占 2%；印度 122 亿美元，占 1.75%。近几年，世界软件产业平均增长率高达 13%左右，世界软件大国软件产业的发展有两种类型：美国、日本、德国和意大利等国政府并没有为本国软件产业的发展提供特殊的倾斜政策，而是更多地依靠市场调节的作用，依赖企业自身的 R&D 投入。与之相比，法国政府比较重视软件的研究和开发工作，英国、爱尔兰、印度、巴西等国软件产业的发展则受益于本国政府的大力支持。

2．当前和今后一个时期，世界软件产业发展的共同特点是：软件产业、软件服务和软件产品的出口快速稳步增长，软件服务增长快于软件产品增长；软件产品出现服务化、网络化、国际化趋势，软件产业的战略联盟相当普遍；与互联网和电子商务有关的系统软件发展较快，原来主要集中于工业应用的专业软件，现在逐步转向第三产业和公共服务；应用系统的集成产品和决策支持系统的数据处理产品成为优先发展目标；一些规模较大的软件公司采取与客户签订服务协议的方式而放弃产品直销，采取年度订购方式而放弃一次性购买方式；软件开发逐步向印度、东欧、中国、以色列等国家扩展。

3．尽管软件企业数量和从业人数持续增加，但全球范围内 IT 产业人员数量增长较慢，软件发达产业国家人力成本居高不下。数据表明，美国的软件人力成本是中国的 3 倍，去年向海外发包的 IT 业务达 70 亿美元，全球仅应用软件外包市场就达到 172 亿美元。据 IDC 预测，到 2005 年全球 IT 外包市场规模将达到 1000 亿美元，这为包括中国在内的软件发展中国家提供了历史性机遇。目前，我国软件产业的总体规模同印度、爱尔兰等国家不相上下，但主要差距在软件出口上。去年我国软件出口仅 15 亿美元，而印度达到 99.8 亿美元，爱尔兰达到 127.3 亿美元。印度排名前三位的软件企业出口额就超过我国的出口总额，出口额超过 1 亿美元的软件企业有 8 家，我国目前还没有一家出口额超过 1 亿美元的软件企业。

4．印度软件产业的发展模式是出口导向型，现已向 103 个国家和地区出口软件和服务，去年占软件产业总额 76%。印度规避了国内市场狭窄、信息化基础薄弱等方面的"先天不足"，大力发展软件外包业务和离岸开发业务，大型软件企业为跨国公司承包价值链高端产品和服务，中小型软件企业提供解码、编程和测试等价值链低端服务，创造了如此大量的出口额。爱尔兰软件产业的发展模式是利用很低的企业所得税政策，吸引跨国公司在爱尔兰本土建立生产基地，逐渐成为软件跨国公司在欧洲的运营中心和软件集散地。全球前10位独立软件开发商有7家在爱尔兰设立了分公司，本土软件出口额只占软件出口总额的15%左右。

5. 同印度和爱尔兰相比，我国软件出口外包形态呈现多样化，既有软件外包定制加工，又有自有知识产权的软件出口，也有大量随设备出口的嵌入式软件，还有一定数量的技术出口，特别是嵌入式软件出口具有明确优势。去年我国电子信息产品制造业出口920亿美元，为高渗透性的软件出口提供了强大载体。有关企业生产的POS机嵌入式应用软件、通讯设备类软件、各类信息家电软件、各类智能设备软件等，涉及各行各业。大批软件企业踊跃参加CMM评估，大幅度提高软件开发和过程管理能力，积极参与国际软件高端市场竞争。许多企业自觉组成软件出口联盟，资源互补，联合发展，提高了承接高水平项目和对外交流能力。

6. 总体上看，我国软件产业有了长足的发展，但还存在许多差距。我国软件产业总额占GDP的比重为0.8%左右，远低于发达国家6%左右的水平，更低于印度17%左右的水平。我国软件产业年均增长速度超过30%，虽然高于世界软件产业的平均增长速度，但比印度软件产业起飞时期低20个百分点，比爱尔兰低50个百分点。我国软件产业年人均产值20万人民币左右，而微软年人均产值高达60多万美元。我国软件产业在国际市场上仅占2%，在国内市场上的占有率也仅为1/3。此外，企业规模普遍偏小，缺乏名牌产品和关键技术，核心竞争力薄弱；软件人才队伍有待进一步扩大，人才结构亟须优化；科研与产业脱节、产业与应用脱节的问题仍然比较突出；中央确定的有关政策尚未得到完全落实等。这些问题如不及时解决，将会影响我国软件产业的发展和壮大。

三、我国软件产业发展的有利条件

1. 我国软件产业处于软件发达国家和周边发展中国家的"夹缝"之中，发展的机遇和面临的挑战并存。综观美国、日本等发达国家和印度、爱尔兰等发展中国家软件产业发展走过的道路，我们可以从中发现软件产业同传统制造业成长的不同规律。很多传统制造业在世界各国之间的转移基本呈现"发达国家—次发达国家—发展中国家"的规律，但软件产业完全可以同时在发达国家、次发达国家、发展中国家发展起来。这主要因为传统制造业的发展是以资金密集为特征的，而软件产业发展的关键因素是知识型人才和人力资源成本，发展中国家完全能够同发达国家在这个领域争夺制高点。

2. 在不久的将来，我国可以成为世界软件人才大国。去年底，全国设有计算机科学与技术、计算机软件、软件工程专业的院校 982 所，其中本科院校 484 所，专科院校 498 所；在校生 71.85 万人，其中博士生 3902 人，硕士生 24138 人。此外，与软件相关的信息与计算科学、地理信息系统、电子信息科学与技术、电子信息科学与技术类新专业、自动化、电子信息工程、网络工程、信息对抗技术、信息安全等 9 个专业，还有在校生 48.26 万人。在全国成人高校中，与软件相关专业在校生共有 57 万人，其中本科生 17 万人，专科生 40 万人。全国还建立了 35 所软件示范学院，去年招生 1.5 万人；开设 85 所软件编程人员培训中心，去年招生 3 万人。2002 年，我国共培养各类不同层次的计算机及软件相关人员 25 万人，今后几年还会大幅增加。据预测，到 2010 年我国软件从业人员将超过印度。

3. 我国具有世界上任何一个国家都无法比拟的市场需求。党的十六大确定了全面建设小康社会和走新型工业化道路的目标，信息化是我国加快工业化和现代化的必然选择。我国有近 1.5 万个大中型企业和约 1000 万个中小企业，制造业的规模庞大，但技术水平低、能源消耗高。据统计，现有企业主要设备达到 20 世纪 90 年代国际水平的仅占 20%，每万元国民生产总值的综合能耗比世界平均水平高 3.8 倍，比日本高 11.3 倍。采用先进适用的信息技术改造传统产业，推动传统产业转变经济增长方式，有着广阔的市场空间。此外，在电子政务、电子商务、电子金融、电子娱乐、远程教育、远程医疗等方面，也有着巨大的发展前景。按照 IDC 的预计，未来五年中国软件业将以 48.3% 的速度增长。即使按照相对保守的赛迪顾问预测，2006 年以前中国软件业也将保持 25% 的年均增长速度。

4. 我国软件产业已有相当的基础和本土化优势。截至 2002 年底，全国已有 22 个软件园通过国家科技部的评审和认定，出口超过 100 万美元的企业已有近百家，在教育软件、财务软件、政务软件以及中文处理软件等应用领域形成了一定的竞争优势。一批由软件企业集团建立的软件园区，以其技术、产品的开发实力和产业规模的高速成长，在全国软件产业发展中占有举足轻重的地位。中科院软件园、浙大软件园、北工大软件园等由科研院所、高校建立的软件园，也以其雄厚的研发实力和技术创新能力闻名遐迩。另外，还有少数像深圳威新软件园等由投资集团创建的软件园，具有良好的硬件环境和市场化运作方式。特别是我国加入 WTO 后，国内软件企业既面临更加激烈的竞争，又可以充分利用对国内市场熟悉，贴近终端用户以及在政府、企业、语言文化等方面的本土化优势，在相关的软件领域站稳脚跟。在此基础上，为欧美软件公司产品进行本土化加工，成为外国公司进入中国及华文语言版本市场的门户和集散地。这也是爱尔兰软件出口居世界第一位的成功秘诀。

5. 我国政府推动和政策支持，为软件产业发展创造了越来越宽松的环境。近年来，国家除发布《振兴软件产业行动纲要（2002 年—2005 年)》外，还出台了《中华人民共和国政府采购法》、《鼓励软件产业和集成电路产业发展的若干政策》、《国民经济和社会事业"十五"计划信息化重点专项规划》、《关于进一步加强国家火炬计划软件产业基地建设的若干意见》等，明确了我国软件产业发展的思路、目标任务和措施。2002 年，国家有关计划、基金向软件基地、软件园建设倾斜。如火炬计划新增软件基地公共平台建设专项，科技兴贸计划继续实行专项支持软件出口，科技型中小企业创新基金认定火炬基地为项目"双推荐"项目，首批"863"引导项目已为 10 项重要软件开发立项。电子信息产业发展基金、中央外贸发展基金等也增加了对软件企业项目的支持数量和力度。各地政府也出台了具体扶持政策和配套措施。

四、我国软件产业发展的政策建议

1. 进一步转变政府职能，积极有效地发挥政府作用。中国软件业的发展离不开政府的支持。政府主要从加强宏观规划和政策引导、规范市场监管、增强公共服务等方面改进管理方式。一是制定全国性的长期有效的软件产业发展战略和产业政策，建立软件产业统计指标体系以及软件产业现状和政策执行情况定期评估机制。二是除软件产业基础研究和核心技术以外，政府应从目前偏重直接的资金支持逐渐转为拓宽投融资渠道，利用国际国内资本市场，吸引多元化的投资主体，保障软件企业的资金来源。三是整顿和规范软件市场秩序，开展反垄断、反盗版等专项斗争，逐步建立举报、监督、产业损害调查等监管机制，大力保护知识产权。四是政府在创建软件园中的主要任务，是完善基础设施和提供政策支持，软件园的管理和服务应企业化、市场化。特别要坚决制止重复建设和恶性竞争，净化软件产业发展的市场环境，鼓励企业结成战略联盟提升产业竞争力。五是加快推进国民经济和社会信息化建设。在政府采购中向国内软件企业倾斜。这也是国际惯例。

2. 不断培养和提高各类软件人才的素质，完善软件人才的合理结构和供应体系。软件产业是智力产业，软件产业的竞争是人才的竞争。要认真研究新时期软件人才和教育培训体系的规律，找出与软件产业发展大国的差距，消除制约我国软件产业发展的"瓶颈"。一是调整和优化高等教育资源配置，鼓励高校创新软件人才培养方式，建设几所国际一流的软件学院。同时，要加强中外合作培训软件人才，也要依托科研院所和重点企业培养软件人才。二是软件人才培养的重点是既懂技术又懂管理的软件高级人才、系统分析及设计人员（软件工程师）和熟练的程序员（软件蓝领），使软件人才结构呈金字塔型。着力造就一批有战略眼光的、能够引领我国软件产业发展的优秀企业家。三是完善人才激励机制，落实按贡献分配的政策，创造用好人才、吸引人才和培养人才的良好环境，稳定高级管理人才和技术骨干队伍。四是采取有效措施，继续大力吸引境外系统设计、经营管理和市场开拓等方面的高层次人才，拓宽我国软件人才特别是高端人才的来源渠道。五是坚持从企业和市场需求出发，通过学历教育、职业教育、社会教育等多种形式，加快各层次人才培养，壮大软件人才队伍，扩大就业机会。

3. 坚持把自主创新作为源动力，做大做强一批软件产业的龙头企业。我国软件产业要在激烈的国际竞争中占领制高点，关键是自主创新，提高企业核心竞争力。一是要把技术创新、机制创新和体制创新结合起来，加快建立现代企业制度，形成符合市场经济要求和软件产业发展规律的企业成长机制。二是建设一批世界级的软件园和软件产业基地，调整发展战略规划，加快功能区域建设，建立宽带通讯网络，完善服务体系和功能，发挥示范、辐射和带动作用。三是发展软件产业创新文化，加强从业人员的职业道德教育，尊重和保护软件开发人员首创精神，逐步建立既能发挥个人聪明才智，员工之间又能协同、互动的企业运行机制。四是逐步建立自主软件技术体系，尤其要跟踪世界软件产业发展趋势，掌握和应用操作系统、网络系统、大型数据库系统、关键设备的关键模块等核心技术，在中间件技术和产品领域取得突破。五是加快引进消化吸收国际先进的管理理念和方法，大力推广过程管理等项目管理，规范工作流程，提高产品质量。继续加强 GMM 培训和等级认证。

4. 坚持"引进来"和"走出去"相结合，提高国内软件产业在国际产业链中的地位。软件产业是国际化的产业。在经济全球化和我国加入 WTO 的新形势下，软件产业的发展必须在更大范围、更广领域和更高层次上参与国际分工与竞争，充分利用国内国际两个市场迅速发展壮大自己，提高我国软件产业的国际竞争力。"引进来"主要是指引进国外软件企业到国内投资办厂，引进先进技术、管理经验、各类专业人才和智力。要抓好三个重点：一是加强同跨国公司在培养高端人才、提高管理水平、研发关键技术和开拓市场能力等方面的进一步合作。二是吸引外籍软件人才加盟我国软件企业，加快软件产业的国际化进程。三是鼓励海外各类创业投资基金投资于我国软件产业。"走出去"就是要扬长避短，扩大软件出口，到国外投资办厂。一是支持有比较优势企业，以日本、美国、欧洲为重点，在境外设立研究开发、市场营销和售后服务机构，形成一批有实力的跨国公司和知名品牌。二是鼓励软件企业通过劳务输出、系统工程承包和开拓国际应用服务市场等多种形式扩大出口，重点抓好全球 IT 外包市场和嵌入式软件出口。三是加强软件出口基地建设，对出口基地内的软件企业给予"境内关外"的政策优惠，重点培育一批出口超过 1000 万美元以上的骨干企业。

（2003 年 10 月）

我国外汇储备使用的十条建议

　　我国外汇储备以近 2 万亿美元的规模居世界首位，合理使用并发挥最大效用已成当务之急。用好外汇储备，首先要掌握它的基本特征：一是外汇储备包括出口贸易所得、海外投资收益、外国直接投资、个人外汇收入等。外汇储备的积累过程是基础货币的投放过程，减少过程是基础货币的回笼过程。二是由经常项目顺差形成的外汇储备为债权性储备，标志着国民财富的净增加；而由资本项目顺差形成的外汇储备为债务性储备，迟早会以利润、红利、股息以及资本转移等方式离境。三是外汇储备对外是资产、对内是负债，不能像财政资金那样用于无偿划拨或一般性支出，只能用在国外来为国内经济社会发展服务。因为在国内花出去的外汇最终还会回到央行手中，二次结汇将造成人民币重复发行，导致人民币贬值、通货膨胀甚至货币危机。

　　在当前应对金融危机的背景下，必须继续坚持安全性、流动性、赢利性的原则，积极拓展外汇储备有效使用的多种渠道。

　　1. 增加稀缺资源进口。我国原油、铁矿石、铜精矿、氧化铝、铬矿、钾矿等资源能源类产品缺口巨大，对外依存度已分别达 46%、52%、61%、21%、96% 和 71%。这是产业发展急需大量购买和储备的目标产品。国内现有储存设施不能满足储备需要，从长远考虑应有计划地加快建设，也应租赁和购买一批国外的储存设施。

　　2. 购买关键技术设备。在应对金融危机中，我国的国际地位和话语权大大提升，为突破技术贸易壁垒、提升产业国际竞争力创造了有利时机。有关部门应提出关键技术、先进设备进口目录，加大同进口国技术贸易谈判力度，制定鼓励有实力的企业换汇购买的政策措施。

3．拓展海外直接投资。欧、美、日对外直接投资存量占全球的比重分别为 52%、18% 和 3.5%，而我国仅占 0.76%，与外汇储备大国的地位极不相称。应把跨国投资购并作为实施"走出去"战略的重点。对关系所在国经济命脉的资源能源等大公司，全资收购易引起震动，可通过参股获得定价权和收益权。应主要收购掌握高新技术、知名品牌、营销渠道的中小型企业，收购或参股科研机构、信息网络、文化传媒等。同时，大力推进国内过剩先进产能转移和对外承包工程、劳务合作等。

4．发展融资租赁业务。我国租赁交易额只占全球的 0.72%、居 23 位，与欧洲小国捷克差不多。而大宗设备国际租赁收益率一般都在 10% 以上，远高于 4.7% 的美国国债收益率。应鼓励租赁公司直接用外汇从国外购买飞机、船舶、工程机械、医疗和通讯设备等租赁标的物，租赁给国内外有需求、有资质的承租方。这是一个大有作为的产业。

5．扩大贸易融资规模。这是世界公认的低风险融资方式。在全球 14 万亿美元贸易总额中，约 11 万亿美元是通过贸易融资方式进行的，而当前缺口达 250 亿美元，其中亚洲约 100 至 150 亿美元。把部分外汇资金借给进口我国产品的贸易伙伴，是发展贸易融资、拉动产品出口的重要途径。此外，还可鼓励国外金融机构发行人民币债券，外国投资者用筹集的人民币换取外汇。这即可消除大量购买美国国债伴随的风险，也能加快人民币国际化步伐。

6．投资海外公共事业。政府在海外采购用于改善国内科研、教育、医疗、节能环保领域的先进技术、设备或其他物资，以国家投资持有的方式下拨，或以优惠价格卖给相关企事业单位，回笼人民币。同时，也可有选择地在这些领域投资，获取先进技术和引进知名专家为我所用。

7．开展房地产领域投资。全球房地产市场已经进入新一轮调整期，美国、欧洲、亚太房地产价格持续下跌，审慎购买房地产正当其时。房地产业是一个国家的支柱产业，也是宏观经济的晴雨表。房地产价格将随着这些国家的经济复苏而回暖，不动产的保值增值应该呈上升趋势。

8．注资金融保险机构。中投公司等政府投资公司通过适当发债，用筹集的人民币换汇后注入金融机构和社保基金，充实金融机构资本金和补充社保基金缺口；还可以通过 QDII（认可本地机构投资者机制）进行跨境和跨市场的投资和资本运作，提高外汇使用效益。开展民营外汇投资公司试点，这既能在主权投资基金敏感的领域大显身手，又可规避政府投资带来的风险。

9. 适度增加黄金储备。黄金作为储备保值的硬通货，不仅可防止外汇储备缩水，而且有利于减轻人民币升值压力。目前，我国黄金储备只有 600 吨，仅占国际储备的 1.1%，远低于全球 10.2% 的平均水平。应密切关注国际黄金市场走势，以合理的价格购买。

10. 提升对外援助规模。非洲和拉美广大发展中国家对此有迫切需求，金融危机已使西方国家难以增加甚至减少对这些国家的援助规模。我国适度增加对这些国家的技术援助和开发援助规模，既能巩固已有援助效果，更能彰显"患难见真情"的兄弟情谊，产生倍增的放大效应，也可打消部分受援国的疑虑。

（2009 年 4 月，本文同孙中和同志合作完成）

关于发展十大新兴产业的建议

应对国际金融危机以来，中央陆续出台了促进经济平稳较快发展的一揽子计划，不断增强宏观调控的预见性、针对性和有效性，我国经济社会发展成就为世界瞩目。在推进经济结构战略性调整中，既要全面实施十大重点产业调整和振兴规划，更要着力培育对未来发展有重大影响的新兴产业。新兴产业具有新增长点和战略性产业的双重标准，是扩大投资与促进消费相结合的产业，是发展经济与保障民生相结合的产业，是立足当前与着眼长远相结合的产业，体现资源消耗低、带动系数大、就业机会多、综合效益好的特征，应逐步发展成为衡量我国工业化和现代化水平的重要标志。综观国际发展趋势和我国基本国情，建议及早规划、重点扶持和加快发展十大新兴产业。

一是新能源产业。这是引领新一轮产业革命方向的战略性产业。目前，世界新能源发展呈不断上升趋势，可再生能源发电量占全球发电总量的 19%，核能和天然气各占 17%。2008 年，我国可再生能源利用量约 2.5 亿吨标煤，相当于一次能源总消费量的 9%，为社会提供了 100 多万个就业机会。从技术市场化发育程度看，我国新能源技术中的太阳能热水器、小水电、地热采暖、传统生物质应用技术等具备市场优势，其中太阳能热水器生产量和使用量均居世界首位。还有大型并网风电机组、光伏发电、潮汐发电、生物质气化与供气和地源热泵等技术基本成熟，其中风能已成为世界增长最快的市场。另外，太阳能空调、生物质 IGCC、波力发电技术、燃料电池和高温汽冷堆等技术正处于研发阶段。今后一个时期，发展新能源产业是解决我国能源供需矛盾、减轻环境压力的有效途径。

新能源汽车是新能源产业发展的重点。到 2010 年，全球汽车能源消费预计将增加 70%。为减少对石油等传统能源的依赖，新能源汽车已成为世界汽车产业竞争的制高点。日本研发的重点汇集在混合动力汽车，但也未放弃氢能、生物燃料等其他新能源领域。美国多年来关注燃料电池汽车技术研发，近几年转到生物燃料和混合动力汽车上。欧盟国家一直延续纯电动汽车与清洁柴油等替代能源汽车的技术研发优势。我国新能源汽车研发采取"多选"技术路线，近些年已自主研发出电动汽车、混合动力汽车、燃料电池汽车，初步形成了新能源汽车产业链。业内专家认为，尽管我国汽车工业发展迅猛，但在传统技术上已无法超越国外名牌厂商，争做新能源汽车的领跑者是中国汽车工业发展的奋斗目标。

二是节能服务产业。全球节能服务产业仅有 30 多年的历史，美国是节能服务产业最发达的国家，其产值约占全球节能服务产业的 2/3。我国节能服务产业正在蓬勃兴起，已成为实现节能减排目标中投资收益率最好的产业。这是一个充满发展潜力、倍增效益突出的大产业、大市场。如我国电机系统消耗的电力占总量的 60%，电机改造综合节能效果可达 10% 至 20%；我国单位建筑面积耗能是同纬度国家的 2 至 3 倍，专家预计全国建筑节能改造的市场规模为 2 万亿。新修订出台的《节约能源法》，重点强调工业、建筑、交通三大领域和公共机构节能，为节能服务产业发展奠定了法律基础。随着节能新技术、新产品、新材料、新设备的应用，我国"十一五"期间将形成 2.4 亿吨标煤节能能力，投运脱硫机组 3.55 亿千瓦，新增污水日处理能力 4500 万吨。全面实施扩大内需、促进经济增长的一揽子计划，必须大力推进十大重点节能工程，加大节能技术改造实施力度，实行耗能产品最低能效标准，扩大强制性能效标识实施范围，加快建立中国特色的节能服务产业体系。

三是环保产业。环境保护是一个国家可持续发展的基础，环保产业则是环境保护的重要载体和技术保障。20 世纪 90 年代以来，源头预防和全过程控制逐渐成为全球环保政策发展的主流，循环经济战略已成为推动环保产业发展的强劲动力。目前，美国、欧盟、日本的环保产业分别占全球 38%、29% 和 16%，除日本之外的亚洲地区仅占 7%，世界环保产业规模到 2010 年有望超过 1 万亿美元。中国是当今世界环保投入力度最大、环保产业发展最快的国家。据中国环保产业发展研究报告分析，全国"十一五"期间环保投资总额达 13750 亿元，比"十五"期间增加 64%；环保产业将保持年均 15% 至 17% 的增长速度，到 2010 年产值预计 8800 亿元，其中资源综合利用产值 6600 亿元，环保装备产值 1200 亿元，环境服务产值 1000 亿元。环保产业作为我国国民经济新增长点，应在加强污染治理、清洁生产、资源综合利用、生态建设和可持续消费等方面大有作为，加大环保技术和绿色产品研发和推广力度，着力推进区域和产业循环经济发展，切实解决危害人民群众健康和影响经济社会发展的突出环境问题。

四是海洋产业。海洋不仅拥有丰富的自然资源，而且是高新技术发展的重要领域，是国家安全的基本保障，也是可持续发展的最后空间。进入 21 世纪以来，世界绝大多数临海国家都把海洋开发定为基本国策，制定符合国情的海洋科技研发规划和海洋产业发展计划，海洋产业已成为世界经济最具活力的增长点。美国、日本、英国、法国等沿海经济发达国家，海洋产业增加值占GDP 的比重已达 10% 以上，预计到 2020 年达到 20% 以上。我国海洋产业发展正处于成长期，必将逐步成为国民经济的重要支柱产业。2008 年，尽管受到国际金融危机的严重冲击，我国海洋产业仍实现增加值 1.22 万亿元，比上年增长 10.4%；预计到 2010 年为 1.76 亿元，占 GDP 的比重达到 5% 以上。21 世纪是海洋世纪，谁能最好地掌握海洋资源开发技术，谁能拥有实力雄厚的海洋产业，谁就能赢得 21 世纪经济发展的最大空间。中国作为海洋大国，必须进一步优化海洋经济结构和产业布局，进一步增强海洋产业国际竞争能力，进一步形成各具特色的海洋经济区域，在世界海洋产业竞争中占据有利地位。

五是网络产业。世界网络产业已呈现全面发展大趋势，OECD 成员国近年来所增加的 6500 万个就业机会中，95% 与网络、信息和知识产业有关。美国1998 年网络产业的收入为 3014 亿美元，目前已占经济总量的 1/4 以上，而汽车工业只占 4% 左右。我国网络产业发展的市场前景和增长潜力巨大。2002 年6 月至 2008 年 6 月，中国网民人数从 4580 万跃升至 2.53 亿，位居世界第一；网络普及率由 4% 上升到 19%，但低于全球 21% 的平均水平；网络经济市场规模仅为 700 亿元。在当前扩内需、调结构、保增长中，我国网络产业将迎来一个高速发展时期，必将成为用信息化带动工业化、网络化推进市场化的发动机。仅 3G 启动 3 年内，预计将投入 6000 亿元、产出 1 万亿元。3G 的应用将带来电信、互联网和广电三网的真正融合，手机作为信息终端将朝着电视、电脑、手机屏幕"三屏合一"转变，也使通信业与传媒、娱乐、金融、电子商务等行业的融合成为可能。同时，3G 在产业布局上覆盖二三产业，既能提升先进制造业的自动化水平，也将推动数字化的现代服务业发展，提高我国经济增长的质量和效益。

六是文化创意产业。这是通过挖掘和开发智力资源创造财富和就业机会的产业，已经成为许多国家和地区实现经济转型的战略方向。美国自 1996 年开始，文化创意产业增长率已超过所有传统产业，成为美国最大宗的出口产品来源，所创造 800 多万个就业岗位占全国就业总人数的 6%。英国是第一个政策性推动创意产业发展的国家，文化创意产业年均增长率是其他产业的 3 倍，英国经济正在实现从制造型向创意服务型的转变。日本几届政府都把发展文化创意产业作为一项基本国策，动漫艺术及相关产业规模是仅次于旅游产业的第二大支柱产业，销往美国的日本动漫片以及相关产品总收入是出口到美国钢铁总收入的 4 倍。目前，全球文化创意产业日均产值 220 亿美元，我国去年全年产值只有 7600 亿人民币；美国、英国、日本的文化创意产业占 GDP 的比重分别达到 25%、17% 和 16%，而我国只有 2.52%，产业发展空间广阔。英国 WPP 集团董事长索瑞尔预测，包括中国在内的亚洲文化创意产业将形成 2 至 3 万亿美元的产业规模，这在西方是前所未有的。发展中国特色的文化创意产业，应在资源整合、品牌打造、内容原创上下功夫，营造市场准入、资本融合、政策扶持和法制保障环境。这对于增强中国文化核心竞争力、提升产业发展水平、优化产业结构具有重大意义。

七是旅游产业。旅游产业兼具经济功能与社会功能，集劳动密集型与资金、知识密集型于一体，在扩大内需、促进经济增长中将发挥重大作用。我国人均 GDP 已超过 3000 美元，旅游消费进入一个快速发展的新阶段。目前，全国旅游业增加值已占到 GDP 的 4% 以上，与旅游相关的行业超过 110 个；旅游消费对住宿业的贡献率超过 90%，对民航和铁路客运的贡献率超过 80%，对文化娱乐的贡献率超过 50%，对餐饮业和商品零售业的贡献率超过 40%；旅游产业从业人数达到 1000 万人以上，与旅游相关的就业人数达到 6000 多万人，每年新增就业 50 万人。去年在国际金融危机影响下，国内旅游收入仍实现 8700 亿元，增长 12%；旅游外汇收入仍达到 400 亿美元。中国已成为继美国、西班牙、法国之后第四大入境旅游接待国、亚洲最大的出境旅游客源国，正在形成世界上最大的国内旅游市场。加快我国旅游产业发展，必须加快旅游设施建设，培育旅游消费市场，改善旅游发展环境，完善旅游产业体系，形成强大的国际吸引力、核心竞争力和开放兼容力。

八是生物医药产业。以生物制药研发创新为重心的现代医药产业，不仅是知识和技术密集型的高科技产业，也是关系人民群众身体健康的民生产业。2007年，全球药品市场销售额7120亿美元，药品消费85%以上集中在美、欧、日等发达国家，美国是最成熟的生物技术药品市场。近年来，药品市场竞争从发达国家向发展中国家转移，非专利药市场扩充对产业的影响开始显现，研发外包和制造外包市场规模逐渐扩大，药品生产制造方式向节约化、绿色化推进。受生产和消费的双向拉动，我国现代医药产业发展速度连年上升，已达到年产近7000亿人民币的规模。随着生活水平和人的素质全面提高，我国药品市场将长期保持快速增长的势头。生物药在新品开发和用药安全等方面具有独特优势，特别是基因组、蛋白组、代谢组、生物芯片、生物信息学等技术应用的逐步突破，生物技术药品在药品市场的销售份额有望超过非专利药，生物制药产业处于发展上升期并将成为新药开发的主流。我们要集中突破一批共性关键技术，创造更多的生物药知识产权；完善投融资环境和政策体系，防止有限的生物药成果流失；在研发外包大潮中，不断提高本土企业研发创新能力。

九是老龄产业。人口老龄化已日益成为世界各国关注的重大人口问题，一些发达国家把老龄产业列为主导产业扶持发展。我国是全球老年人口最多的发展中国家，现已进入老年人口快速增长期，并由此推动老年消费需求的持续发展。目前，全国60岁以上老年人口已达到1.53亿，占总人口的11%以上，占世界和亚洲老年人口的20%和50%。中国老龄科学研究中心调查表明，我国城市老人中42.8%的人拥有存款，退休金到2010年将增加到8400亿元；全国目前仅老年用品消费能力就达6000亿元，预计到2010年将达2万亿元。老年人是一个特殊的社会群体，他们特殊的生理、心理和行为特点，决定消费观念、消费方式和消费决策的特殊性，从而形成老龄人口数量庞大背景下的特殊消费市场。老龄产业是满足老年人基本生活、卫生保健、休闲娱乐、终生学习四大需求的产业，应着力开发老年医疗护理、老年家政服务、社会化养老、老年教育咨询、老年旅游健身、老年玩具、老年服装服饰等领域。加快发展老龄产业、满足老年消费需求的过程，实质上是建设富强、民主、文明、和谐的现代化国家的过程。

十是通用航空产业。通用航空作为世界最大的增量市场和中国最大的存量市场，具有十分广阔的发展前景。目前，全球共有 32 万架通用飞机，其中美国拥有 22.1 万架，我国仅有 800 多架；美国拥有 70 多万名飞行员，其中通用航空飞行员 42 万多人，我国通航飞行员仅有 1000 多人；美国每年通用航空市场规模为 2800 多万小时，我国仅 10 多万小时；美国拥有 100 多家飞机制造厂，10000 多家通用航空公司，航空俱乐部和飞机租赁公司各 1000 多家，我国研发通用飞机的企业仅有 20 多家，从事通用航空经营的企业 69 家，批准筹建的通用航空企业 30 家；通用航空每年给美国带来超过 1500 亿美元的产值，提供 126 万个就业机会，我国通用航空产值每年不到 20 亿人民币，从业人员不足 1 万人。差距也是潜力。通用航空产业的投入产出比是 1∶10，就业带动比是 1∶12，对于扩大内需、拉动消费将起到举足轻重的作用。只要分期分片逐步开放低空空域，制定适合中国国情的政策措施，就能把航空教学、培训、研发、制造、服务、运营、金融等整个产业链带动起来。

（2009 年 5 月）

大力培育战略性新兴产业

温家宝总理在《政府工作报告》中深刻指出："国际金融危机正在催生新的科技革命和产业革命。发展战略性新兴产业，抢占经济科技制高点，决定国家的未来，必须抓住机遇，明确重点，有所作为。"这是全面分析当今世界经济格局大变革、大调整趋势，着眼于中国经济社会可持续发展所作出的重大战略部署。我们必须充分认识培育战略性新兴产业的深远意义，大力发展新能源、新材料、节能环保、生物医药、信息网络、高端制造产业，逐步使我国经济和企业发展走上创新驱动、内生增长的轨道。

一、加快发展新能源产业，构建高效、清洁、可持续的能源体系

进入 21 世纪以来，以保障能源安全和应对气候变化为契机，人类可能迎来以"绿色革命"为标志的新的工业革命，新能源产业将成为引领新一轮产业革命方向的战略性产业。联合国环境规划署的报告表明，2008 年全球绿色能源发电投资达到 1400 亿美元，首次超过利用煤炭和石油发电的传统能源，其中最大的增长来自中国等发展中国家。2005 年至 2008 年，我国可再生能源增长 51%，年均增长 14.7%；2008 年可再生能源利用量达到 2.5 亿吨标准煤。在去年应对国际金融危机中，许多国家都把开发新能源作为新的经济增长点。美国在今后 10 年计划投资 1500 亿美元，创造 500 万个新能源和清洁生产就业岗位，将传统的制造中心转变为绿色技术发展和应用中心。欧盟宣布在 2013 年以前投资 1050 亿欧元发展绿色经济，以保持在绿色技术领域的世界领先地位。我国在扩大内需中加大了新能源投入力度，水电装机容量、核电在建规模、太阳能热水器集热面积和光伏发电容量均居世界第一位。目前，世界可再生能源

发电量占全球发电总量的 19%，核能占 17%。新能源产业推动低碳经济发展进入一个新阶段，已开始对各国经济结构、投资消费和生产生活产生重要影响。

我国人均化石能源可采储量远低于世界平均水平，加快发展以可再生能源和清洁能源为主的新能源产业势在必行。努力实现到 2020 年非化石能源占一次能源消费 15% 左右的目标，对于构建可持续能源体系、加快现代化进程意义重大。一要推进可再生能源规模化发展。风电应制定实施进入大电网的技术标准和容量配额标准，太阳能光伏发电应集中突破电池组件技术及大规模储能和输电技术，生物质能应重点发展沼气综合循环利用和生物燃料技术。同时，还要抓好重大水电项目前期工作和工程建设，研究复杂条件下水电工程建设的关键科技问题。二要加快研发和应用先进核能技术。应在继续做好 AP1000 三代核电技术引进消化吸收再创新的同时，研制具有自主知识产权的 CAP1400 机型，推进以安全性、经济性、核废物最少化为主要目标的第四代核技术自主研发。积极参与国际热核聚变研发合作。加强铀资源保障和战略储备。三要实现煤炭合理高效清洁利用。我国以煤为主的能源结构短时期内难以改变，必须走出一条中国特色先进煤炭开发利用道路。要在广泛应用先进煤炭资源勘探、煤矿开采、安全生产技术和提高煤炭生产集中度的基础上，近期要着力发展超临界、超超临界等大容量、高效率、低污染的煤炭直接燃烧技术，中远期要把以煤气化为基础的多联产技术作为战略选择。

二、加快发展新材料产业，满足经济、社会和国防建设需求

当今世界，新材料既是高新技术发展的物质基础和先导，也是产业结构升级的重要保障和关键，新材料产业已被公认为最重要、最活跃、最有生命力的战略性新兴产业之一。据中国科学院研究报告，美国材料科技战略目标是保持全球领导地位，支撑信息技术、生命科学、环境科学和纳米技术等持续发展，同时满足国防、能源、电子信息等重要部门和领域的需求。欧盟力图保持航空航天材料等某些领域的竞争领先优势，着力发展催化剂、光学材料和光电材料、复合材料、生命医学材料等十大新材料领域。日本新材料产业发展目标是保持某些产品的国际竞争力，注重实用性，在尖端领域赶超欧美。俄罗斯在力求保持某些材料领域世界领先地位的同时，大力发展促进国民经济发展和提高

国防实力的关键新材料。我国已是世界材料大国，钢铁、水泥等传统材料生产能力居世界首位，某些新材料领域研发进入世界先进行列，但总体水平同发达国家相比还有很大差距。主要表现在拥有自主知识产权的新材料专利成果少，某些高技术、高品质、高性能材料依赖进口，新材料成果转化率和规模化生产程度低。新材料技术和新材料产业，是我国应当优先发展的关键技术和战略产业。

根据《国家中长期科学和技术发展规划纲要》提出的目标和任务，我国要实现从材料大国向材料强国的战略性转变，必须加快发展关键材料和器件。要抓好四个重点领域：一是超级结构材料。主要研究先进复合材料和高性能工程塑料；高性能金属材料及金属件化合物材料；高性能结构陶瓷及陶瓷基复合材料；智能材料与结构。二是新一代功能材料。主要研究关键信息功能材料与器件，包括微电子材料与器件、半导体固态照明等；战略能源材料；特种功能材料，其中关键信息功能材料与器件是重点。三是环境友好材料。主要研究生态建筑材料；现代工农业用塑料材料等。四是生物医用材料领域。主要研究组织器官的修复与替代材料；药物传递材料及制品。还要把握四个重大战略方向：一是航天航空用高性能结构材料。主要包括高性能复合材料、铝镁钛轻合金、推进和动力系统用高温合金；高性能钢铁材料；大块非晶和纳米晶材料等。二是微纳电子材料和器件。包括 12—18 英寸硅单晶和外延材料；基于纳米特征尺度的超大规模集成电路的器件设计和芯片制造技术等。三是光电子材料与器件。包括大直径单晶以及以他们为基的微结构、器件和电路；高温、宽带隙半导体材料与器件；白光照明材料与器件等。四是材料与环境的协调技术。

三、加快发展节能环保产业，建设资源节约型、环境友好型社会

节能环保产业涉及节能降耗和环境保护两大重要领域。节能和提高能效在各国经济社会和科技发展战略中始终占据重要地位。我国节能服务产业正在蓬勃兴起，已成为实现节能减排目标中投资收益率最好的产业。但从总体上看，我国能源效率比发达国家低 10 个百分点左右，主要工业品能耗比发达国家高30%以上。据《国家中长期科技发展战略规划研究报告》预测，节能服务产业发展的主攻方向是工业、交通、建筑三大领域节能。工业部门采用先进节能技术、工艺和设备，并对高耗能行业进行节能技术改造，到 2020 年的节能潜力

为 3.6 亿吨标煤；交通部门推广节油新技术，积极推动新能源汽车发展，实施车辆油耗限制标准等措施，到 2020 年具有 7000 万吨的节油潜力；建筑部门开发和推广新型建材和建筑节能综合技术，落实节能建筑标准和推行绿色建筑，到 2020 年的节能潜力为 1.7 亿吨标煤。需要强调的是，新能源汽车已成为全球汽车工业的发展方向。我国发展新能源汽车已具备良好基础和广阔市场前景，目前已有 48 个型号的各类电动汽车获得国家机动车新产品公告。业内专家认为，我国汽车工业去年产销量居世界第一位，虽然在传统技术上已无法超越国外名牌厂商，但只要我们进一步增强自主创新、明确技术路线、鼓励市场营销，完全有可能争做全球新能源汽车的"领跑者"。

环保产业现已成为世界各国推进可持续发展的强大动力。据《世界制造业年鉴》统计，美国、欧盟、日本的环保产业规模分别占全球 38%、29% 和 16%。中国是当今世界环保投入力度最大、环保产业发展最快的国家。据《中国环保产业发展研究报告》公布，全国"十一五"期间环保投资总额达 13750 亿元，比"十五"期间增加 64%；今后一个相当长时期将继续保持高速发展态势。在环保设备制造方面，要研发和应用水污染防治技术与设备，重点是废水处理技术和饮用水资源处理技术；研发和应用大气污染防治技术与设备，重点是加快采用焚烧炉脱硫、脱氮装置；研发和应用固体废弃物处理技术与设备，重点是工业废弃物的减量化、资源化、无害化技术和城市垃圾处理；研发和应用噪声与震动控制设备，重点是逐步实现量大面广的机电产品和运载工具的低噪声化。在资源综合利用方面，既要发展资源再生利用技术、提高能源使用效率技术，又要发展可再生能源储存技术、环保清洁产品生产技术，特别要大力推行绿色环保的生产方式和消费方式。在环保服务方面，要以标准化、系列化、国产化、现代化为导向，坚持政府扶持和市场规范运作相结合，自主创新和引进消化吸收相结合，促进环保咨询服务业和环境服务贸易发展。

四、加快发展生物医药产业，努力为提高人民健康水平服务

生命科学的进步推动了人类对自身健康和疾病的认识。生物医药产业是以基因工程、细胞工程、酶工程为代表的现代生物技术，通过创新成果产业化形成的"朝阳产业"。据国家发改委产业经济研究所的报告，20 世纪 90 年代以来，生物药品销售额以年均 30% 以上的速度增长，大大高于全球医药行业年

均不到 10% 的增长速度；欧美公司的销售额占全球生物药品销售额的 93%，美国开发的产品和市场销售额均占 70% 以上；全球研制中的生物技术药物超过 2200 种，其中 1700 余种进入临床试验。生物医药产业正快速由最具发展潜力的高技术产业向战略性支柱产业发展，全球生物制药市场预测到 2011 年有望达到 980 多亿美元。我国生物医药产业发展虽然整体上落后发达国家，但基本具备实现迎头赶上、跨越发展目标的比较优势。我们有丰富的生物资源和多样性的物种，在原料药、天然药物和中药领域具有比较优势；生物技术基础研究某些领域的综合实力处于世界先进水平，人工成本和研发成本低；生物制药企业数量不断增多，生物制药产业已进入高速发展阶段。要紧紧围绕我国人口健康领域的战略需求，迅速提升生物医药产业的自主创新能力，力求在前沿领域全面取得原始创新性的重大突破。

加快发展生物医药产业，必须把生命科学前沿与传统医学优势结合起来，大力推进基础研究与应用研究和产业开发融合，形成以创新药物研发和先进医疗设备制造为龙头的医药研发产业链，大幅提升生物医药产业的国际竞争力。一要加强基础研究。重点研究医药生物研发技术、后基因组技术、再生医学技术、生物医学工程及远程技术等，加快科研成果向现实生产力转化。二要推进资源整合。合理规划布局生物医药产业园区，扶持一批拥有自主知识产权、综合竞争力较强的骨干企业。三要推动国际合作。瞄准世界一流的生物研究机构和企业，开展多种方式的交流与合作，政府提供便利的基础设施、审批服务和法制环境。四要规范市场秩序。强化生物医药产品市场监管，鼓励企业申请有关安全、质量、环境管理等国际体系认证。五要注重人才培养。既要培养高端生物技术研发人才，也要培养一线生产技术人员。同时，为回国创业人才创造人尽其才的环境，提供场地、资金、设备等方面支持。也要看到，生物医药产业具有高投入、高收益、高风险、长周期的特征，我们既要提高企业研发创新能力和抵御风险能力，更要提高知识产权保护和运用能力，防止有限的生物药品成果流失。

五、加快发展信息网络产业，带动制造业、服务业优化升级

信息网络产业正在革命性地改变全球经济发展形态和人类生活方式，为全体社会成员提高社会发展和经济创造能力提供一个平台。据《世界前沿科技发

展报告》，美国在诸多至关重要的信息技术领域引领发展潮流，去年在应对国际金融危机中又提出发展"智慧地球"。欧盟的主要目标是增进欧洲信息产业界的整体竞争力，力求掌握和开拓未来ICT发展的方向。日本、韩国都把信息产业的发展提升到国家发展战略的高度，出台了一系列重大政策法规和推进计划。OECD成员国近年来所增加的6500万个就业机会中，95%与信息、网络和知识产业有关。我国信息网络产业发展的市场前景和增长潜力巨大。据国家统计公报，2009年年末全国固定及移动电话用户总数达到106107万户，电话普及率达到79.9部/百人。互联网上网人数3.8亿人，互联网普及率达到28.9%。中国的网络与用户规模均居世界首位。去年以来开始的3G建设，3年内预计投入4000亿元，基本覆盖全国所有地市、大部分县城和发达乡镇，三大电信运营商3G用户计划发展目标均要达到5000万户左右。3G的应用将促进电信网、广电网和互联网三网融合，手机作为信息终端将朝着电视、电脑、手机屏幕"三屏合一"转变，也使通讯业与传媒、娱乐、金融、电子商务等行业的融合成为可能。同时，3G在产业布局上覆盖二、三产业，既能提升先进制造业的自动化水平，也将推动数字化的现代服务业发展，提高我国国民经济增长质量和效益。

当前和今后一个时期，必须加快构建我国无所不在、人人共享的信息网络体系，走出一条普惠、可靠、低成本的信息化与工业化融合的新路。要重点抓好三件大事：一要加快实现三网融合。我国已基本具备进一步开展三网融合的技术条件、网络基础和市场空间。要着眼长远，统筹规划，确定合理、先进、适用的技术路线，促进网络建设、业务应用、产业发展、监督管理等各项工作协调发展，探索建立符合我国国情的三网融合模式。二要推进"感知中国"建设。"感知中国"是物联网的一个生动名字。物联网又称传感网，通过在物体上植入各种微型感应芯片使其智能化，借助无线网络实现人与物之间"对话"、物与物之间"交流"。物联网现已遍及智能交通、环境保护、政府工作、公共安全、平安家居、工业监测、老人护理、个人健康等多个领域，被认为是世界下一次信息技术浪潮和新经济引擎。我们要抓紧突破关键技术、制定标准体系、拓展应用领域，在激烈的国际竞争中创占物联网的制高点。三要开展后IP时代技术研发。后IP网络技术将是未来信息网络产业技术的核心，涉及核心芯片技术、设备生产和系统设计及部署等大型软硬件基础产业。美国、欧盟、日本等国家在几年前就已开展面向未来 10 至 15 年的基于"从零开始"方法的后 IP 技术研究。我们要及早研究网络虚拟化技术以及支持存储 / 计算等资源虚拟化的智能重叠网技术，并研究高效网络数据交换、路由以及端到端质量管理、安全保障等关键技术，以支持对当前互联网改善提升以及面向后 IP 网络的平滑过渡。这将有助于提升我国未来互联网科学技术领域的国际竞争力。

六、加快发展高端制造产业，实现迈向制造业强国的战略转型

高端制造产业是衡量一个国家核心竞争力的重要标志。近年来，世界制造业呈现出绿色制造、高技术化、信息化、极端制造的发展趋势，诞生了柔性生产、精良生产、并行工程、计算机集成、智能制造、虚拟制造、敏捷制造等模式与系统，使得现代机械制造企业的生产组织方式发生了重大转变。据《世界前沿科技发展报告》，美国欲重塑世界制造业霸主地位，日本在本土建设最尖端技术研发及生产基地，欧盟加强在某些领域的世界主导者作用，韩国力求跻身世界先进制造技术强国行列。我国一直高度重视发展先进制造技术，针对国民经济建设主战场的重大需求，瞄准国际先进制造与自动化技术前沿，坚持用信息化带动制造业现代化，一些关键技术和重大装备取得显著突破，我国现已成为居美国、日本、德国之后的世界制造业大国。但是，"中国制造"总体水平处在世界制造业产业链低端，严重缺少关键技术和自主品牌，重大装备和核心部件依赖进口，单位产品成本和耗能远高于发达国家。中国实现制造业大国迈向制造业强国的战略转型，一定要有全球领先的高端制造业，一定要用中国装备装备中国。

加快发展高端制造业，要高度重视发展战略性的重大成套装备、高技术装备和高技术产业所需装备，坚持最大限度地优化利用资源和减少环境污染的方向，大力提高装备研发设计能力、制造能力和集成能力，推进以信息技术为代表的高新技术全面融入制造业，在一些重要领域拥有自主创新成果和核心竞争力。一要大力发展光机电一体化技术。这是在数控制造技术上发展形成的集成制造技术，是当今信息业与制造业的最佳结合点。要重点抓好微机电系统和机器人技术、核心单元技术和传感器技术，特别是数控机床技术。数控机床是基础制造装备，所有重大装备都需要新一代数控机床能适应极端制造和对复杂零

部件的精确加工。我国机床消费量居世界之首，但 70% 的高档数控机床需要进口，这种局面必须尽快改变。二是集中突破重大成套装备制造技术。首要的是大飞机及关键技术、新一代运载火箭及关键技术、大型清洁火电与核电设备及关键技术、海洋工程装备及关键技术、新一代节能型轿车及新能源汽车设计制造技术等。同时认真研发新一代流程工业成套技术与装备、数字化、智能化设计制造即基础制造装备。要认真总结推广自主创新的"高铁模式"，创造更多世界一流的高端制造产品。三是着力抓好重点经济区域率先发展。珠江三角洲、长江三角洲和环渤海地区这三大区域，无论传统产业或高新技术产业都在国内占有举足轻重的地位，其国内生产总值占全国近 60%，工业总产值占全国近 70%，进出口总额占全国近 90%，外资企业数量和实现的总产值都占全国近 80%。加快发展高端制造产业应在三大区域率先突破，我国成为世界制造业强国和新的世界制造中心，在很大程度上取决于这三大区域在世界制造业中的地位和竞争力。

（2010 年 3 月）

培育战略性新兴产业的思考

一、培育战略性新兴产业是转方式、调结构的关键

党的十七大报告在全面把握我国经济发展规律的基础上，将党的十四届五中全会提出的"转变经济增长方式"改为"转变经济发展方式"。这两个字的变动，寓意深远，意义重大，充分反映了我们党领导经济工作指导思想上的根本性变革，在建设中国特色社会主义的道路上迈出坚实的步伐。在我国这样一个有着13亿人口的发展中国家实现现代化，照搬别国模式不行、封闭僵化不行、改旗易帜更不行，一定要独立自主地走出一条适合中国国情的发展道路。这样的发展道路，是全体人民摆脱贫困、走向温饱、达到小康和中等发达水平的必由之路，是达到国家富强、民族振兴、社会和谐和实现长治久安的幸福之路。

中央历来重视转变经济发展方式问题。早在20世纪80年代，就提出要把全部经济工作转到以提高经济效益为中心，从粗放经营为主逐步转到集约经营为主的轨道。90年代，中央进一步提出努力提高科技进步在经济增长中的贡献率，加快实现经济增长方式的根本性转变。进入新世纪，中央对转变经济发展方式提出更高要求。党的十七大报告指出，实现未来发展目标，关键要在加快转变经济发展方式、完善社会主义市场经济体制方面取得重大进展。转变经济发展方式，在发展理念上要正确处理快与好的关系，不仅要继续保持国民经济快速发展，而且要更加注重推进经济结构战略性调整，努力提高经济增长质量和效益；在发展道路上要根本改变依靠高投入、高消耗、高污染来支持经济增长，坚持走科技含量高、经济效益好、资源消耗低、环境污染少、人力资源得到充分发挥的中国特色新型工业化道路，实现可持续发展；在发展的国际环

境上要主动适应经济全球化趋势，拓展对外开放的广度和深度，提高开放型经济水平，增强经济整体素质和国际竞争力。这就要求我们必须继续坚定不移地继续解放思想，这是坚持党的实事求是思想路线的本质要求，也是转变经济发展方式的一大法宝；必须继续坚定不移地推进改革开放，这是完善社会主义市场经济体制的必然要求，也是转变经济发展方式的强大动力；必须继续坚定不移地推动科学发展，这是实现经济社会全面协调可持续发展的内在需要，也是转变经济发展方式的基本要求；必须继续坚定不移地全面建设小康社会，这是关乎全国人民政治、经济、文化、社会权益的根本利益所在，也是转变经济发展方式的奋斗目标。

我们经历的这场国际金融危机，正在催生新的科技革命和产业革命，发达国家和新兴经济体进行着一场新的科技竞赛，全球将进入一个前所未有的创新密集和产业振兴时代，重大发现和发明将从根本上改变人类社会生产方式和生活方式，战略性新兴产业将成为推动世界经济格局、利益格局和安全格局重大调整的主导力量。20世纪初，发生了以量子力学和相对论为核心的物理学革命，与其后的宇宙大爆炸模型、DNA双螺旋结构、板块构造理论、计算机科学等六大科学突破，共同确立了现代科学体系的基本结构。自20世纪下半叶以来，尽管知识呈爆炸增长态势，但基本表现为对现有科学理论的完善，未能出现可以与这六大革命性科学突破相提并论的理论成就或重大发现，科学的沉寂"已达60余年。目前，一些主要国家都把争夺经济科技制高点作为战略重点，都把科技创新投资作为最重要的战略投资，都把发展高技术及产业作为战略突破口。

世界经济发展史证明，那些在危机中善于抓住机遇、依靠科技创新的国家，往往会率先复苏并占据新一轮发展的制高点。我国在一些重点领域具备抢占经济科技制高点的比较优势，大力培育战略性新兴产业势在必行。一是我国经济长期保持平稳较快发展，有较强的综合国力。二是我国正处在工业化、城镇化加快发展阶段，有绝大多数国家都不具备的巨大市场空间。三是我国科技研发人员位居世界前列，具备较强的人才资源。四是我国已建立比较完整的基础科学、技术科学和工程科学布局，具备比较好的科研条件。五是我国已经形成配套能力和组织能力较强的生产和服务体系，具备比较完整的产业基础。六是我国一些重要领域的研发水平已跻身世界先进行列，具备一定的创新能力。

我们要从我国基本国情和长远发展需要出发，坚持不懈地走创新驱动、内生增长的发展道路，把扩大内需和自主创新作为我国经济社会和科技发展的战略基点，抓紧培育具有全局推动力的战略产业和新的经济增长点，不断提高科技竞争力、产业竞争力和国家整体竞争力。

二、培育战略性新兴产业需要把握的原则

转变经济发展方式，要把大力培育战略性新兴产业作为一项重大而紧迫的任务。经历国际金融危机的严峻考验，我国经济正处在企稳回升的关键时期，既要努力解决短期的突出矛盾和问题，巩固积极向好的经济形势，更要着力抢占引领未来发展的经济科技制高点。这不仅是应对国际金融危机的重大举措，也是转变经济发展方式的重要途径。科学确定战略性新兴产业要紧紧围绕占领经济科技制高点，尤其要选好战略方向和突破口。总的还是要坚持"自主创新、重点跨越、支撑发展、引领未来"的指导方针，围绕建设经济科技强国的目标，紧密跟踪世界科技发展前沿，遵循科技发展的基本规律，着眼科学发展、创新发展、可持续发展来选择。这直接关系我国经济社会发展全局和国家安全，选对了就能跨越发展，选错了就会贻误时机。这方面国际上有不少经验教训。比如韩国曾经在模拟电视技术上落后日本，但选准数字电视技术后集中投资，电视技术水平超过了日本。

大力培育战略性新兴产业，首要的是关键核心技术攻关。应坚持五条原则：一是能够打破国际垄断、保障国家安全；二是显著提升国家科技实力和综合国力；三是对相关产业及技术跨越具有带动作用；四是能够引发技术和产业变革；五是在重要的国际技术前沿进行探索。关键核心技术攻关的战略方向，要兼顾一、二、三产业和经济社会协调发展。如攻克哪些新能源、环境保护和低碳技术，带动节能环保产业和绿色经济发展；攻克哪些保障食物安全、促进粮食增产和重大疾病防治技术，带动生物技术产业、现代农业和医药卫生事业发展；攻克哪些信息技术、新材料技术和先进制造技术，提高重大装备和产品制造的集成创新能力；攻克哪些空间技术和海洋技术，拓展未来发展空间，保障国防安全，维护国家战略利益，等等。我们国家正在全面实施十大重点产业调整和振兴规划，已经着手研究规划和重点扶持战略性新兴产业发展。这些产业的选择，要坚持三个条件：一要真正掌握关键核心技术，否则产业发展就会

受制于人，就不会有竞争力。二要切实面向国际国内两个市场，统筹研究和规划产业布局、调整结构、发展规模和建设时序。三要充分利用现有和潜在的优势，促进产学研结合，促进科技与经济结合，促进创新驱动与产业发展结合。

战略性新兴产业应该充分体现调整产业结构和转变发展方式的根本要求，具有资源消耗低、带动系数大、就业机会多、综合效益好的产业特征。一方面要有效应对国际金融危机，支撑我国当前经济社会发展，另一方面要提高经济科技整体竞争力，引领我国未来经济社会发展方向。20 世纪 90 年代，日本政府为了摆脱"泡沫经济"破灭带来的困境，迎接全球经济结构调整和技术革命挑战，制定了《经济结构变革与创新计划》，核心思想是由"贸易立国"转向"科技立国"，以第三产业为中心扩大内需，建立与国际相适应的产业结构。重点发展的"面向 21 世纪型产业"，主要有多媒体、因特网、卫星商务、高清晰度电视、宇宙开发、超导关联、生物种子、新材料、绿色经济、老年人、休闲疗养、人才服务等 12 个产业。这些产业与相对稳定的常规生产部门不同，基本是科技或社会进步的动力较强、具有较大发展潜力的产业，体现了构建国际协调性、内需主导性和高效性的产业结构。

总体上看，面向未来选择战略性新兴产业要着眼科学发展、和谐发展、可持续发展，应兼备规模性、先进性、关联性、带动性和导向性，应具有新增长点和战略性产业的双重特征，应充分体现调整产业结构和转变发展方式的根本要求，具有资源消耗低、带动系数大、就业机会多、综合效益好的产业特征，是扩大投资与促进消费相结合的产业，是发展经济与保障民生相结合的产业，是立足当前与着眼长远相结合的产业。从我国国情和世界发展趋势看，应重点发展新能源产业、新材料产业、节能环保产业、生物医药产业、信息网络产业、高端制造产业、海洋产业、文化创意产业、通用航空产业、老龄产业、旅游产业。

三、培育战略性新兴产业要重点抓好四个环节

转变经济发展方式、大力培育战略性新兴产业，是我国经济社会发展中的大调整和大变革。我们要继续解放思想、开拓创新、与时俱进，坚持面向港澳、面向世界、面向现代化，遵循经济规律、科学规律、自然规律，从全局和战略的高度全面系统推进转方式、调结构。要重点抓好以下四个环节：

一是科学制定规划。后危机时代，世界主要国家都在反思经济发展模式、都在部署战略性新兴产业发展。我们应该研究全球经济科技发展新动态、新趋势、新特点，遵循战略性、前瞻性、创新性、针对性的原则，结合国情制定分产业、分阶段、分区域的"十二五"发展规划，统筹研究战略产业布局、结构、规模和建设时序，充分体现时代性、把握规律性、富有创造性。要进一步激发广大科技工作者和全社会的发展和创新活力，但既要防止一哄而起、急于求成，又要避免工作迟缓、错失良机。

二是发展技术联盟。随着经济全球化深入发展，各国间不仅科技竞争更激烈，而且科技合作也更紧密。今年9月，美国国家研究理事会出台《六国科技战略对美国的影响》的研究报告中指出，"20世纪50年代为了控制创新而实行的信息控制和孤立模式转变成当今为了产生创新而实行的参与与合作模式"。我们要抓住时机，迎头赶上，跨越发展，就必须以企业为主体，以市场为导向，以项目为纽带组织技术联盟，促进产学研结合，促进科技与经济结合，促进创新驱动与产业发展结合，使科技资源优化配置、开发共享和高效利用。

三是掌握核心技术。我们必须认识到，真正的核心技术是买不来的，必须始终坚持立足自主创新。要加快实施重大科技专项，着力突破带动技术革命、促进产业振兴的关键科技问题，突破提高健康水平、保障改善民生的重大公益性科技问题，突破增强国际竞争力、维护国家安全的战略高技术问题。前瞻部署生物、纳米、量子调控、信息网络、气候变化、空天海洋等领域基础研究和前沿技术研究。大力培养创新型科技人才，特别要培养一批世界级的科学家和企业家。

四是强化政策支持。目前，世界许多国家都把扶持战略性新兴产业成长作为国家战略。主要是确定战略性新兴产业支持领域、大力推动低碳经济发展、财政优惠推动重点产业成长、资助产业共性技术攻关等。我国在"十二五"期间应进一步加大财政投入力度，多渠道筹措产业发展资金，落实好研发投入抵扣所得税等各项优惠政策。认真实施知识产权战略，加强知识产权创造、应用和保护。同时，还要完善技术标准制定、国外智力引进和加强国际合作等方面的政策。

（2010年7月）

充分发挥应用技术类科研院
所在国家创新体系中作用

　　根据国务院的统一部署，原中央部局所属 376 家科研机构，分别在 1999 年和 2000 年进行转制或下放地方。在此期间，先后有 16 家应用技术类大型科研院所转制为大型科技企业，划归中央国家机关企业工委管理，并于 2003 年全部转由国资委负责监管。近些年来，这些大型科技企业在市场竞争中增强了活力和后劲，但随着科技体制和企业改革的深入，他们在发展中也遇到一些突出的问题，特别是在今后发展定位和发展方向上需要认真研究并加以解决。

一、应用技术类大型科研院所转制后发生了深刻变化

　　新中国成立以来，党和国家高度重视应用技术类科研院所的建设，形成了一支行业门类比较齐全、综合科研实力较强、人员素质较高的产业科技队伍，他们是推动我国工业化和现代化进程的重要力量，为整个国民经济和国防军工事业发展作出了杰出贡献。16 家应用技术类大型科研院所，包括煤炭科学研究院、机械科学研究院、中国农业机械化科学研究院、钢铁研究总院、冶金自动化设计研究院、北京有色金属研究总院、电信科学技术研究院、上海船舶运输科学研究院等。他们大多数成立于 20 世纪 50 年代，有些单位可以追溯到建国前，研究范围涵盖了电子信息、先进制造、新型材料、能源环境、建筑材料、生物技术与医药六大领域。根据产业发展和技术进步的需要，国家依托这 16 家大型科研院所建立了 40 多个工程中心、中试基地、成果转化基地，承担着行业共性、关键技术研发任务，是我国工业应用领域技术创新的重要基地。目前，这 16 家改制后的大型科技企业资产总额 400 亿元左右，负债总额近

190 亿，资产负债率不到 50%；在 4 万名职工中，中科院和工程院院士 28 人，高级研发人员 6723 人。科技体制改革改变着中国科技事业的面貌，同时也使 16 家转制院所发生了深刻的变化。

一是科研院所的主体性质转变为科技企业，科研开发由事业型向企业型转变。在向科技企业转制的过程中，这些院所积极探索企业化发展的新路子，注重投入产出效率和培育核心竞争力，切实转变体制机制和管理方式，较好地处理了改革发展稳定的关系，初步建立起现代企业制度。16 家大型科技企业由明显的学术特点的学科优势，发展成为具有科学交叉、系统集成的综合学科优势，在当代科技、产业和市场的激烈竞争中生存、发展和壮大。

二是推动了科技与经济、市场的有效结合，壮大了科技企业的整体实力。16 家大型科技企业在二级单位的基础上先后成立了 159 个独资和控股公司，其中有上市公司 10 家，初步实现了科技资本与金融资本的结合。他们利用上市融资、国家投入、银行贷款、合资合作等形式筹资 60 多亿元，并先后投资 50 亿元建立了 20 多个生产基地，已建和在建生产线 50 多条，遍布全国各地的分院分所 30 多个，已初步形成了高科技产业群和集团化发展模式。如钢铁研究总院发起成立的新材料上市公司安泰科技，由改制初期的年销售收入 2 亿元发展到年销售收入逾 10 亿元的高科技企业。

三是广大科技人员思想观念和思维方式发生了很大变化，立足经济建设主战场，着力提高企业竞争力。原有科研院所以科技开发为主体，创新观念和产业意识不强，单纯依靠国家事业费拨款，"等、靠、要"思想严重。改制后的科研院所建立了较为灵活的人力资源管理模式和奖励制度等，初步建立了符合科技企业自身特点的职工社会保障机制，解决了企业员工的后顾之忧，使科技企业具有与其他企业相同的条件参与市场竞争。广大科技工作者思想大解放，由单纯考虑发表论文和成果获奖，转变为追求市场、技术、人才、资本的优化组合。

四是自主创新研发出一大批科技成果，推动了行业技术进步和高技术产业发展。如电信科学技术研究院发起组织并牵头完成具有我国自主知识产权的第三代通信技术 TDS—CDMA；有色金属研究总院 2001 年底成功地建设了 8 英寸硅半导体抛光片高技术产业化示范工程，标志着我国深亚微米超大规模集成电路用硅单晶抛光片的生产达到了世界先进水平；钢铁研究总院在提升中国钢铁工业技术水平的六大关键共性技术中牵头研发和推广四项，还承担了85%以上军工冶金新材料的研发试制任务；船舶所在船舶自动化、运输安全、港口防污、线性试验等方面处于国内领先地位；纺织科学院研制生产的全自动高速卷绕头占领了国内大部分市场份额，提升了民族化纤业的竞争力。

二、应用技术类大型科研院所转制后存在的突出问题

我国的研发体系是由中科院系统、大专院校、科研院所和企业研发中心组成的，在整个国民经济中已形成由基础研究到产业研究的研究开发链。我国正处于工业化发展的中期，企业虽然是技术开发和创新的主体，但从目前我国多数企业规模和实力看，还远未形成具备引领行业技术发展的研发能力，绝大多数企业的技术改造还需要应用技术类科研院所的技术输入和服务。即使是宝钢、中石化等行业排头兵企业，也难以完全承担起行业共性、关键技术开发工作。不少专家认为，应用技术类大型科研院所转制为科技企业后，经过几年的运行陆续出现了一些新情况和新问题，现在改革和发展又到了一个关键时期。

第一，科技企业在国家创新体系中的定位不够明确。目前，国资委对16家科技企业的考核指标主要是国有资产保值增值和企业效益。这些企业一方面要追求利润最大化的目标，产品方向选准了短期就可以见效；一方面还承担着行业共性、关键技术开发工作，多数短期不能见效有些甚至失败。这两方面存在一定矛盾，有些企业领导者在决策中往往视前者为硬任务，在国家科技研发资金投入渠道不确定的情况下，把主要的科技人员、技术力量和有限资金投入到企业生产和市场开发中。这种状况，导致科研人员知识老化、重点实验设备陈旧、研发资金严重匮乏的问题突出。

第二，一些科技企业的特色与优势正在消失。科研院所转制和下放地方后，有些已丧失应用技术研发优势，有的为了生存与发展往往以己之短搏人之长，有的大院大所甚至成为本行业中的"小企业"。一些地方将科研院所并入到企业集团后，设备被调拨或瓜分，人员分散流失严重，从而导致这些院所完全消亡或摘牌。特别是科研院所转为科技企业后享受5年过渡期优惠政策的期限已经临近，但许多新创立的企业仍处于起步和发展阶段，多数未进入稳定的投资回报期，而银行贷款大部分还贷期限已到，一旦不再享受国家优惠政策后的发展前景堪忧。

第三，科技企业改革还有待进一步深化。科技企业无法从根本上摆脱国有企业人事劳动制度的羁绊，目前多数还在沿用传统思路的基础上实行"一企两制"、"一所两制"甚至多制的复杂模式。对转制前科研院所离退休人员等没有纳入社会化管理，仍由转制科技企业管理；转制后人员的收入分配、社会保障没有政策解释部门，部分人员攀比福利待遇；深化改革的方向和政策措施不明确，由此产生了一系列问题等。一些科技企业管理和改革成了老大难，有的已经影响了正常工作。

三、充分发挥应用技术类大型科研单位作用的政策建议

"十一五"规划和科技中长期规划，都从我国经济社会发展的战略需求出发，把能源、资源、环境、信息和先进制造等关键领域的重大技术开发放在优先位置。中央所属应用技术类大型科研单位，是为关系国计民生的行业提供科技支撑的主力军，是推动国家工业和行业科技进步的重要力量，是我国十分珍贵和有限的科技资源，在依靠自主创新提升产业技术水平上具有不可替代、举足轻重的作用。我国要进入创新型国家行列，加快工业化、现代化进程，必须缩短传统工业和新兴工业同国际先进水平的差距，在一些能够带动生产力跨越式发展的重点应用技术领域实现突破，大幅度提高工业科技竞争力和产业竞争力。

（一）应用技术类大型科研单位应在建设国家创新体系中发挥更大作用

要围绕实现从资源耗费型向资源节约型、从速度效益型向技术创新型的转变，进一步发挥应用技术类大型科研单位在国家创新体系中的作用，建成一批国际一流的新兴工业化共性、关键技术平台，使其成为我国工业发展的应用基础研究和共性、关键技术研发的源头。国家应强化这些单位科研基地和产业化基地建设，提高系统集成能力和持续创新能力；对承担国家与行业的共性、关键技术研发，以及重点实验室修缮、贵重仪器日常等维护，给予必要的政策和经费支持；国家和行业的相关标准与规范，应主要由这些国家级院所牵头研究制定。同时，探索设立"产业共性、关键技术研发专项基金"，支持应用技术类大型科研单位的技术创新。

（二）应用技术类大型科研单位应加快建立现代科研院所和现代企业制度

应用技术类大型科研单位转制为科技企业后，仍然担负着抓好重大应用技

术研发、加快科技成果转化和推进产业技术升级的任务。在科研主体部分，要坚持产学研一体化、引进消化再创新一体化、科研生产一体化的发展方向，建立职责明确、评价科学、开放有序、管理规范的现代科研院所制度，促进全社会的应用技术类科技资源高效配置和综合集成，使一大批领军人物和年轻科技人才大有作为。在此基础上，通过深化改革加快完善现代企业制度，建立与之相适应的现代企业收入分配、社会保障、激励监督等制度。当前，要继续支持推进科技企业主辅分离、人员分流安置工作。

（三）应用技术类大型科研单位应实行科技和经济指标双重考核办法

根据 16 家科技企业的实际状况，要建立经营性资产和非经营性资产分类管理、分类考核机制，不能只考核国有资产保值增值和企业经济效益。对承担行业共性和关键技术开发、基础性研究以及鉴定、检测等公益性工作的非经营资产，应制定有利于提高技术创新能力、符合技术创新特点的业绩考核办法。在高技术产业和企业化经营方面，在按照现行考核模式加强管理的同时，应探索建立产业利润补充科研开发的互动机制，补充金额可从本年度国有资产保值增值和企业经济效益考核指标中剔除，以便更好地推进应用技术研发和科研成果产业化。

许多专家还提出，面向市场的应用技术类研发机构向企业化转制后，仍有自身运行和发展规律，应探索整合行业研发力量、提升技术创新能力的管理体制和管理方式。我们觉得这一问题事关紧要，建议国家有关部门对此深入研究、科学决策。

（2006 年 7 月，本文同朱幼棣同志合作完成）

加快把旅游业培育成为战略性支柱产业

当今世界，大众化和全球化旅游时代已经到来，旅游日益成为现代社会重要的生产生活方式和社会经济活动，旅游业已经成为全球规模最大和发展势头最强劲的战略性产业。我国旅游业近些年来一直保持快速发展的态势，国际旅游专家预测 21 世纪的中国将成为世界重要的旅游中心。本世纪前 20 年，是我国经济社会发展的重要战略机遇期，也是旅游业发展的重要战略机遇期，将实现从"世界旅游大国"向"世界旅游强国"的历史性转变。去年，在应对国际金融危机中，温家宝总理视察海南重点就发展旅游业发表重要讲话，深刻论述了发展旅游业的重大意义和战略定位，要求海南以建设国际旅游岛要成为海南深化改革开放、促进经济增长的制高点和突破口，着力构建具有海南特色的服务型经济、开放型经济、生态型经济，特别要加快发展以旅游业为龙头的现代服务业和热带高效农业生产基地，打造面向东南亚、背靠华南腹地的航运枢纽、物流中心和出口加工基地，把海南建成开放之岛、绿色之岛、文明之岛、和谐之岛，走出一条生产发展、生活富裕、生态良好的科学发展之路。前不久，国务院常务会议讨论下发了关于加快发展旅游业的意见，明确了当前和今后一个时期加快发展旅游业的总体要求、基本原则、发展目标、主要任务和保障措施，这标志着我国旅游业在应对国际金融危机中乘势而上、进入新的历史发展阶段，加快把旅游业培育成国民经济的战略性支柱产业势在必行。要把握好以下几个问题。

第一，充分认识发展旅游业的战略意义。旅游产业兼具经济功能与社会功能，集劳动密集型与资金、知识密集型于一体，在扩大内需、促进经济增长中将发挥重大作用。旅游消费是最终消费和综合性的消费，是可持续消费和多层次的消费，在社会总需求中特别是在居民消费需求中占有重要地位。我国人均GDP已超过3000美元，旅游消费进入一个快速发展的新阶段。目前，全国旅游业增加值已占到GDP的4%以上，与旅游相关的行业超过110个；旅游消费对住宿业的贡献率超过90%，对民航和铁路客运的贡献率超过80%，对文化娱乐的贡献率超过50%，对餐饮业和商品零售业的贡献率超过40%；旅游产业从业人数达到1000万人以上，与旅游相关的就业人数达到6000多万人，每年新增就业50万人。去年在国际金融危机影响下，国内旅游收入仍实现8700亿元，增长12%；旅游外汇收入仍达到400亿美元。中国已成为继美国、西班牙、法国之后第四大入境旅游接待国、亚洲最大的出境旅游客源国，正在形成世界上最大的国内旅游市场。在今后一个相当长的时期内，我国旅游产业的规模、层次、质量将不断提升，必将形成强大的国际吸引力、核心竞争力和开放兼容力。

第二，充分认识发展旅游业的战略定位。一是旅游业是推动国民经济和现代服务业发展的支柱产业。旅游业由于其产业的综合性、交叉性和广泛渗透性，在现代服务业中占据着突出重要的地位。要像重视住房消费和汽车消费一样重视旅游消费，使其成为促进整个社会消费的重要引擎。二是旅游业是应对国际金融危机和扩大国内需求的优势产业。旅游业具有抗冲击、易恢复的产业韧性，既能在当前有效地保增长、保就业、保稳定，又能将调结构、上水平、惠民生等长远目标结合起来，提高了宏观调控的整体经济效益和社会效果。三是旅游业是建设资源节约型、环境友好型社会的绿色产业。旅游业具有资源消耗少、环境要求高、可持续性强的特点。许多人文资源和文化遗产，通过旅游业得到了较好保护和利用，倡导生态旅游、绿色旅游是旅游业发展的大趋势。四是旅游业是推动社会持续进步和提高生活质量的民生产业。旅游是一种生活方式，旅游是一项民生需求，旅游是每个国民的基本权利。发展旅游业可以体现社会文明与进步，推动城乡一体化进程，促进社会的和谐与发展，提高人们生活水平和生活质量。五是旅游业是弘扬中华文明和发扬民族精神的文化产业。旅游资源体现着中华文明的丰富内涵，是发扬中华民族精神、加强精神文明建设的重要载体。充实和丰富旅游的文化之魂，传播现代生活方式和生活习惯，可以普遍提高国民素质和社会文明程度。六是旅游业是开展对外交流和扩大对外开放的"窗口"产业。旅游业已成为"让世界了解中国，让中国走向世界"重要桥梁，不仅是我国民间外交的主渠道，也在扩大对外开放中发挥了试验田和排头兵的作用。

第三，充分认识发展旅游业的战略环境。随着世界工业化、城市化的推进，现代旅游市场规模扩大、专业分工深化、关联效应凸现，产业体系日趋成熟，成为世界经济中重要的战略性、支柱性、综合性产业。近50年来，旅游业持续以高于世界经济增长的速度快速发展，并于20世纪90年代初超过了石油工业和汽车工业，成为世界第一大产业。据世界旅游组织公布的数据，目前旅游经济总量占全球GDP的10%以上，就业人数占就业总数的8%以上，旅游投资占投资总额的12%以上，年国际旅游人数达到9亿人次。近年来国际旅游总收入年均增长6%—7%，远高于世界经济年均3%的增长率。去年，旅游业已成为各国应对经济危机、促进经济复苏等反周期性调节政策的重要手段。与世界近现代旅游业150多年的发展历程相比，我国旅游业虽然起步晚、时间短、水平低，但旅游市场扩大、需求扩张、产品供给、产业集聚都呈现加速态势。改革开放30年来，随着经济持续快速发展和人民收入水平迅速提高，我国旅游人数和旅游收入都以两位数以上的增速持续发展，旅游业迅速实现由资源经济向产业经济、由高端消费到大众消费的转化，已成为继汽车、住房之后增长最快的消费领域。今后一个时期，旅游业增加值增速将持续高于GDP增速，旅游消费增速将持续高于城乡居民收入增速。随着人民生活由生存型、温饱型向发展型、享受型转变，人口结构、就业结构、社会结构尤其是居民消费结构发生较大变化，消费结构升级、城乡消费互动将催生新的"消费革命"。我国旅游业发展存在的主要矛盾，仍然是旅游生产力较低、旅游产品供给不足和人民群众日益增长的旅游需求之间的矛盾。解放和发展旅游生产力，仍是今后较长一个时期的主要任务。

第四，充分认识发展旅游业的战略取向。在发展目标上，要更加注重发挥旅游产业的综合功能；在发展方式上，要更加注重走质量效益型的发展道路；在发展机制上，要更加注重市场配置资源的基础性作用；在要素投入上，要更加注重依靠科技和管理服务创新；在开发重点上，要更加注重观光旅游与休闲度假旅游并重；在发展格局上，要更加注重城乡和区域旅游协调发展；在发展模式上，要更加注重建设资源节约和环境友好型产业；在发展战略上，要更加注重统筹利用国际国内两种资源两个市场。要把握好六个问题：一是将推动科学发展贯穿旅游业发展的全过程和各方面，根据不同需求层次、不同供给特点，促进旅游业全面协调可持续发展。二是将发展旅游业提升为国家发展战略，加强和改善国家对旅游业的宏观调控，充分发挥旅游业在扩大内需、拉动消费、促进经济增长中的重要作用。三是将满足国民旅游消费需求作为发展旅游业的根本出发点和落脚点，在政府监管下主要由市场向广大旅游者提供物美价廉、优质高效的旅游产品和服务。四是将精心保护和永续利用旅游资源作为重点，积极推动旅游业发展方式转变，实现物质文明、精神文明、生态文明全面进步，促进资源节约型、环境友好型社会建设。五是将旅游业作为提升人的思想道德素质、陶冶精神情操的重要途径，让人们在满足旅游物质消费的同时，饱览自然风光，感受历史文化，陶冶精神情操，促进人的全面发展。六是将改革开放作为促进旅游业发展的根本动力，着力创新旅游产业发展的体制机制，推动旅游产品和服务与国际标准接轨，全面提升旅游消费的规模、层次和质量。

第五，充分认识发展旅游业的战略重点。关键要做到五个结合：一要把满足需求和增加供给结合起来，着力扩大旅游消费需求。要扩大旅游产业总体规模和整体实力，增加和改善旅游消费供给，着力提高旅游业服务质量和水平，促进三大旅游市场全面协调发展。二要把政府引导与市场机制结合起来，努力形成旅游发展新格局。在政策法规、战略规划、环境优化、市场监管、基础设施建设、公共服务、安全保障等方面，继续发挥政府主导作用。在旅游投资、市场开发、产品促销、经营服务等与旅游企业经营行为密切相关的领域，重视发挥市场机制配置资源的基础性作用。三要把有序开发和合理保护结合起来，推动旅游业转变发展方式。要始终把保护旅游资源作为旅游业发展的生命线，建立完善绿色旅游产品标准、服务标准和管理标准，推动旅游业发展实现经济效益、社会效益和环境效益相统一。旅游业发展要更加重视突出中国特色、民族特色和时代特色，由粗放型经营向集约化经营转变，由数量扩张向素质提升转变，由满足人们旅游的基本需求向提供高质量的旅游服务转变。四要把改革创新和扩大开放结合起来，不断提高旅游业发展水平。继续破除阻碍旅游业科学发展的体制障碍，积极引进国际先进的管理经验、经营机制和服务模式，加快形成促进旅游业持续健康发展的有效机制。把发展旅游业作为对外开放战略的重要组成部分，促进国际交流合作的重要手段，提高旅游业市场化、国际化水平。五要把以人为本和全面发展结合起来，提升人的素质和幸福感。人是旅游业的主体，也是促进旅游业发展的最积极、最活跃、最能动的因素。要以大众旅游为重点，积极开发承载量大、社会效益好的旅游产品，为人民群众提供方便、舒适、廉价的旅游产品，使休闲成为人民群众日常的生活方式和健康的消费行为，使广大国民开阔视野、陶冶情操、促进健康、增进友谊，提高综合素质和人生幸福指数，使旅游业成为人们喜爱的时尚行业和快乐产业。

（2010 年 2 月）

振兴旅游业的政策建议

当前，为应对国际金融危机的严重冲击，中央制定和实施了扩大内需、促进经济增长的一揽子计划，正在逐步见到成效。在扩大内需中，消费仍然是薄弱环节。从我国的发展阶段看，旅游消费已成为新的消费热点和经济增长点，有必要像重视住房消费和汽车消费一样，把促进旅游消费作为扩大内需促进增长的重要举措，研究制定加快振兴旅游业的政策措施。

一、振兴旅游业对拉动内需、促进增长、扩大就业具有重要作用

随着我国经济发展，城乡居民收入不断提高和闲暇时间增加，旅游消费进入一个快速发展的新阶段。2002—2007 年，我国国内旅游人数从 8.8 亿人次增加到 15 亿人次，年均增长 11.3%；入境过夜旅游人数从 3580 万人次增加到 5360 万人次，年均增长 7.8%；出境旅游人数从 1660 万人次增长到 4000 万人次，年均增长 19.2%；旅游业总收入从 5566 亿元增长到 1 万多亿元，年均增长 12.4%。2008 年，在受世界金融危机冲击和特大自然灾害严重影响的情况下，虽然入境旅游人数和旅游收入有所下降，但国内旅游和出境旅游仍然保持了快速发展的势头。国内旅游人数达到 17.12 亿人次，比上年增长 6.3%；国内旅游收入 8749 亿元，增长 12.6%；出境旅游人数 4584 万人次，增长 11.9%。总体上看，我国已经成为世界上继美国、西班牙、法国之后第四大入境旅游接待国、亚洲最大的出境旅游客源国，正在形成世界上最大的国内旅游市场。

旅游业作为快速发展的现代服务业，产业关联度高，就业带动力强，覆盖范围广，消费潜力大，在国民经济中占有越来越重要的地位。我国旅游业增加

值已占到 GDP 的 4% 以上，旅游业直接从业人数达到 1000 万人以上，间接从业人数达到 5000 万人，与旅游相关的就业总人数 6000 多万人，相当于全国就业总数的 7.8%，每年旅游业新增直接就业 50 万人。旅游业创造了越来越多的社会财富，吸纳了大量就业人员，成为国民经济的重要产业。与旅游相关的行业超过 110 个，旅游消费对民航、铁路、公路、商业、餐饮、住宿、娱乐、健身、文化、会展、博览等都有明显的拉动作用。据统计，旅游消费对住宿业的贡献率超过 90%，对民航和铁路客运的贡献率超过 80%，对公路客运的贡献率超过 60%，对文化娱乐的贡献率超过 50%，对餐饮业和商品零售业的贡献率超过 40%。加快发展旅游业，对促进居民消费、拉动经济增长、扩大社会就业都具有非常重要的作用。我国许多地方都把旅游业作为经济发展的重要支柱产业或优势产业，提出建设"旅游大省"、"旅游强省"的目标。

世界各国也越来越重视旅游业，制定了许多优惠政策措施促进旅游业发展。如日本实施"观光立国"发展战略；法国每年安排 1 亿美元强化国家旅游形象宣传。随着我国出境旅游人数的快速增加，港澳台地区、世界许多国家都把争取我旅游客源作为拉动经济发展的重要手段，采取了许多吸引措施。在应对国际金融危机中，不少国家也把发展振兴旅游业作为拉动经济增长的重要举措，制定相应的发展计划。如美国众议院 2008 年 9 月 26 日通过旅游促进法，设立旅游促进基金，以带动经济增长，预计将新增数百万国外游客。西班牙政府通过旅游促进计划，决定 2008 年到 2020 年年均投入 15 亿欧元，用于促进旅游业发展。韩国正着手从 2009 年"仁川旅游观光年"起步，开展 2010 年"韩国访问之年"的准备工作，力争到 2012 年访韩游客达到 1000 万人次，实现韩国成为旅游先进国家的目标。

在我国应对国际金融危机、扩大内需拉动增长的过程中，旅游业有望成为新的消费热点和经济增长点。作为新的三大消费热点的旅游消费，比起住房消费和汽车消费有其特有的优势，住房消费和汽车消费受到经济走势和收入、价格、信贷等因素的影响更大，而旅游作为一种休闲度假方式，是全民皆宜的大众化消费，隐藏着巨大的发展潜力。今年春节黄金周期间，全国共接待游客 1.09 亿人次，比上年春节黄金周增长 24.7%；实现旅游收入 509.3 亿元，增长 23.1%，充分证明了旅游业强劲发展的活力。同时，更重要的，旅游业是一种生态环保产业，正是我们调整经济结构、转变发展方式所要大力发展的产业。

受国际金融危机冲击的影响，我国旅游业发展面临着境外游客下降的困难。国内也有许多瓶颈制约因素，主要是现行的节假日安排不能满足居民的旅游需求，旅游基础设施建设不能保证旅游需要，旅游产品不能满足多层次的旅游消费，有关消费政策不能有效引导旅游消费发展。适应我国人均 GDP 达到 3000 美元、旅游进入一个快速发展阶段的需要，为应对国际金融危机、扩大内需拉动增长、创造更多的就业岗位，必须有针对性地解决这些问题。建议国家把旅游业放在更加重要的位置，研究制定加快发展振兴旅游业的规划方案。

二、振兴旅游业的主要政策措施

振兴旅游业，要与当前扩大内需、促进消费、增加就业有效结合起来，着眼长远发展和我国经济社会发展全局，研究制定振兴旅游业的发展规划，提出有效的政策措施。

(一) 加快旅游基础设施建设

在当前扩大内需、增加投资的情况下，建议把旅游基础设施建设作为投资的重要方面。加大对旅游基础设施、公共服务设施和乡村旅游的投入力度，加快旅游线路、旅游景区以及相关交通、餐饮、住宿、购物等设施建设。在全国建设一批旅游重点景区、大型旅游项目，以及旅游综合服务设施。

(二) 积极开发适合大众化消费需求的旅游产品

针对城市居民双休日的特点，着力开发建设城市周边旅游，形成乡村旅游发展带。适应城乡居民消费的多样化需求，加快发展休闲度假旅游、观光购物旅游、红色旅游、生态旅游、文化旅游、工业旅游、健康旅游等多种旅游形态。针对不同群体的需求特点，发展老年旅游、学生旅游、农民旅游等旅游类型。要通过创造旅游需求刺激和拉动旅游消费发展，并通过寓教于乐进行爱国主义和革命传统教育。

(三) 制定国民旅游休闲计划

让广大人民群众共享改革发展成果，提高生活质量和水平，一方面是增加居民收入，另一方面是提高休闲质量，这两方面都必然带来旅游消费的发展。我国 1995 年实行双休日制度，促进了旅游消费的发展。2000 年实行"五一"、"十一"、春节长假制度，带来了"旅游黄金周"现象。现在，实行扩大内需的方针，要进一步启动旅游消费，研究制定国民旅游休闲计划。一是落实带薪休假制度。所有国家机关、企事业单位等都要根据国家规定，落实带薪休假制度，合理安排职工休假时间。二是实行弹性休假制度。

职工的年假可以在一年内灵活安排，错开集中休假时间，这样有利于形成常年性旅游消费。三是恢复"五一"长假制度。实行"五一"长假，像"十一"一样在一年中形成几个"黄金周"，对扩大消费效果明显，老百姓和社会各方面都有热切期盼。

（四）实施旅游宣传推广方案

为鼓励居民旅游消费，吸引国外游客来中国观光，要加大旅游宣传力度。建议研究制定"旅游宣传推广方案"，国家财政给予必要的支持。每年9月27日为世界旅游日，可以考虑在国内设立中国旅游节，举办宣传推介活动。中央电视台可以设立旅游频道或旅游栏目，向国内外广泛深入地推介中国旅游。还可以建立专门的中国旅游网，宣传和服务中外游客。要充分利用今年60周年国庆和明年上海世博会的有利时机，推动旅游业加快发展。

（五）大力发展国际旅游

要把开展国际旅游合作作为我国实施对外开放战略的重要组成部分，作为发展民间外交的重要内容，作为弘扬中华文化、增强我国国际影响力的重要手段。加快与更多国家签订双向旅游协议，相互提供旅游便利。积极组织国际旅游推介活动，针对国外客人需求和特点，开发和创造更多有吸引力的旅游产品，吸引国（境）外游客到我国旅游。同时，积极开展我国居民出国游活动，发展旅游配套服务产业，鼓励有条件的旅游企业走出去开拓国际旅游市场。

（六）进一步完善旅游公共政策和服务体系

为吸引城乡居民旅游消费，有必要采取更多的鼓励消费政策。如降低旅游景区门票价格，减免博物馆、纪念馆、公园等门票。加强旅游公共信息服务平台建设，发展旅游服务网络，方便居民旅游消费。规范旅游市场秩序，加强质量监督管理，全面提高旅游服务水平。

（七）广泛创造旅游业就业岗位

加快发展旅游业相关配套产业，包括交通、购物、餐饮、住宿、娱乐、健身、文化、会展等，发展有特色的旅游商品加工业，延长旅游产业链。鼓励旅游业创业和发展灵活就业，加快旅游就业培训，提高旅游从业人员技能和素质。特别要适应旅游国际化的需要，加快培养国际化旅游人才。

（八）制定鼓励旅游业发展的优惠政策措施

为应对国际金融危机对我国的冲击，拉动消费扩大内需，建议对旅游企业、旅行社实行税收优惠政策和信贷支持，扶持中小型旅游企业发展。鼓励社会投资建设旅游休闲度假设施和开发旅游新产品，支持乡村旅游发展。国家要重点支持中西部、革命老区、少数民族地区和贫困地区旅游业发展。

国务院于2001年制定下发了《关于促进旅游业进一步发展的通知》，为推动旅游业成为新的经济增长点发挥了重要作用。现在，正当应对国际金融危机、拉动内需促进经济增长的关键时刻，有必要在新的形势下研究制定振兴旅游业的新的政策措施，对今后一个时期我国旅游业发展作出全面部署，推动我国旅游业和旅游消费更进一步加快发展，为扩大内需和促进经济平稳较快发展作出更大贡献。

（2009年3月，本文同刘应杰、王飞同志合作完成）

当前老年消费需求分析和建议

人口老龄化是当今世界面临的一个共同课题，它是人类社会经济发展到一定阶段的必然现象，对发达国家和发展中国家都构成了严峻挑战。我国是全球老年人口最多的发展中国家，目前已经进入老年人口快速增长期，并由此推动老年消费需求的持续发展。深入分析我国老龄社会特征、研究老年消费需求、加快发展老年事业，对于促进全面建设小康和构建和谐社会至关重要。

一、我国已提前进入了老龄社会

当人类迎来 21 世纪的时候，中国加入了老龄化国家的行列。早在 20 世纪八九十年代，"人口爆炸"的硝烟尚未散尽，"就业高峰"的压力刚刚释放，上海就于 1982 年率先进入老龄化城市，北京紧随其后于 1990 年成为老龄化城市。到 2000 年，全国 60 岁以上老年人口已达到 1.32 亿，占总人口的 10.32%，占世界和亚洲老年人口的 20% 和 50%。到 2004 年底，我国老年人口 1.43 亿，占总人口的 11%；预计到 2010 年达到 1.74 亿，约占总人口的 12.8%；到 2020 年达到 2.48 亿，约占当时总人口的 17% 左右。这种迅疾到来的"银色浪潮"，具有"一快五多四滞后"的特征。

"一快"：我国人口年龄结构从成年型进入老年型仅用了 18 年时间，而最早进入老龄社会的法国完成这一过程经历了 115 年，瑞典经历了 85 年，美国经历了 60 年，英国和德国经历了 45 年，时间最短的日本也经历了 25 年。我国人口老龄化不仅速度快、时间短，更重要的是绝对数量有增无减。据专家预测，今后几十年我国老年人口数量将以年均 3% 以上的速度递增，到 2050 年将达到 4 亿多，占总人口的 1/4 强。

"五多"：一是高龄老人多。我国人口平均寿命已达72岁，80岁以上的高龄老人现有1500多万。预计高龄老人数量每年以5%的速度增长，到2020年将达到3000万以上。二是农村老人多。全国65%以上的老年人生活在农村，城乡人口老龄化程度严重倒置。特别是跨地区就业的1.2亿农民工，使农村出现数以千万计的"留守老人"。三是女性老人多。女性老年人口现在比男性多460多万人，预计这个比例会逐年加大，而且多出的女性老年人口多数在80岁以上的年龄段。四是"空巢"老人多。"三代同堂"式的传统家庭越来越少，老人与子女分居或子女不在身边的家庭越来越多，我国城乡纯老年人家庭分别为37.3%和32.9%。五是就业老人多。在城市60岁至65岁的老年人中有45%还在就业，在农村仍在干农活的老年人占40.4%。

"四滞后"：一是经济发展滞后。发达国家进入老龄化社会时，人均GDP基本在5000至1万美元；我国进入老龄化社会时，人均GDP还不到1000美元，属于典型的"未富先老"国家。二是社会保障滞后。现行养老保险制度只覆盖总人口的15%，但全国养老金支出已是10年前的3倍多；老年人余寿中约有2/3时间是带病期，城市贫困老人和农村老人"看病难"、"看病贵"的问题十分突出。三是老年服务滞后。老年服务业在发达国家已成为"朝阳产业"，在我国则刚刚兴起。尤其是全国目前约有3250万老年人需要各种照料护理，而相应的服务机构和设施发展迟缓。四是公共管理滞后。我国正处在经济转轨、社会转型时期，各种"两难"的问题交织在一起。对不期而至的老龄社会，在管理体制、财政支出、政策体系和社区建设等方面缺乏足够的准备。

以上特征，充分体现了中国特色、基本国情。因应和解决这些问题的过程，是满足老年消费需求的过程，是加快发展老年事业的过程，实质上是建设富强、民主、文明、和谐的现代化国家的过程。

二、我国老龄消费需求市场潜力巨大

老年人是一个特殊的社会群体，他们特殊的生理、心理和行为特点，决定其消费观念、消费方式和消费决策的特殊性，从而形成了在人口数量规模巨大背景下的特殊消费市场。中国老龄科学研究中心调查表明，我国城市老人中42.8%的人拥有存款，退休金到2010年将增加到8400亿元，老年人的其他收入也在不断提高。这样可观的消费能力，使老龄消费市场成为具有较大影响的消费市场之一，今年全国仅老年用品消费能力预计达到 6000 亿元。

目前，我国城市老年人人均月支出水平为 733 元，其中离退休金占收入来源的 63%；农村老年人人均月支出水平为 181.5 元，其中月均劳动收入和家庭资助占收入来源的 62%。从老龄消费水平看，城市老人高于农村老人，男性老人高于女性老人，低龄老人高于高龄老人，离退休老人高于没有工作或收入来源的社会老人。在中国文化的影响下，老龄消费除具有其他年龄段人口共有的消费特征外，还具有自己独特的消费特征。老年人前半生的积蓄成为主要的消费来源，没有长期的债务负担，没有子女完全依赖其抚养。因而，老年人的消费是一个漫长的纯消费阶段，他们自主消费意识强，消费观念比较成熟，消费盲目性小，对商品质量和服务质量要求高，休闲性和服务性消费所占比重大。总体上看，老年人有四大消费需求。

第一，基本生活需求。老年人由于身体机能下降，在衣、食、住、行上会有一些特殊需要。在食品上，讲究低糖、低胆固醇和高钙等；在服装上，不仅注重方便舒适和易于穿脱，同时也会考虑面料、做工、款式、颜色等；在居住上，更加考虑环境质量，住房需要低楼层；在出行上，十分注意身体状况、气候条件和安全因素等。以前不曾被老年人重视的化妆品开始受到青睐，他们需要适合老年皮肤的低碱性护肤品和美容品。

第二，卫生保健需求。老年人经常会遇到健康问题，一般都会对自己身体情况倍加关注。除需要正常的具有保健功效的药品、食品、补品外，尤其注重日常的保健护理，如定期的身体健康检查，配备家用方便血压计，适合老年人使用、方便携带的健身器械，具有益智功能的老年玩具等。特别是对病残老人的长期照料护理服务，方便老年人就医的社区医疗服务，消除老年人精神抑郁和其他心理健康问题的陪伴服务，这三方面更为急需。

第三，休闲娱乐需求。专家分析认为，老年人在追求时尚和精神生活方面的需求和年轻人是一样的。由于子女成家立业了，老年人的经济负担减轻了，他们还会试图补偿过去因条件限制未能实现的消费愿望。同时，老年人的文化素养呈现不断提高之势，他们在美容美发、健身娱乐、旅游观光等方面有着强烈的消费兴趣，适合老年人的旅游产品、影视作品、电脑游戏等需求量将不断增加。

第四，终生学习需求。相当一部分老年人不仅满足物质生活，他们对学习新知识、掌握新技能的愿望十分强烈，希望弥补年轻时无缘充分学习的缺憾。这种现时和潜在需求，使老年教育的新领域和新形式不断出现，引导鼓励广大老年人继续学习、增长知识、丰富生活、陶冶情操、增进健康、服务社会。目前，在老年人中已经兴起"电脑热"，越来越多的老年人通过阅读和查找信息、收发电子邮件、投身虚拟社区、体验网上购物等，丰富自己的精神文化生活。

从当前情况看，面对老龄消费的无限商机，我国老年市场开发严重滞后，老年产品和服务定位失衡，老年商品数量缺乏、品种单调，有些热门产业遭遇信任危机，市场供求之间存在着极大的不对称性。

三、加快我国老龄事业发展势在必行

老龄事业是伴随人口老龄化而发展的新兴产业，涉及国民经济的各个领域。一些发达国家顺应社会经济发展趋势，把老龄事业列为主导产业扶持发展。日本确定的12个"21世纪型产业"中，把老年人事业放在同宇宙开发、超导关联、卫星商务等产业同等重要的地位。在我国全面建设小康和构建和谐社会的进程中，加快发展老龄事业是一项十分重大而紧迫的战略任务。

加快发展老龄事业，要坚持政府主导、规划先行，政策推动、分类指导，规范管理、市场运作，社会参与、全民关怀的原则，着力抓好十个领域：一是卫生健康服务业。以药品、医疗器械、保健品、老年人常用辅助医疗设备等为主要内容。二是家政服务业。以家庭护理陪伴、日常家庭照顾、家庭修缮以及各种用品修理等为主要内容。三是日常生活用品业。以服装、饮食、餐具、防滑器具等为重要内容。四是保险业。以人身保险、健康保险、养老保险等为主要内容。五是金融业。以储蓄计划、证券投资规划等为主要内容。六是房地产业。以老年公寓、托老所、护理院等为主要内容。七是旅游和娱乐业。以老年旅游陪同、老年影视作品、琴棋书画社等为主要内容。八是教育产业。以老年大学、老年职业培训、老年职业介绍等为主要内容。九是咨询服务业。以心理咨询、婚姻介绍所等为主要内容。十是其他特殊产业。主要是特殊文化消费品、老年特殊消费品等。有关部门应从这些领域的产业特点出发，在产业发展导向、投资政策取向、税收信贷支持、产品市场准入、服务质量价格和行业管理规范等方面，分门别类地制定具体规定和扶持措施。

根据我国基本国情和老年人特殊需求，老龄事业应确定优先发展领域，重点放在养老、医疗和护理这三项消费上。

（一）解决老年人养老消费需求，必须尽快健全城乡基本养老保障体制

统筹考虑城镇职工、农村居民、公务员和事业单位这几个群体的特点，加快构建既适合我国现阶段经济发展水平，又具有长期可持续性的养老保障制度。在城镇要加快建立统一、规范、完善的职工养老保险体系，在农村要扩大实行家庭赡养、土地保障和社会扶持相结合的农民养老保障体系，在城乡构建多层次、多元化、多项目的贫困老人救助体系，尤其要把占人口多数的农村居民养老保障作为重点。近几年来，部分地方在探索农村养老保险制度中已有5500万人参保，农村现行的"五保"供养制度、失地农民保障制度、库区移民救济制度、计划生育奖励制度等已覆盖了数千万农村家庭，特别是中央高度重视2亿以上农民工参加养老保险问题，都为建立健全农村养老保障制度奠定了基础。此外，要切实关注城镇高龄无保障老人的社会保障问题。最近，上海市开始实行城镇高龄老人保障制度，对上海城镇户籍中年满70周岁，在上海居住、生活满30年，且未纳入基本养老、医疗保险制度以及未享受征地养老待遇的老人，每人每月给予460元的养老、医疗保障待遇，门诊、急诊医疗费用报销50%，住院医疗费用报销70%。这项新制度直接惠及了上海近10万高龄老人，应逐步在各地实行。今后时期，各级政府既要适时建立全国社会保障预算，又要适当增加农村社会保障支出比重；既要千方百计解决养老资金缺口，又要积极探索实现养老基金增值；既要建立城镇职工工资合理增长机制，又要拓宽农村居民收入持续增长渠道。这是贯彻中央提出的"老有所养、老有所医、老有所教、老有所学、老有所为、老有所乐"方针，满足老年人养老和其他消费需求的资金保障。

（二）解决老年人健康消费需求，必须注重加强社区和乡村医院建设

看病就医是老年人生活中最紧迫的需求之一，老年人消费的卫生资源是全部人口平均消费水平的1.9倍，这个比重随着老龄人口的逐步增多会越来越大。国家在实施区域卫生规划上，一是进一步加大社区和乡村医院建设投入力度。这要作为解决老年人看病贵、看病难问题的切入点，并有重点地发展老年医院、老年门诊、老年家庭病房等，使老年人小病不出社区和乡村、大病不出县和市。二是避免重走基层政府"办机构、养人员"的老路。一些地方的实践已经证明，依靠社会力量兴办社区和乡村医院，管理效率高，运行机制活，人员负担轻，看病价格低，老年患者得到的实惠多，在政策支持、资金补助和监督管理上应一视同仁。三是建全城市中心医院对社区和乡村医院对口帮扶制度。城市中心医院应选派高素质的医疗技术人员轮流到社区和乡村医院坐诊，定期接收社区和乡村医生挂职锻炼和转型培训，实行城市医院医护人员晋升职称应在社区和乡村医院工作 1 至 2 年的政策规定。四是培养更多社区和乡村医院需要的全科医生。建立和完善社区和乡村卫生医疗体系，要有一大批高素质的全科医生。国外全科医生培养培训占有非常重要的位置，而我国目前只有两三家在本科培养全科医生的大学。要从发展社区和乡村医疗的实际出发，在医学院校应设立全科医学专业或全科医学系，在医学专业本科生中增加全科／家庭医学教学内容，组建全科医学培训师资队伍和全科医生培训基地。

（三）解决老年人护理消费需求，必须坚持家庭养老和社会化养老相结合

老年人长期照料护理（LTC），是全球 71 个人口老龄化国家都在研究解决的难题。一些发达国家对老年人"经济上的抚养"通过养老金制度来解决，对老年人"身体上的抚养"通过护理保险制度来解决，两者在制度设计和内容安排上有所区别、相得益彰，值得我们学习借鉴。目前，我国大部分"421"家庭（一对夫妻同时赡养四个老人和一个小孩）难以承受老年长期护理风险，现行养老、医疗保障体系也不堪重负。政府有关部门要加快建立适合中国国情的老年长期护理保险，引导社会力量和慈善组织兴办养老设施，并积极探索传统家庭养老和社会化养老相结合的新途径。一些地方和有些专家的做法和建议主要有四种：一是"以房养老"模式。就是使老年人的房产既能正常生活居住，又能提前变现养老的一种保险产品。投保人以居住房屋作抵押，按月从保险公司领取现金支付护理费直到身故。有专家把这种模式概括为"60 岁前人养房，60 岁后房养人"。二是"移居养老"模式。就是将大城市中的老年人移居到市郊周边城镇适度集中养老。有专家认为，这种模式可以扭转大城市人口年龄结构老化趋势，减轻提供和建造养老设施投入成本；还可以改善老年人生活的环境质量，缩小大城市与周边城镇之间差距；也可以使老年人利用"级差房租"，补充消费支出并提高消费水平。三是"居家养老"模式。就是由经过培训的社区服务员为居住在家的老年人上门提供各种服务。大连市沙河口区现有 716 户老人参加了居家养老，692 名大龄失业女工当上了护理员，区政府对特困老人分别给予每月 300 元、200 元、100 元的补助。大龄失业女工不在家里坐吃

"低保"了，每月通过护理老人得到的劳动报酬，使她们有一种为政府分忧解愁的荣誉感。四是"土地养老"模式。就是农村"留守老人"以自己的宅基地和承包地换养老。当地政府在个人自愿、防范风险、规范操作的前提下，组织富余劳动力负责"留守老人"的护理和土地耕种，当"留守老人"身故后将宅基地和承包地作为补偿。这几种模式，既让政府少花钱多办事，又满足了老年人护理需求，还弘扬了社会敬老助老的新风尚，应该在试点的基础上加以推广。

（2006 年 10 月）

全球房地产市场调整对我国影响及对策建议

房地产业在各国国民经济中占有特殊重要的地位，房地产市场是衡量一个国家经济景气的晴雨表。美国等成熟的市场经济国家更是如此，繁荣和萧条都反映在房地产市场上。最近，我们组织发展改革委、人民银行、住房和建设部、外汇管理局、统计局、发展研究中心的专家，就全球房地产市场形势及对我国的影响与对策建议进行了专题研究。现将有关情况报告如下：

一、全球房地产市场已经进入调整周期

自 20 世纪 90 年代中期以来，欧美国家房地产市场步入 10 年繁荣时期，住房价格持续上涨，居民住房自有率稳步提升。1997 年至 2007 年，美国住房价格上涨了 104%，法国为 151%，西班牙为 195%，英国为 202%，爱尔兰为 220%。2003 年至 2007 年，世界经济连续 5 年保持平稳较快增长，与全球房地产市场繁荣有着密切关系。为缓解经济超潜能增长带来的通胀压力，各国央行持续加息严重冲击了房地产市场。美联储在 2004 年 6 月至 2006 年 6 月连续 17 次加息，使美国房地产市场从 2006 年开始恶化，去年夏天引发次贷危机，造成全球性金融市场动荡和信贷紧缩，进一步加剧了其他国家房地产市场调整趋势。当前，全球房地产市场降温已拖累世界经济增长，稳定发展房地产市场成为各国政府的政策选择。

（一）当前全球房地产市场形势严峻

美国房地产市场继续恶化。2006 年现房价涨势大幅回落，2007 年持续大幅下跌，今年 1 至 4 月房价月平均下跌 7.4%。由于丧失抵押品赎回权的房屋大量折价销售，今年 4 月新房销售量环比增长 3.3%，而同比下降 42%。新房

开工数同比下降 30.6%，为近两年以来的最大降幅。据美国房屋建筑协会测算，房地产市场景气指数从 4 月的 20% 降到 6 月的 18%，为 1985 年以来的最低点。欧洲多数国家房价下跌。英国、爱尔兰、比利时、意大利、西班牙、荷兰、瑞士、丹麦等国家，今年一季度房价上涨幅度同比均有所回落，其中丹麦回落幅度达到 9.7 个百分点。英国房价从去年 11 月开始连续 7 个月下降，是 1992 年至今房价持续下跌时间最长一次，造成英国住宅市值缩水 4.4%。亚太一些国家房市低迷，有的市场风险加大。日本房地产市场长期不景气，住房地价从 1995 年开始一直呈下跌趋势。截至今年 4 月，日本新房建筑开工数已连续 10 个月大幅减少。澳大利亚受近 7 个月内连续 4 次加息影响，住房建筑增长开始放缓。印度、韩国、新西兰、马来西亚、新加坡、香港近来房价出现下滑趋势，其中韩国今年一季度房价环比跌幅达 13.3%。越南由于放宽外资进入房地产领域的限制，房价去年涨幅超过一倍，今年 1 至 5 月河内房价暴跌 50% 左右，交易量下降三成以上。

（二）全球房地产市场存在问题成因

经过 10 年繁荣和发展，欧美各国房地产市场规模和价格水平都达到历史高点，住房市场积累了一定程度的风险。根据各国利率、居民收入水平、住房市场供求等因素，IMF 对各国住房价格进行评估的结果表明，目前多数发达经济体的实际房价已经超过合理住房价格水平，其中爱尔兰、英国、荷兰实际房价已超过合理住房价格的 30% 左右，澳大利亚、法国、西班牙约为 20%，而美国房价虽已开始下降，但目前仍高出合理价格 10%。这说明，主要发达经济体的住房市场已经难以支撑房价的继续上涨，住房价格的下降及房地产市场调整已成为必然，欧美国家乃至全球房地产市场进入调整周期。

值得提出的是，美国房市调整及金融动荡是全球房地产市场调整的导火线。美国经济在宽松的货币政策和金融创新的推动下，自 2002 年开始逐步摆脱了本世纪初 IT 泡沫破裂造成的经济衰退，在进入新一轮繁荣周期的过程中，IT 泡沫逐步转换为房地产泡沫。美国房地产泡沫破裂而引发的次贷危机，于去年 9 月开始登陆欧洲，之后蔓延至日本等亚洲国家，各国金融机构均不同程度地收缩了房地产信贷规模，导致房价回落和房地产市场加快调整。

（三）房地产市场持续降温拖累世界经济

住房建筑投资大幅减少是最直接的影响。美国住房建筑投资大幅减少，降幅从 2006 年一季度的 0.7%扩大到今年一季度的 25.5%，占 GDP 比重从 6.2%下降到 3.8%。日本住房建筑投资一直不景气，减幅从去年一季度的 1.0%扩大到今年一季度的 16.6%，占 GDP 比重从 3.6%降至 3.0%。房地产市场降温导致相关行业生产下降。今年一季度，美国工业生产下降 0.3%，其中与房地产和建筑景气密切相关的木材行业生产下降 13.6%，家具和相关产品生产下降 15.8%。5 月比 4 月新增就业人数减少 4.9 万人，其中建筑业减少 3.4 万人，木材行业减少 8400 人。房地产市场降温还影响了居民消费支出，也削弱了经济增长动力。今年一季度，美国居民消费支出仅增长 1.0%，为 2001 年第二季度以来最低增速，其中耐用消费品支出下降了 6.2%。欧元区 2 至 4 月零售额环比连续下降 0.2%、0.9%和 0.6%。日本居民 4 月实际消费支出下降 0.6%。据测算，房地产市场恶化及其连带影响，使美国去年 GDP 增长率下降 1 个百分点，今年可能下降 1.5 个百分点。

（四）全球房地产市场近期难以回暖

今年以来，多数国家通胀率已超过央行设定的控制目标。各国央行不得不以牺牲短期经济增长为代价，纷纷抑制货币供应量和信贷规模过快增长来缓解通胀压力，从紧的货币政策取向将加重房地产市场降温趋势。在各国房地产市场上，不仅融资成本高，而且抵押贷款市场再融资难度很大。美欧房地产市场主要依靠抵押贷款来运作的，如果抵押信贷市场不能正常运行，房产地市场很难恢复常态。预计今年下半年，各国购房贷款和住房需求仍受到较大制约。尤其是美国的住房需求受多种因素抑制回升乏力，而丧失抵押品赎回权的住房陆续上市销售，市场待售房总量增加，供求关系失衡加剧了房价下行压力。值得关注的是，美欧房地产市场泡沫还没有完全破灭。美国今年 1 至 4 月平均现房价格低于 2005 年、2006 年（房价高峰年）和去年的水平，但要高于 2001 至 2004 年平均水平。英国今年 1 至 5 月平均房价比去年（房价高峰年）平均低 1.7%，但比 2006 年高 7.3%，比 2005 年高 14.2%。这预示着房价下跌的空间仍然存在。

总体上看，房地产市场持续降温不仅直接导致世界经济减速，也成为当前世界经济变化不确定因素的主要根源。美欧和亚太一些国家房地产市场颓势近期难以改善，房价下跌趋势难以扭转。预计全球房地产市场不景气状况可能延续至 2009 年。

二、全球房地产市场调整对我国的影响

随着全球经济和金融一体化加速发展，传统上具有较强地域性特征的各国房地产市场，由于对信贷及资本市场的高度依赖，在市场加快调整中显示出一定程度的关联效应。全球房市进入新一轮调整周期，势必对我国房市和经济产生直接和间接影响。主要有六个方面的压力：

第一，房市调整心理压力。房市走势与消费者心理预期有很大关系，买涨不买落是一种普遍心理。从其他国家的情况看，房价一旦出现下降趋势，投机者会很快抛售手中房源，房市供求关系将出现逆转，引起房价大幅下跌。我国房地产市场存在着调整下滑的内在要求，国际房市调整将产生示范和预期效应。特别是我国目前房市销售和价格变动正处在观望阶段，一旦全球房市调整的导火线引爆国内房市的某个缺口，就会引起一些城市房地产市场大幅波动。

第二，国际热钱冲击压力。在美欧房市、经济不景气和人民币升值预期之下，国际资本特别是投机热钱纷纷涌入我国房市、汇市、股市等领域套取利益。去年，外商在房地产行业直接投资资本金达250亿美元，同比增长109%；占全国实际利用外资总额的21%，同比上升6个百分点；其他资金渠道购房行为也十分活跃。如果全球房市继续大幅调整，国际游资将进一步大量涌入我国房地产市场。一旦国内外经济环境发生变化，投机资本很可能大规模抽逃，将严重冲击我国房市、金融和经济运行。

第三，流动性不平衡压力。国际热钱流入大量增加，造成了国内流动性总体过剩和局部短缺的双重矛盾。一方面，加剧了国际收支不平衡、基础货币投放过多和流动性过剩，加大了央行运用货币政策和金融调控的难度；另一方面，由于投机热钱的逐利性质，集中涌向某些预期高收益的领域，又导致了资金供给的结构性短缺，难以满足一些地方和企业的发展需求。目前，我国银行存款准备金率已连续上调到17.5%的高水平，在银根紧缩、信贷从紧的金融环境下，一些中小型房地产开发企业面临生存危机。

第四，外部需求减少压力。从历史经验来看，历次美国房市调整及房价下降都伴随着消费增长停滞和经济衰退。目前，房地产市场恶化使美国居民消费支出增长基本停滞，对经济增长拉动作用减弱，成为经济减速甚至衰退的主要因素。由于美国大量消费需求依靠进口支撑，房价下降以及消费停滞也

直接影响其主要贸易伙伴的出口。今年前5个月，我国对美国出口955亿美元，同比增长9.1%，增速回落9.5个百分点。外部需求减弱对我国经济影响开始显现，沿海地区一些出口企业生产经营困难，部分职工收入下降，住房消费能力减弱。

第五，金融市场波动压力。由于美国乃至全球金融各个环节紧密关联，次贷危机爆发的效应在房地产市场、抵押贷款市场、衍生产品市场等市场间传导，演化成恶性循环的风险共振传递链条。目前，这场危机的负面影响还没有见底，各国对房地产业、金融业、美国经济及全球资本市场深表担忧，也为我国敲响了居安思危的警钟。与此同时，全球房市大幅调整会引起国际各大股市继续调整，加大股指下挫幅度，延长股市低迷时间。这对我国现已十分疲软和敏感的股市无疑是雪上加霜，将明显增加股市波动压力。还要看到，很多国家和地区的房价大幅下跌，会导致银行呆坏帐大量增多，造成一些银行和相关投资公司巨额亏损乃至破产，金融市场出现剧烈波动势必影响世界和我国经济形势。

第六，通货膨胀输入压力。今年以来，国际石油、铁矿石和食品价格飙升至历史最高水平，全球通胀压力加大。美国CPI上涨率从今年4月的3.9%升至5月的4.1%，欧元区从3.3%升至3.7%，英国从3.0%升至3.3%。主要发展中国家通胀问题更加严重，俄罗斯CPI上涨率从1月的12.6%，升到5月的15.1%；巴西从4.6%升至5.6%，印度从5.5%升至7.9%。我国石油、铁矿石对外依存度较高，进口价格变化直接影响建筑业成本。今年以来，主要建筑材料价格大幅上涨，钢材价格较上年同期上涨40%，人工成本也明显提高。这对于地价、房价较高的中心城市影响相对较小，但对于中小城市和保障性住房项目压力增大。

综上分析得出的判断是：由于我国资本项目尚未完全开放，出口市场多元化，抗风险能力增强，全球房市调整和金融动荡对我国的影响是有限的。除非美国经济出现大规模衰退，否则对我国整体影响仍在可预期之内。但是我们绝不能轻视面临的压力与挑战，必须早作因应之策，防患于未然。

三、当前我国房地产市场风险在加大

我国于1998年开始全面推进城镇住房制度改革，在全国范围内停止福利

分房制度，住房商品化和货币化程度明显提高，推动了房地产市场的快速发展。1998至2007年，我国房地产投资增长了6倍，占城镇固定资产投资的比重由16%增长到21%；房地产竣工面积提高了3.45倍，由年17567万平方米增加到年60607万平方米；城乡居民人均住房面积分别由18.7和23.3平方米增加到27和31.6平方米左右。去年，全国房地产业增加值占GDP的比重为4%，占服务业增加值的比重为11.8%；房地产业营业税占全国营业税收的比重为27.3%，与房地产有关的各项税收已占到地方税收的18%左右。另据第一次全国经济普查数据，到2004年末，全国各类房地产企业、产业活动单位和个体经营户32万个，房地产各类从业人员786万人。这表明，我国房地产业不仅是发展国民经济的支柱产业，也是促进社会和谐的民生产业。

近年来，中央注重加强房地产宏观调控，在不同阶段分别采取控制投资过快增长、稳定商品住房价格、调节市场供求关系、调整住房供应结构、加强住房保障制度建设等措施，取得了显著成效。实践证明，中央确定的一系列方针政策是完全正确的，我国房地产市场发展总体上是平稳健康的，结构调整加快，房价涨幅趋缓，供求关系改善。但是，房地产市场也积累了一些突出的矛盾和问题。今年以来，在国内外环境出现新变化的综合作用下，我国房地产市场潜在风险加速显现。

——泡沫风险累积。1998至2007年近10年间，我国房价上涨了10倍，部分大城市达到或接近两位数增长，年均涨幅超过近10年美欧国家房价涨幅，也超过了日本20世纪80年代泡沫经济破裂前10年的房价涨幅。目前，全国城镇房价收入比超过6∶1，北京、上海等大城市超过10∶1，远远高于世界银行认定的5∶1和联合国3∶1的标准。房价增长快于居民可支配收入增长，也超过了经济社会发展可承受范围。特别是土地交易价格涨幅超过了房价涨幅，地价占到了房价的近30%，有的甚至地价高于房价。地价与房价相互推高，加上过高的房地产行业利润率，使房价居高不下。

——市场风险骤增。今年1至6月，全国40个重点城市新建商品住房、二手住房销售面积分别下降27.2%和40.4%，主要集中在上海、北京、深圳、广州等东部重要城市和中西部中心城市。这既反映了房地产调控政策对投资投机性购房产生挤出效应，也反映了消费者对房地产市场走势的观望气氛有所抬头。去年8月以来，全国商品房空置率虽呈下降趋势，但一线城市仍不断增长。今年5月份，北京、上海、深圳空置面积分别增长5.3%、14.7%、20%，主要是高档商品房。与此同时，今年前5个月全国房地产开发投资增长31.9%。在投资成本中，土地购置费同比增长36%，比同期土地购置面积增幅高22.3个百分点；钢材、水泥涨价和人工成本提高，使住宅每平方米增加200元左右，单位投资成本提高近5个百分点。

——企业风险加大。在销售下降、成本上升、信贷紧缩的情况下，许多房地产开发企业资金链断裂的可能性增大。前几年盲目扩张、高价圈地的企业，生产经营风险更为突出。目前，不少开发商通过降价打折、垫首付、送首付等方式促销；有的开放商以个人房产典当，取得资金偿还银行贷款利息；也有一些企业开始采取低价转让项目和股权、降低发行规模和价格到海外上市、高成本借贷等方式寻求其他融资渠道；有些开发商借助地下金融进行"资金寻租"，出现期房"无期"、长期搁置的现象。

——金融风险突出。据人民银行统计，到今年5月末全国房地产开发贷款和个人住房抵押贷款近5万亿元，占比达到18%；有的地区金融机构这一比例超过30%，个别地区高达50%至70%。许多房地产开发企业60%至70%左右的资金来自开发贷款和购房按揭贷款，风险几乎全部转嫁于银行和购房者。一些银行规避房贷政策，"假首付"、"假按揭"、"假房价"等违规放款增多，加之银行内部风险控制机制不健全，个别城市已出现呆坏账增多苗头。

——区域性风险较重。近年来，一些地方特别是二三线城市，房地产投资占全社会固定资产投资30%以上。不舒服在投资或购房资金来源中，外地投资、游资和国外投资占50%以上；房价收入比高达10∶1甚至20∶1，远远超出当地居民承受能力；土地收益成为地方财政主要来源，有的县市达30%以上，有的达60%以上；地方财税金融环境过于宽松等。这些因素助长了房地产泡沫，当房市不景气时可能率先破裂，引起当地经济社会动荡。

我们必须充分看到，我国房地产业10年来市场化改革取得的成效是不可低估的，但是房地产领域多年累积的泡沫和风险也是不容忽视的。我国正处于工业化、城镇化加快发展阶段，住房需求在今后一个时期内仍将强劲增长。当前，房地产市场进入阶段性调整时期是必然的，这有利于挤压泡沫和防范风险，有利于房地产市场持续稳定健康发展。

四、稳定发展我国房地产市场的政策建议

我国房地产业在经济社会发展中具有举足轻重的作用。综合分析国内外经验教训，可以从中获得以下重要启示：一是必须高度重视房地产市场对国民经济平稳较快发展的重要性，要把防止房市大起大落作为宏观调控的重要任务，综合运用各种政策工具打好"组合拳"。二是必须高度重视房地产市场和信贷市场之间的互动关系，寻求金融创新和风险控制之间的平衡点，避免出现房市调整与信贷紧缩相互影响产生的连锁反应。三是必须高度重视解决低收入和弱势群体住房问题，既要认真履行政府的保障责任，也要充分发挥市场机制的作用，加快形成具有中国特色的住房供应保障体系。四是必须高度重视加强房地产市场预警与风险防范，防止房地产价格上涨超出居民收入、市场供求、经济发展的可承受范围。

当前和今后一个时期，必须始终坚持把房地产业作为国民经济的支柱产业来抓，坚持促进房地产市场持续稳定健康发展，坚持重点发展面向中低收入家庭的住房保障体系。要真正把温家宝总理在今年《政府工作报告》中提出的要求落实到位，保持房地产市场调控政策的稳定性、针对性和有效性，继续促进总量平衡、增加供给、结构优化，有效应对美欧和亚太一些国家房市调整的影响，注重解决当前存在的突出矛盾和问题，充分发挥房地产业在经济发展和改善民生中的重要作用。今年下半年，要坚持在国家统一政策指导下，根据一线和二、三线城市的不同情况，实行因地制宜、分类调控、区别对待、有保有压的方针，着力稳定住房价格，防止房地产市场出现大的起落。为此，提出以下政策建议：

（一）全面把握房地产市场调控的重点、节奏和力度

当前房地产市场调控的首要任务，仍然是着力稳定住房价格。一是加强房地产市场动态监测分析，根据不同地区的新情况新问题实行因地制宜的政策措施，把注重解决社会基本群体住房和增强消费者信心作为工作立足点。二是督促指导各地严格执行国家有关宏观调控政策，从总体上防止房价再次出现过高过快上涨；也要重视一线城市住房成交量萎缩、房价持续回落的情况，指导有关地方研究解决发展中的问题，化解潜在矛盾，防止观望情绪传导到二、三线城市。三是综合运用税收、信贷、土地等调控手段，坚决遏制投机性购房、控

制投资性购房和被动性购房。四是坚持有序、适度、渐进的原则，疏导房地产市场降温趋势。五是密切关注美欧房市下跌和亚太地区房市可能恶化的局势，深入研究对我国的影响并做好应对预案。

（二）面向市场需求调整住房供给结构

重点围绕建立科学、合理的住房建设和消费模式，引导居民适度消费，抑制不合理住房需求。一是严格新房开工项目管理，增加中低价位、中小套型普通商品房和廉租房、经济适用房、限价商品房供应，控制大套型、高档商品房建设规模。二是清理、简化存量房流转和租赁环节的税费和手续，鼓励闲置房出租和盘活存量房，促进二手房和租赁市场的发展。三是进一步细化和规范第二套住房的界定，加大个人住房按揭贷款的风险权重，适当控制住房贷款规模。四是积极推进物业税改革试点，合理增加住房保有环节成本，促进闲置住房流通。五是继续强化对境外机构和个人购房的管理，抑制境外私募资金炒作境内房地产。

（三）坚持正确发挥政府和市场的作用

要合理界定和明确政府在房地产市场中的责任，更好地发挥市场机制的作用。一是地方政府要认真摸清低收入家庭住房需求底数，编制好计划并纳入目标管理，确保资金土地落实到位。二是各地在申报和安排年度建设用地计划时，要对廉租住房、经济适用住房和中低价位、中小套型普通商品住房用地单列。三是按照政府支持、市场运作的原则，加大推进成片棚户区拆除改造步伐和旧居住区综合整治力度，稳步推进城中村改造。四是重点防范和打击各种规避结构调整政策、囤积土地、捂盘惜售、恶意炒作等违法违规行为，特别要防止境外资本囤积优质土地资源。五是加强经济适用住房和廉租住房的定价管理，定期确定并公布基准地价、标定地价和各类房屋重置价，抑制房价不合理上涨。

（四）房地产信贷要在有保有压中防范金融风险

当前，为了防止房地产企业资金链断裂，影响房地产市场稳定大局，应实行有区别的住房开发信贷政策。一是大力支持有资信的承担保障性住房和双限房建设的房地产企业，严格控制高档和一般商品房的开发贷款，促进房价理性回归。二是加强对房地产贷款和个人住房抵押贷款的信贷管理，防范贷款风险。加大对商业银行房地产贷款的检查力度，依法纠正违规发放贷款行为。三是在加强监管、规范有序的基础上，尽快推出房地产信托基金等金融创新产品，拓展融资渠道和减轻银行信贷风险压力，提高内资房地产企业融资能力和竞争力。四是进一步规范上市房地产公司融资行为，从严控制为扩大土地储备进行的融资活动，限制其他上市企业大量进入房地产开发，从严审批借壳上市的房地产企业。五是切实加强对国际资本流入流出的监管，加强外资房地产企业设立的审批登记管理，加强资本金结汇和外资房地产企业或有债务管理。六是加快建立起与房地产业相关的法律法规。目前，国际货币基金组织187个成员中，有137个国家对外资进入地产进行管制，我国应尽快与国际接轨。

（五）强化对房地产市场和住房消费预期的正确引导

在当前全球和我国房市调整的新形势下，加强这方面的工作至关重要。一是加快建立居民收入水平认定与分类系统，健全住房产权认定系统，建设实名制住房档案登记系统，推进完善房地产价值评估体系，为各级政府有效推行住房保障制度奠定基础。二是尽快完善住房开发、建设、销售、存量的统计信息系统，并通过政府信息公示发布制度，使消费者和社会各界了解住房市场运行情况和调控政策，增强房地产市场透明度。三是稳定市场和居民心理预期，引导广大居民适度消费、梯次消费，利用新房和存量房两个市场，采取购房或租房的方式逐步改善居住条件。四是广泛宣传中央解决低收入家庭住房困难的政策措施和取得的成效，及时揭露和严肃查处歪曲宏观调控政策，发布虚假信息、恶意炒作、误导消费预期的行为。五是加强房地产市场跟踪分析，建立健全预警机制，研究制定市场调整风险应对预案。

（2010年5月，组织国务院研究室专题调研组完成）

我国保障性住房建设进入加快发展阶段

　　基本住房保障是重要的民生问题，也是重要的经济和社会问题。新中国成立后，党中央、国务院一直把解决群众住房问题作为重要工作。改革开放以来，我国城镇住房制度改革和发展取得了巨大成就，对人民安居乐业和社会和谐稳定起到重要的保障作用，基本适应了工业化、城市化和全面建设小康社会的进程。

　　我国城镇住房制度改革大体经历了三个阶段：一是试点探索阶段（1980—1991年）。1980年4月，邓小平同志提出住房商品化的构想，我国城镇住房制度改革启动，先后进行了鼓励个人和单位建房、公房出售、提租补贴等改革试点。1991年6月以后，各地按照《国务院关于继续积极稳妥地进行城镇住房制度改革的通知》（国发〔1991〕30号）的部署，采取分步提租、积极组织集资合作建房、新房新制度、发展住房金融业务等多种措施，推进城镇住房制度改革。二是全面推进阶段（1992—2002年）。1992年，党的十四大上提出，"我国经济体制改革的目标是建立社会主义市场经济体制"，并要求"努力推进城镇住房制度改革"。1994年，国务院作出《关于深化城镇住房制度改革的决定》（国发〔1994〕43号），明确提出要实现住房商品化、社会化，推行住房公积金制度，加快经济适用住房建设，城镇住房制度改革进入全面推进阶段。1998年，国务院下发《关于进一步深化城镇住房制度改革加快住房建设的通知》（国发〔1998〕23号），城镇住房制度开始根本性改革。之后，我国逐步停止住房实物分配，实行住房分配货币化，发挥市场配置住房资源的基础性作用，住房建设进入快速发展期，居民住房消费的积极性不断释放，商品住房逐步成为满足城镇居民住房需求的主要渠道，居民住房条件明显改善。三是深化改革阶段（2003年以来）。2003年，根据党的十六大提出的全面建设小康社会的目标要求，国务院发布《关于促进房地产市场持续健康发展的通知》（国发〔2003〕18号），强调按照住房市场化的基本方向，不断完善房地产市场体系和住房保障制度。2007年，党的十七大提出努力使全体人民住有所居的目标，国务院下发《关于解决城市低收入家庭住房困难的若干意见》（国发〔2007〕24号），在继续推进住房商品化的同时，着力解决低收入家庭住房困难，以廉租住房为主的住房保障制度逐步完善。2008年，中央将保障性安居工程纳入应对国际金融危机的重大举措，在"十一五"期间全国保障性住房开工超过1600万套，竣工约1100万套，标志着我国保障性住房建设进入大规模推进阶段。

目前，我国已初步形成了商品性住房和保障性住房相结合，以商品性住房为主的城镇住房供应体系。到2010年末，城镇人均住宅建筑面积超过30平方米；城镇居民成套住房面积占城镇住房总面积比重超过80%；私人拥有产权的城镇住房占城镇住房总套数比重超过83%。我国城镇累计约有2178万户中低收入家庭通过保障性住房解决了住房困难，占城镇居民家庭户数的9.4%。在我国这样一个人口众多又处在工业化、城市化快速发展阶段的发展中大国，城镇住房问题解决到这样的程度是一个十分了不起的成就。同时应该看到，我国城镇保障性住房建设仍然是一个亟待加强的薄弱环节。主要是：一方面，保障性住房覆盖面小，许多中低收入群众住房困难。在我国市场房价大幅上涨的情况下，相当数量的中低收入家庭无力通过市场解决住房问题。城镇低收入群体、新就业人员、外来务工人员等都面临着住房困难，还有相当数量的旧城危房和棚户区居民住在简陋破旧的住房中。另一方面，住房保障方式不衔接，"夹心层"住房困难问题凸显。有些家庭买不起商品住房，又因为不符合保障性住房供应条件或保障性住房供应不足，买不到限价商品房、经济适用住房或租不到公共租赁住房等。经济适用住房面向低收入家庭供应，但实际上其中部分家庭根本没有能力购买。这些都凸显了住房保障体系中存在的问题。

完善的住房保障制度是社会稳定器，不仅可以改善民生状况、增加即期消费、平抑房市价格，而且可以扩大国内需求、拉长产业链条、促进经济增长，对于服务于城镇化健康发展、服务于实现全面建设小康社会目标、服务于中国现代化进程具有重大的战略意义。"十二五"时期，我国保障性住房建设进入了加快发展阶段，全国城镇保障性安居工程新建 3600 万套，在加快解决城镇低收入家庭住房困难的同时，逐步改善城镇中等偏下收入住房困难家庭、新就业职工和城镇稳定就业的外来务工人员的居住条件。预计 2015 年末，全国保障性住房总量累计近 5800 万套，享受住房保障的城镇居民家庭比重能够达到或略高于 20%。这是世界上规模最大的保障性安居工程，届时我国将基本形成更为科学、合理、高效、公平的城镇住房保障体系。今年和"十二五"时期，推进保障性安居工程建设应坚持以下几个原则。

一是政府主导，市场运作。基本住房保障是各级政府的共同责任，构建分级负责、属地管理、财力和事权相匹配、各方共同参与的基本住房保障工作格局。中央政府应以促进基本公共服务均等化为主要目标任务，负责制定总体目标和政策，健全基本制度，创新体制机制，负责转移支付，统筹区域发展，实施监督考核。省级政府对本行政区域内的住房保障负总责，市（地）和县（市）政府具体负责，并具体承担基本住房保障规划制定、实施监督和对财政困难市县提供资金补助等工作。城市政府根据国家政策和当地实际情况确定具体的实施计划，围绕保障性住房的建设、配租、配售和后期管理等具体事务，提供相关的管理和服务。在住房保障工作的组织实施中，既需要政府起到主导作用，又需要适当的结合市场运作机制，进一步优化和提高住房保障工作的效率。保障性住房的供给和管理，可以充分协同企业、非政府机构和其他社会组织，利用和吸收社会资本参与到保障性住房的建设中来，更有效的为基本住房保障体系建设服务。

二是立足国情，适度保障。住房保障是社会保障制度的组成部分，也要坚持"广覆盖、保基本、多层次、可持续"的方针。我们既要构建稳定、健康、有序的房地产市场，保持总量基本平衡的关系；又要建立覆盖广泛的城镇居民住房保障体系，让更多的城市中低收入家庭实现住房愿望。需要强调的是，"住有所居"不等于人人有自有产权住房。我国人多地少，资源相对不足，做好城镇住房保障工作应从这一基本国情出发，建设经济、适用、环保、节能的住房；通过税收、金融等调节机制，引导居民转变住房消费观念，建立量力而行、节制适度、循序渐进的住房消费模式。保障性住房的宗旨是"济贫"，就是要首先要保障真正存在住房困难的家庭和个人基本需求，在实施中要合理确定保障标准，与各地方政府现有财政和土地条件及其他配套支持能力相适应。

随着社会经济水平不断发展和人民生活水平提高，各家庭的人口、就业、收入、居住等情况是一个动态变化的过程，应逐步在满足基本需求的基础上提高保障水平。

三是因地制宜，供求结合。我国各地发展阶段不同、需求千差万别，东部沿海地区与中西部地区不一样，一线特大城市与二、三线中小城市不一样，城市内部各区域之间也不一样，保障范围、保障模式、保障产品不能采取统一模式，各地应从实际出发加快保障性住房建设。从目前各地规定看，廉租住房和经济适用住房面向城市户籍人口中的低收入住房困难家庭，同时要求各地区积极改善农民工的居住条件。在实践中，中西部地区的工作重点是解决本地低收入户籍家庭的住房困难。东南沿海地区和大中城市鼓励建设公共租赁住房（包括农民工公寓），向新职工和进城务工人员出租，把基本住房保障的范围扩大到非本地户籍家庭。这与我国各地区城镇化进程、各地区住房问题的特点密切相关，适应了当地经济发展阶段的差异性，都是应当鼓励的。国家应根据基本住房保障的目标方向，明确基本住房保障范围的确定原则，不同地区确定不同的保障重点，不同时期提供不同的保障产品，不同收入家庭实行不同的保障政策。

四是公平分配，动态调整。公平分配是保障性安居工程的"生命线"，保障范围、保障对象和保障条件等都要公开透明。住房保障制度是一个人人有房住、多数人收益的制度，必须坚持标准适当、质量可靠，有计划、分步骤扩大保障性住房覆盖面，真正让弱势群体享受改革开放成果，使这项民生工程成为民心工程。同时，建立起与经济社会发展、居民收入水平提升及物价上涨等因素，适时调整住房保障补贴标准和保障对象准入标准。各地区应按照突出重点、分步实施、动态调整的原则定期公布家庭收入（财产）和住房困难的具体标准，对保障对象的家庭收入状况、住房困难程度和住房保障面积等进行动态跟踪，既要有效解决一些地方存在的保障性住房供给与实际保障对象错位的问题，又要使保障对象家庭收入变化后能适时调整但所对应标准的保障性住房。要从准入门槛、信息公示、违规惩戒、退出保证等方面，建立一整套科学规范的保障房分配流转的新机制，特别要加大对各个环节违法违纪和骗购骗租行为的惩罚力度。

五是统筹规划，持续发展。保障性住房建设是一项长期持续的系统工程。

我国正处在工业化、城市化的高峰期，住房保障工作绕不开这个大背景。编制城镇住房保障规划，一定要与人口、资源、环境相匹配，与发展水平、经济实力、就业结构相适应。必须统筹考虑城镇化发展战略、土地资源状况、收入分配状况、劳动力就业特点、居民消费观念和住房的财富效应等因素。住房政策既要随着住房矛盾的变化、市场体系的完善、住房政策工具的健全逐步调整，又要保持一定的稳定性和连续性。在城市总体规划和近期建设规划中，要优先供应保障性住房建设用地，严格控制工业用地和公共建筑用地。我们要清醒看到，我国大城市的规模不是越大越好，目前一些地方已出现了由此导致的交通拥堵、环境污染等问题，有的地方则存在建设过度超前造成的浪费问题。必须坚持大中小城市和小城镇协调发展，统筹考虑城市规模、产业布局、社会管理因素，使城镇保障性住房建设均衡、持续、健康发展。

（2011 年 7 月，本文同倪虹、刘应杰同志合作完成）

提高知识产权创造运用保护和管理水平

知识产权制度是开发和利用知识资源的基本制度。随着知识经济和经济全球化的深入发展，知识产权日益成为国家发展的战略性资源和国际竞争力的核心要素，成为建设创新型国家的重要支撑和掌握发展主动权的关键内容。在当前国际金融危机蔓延、世界经济增长放缓的形势下，知识产权的重要作用和发展趋势并没有改变。全面实施国家知识产权战略，提高知识产权创造、运用、保护和管理水平，有利于增强我国自主创新能力和建设创新型国家，有利于规范市场秩序和建立诚信社会，有利于增强企业市场竞争力和国家核心竞争力，有利于在扩大对外开放中实现互利共赢。

第一，推进国家知识产权战略实施。去年六月，国务院颁布的《国家知识产权战略纲要》，是提高知识产权创造、运用、保护和管理水平的纲领性文件，必须扎扎实实地逐条逐项贯彻落实到位。要加强知识产权战略实施的统筹协调工作，充分发挥好国家知识产权战略实施工作部际联席会议制度的作用，研究制定和督促检查年度工作任务、目标和各项措施的实施；积极开展行业知识产权战略推进工作，推动建立重大科技项目的知识产权工作机制，制定和完善与专利和标准有关的政策；建立以企业为主体、市场为导向、产学研相结合的自主知识产权创造体系，支持企业通过原始创新、集成创新和引进消化吸收再创新打造知名品牌；深入开展各类知识产权试点、示范工作，全面提升知识产权运用水平和应对知识产权竞争能力。同时，进一步完善专利法律法规体系建设，做好专利法实施细则、专利行政执法办法、专利实施强制许可、专利代理条例和专利代理管理等相关部门规章和规范性文件的修改工作。

第二，全面加强知识产权宏观管理。深化知识产权行政管理体制改革，加快形成权责一致、分工合理、决策科学、执行顺畅、监督有力的知识产权行政管理体制。围绕知识产权战略实施中出现的问题，特别是金融危机形势下知识产权保护的新特点，进一步强化知识产权在经济、文化和社会政策中的导向作用，加强产业政策、区域政策、科技政策、贸易政策与知识产权政策的衔接，加强文化、教育、科研、卫生等政策与知识产权政策的衔接。运用财政、金融、投资、政府采购政策和产业、能源、环境保护政策，引导和支持市场主体创造和运用知识产权。强化科技创新活动中的知识产权政策导向作用，促进自主创新成果的知识产权化、商品化、产业化。深化企事业单位实施知识产权战略试点示范工作，重点推进企业集群的知识产权工作。继续开展"雷雨"、"天网"等知识产权执法专项行动，开展区域专利执法保护试点工作，着力改善执法条件，推进执法协作，提高执法效率。

第三，提高知识产权公共服务水平。推进专利运用与产业化体制机制建设、平台建设和示范项目建设，实施全国专利技术展示交易平台计划。加大知识产权维权援助工作力度，积极开展知识产权举报投诉服务工作。继续开展对国家重点行业、领域的专利技术分析和预警机制研究，及时发布专利预警信息。提高知识产权中介服务能力，建立诚信信息管理、信用评价和失信惩戒等诚信管理制度。提高面向社会和公众的专利文献服务水平，加强知识产权陈列馆、专利展示厅、专利文献馆和网络"专利文献咨询台"建设，为客户提供高质量的检索、翻译和咨询服务。进一步加强学术研究的信息化管理，优化整合学术研究资源，提高信息共享和成果利用水平。继续开展专利专项统计调查，促进经常性专利调查制度的形成，全面分析我国专利运用能力的现状和专利对经济的贡献作用。

第四，切实提高全社会知识产权意识。建立政府主导、新闻媒体支撑、社会公众广泛参与的知识产权宣传工作体系，通过制定相关政策推动知识产权的宣传普及和知识产权文化建设。广泛开展知识产权普及型教育，在精神文明创建活动和国家普法教育中增加有关知识产权的内容。在全社会弘扬以创新为荣、剽窃为耻，以诚实守信为荣、假冒欺骗为耻的道德观念，形成尊重知识、崇尚创新、诚信守法的知识产权文化。在高等学校开设知识产权相关课程，制定并实施全国中小学知识产权普及教育计划，将知识产权教育纳入高校学生素质教育体系和中小学教育课程体系。加强国际和区域知识产权信息资源及基础设施建设与利用的交流合作，联合外国政府、协会或民间机构共同在境外举办大型知识产权交流宣传活动。大规模培养各级各类知识产权专业人才，重点培养企业急需的知识产权管理和中介服务人才。广泛开展对党政领导干部、公务员、企事业单位管理人员、专业技术人员、文学艺术创作人员、教师等的知识产权培训。大力宣传实施国家知识产权战略，做好修订后的专利法及其相关法规实施的宣传工作。开展"中国公众知识产权文化素养调查"，推动具有中国特色的知识产权文化理论和教育体系的建立。

（2009 年 3 月）

加快企业技术进步和技术改造

　　加快企业技术进步和技术改造，是调整产业结构、转变发展方式的有效途径，是扩大国内需求、促进经济发展的现实需要。改革开放以来，我国工业整体竞争力有了很大提高，企业技术创新能力实现了质的飞跃，但产业结构不合理的局面并没有根本改变，产业技术水平同先进国家相比还有较大差距。目前，由国际金融危机引发的世界经济衰退，对我国经济特别是工业领域影响日益加深，也为推进经济结构战略性调整提供了难得的机遇。必须坚决落实中央关于扩内需、调结构、促增长的决策部署，加快推进企业技术进步和技术改造，促进我国先进生产力跃上一个新台阶。

　　第一，加快企业技术进步和技术改造，必须大力支持重点产业发展。要跟踪研究世界先进工业发展趋势，围绕提高质量、增加品种、产业集聚、技术升级，抓紧编制并组织实施汽车、钢铁、造船、石化、轻工、纺织、有色金属、装备制造、电子信息、现代物流等十大产业振兴规划，提升我国工业整体实力和国际竞争力。重点支持产业关联度高、有效带动经济增长的大企业、大集团和龙头企业、优势品牌企业；掌握高新技术领域核心和关键技术、拥有自主知识产权的企业；生产"专精特新"产品的中小企业；科技含量高、资源消耗低、环境污染少的节能降耗企业；有技术基础、产品有市场、目前面临特殊困难的企业。需要强调的是，装备制造业是国家科技水平、创新能力、工业实力的综合反映，必须要把振兴装备制造业放在关系国民经济和社会发展全局的战略地位。近些年来，我国装备制造业在一些领域有了长足发展，但自主创新能力薄弱，国际竞争力不强，企业总体素质不高。我们要在这一轮改造和调整中，加强组织协调，强化政策支持，依托重点工程，完善技术标准，突破核心技术，提高重大技术装备研发设计、核心元器件配套、加工制造和系统集成的整体水平，成功研制一批对国家经济安全、产业优化升级、企业技术进步有重大影响和带动作用的重大技术装备，形成一批集研发设计制造于一体、核心竞争力强的骨干企业。

第二，加快企业技术进步和技术改造，必须大力增强自主创新能力。落实中央关于促进自主创新的各项政策，发挥企业在自主创新中的主体作用，加快建设一批创新型城市和创新型企业，构建多层次产业技术创新体系。支持产业共性、关键技术开发和新技术、新工艺、新材料、新设备的推广应用，提高工艺、技术和装备水平，促进传统产业技术升级和产品更新换代。支持公共技术服务平台建设和拥有自主知识产权企业发展，继续建设一批工程研究中心、工程实验室和企业技术中心，推动以企业为主体的产学研联合和科研成果产业化。支持企业进行节能、环保、清洁生产和安全生产技术改造，推动发展循环经济，淘汰落后生产能力，提高企业安全水平。支持企业充分利用科技资源开展国际科技合作，积极引进先进技术和装备，大力开展引进技术的消化吸收再创新。支持企业推进信息化与工业化融合，以工业研发设计、流程控制、企业管理、市场营销、人力资源开发为切入点，提高生产自动化和管理现代化水平。支持民口配套科研生产能力建设和动员能力建设，鼓励军用技术向民用领域辐射，引导民用先进技术进入军用领域，推进军民技术双向转移。支持现有工业园区通过技术改造进行资源优化整合，实现土地集约使用、资源节约利用和污染集中治理，促进特色产业入园集聚发展。

第三，加快企业技术进步和技术改造，必须大力推进企业组织结构调整。要以国家产业政策为指导，坚持把技术改造和企业组织结构调整结合起来，按照控制总量、优化结构、淘汰落后、提升水平的总体要求，通过联合、兼并、重组等方式支持重点骨干企业做大做强，培育形成拥有自主知识产权和知名品牌、具有国际竞争力的大企业集团。鼓励行业龙头企业、优势企业兼并重组落后企业、困难企业，充分利用有效资产，稳定生产和就业；鼓励优势企业强强联合，发挥规模效益，实现优势互补；鼓励关联企业、上下游企业联合重组，实现一体化经营，提高抗风险能力。要重点抓好钢铁、汽车、煤炭、电力、水泥等行业的兼并重组，提高产业集中度。对跨地区、跨行业兼并重组的企业，在项目核准、土地、信贷、税收、企业债券发行等方面予以支持。要加强对已淘汰企业和技术的"后管理"，总结推广各地上大关小等先进做法和成功经验，加快形成落后生产能力的退出机制，特别要防止落后产能死灰复燃。推进企业兼并重组，要按市场规律办事，加强政府协调服务，不能强迫命令搞拉郎配；要打破地区、行业和所有制限制，消除各种行政性壁垒；要妥善处理企业债权债务，防止国有资产流失，特别要保护好职工合法权益。

第四，加快企业技术进步和技术改造，必须大力加强宏观管理和政策扶持。经济综合部门要健全加快推进企业技术改造的体制机制，制定技术开发和技术改造的中长期规划，编制重点技术开发、技术改造项目年度计划；定期发布"新产品、新技术开发推广指南"和限期淘汰的技术、产品目录；加强技术开发和技术改造投资的统筹协调，简化技术改造项目审批程序；认真实行企业法人代表负责的技术开发、技术改造目标责任制，对项目实施进度、施工质量、投产达产、技术经济指标全面负责。要指导企业用好加大技术改造财税支持政策，包括全面实施增值税转型改革、调整进出口关税的优惠政策、鼓励购买和使用国产首台套重大技术装备、支持高新技术产品和节能减排、建立技术改造专项贴息资金、扩大政府采购范围、中小企业贷款担保基金等方面的优惠政策。同时，进一步研究相关支持政策，降低企业投资成本，提高企业技术改造积极性。要着力拓展企业技术改造融资渠道，鼓励和支持不同所有制企业之间合资合作、联合重组、互相持股和发展产业技术联盟，对技术改造项目进行投资；支持企业在资本市场融资，加快发展租赁、风险投资、发行债券等方式筹集技术改造资金；充分发挥财政资金"四两拨千斤"的作用，引导更多的银行和社会资金投入企业技术改造。

（2009 年 2 月）

在重点领域大力推广节能技术

"十一五"期间，我国正处在工业化加速发展阶段，必须把提高能源效率作为降低单位 GDP 能耗的重要措施。发达国家的经验和我国的实践证明，在工业、建筑和交通等重点领域推广节能技术，是提高能源效率最廉价、最简单、最快捷的方式。20 世纪石油危机以来，世界各国高度重视终端能源利用效率，以下几种先进用能技术见效显著。

一、大功率高压变频技术能够大幅降低工业用能

电机系统是世界最大的耗电用户，是重要的通用用能设备之一。据统计，美国电机系统消耗的电力占总量的一半以上，我国则占到 60% 以上。可见，提高电机系统的能源利用效率对于工业节能降耗至关重要。电机调速技术特别是高压变频调速技术是有效的节能手段，在新建或技改项目中安装高压变频器的节电效果为 20%—50%。目前，发达国家的电机系统控制基本以变频调速为主，大功率高压变频技术已经全面推广。美国能源部早在 1993 年就为此启动了"电机系统挑战计划"，1997 年实施的新能源政策法规中也规定了电动机的最低能效标准。近年来，我国在变频调速技术研究上逐渐缩短了与国外品牌间的距离，各主要行业应用高压变频技术的效果也十分显著，但全国电机系统的能源利用率仍比国外平均低 20% 左右，高压变频器的设计和制造几乎全被西门子、洛克韦尔、ABB 等少数国外大公司垄断。总体上看，我国工业企业引进高压变频器虽然成本高昂，但用于工业节能改造的投资回报率是很高的；在引进、消化、吸收的基础上，开发具有自主知识产权、性价比适宜的高压变频器对工业节能具有革命性的意义。

二、绿色建筑能够高效利用能源并实现可持续发展

绿色建筑的概念不仅限于用能效率最高，而且具有可持续发展的含义。绿色建筑和既有建筑相比，耗能可以降低 70%—80%，在发达国家已渐成潮流，在我国发展潜力巨大。美国计划 5 年内 50% 的新建筑将是绿色建筑，5% 的现存建筑将被改造为绿色建筑。加拿大开展了"绿色建筑挑战"行动，旨在采用新技术、新材料、新工艺，实行综合优化设计，使建筑在满足使用需要的基础上所消耗的资源、能源最少。德国采用太阳能发电、热泵、氢气贮能器以及多种隔热建筑材料和建造方法，建造了"旋转式太阳能房屋"等。这些绿色建筑通过巧妙的总体设计，将自然通风、自然采光、太阳能利用、地热利用、中水利用、绿色建材和智能控制等高新技术集于一身，实现了建筑领域的可持续发展。我国每年城乡新建房屋建筑面积近 20 亿平方米，其中 80% 以上为高耗能建筑；既有建筑近 400 亿平方米，95% 以上是高能耗建筑；单位建筑面积能耗是发达国家的 2—3 倍，绿色建筑尚处在超低能耗建筑的研究和少量示范阶段。去年 7 月开始实施的《公共建筑节能设计标准》，是我国第一部公共建筑节能设计的综合性国家标准，关键在于引起各级政府重视并落实到建筑全生命周期的过程中。

三、分布式热电（冷）联供能够大幅提高燃料利用效率

热电联供（CHP）是指利用发电时产生的排气的热能，实现热能和电能的同时供应。在热电联供的基础上增加制冷设备可形成热电冷三联供系统（CCHP），制冷设备主要是吸收式制冷机，其制冷所用的能量由热电联供系统供热量提供。CHP 的燃料利用效率可以达到 80% 以上，而 CCHP 燃料利用效率还能进一步提高。丹麦早在 2000 年 CHP 的发电量就占总发电量的 61.6%，供热量占区域供热的 60%。1980—2000 年丹麦国民生产总值增长了 43%，而能源消耗实现零增长。美国从 1978 年开始推行 CHP，目前还同时大力推广 CCHP，规划到 2010 年，20% 的新建商业建筑使用 CCHP，5% 的现有商业建筑使用 CCHP，25% 的新建商业建筑使用 CCHP。日本制定了《供热法》、《城市规划法》、《防止公害法》以推动热电联产发展。英国宣布到 2010 年 CHP 的生产能力要翻一番，达到 1000 万千瓦。目前，建筑能耗在我国能源消费总量中所

占比例为 20%左右，是我国第二大能源消费部门，而采暖和空调能耗占建筑能耗的 65%左右。在我国大中城市发展 CHP、在拥有燃煤热电厂的基础上建立 CCHP 系统势在必行。

四、混合动力汽车具有节能、环保的优势和发展前景

混合动力汽车是近年来在电动汽车技术的基础上发展起来的，在节能、污染减排方面比当前已有的其他车型具有明显优势。与传统汽车相比，混合动力汽车的燃油经济性高 1 倍左右，污染物排放减少大约一半；与电动汽车相比，混合动力汽车的续航能力更强，突破了电池储存能量有限的限制；与甲醇、乙醇汽车相比，混合动力车的推广无需改变当前燃料生产、加注的基础设施体系，也不存在改变燃料品种带来的车辆油路腐蚀、燃料分层、非常规尾气排放物的毒性等问题；与氢能汽车相比，混合动力车的价格仅比普通汽车略高，产品价格已在购买者可接受的范围内。这些突出的优点使混合动力汽车具有高度的市场发展潜力。目前，国外汽油和电池混合动力车在技术上已经逐渐成熟，产品先后实现规模生产并投放市场。随着蓄电池和电动马达技术的日益成熟、电控元件的成本下降，混合动力车与普通汽油车在生产成本和价格方面的差距将进一步缩小，发达国家正在积极推动混合动力汽车的发展。如日本政府对购车者给予的补贴，大约是混合动力汽车比汽油汽车高出售价的一半左右，另一半由购买者自己承担。近年来我国汽车保有量增长迅速，汽车消耗汽油占全部汽油消费量的 75%左右，加快发展混合动力汽车对汽车行业节能降耗非常重要。

（2006 年 6 月）

建议在稠油产区推广"油改煤"注汽开采技术

稠油资源在我国和世界上极为丰富，地质储量远远超过常规原油（稀油）。由于稠油粘度高，在地层中流动阻力大，只有注入高温高压蒸汽才能开采出来。这种技术被称为稠油热采技术，目前国内外均采用成分、热值和可控性稳定的原油作为主要加热燃料，稠油热采中消耗的原油一般为原油产量的 10% 左右。

辽河油田是我国主要稠油产区之一，年产 1200 多万吨原油中有 80% 的稠油和超稠油，每年因加热开采烧掉原油 100 多万吨。从 2000 年开始，辽河油田实施节约和替代原油为目标的燃料结构调整工程，在诸多技术中选择原煤替代原油的"油改煤"注汽开采技术。"油改煤"注汽开采技术的核心是燃煤注汽锅炉主机的研制工作，关键指标是保证锅炉工作压力每平方厘米达到 175 公斤，属于亚临界压力等级。大连锅炉厂是我国最早引进国外先进锅炉制造技术的骨干企业之一，已经创造多种在国内处于领先地位的节能环保型锅炉。这个企业工程技术人员经过几年的技术攻关，突破了燃烧稳定性和系统安全性两大技术难题，今年 3 月研发出世界上首台燃煤注汽锅炉，在辽河油田曙光采油厂试验成功。燃煤注汽锅炉已于今年 9 月通过辽河石油勘探局组织的技术及产品推广应用鉴定，各项技术和环保指标均达到设计和使用要求，热效率指标还比国家规定标准提高 5%，并在今年 10 月获得国家发明专利。

"油改煤"注汽开采技术的成功应用，是调整稠油开采燃料结构的一场革命，标志着我国稠油产区将改写"靠油吃油"的历史。从辽河油田曙光采油厂运行情况看，每 2.5 吨原煤可以替代 1 吨原油，即使不计算石油资源的综合利用价值，每开采 1 万吨原油就可降低热采注汽费用 2000 万元左右。辽河油田通过燃油注汽锅炉改用燃煤注汽锅炉，今年将替代原油 15 万吨并建成 35 万吨原油替代能力，明年建成 60 万吨原油替代能力，到 2008 年形成 100 万吨原油替代能力。届时，相当于"再生"一个年产百万吨级的油田，每年可节省热采注汽费用 20 亿元左右。据有关专家介绍，辽河、大庆和新疆等油田的稠油年产量现为 2300 万吨，占全国石油总产量的 13% 左右，但已探明的稠油可采储量远大于稀油。我国已在 12 个盆地发现了 70 多个稠油油田，预计稠油沥青资源量可达 300 亿吨以上，按 30% 的采收率可采出 100 亿吨。另据刚闭幕的首届世界稠油大会资料显示，全球剩余稠油和天然、沥青地质储量分别约 32685 亿桶和 26183 亿桶，可采储量分别约 4340 亿桶和 6510 亿桶，多数稠油产区都有相当丰富的煤炭资源储量。由此可见，在国内外推广我国具有自主知识产权的"油改煤"注汽开采技术和成套技术装备，不仅市场空间广阔、经济效益巨大，而且可以大大提高原油商品率。

建议国家有关部门将"油改煤"注汽开采技术列为重大节油技术专项，加快在我国稠油产区大范围推广应用，并作为重大节油技术成套装备出口的重点产品。

（2006 年 11 月）

切实强化安全生产工作

2006 年，全国安全生产继续保持了总体稳定、趋于好转的发展态势，但与中央的要求和人民的期望仍然存在较大差距。必须以对人民生命财产高度负责的精神，采取更加有力措施，努力实现安全生产状况好转，坚决遏制重特大安全事故发生。

一、推动政府行政首长和企业法定代表人两个负责制落实到位

认真贯彻"安全第一，预防为主，综合治理"的方针，坚持和完善安全生产控制考核指标体系，层层落实安全生产责任制，加强对政府领导干部和企业负责人安全生产工作绩效的考核。加强安全生产教育和培训，继续举办市县长、企业负责人和安全监管监察局长安全生产培训班，强化对农民工和特种作业人员上岗前培训。搞好重点地区、重点企业安全生产工作的监督检查，实行安全生产问责制，认真落实各项整改措施。实行政府依法监管、行业有效指导和社会舆论的广泛监督，促使企业履行安全生产主体责任。研究制定抓好企业安全生产基础工作规范性指导意见，督促各重点行业领域都要加强企业安全生产基础管理。开展企业安全诚信评价活动，逐步建立安全诚信体系。

二、落实《安全生产"十一五"规划》确定的各项重要目标任务

自觉用科学发展观和"安全发展"的指导原则统领安全生产工作，服从服务于加快构建社会主义和谐社会大局，认真落实党中央、国务院关于加强安全生产的一系列政策措施。各省（区、市）和相关行业的"十一五"规划要与国家《国民经济和社会发展第十一个五年规划纲要》和《安全生产"十一五"规

划》相衔接，明确安全发展工作目标和保障措施，主要指标应纳入地方各级政府和相关行业的统计指标体系和政绩业绩考核。当前，要把2007年度安全生产控制考核指标分解落实到地方各级政府和相关行业，加强进度监控考核，每季度公布实施情况。抓紧启动安全生产"十一五"规划确定的主要灾害治理、支撑保障体系建设、科研等重点工程和重大项目，开展作业场所职业危害调查。在重点行业领域抓紧推广一批先进适用的安全科技成果，推广各种类型、各种所有制企业加强安全生产工作的成熟经验。普及安全生产法律知识，运用典型案例开展警示教育，推动安全文化、安全法制、安全责任、安全科技、安全投入等要素落实到位。

三、继续坚定不移地打好煤矿瓦斯治理和整顿关闭两个攻坚战

要突出抓好煤矿安全这个重中之重，加强高瓦斯、高突矿井的监测监控，已安装的系统要加强运行维护、切实发挥作用，提高低瓦斯矿井监测监控系统安装率，加快实现区域性联网。加大隐患排查治理力度，淘汰落后工艺和设备，继续利用国债资金扶持国有重点煤矿安全技术改造，加强矿井机电管理、保证供电用电安全。发挥煤矿瓦斯抽采利用积极性，继续强力推进先抽后采，提高抽采率、利用率。有关部门切实加强对煤炭资源、各类证照、火工品的监管，严厉打击非法开采，严防关而不死、死灰复燃和前关后建。严格新建项目安全核准，严格矿井生产能力核定，防止超强度、超能力、超定员生产。加强对国有重点煤矿安全基础管理工作的指导，抓紧出台加强小煤矿安全基础管理的指导意见，提高煤矿安全监察执法效率。

四、深入开展非煤矿山、
危险化学品、烟花爆竹等重点行业安全专项整治

非煤矿山行业，要重点抓好严格安全许可和安全设施"三同时"制度，严格执行非煤矿山安全技术标准。危险化学品行业，要重点防范交通事故引发的泄漏、爆炸和污染事故，依法关闭非法和不具备安全生产条件的小化工。烟花爆竹行业，要重点推行烟花爆竹标准化生产，严厉打击非法生产经营行为，坚决取缔非法生产经营窝点。道路交通行业，要重点排查治理危险路段和公路客运车辆安全隐患，打击非法载客，深入治理超载超限。水上交通行业，要深化

渡口渡船、低质量船舶和水上危险品运输等专项整治，加强重点水域、重点航线的安全监管。建筑施工行业，要重点防范坍塌和高处坠落事故，深化房屋建筑、道路、铁路和电力工程等安全整治，对建筑施工安全生产许可证实施动态监管。民爆器材行业，要重点落实工业炸药生产线安装电子监控设备、推行自动化遥控操作等安全防范技术措施，加强民用爆炸物品流通使用等环节的安全监管。消防安全行业，要重点排查整治小企业、小作坊存在的重大火灾隐患，对政府挂牌督办的重大火灾隐患实施跟踪监管并督办整改措施。其他行业也要结合实际搞好安全生产专项整治，加强学校和人员密集场所安全防范。

五、建立和完善促进
安全生产的科学化、制度化、法治化的工作机制

要完善党委政府统一领导、各部门共同参与的联合执法机制，健全安全监管部门与司法机关事故责任追究沟通协作机制。加快安全生产配套立法进度，推动有关法律法规、部门规章、行业标准的修订和制定，指导督促企业遵纪守法和建章立制。认真宣传贯彻即将公布的《事故报告和调查处理条例》，改进事故调查工作，加强事故查处和责任追究，严肃查处违法违纪、失职渎职行为和官商勾结、权钱交易等腐败行为。加强安全生产执法监督和安全中介机构资质监管，进一步做好行政复议工作，规范安全监管监察执法行为。督促落实已经出台的安全费用提取、安全风险抵押等政策措施，总结推广山西煤炭可持续发展政策措施和 8 省区煤炭资源有偿使用试点政策，促进煤层气开发利用、煤炭完全成本、严格小煤矿税收制度、高危行业意外伤害保险实施办法、建立合理的煤炭价格形成机制等政策措施的制定实施。加强安全生产应急管理工作，健全完善安全生产调度和信息工作体系，规范事故信息的收集、报送和处理，提高防范和处置事故灾难的能力。

（2007 年 3 月）

从战略布局上培育新的经济增长极

　　党的十七大报告在部署推动区域协调发展、优化国土开发格局中，强调要继续实施区域发展总体战略，深入推进西部大开发，全面振兴东北地区等老工业基地，大力促进中部地区崛起，积极支持东部地区率先发展。明确提出加快形成若干带动力强、联系紧密的经济圈和经济带；以特大城市为依托，形成辐射作用大的城市群，培育新的经济增长极。这是从我国改革开放和现代化建设全局出发作出的重大战略部署。我国是地区经济发展很不平衡的多民族大国，推动区域协调发展不仅是重大的经济问题，也是重大的政治问题、社会问题和国家安全问题。我国建国以来的区域划分经历了"2334"的变化：在20世纪五六十年代采用沿海和内地"两分法"；到20世纪60年代中后期至70年代中期，国民经济布局是按三线（指战略大后方）、二线（指国防前沿）、一线（两者之间的地区）的"三分法"部署的；从"七五计划"开始改按东部、中部、西部三大经济地带的"三分法"，一直延续到"十五计划"；党的十六大提出"支持东北地区等老工业基地加快调整和改造"后，形成东部、中部、西部加东北的"四大板块"区划格局，并写入了党的十六届五中全会通过的"十一五规划"建议，凸现了东北地区等老工业基地的特殊战略地位。

　　东北老工业基地是新中国成立后投资兴建的，当时苏联援建的"156"项工程有56项摆在这里，奠定了我们国家大规模开展工业化建设的基础。党的十六大以来，东北老工业基地在国家的大力支持下迅速崛起，经济发展取得新成效，扩大开放取得新跨越，结构调整取得新进展，改善民生取得新突破。总体上看，东北老工业基地正站在一个新的发展起点上，并进入走向全面振兴的关键时期。近一个时期以来，一些专家提出加快建设"三圈一带"的空间构架，包括以哈尔滨为核心的东北北部都市圈，以长春为核心的吉中都市圈，以沈阳为核心的辽宁中部城市圈，以大连为核心的沿海城市带。强调做强哈尔滨、长春、沈阳、大连这四个特大城市，壮大周围的中小城市规模，发展一批县域中心城镇，形成统筹城乡经济一体化发展的规模城市群落。特别是充分发挥东北沿海经济带、港口群和沿边经济区优势，加强与日、韩和亚太地区的联系，带动大型装备制造、汽车、动力设备、石化、钢铁、船舶等重点行业合资合作，并吸引长三角、珠三角、京津唐等经济区南资北移。辽宁代表团在今年两会期间，提出将辽宁沿海经济带开放开发纳入国家总体发展战略规划的建议，不仅表达辽宁也反映吉林、黑龙江各界人士的意愿，因为这也是东北三省的沿海经济带。我觉得这个建议符合党的十七精神、符合我国发展新阶段的要求，也符合一些发达国家经济成长的规律。

从发达国家沿海经济带发展经验看，全球目前约 3/4 的大城市、70% 的工业资本、70% 的人口都集中在距海岸 100 公里的沿海地带，沿海经济带已成为牵引世界经济增长的"火车头"。美国"双岸"经济带（大西洋经济带和西太平洋经济带）的开发，是当今世界沿海区域发展战略的成功典范。大西洋沿岸城市带城市化水平高达 90%，制造业产值占全国的 30%。仅加利福尼亚阳光地带的经济总量，就超过了世界上绝大部分国家。"双岸"经济带与大纽约地区、大芝加哥地区、大洛杉矶地区互动，使美国成为全球第一经济强国。日本太平洋沿岸城市带的快速发展，使战后日本迅速崛起为世界第二经济大国。这里集中了日本工业和从业人员的 2/3，工业产值的 3/4 和国民收入的 2/3。特别是濑户内海工业区聚集了纤维、造船、化学、汽车、钢铁、石油化工等工业，成为日本最重要的工业带之一。太平洋沿岸城市带和大东京区、阪神区、名古屋区引领着日本经济发展。

从国内沿海经济带建设成就看，珠三角、长三角和环渤海地区三大经济圈已成为拉动中国经济发展的增长极。这是我国区域经济发展的两个金三角和一个黄金海岸，其国内生产总值占全国近 60%，工业总产值占全国近 70%，进出口总额占全国近 90%，外资企业数量和实现的总产值都占全国近 80%，钢铁、机电、纺织、医药和家电等行业有 100 多种产品的产量位于世界第一，并且是亚洲和世界经济最具活力和增长潜力的发展地带。深圳特区创造了中国经济的奇迹，被誉为珠江三角洲经济发展的"排头兵"。浦东新区开发开放举世瞩目，成为长江三角洲经济发展的"龙头"。滨海新区是环渤海经济圈的"明珠"，在京津冀和中国北方迅速崛起。辽宁沿海经济带相比之下差距很大，但是差距也是潜力，更是希望。如"珠三角"地区人均 GDP 和社会消费品零售总额，是辽宁沿海经济带的 2 倍多；出口密度和实际利用外资，是辽宁沿海经济带的 18 倍和 7.5 倍。"长三角"地区投资密度每平方公里达到 1364 万元，是辽宁沿海经济带的 6 倍多。

从辽宁沿海经济带发展前景看，现有 6 个沿海城市所辖 21 个市区和 12 个县（市）组成，大陆海岸线东起鸭绿江口，西至山海关老龙头，长度为 2292 公里。区位条件优越，处于环渤海地区和东北亚经济圈的关键地带，是东北地区的主要出海通道；港口基础雄厚，拥有 1000 多公里宜港岸线，其中深水岸线 400 公里，与世界 160 多个国家和地区通航。土地资源丰富，现有 3295 平方公里可开发的废弃盐田、盐碱地和荒滩。此外，这一区域产业科技发达、城市功能完善、交通网络畅达，是东北地区经济基础较好、开放条件优越的区域。辽宁沿海经济带依托的腹地是东北的三大都市圈，特别是以沈阳为中心的辽宁中部都市圈被称为东方的"鲁尔"，经济总量占辽宁的 55%，规模以上工业占 60% 以上。辽宁沿海经济带建设的切入点是"五点一线"，主要包括大连长兴岛临港工业区、营口沿海产业基地、辽西锦州湾经济区、丹东产业区和大连花园口经济区，规划总面积为 483 平方公里，起步区总面积 195 平方公里，逐步形成以滨海公路为连接的多个开发区域的线状布局，沿着新的"雁行模式"建设一条黄金海岸线，辐射和带动 100 公里范围内的沿海经济带发展，进而推动东北老工业基地成为新的经济增长极。

党的十七大报告指出，发挥利用外资在推动自主创新、产业升级、区域协调发展等方面的积极作用。辽宁沿海经济带建设关键靠拓展对外开放广度和深度，形成经济全球化条件下参与国际经济合作与竞争的新优势。许多专家分析，20 世纪区域经济合作取得长足进展的显著标志是，欧洲经济圈、北美经济圈和亚太经济圈的形成，21 世纪的区域经济合作将在东北亚取得重大进展。辽宁沿海经济带地处"东北亚经济圈"以及"环日本海经济圈"、"环黄海经济圈"、"环渤海经济圈"的中心位置，应制定进一步扩大同日韩两国长期合作的战略方针和规划，出台更加开放和优惠的政策措施，全面推进双方在能源合作、贸易往来、产业投资、金融保险、科技教育、海洋开发、环境保护、港口运输、基础设施建设以及发展旅游、劳务输出、扩大文化和人才交流等多领域的合资合作，并适时研究自由贸易区和自由港区建设。在当前和今后国际竞争格局中，一个国家的国际竞争力主要体现在拥有若干综合实力强大的区域。中国加快建设一批世界级的经济圈和经济带，将会在不久的未来成为新的世界制造中心。

（2008 年 6 月）

关于振兴东北老工业基地的思考

党的十六大报告和十届人大一次会议通过的《政府工作报告》中都明确指出，"支持东北地区等老工业基地加快调整和改造"。在新一届国务院组成以后召开的第一次全体会议上，温家宝总理强调，要把东北和其他地区老工业基地加快调整、改造和振兴摆在更加突出的位置，并作出了具体部署。这是党中央、国务院综观世界发展大势和我国现代化建设全局做出的英明决策，具有十分重大和深远的意义。

一、高度重视特殊区域政策的历史作用和贡献

这是世界各国政府在宏观经济管理中普遍遵循的基本规律。新中国成立后，我国成功实施的第一个特殊区域政策，就是投资兴建东北地区等老工业基地，在半殖民地、半封建社会的基础上开始工业化、现代化的历程。改革开放以来，我国又成功实施了三次特殊区域政策：第一次是1979年国家决定建立深圳等经济特区，带动了珠江三角洲发展，正在形成华南经济圈；第二次是1990年国家决定开发、开放浦东，促进了长江三角洲发展，正在构建华东经济圈；第三次是2000年国家开始实施西部大开发战略，已经实现了良好的开局。这三次特殊的区域政策均取得了举世瞩目的伟大成就，大大增强了国家的经济实力、抗风险能力和国际竞争力。本世纪头20年，是我国加快改革开放和现代化建设的重要战略机遇期。紧紧抓住这一历史性机遇，通过制定特殊的产业发展政策、产业组织政策、产业技术政策和产业援助政策，加快东北老工业基地调整、改造和振兴，将会在新一轮国际分工与竞争中形成又一个增长极，大大推进我国工业化、现代化进程，使社会生产力跃上一个新台阶。

二、东北老工业基地振兴的条件和时机已经成熟

东北老工业基地主要以能源、原材料、机械工业为主体，集聚了大量的国有资产和国有大中型企业，为我国建设独立完整的工业体系和国民经济体系作出了重大贡献。在市场经济条件下，东北三省多年沉积的体制矛盾和结构矛盾加速显露，在全国的经济发展位次不断后移。如改革开放初期，辽宁的 GDP 是广东的 2 倍，而现在广东是辽宁的 2 倍多。为了加快东北老工业基地的战略性调整，党中央、国务院近些年采取了一系列政策措施，帮助这一地区实现了国有大中型企业改革脱困目标，进行了较大规模的技术改造，加快了重要的基础设施建设，初步确立了社会保障体系的框架等。尽管东北老工业基地在前进中、发展中还存在一些困难和问题，但这一地区国民经济发展已经呈现重大转机，改革开放和现代化建设开始进入经济转型、结构优化、产业升级的新时期。目前，东北老工业基地仍是我国工业化、现代化程度最高的地区之一，也是全国经济结构战略性调整的重点和难点之一。东北老工业基地的振兴，具有很强的代表性和示范性。这里工业基础雄厚、交通通讯发达、科技人才密集、区位环境优越，是中国乃至东北亚地区最具发展潜力的经济地带，具备大开放、大调整、大重组、大发展的有利条件和时机。

三、下大决心搞好老企业的技术改造

振兴东北老工业基地的战略定位应该是，集中力量抓好一批符合质量、品种、效益和替代进口以及重大装备国产化要求的重大技术改造项目，使之成为我国先进装备制造业基地、新型原材料基地和国防科技工业基地，在一些关系全局的重要领域占领制高点。实现这一目标，必须改变传统的就项目论项目、就改造谈改造的思维定势，按照走新兴工业化道路的要求，用信息化带动工业化，大力采用高新技术和先进适用技术改造传统产业，使这一地区工业结构加快由"重化学工业化"大规模地转向"高加工度化"和"技术集约化"，提高工业制成品的科技含量和附加值。装备制造业要坚持机电一体化的方向，重点发展电力、冶金、石化、矿山等大型成套设备，发展汽车、新型航空器、快速交通和城市轨道交通设备、大型远洋船舶等运输设备，发展数控机床和精密机械、关键的基础零部件等；石化工业要加快发展合成树脂、合成纤维、合成橡

胶，拉长化纤织物、塑料制品、精细化学品三条产业链；钢铁工业要搞好精深加工，提高板管比和精品钢材产量；国防科技工业要走军民结合的新路子，努力发展军转民技术和民品生产，等等。要通过多渠道增加对科技的投入，以及债转股、技改贴息、封闭贷款、重大装备国产化项目、高新技术产业化项目、研究对列入替代进口目录的机械产品实行减免税政策、设立重大技术装备买方信贷和卖方信贷等措施和优惠政策，重点扶持产业关联度大、带动系数高、国际竞争力强的骨干企业。

四、大力发展以高新技术产业为主体的新兴产业

这是实现东北老工业基地产业结构高度化，改变重工业比重过高状况的关键之举。首要的是发展高新技术产业。"九五"以来，高新技术已经成为东北老工业基地经济发展的第一推动力，高新技术产业以年均 20% 以上的速度增长。目前，这一地区科研院所和高校研发水平居全国前列，国有大中型企业技术创新能力较强，外商投资企业和民营高科技企业发展迅猛，沈阳、长春、哈尔滨和大连等地的高新技术开发区蓬勃兴起，完全有能力迎接经济全球化和新技术革命的挑战。今后一个时期，要促进电子信息技术、先进制造技术、航空航天技术、生物技术和新材料技术以及高效节能与环保技术的引进、消化、吸收和创新，加快科研成果转化和产业化步伐，进一步发挥各级各类高新技术开发区对东北地区经济发展的示范、辐射和带动作用，建设 1 至 2 个高新技术产业开发带。与此同时，要积极发展金融保险、信息咨询、现代物流、远程教育、旅游会展、影视出版等新兴服务业，创建技术、知识密集型和信息化城市。还要看到，加快从传统农业向现代农业的转变，解决城乡发展一条腿长、一条腿短的问题，是振兴东北老工业基地的重要任务。要充分发挥农业资源的比较优势，扶持壮大一批农业产业化龙头企业，鼓励农产品加工、保鲜、储运业发展，提高绿色食品在国内外市场上的占有份额。

五、进一步探索公有制特别是国有制的多种有效实现形式

东北老工业基地从战略上调整国有经济布局和改组国有企业的难点集中在国有大企业上。要坚持抓大放小、有进有退、有所为有所不为的方针，大力推进国有大企业的体制、技术和制度创新，加快建立现代企业制度。要将 90%

以上的竞争性国有大企业依法改组为投资主体多元化的公司制企业，积极推行股份制和发展混合所有制经济。具体途径有：支持有条件的企业通过境内外上市融资，并用定向募集的资金收购有潜力的困难企业；通过转让股权、兼并入股、债权转股权、企业间相互参股以及境内外法人和自然人投资，实现"存量转股"或"增量吸股"；通过收购、兼并、合资合作、经济联合等方式，吸纳各种经济成分，实现优势扩张；通过被收购、被兼并、被托管和分立、租赁、土地和股权置换、技术和管理入股、品牌经营等方式，实现劣势转换。要把发展大公司大企业集团作为振兴东北老工业基地的重要政策取向，打破地区、行业和所有制界限，调整企业组织结构、资本结构、技术结构和产品结构，实现资源优化配置和规模经济效益。此外，要加快放开搞活国有中小企业，积极扶持各类所有制中小企业，特别是科技型和劳动密集型企业向"专、精、特、新"方向发展。

六、全面提高东北老工业基地对外开放水平

许多专家分析，20世纪区域经济合作取得长足进展的显著标志是，欧洲经济圈、北美经济圈和亚太经济圈的形成，21世纪的区域经济合作将在东北亚取得重大进展。中日韩俄这四个经济科技实力最强、发展潜力最大的国家携手合作，将成为21世纪区域经济合作的新热点。东北地处"东北亚经济圈"以及"环日本海经济圈"、"环黄海经济圈"、"环渤海经济圈"的中心位置，与日韩隔海相望，与俄罗斯相邻，友好交往源远流长，发展前景十分广阔。从总体上看，东北地区同日韩俄三国处在不同的经济发展阶段，在产业结构层次上形成梯次互补格局，具有明显的比较成本优势，有利于在产业结构的不断调整、优化和升级的过程中，产生良性的协作共进关系，获得"共赢"的效果。振兴东北老工业基地，应制定进一步扩大同日韩俄三国长期合作的战略方针和规划，出台更加开放和优惠的政策措施，全面推进在能源合作、贸易往来、产业投资、金融保险、科技教育、海洋开发、环境保护、港口运输、基础设施建设以及发展旅游、劳务输出和扩大文化和人才交流等多领域的合资合作。同时，要不断扩大最终产品出口，特别是计算机软件等高新技术产品、机电产品和成套设备出口。要鼓励已在东北地区投资办厂的世界各国知名公司增资扩股和建立研发机构，延伸合作领域。把部分国有企业推向国际资本市场，吸引跨国公

司购并或投资入股。各级各类经济开发区，要在更大的范围、更广的领域、更高的层次上参与国际经济竞争与合作。要适时研究东北老工业基地自由贸易区和自由港区建设。

七、支持以资源开采为主的城市和地区推进经济转型

东北老工业基地以资源开采为主的城市和地区比较集中，按矿产类型划分为煤炭型、有色金属型、黑色金属型、非金属矿产与建材型、石油与天然气型以及两种矿产以上的综合性矿业城市（还有以森林采伐为主的森工城市），在中国工业化和城市化进程中占有举足轻重的地位。这些城市，在计划经济体制和传统经济发展模式下形成的产业结构，基本上都过于单一或比重失衡，而且多数地区矿产资源萎缩和枯竭，已面临严重的经济衰退和一系列社会问题。中央在辽宁省阜新市进行的经济转型和采掘沉陷区治理试点，已取得了初步成效。国内外一些成功的经验表明，矿业城市经济转型既要遵循城市发展规律，又要遵循矿业发展规律。如何避免"矿竭城衰"，综合分析和研究资源开发、环境保护、产业替代和城市功能，实现资源主导型城市经济转型和可持续发展，是振兴东北老工业基地的重点。需要注意的问题是，在抓好阜新试点的同时，应对东北地区矿业城市统一规划、分类指导，优化城市布局和产业投资方向，制定有关法律法规和政策性措施，有组织、有步骤地进行。处在不同发展时期的矿业城市，都要因地制宜发展接续和替代产业，宜工则工、宜农则农、宜商则商，在一、二、三产业协调发展中实现劳动力战略性转移。要多渠道吸引资金投入矿产勘查开发，增加矿产资源战略储备，延长矿山服务年限，并探索走出去到西部和海外开发矿业的有效途径。要建立产业退出机制，积极稳妥地关闭煤矿、有色金属等资源枯竭矿山和矿区，调整石油、森工等受资源限制的产业，彻底淘汰城市和矿区的落后生产能力。采掘沉陷区治理要同土地和公害整治、复垦还田和绿化、改善招商引资环境等结合起来。要加快建立经济转型基金，建设高效集约化矿井，进行矿工转产培训和安置，发展非矿产业和经济，加大安全生产技术改造投入等。振兴东北老工业基地，还必须充分发挥沈阳、长春、哈尔滨和大连这四个区域性中心城市的作用。要加快提高城市现代化水平，重塑和完善中心城市功能，在国内外经济活动中真正起到资金流、商品流、技术流、人才流和信息流的集散和枢纽作用，以强大的辐射力带动周边

地区经济发展，逐步形成大都市区和具有较高层次的城市群或城市带。

八、把东北老工业基地建设成为循环经济示范区

发展循环经济是 21 世纪世界各国环境保护的战略选择，在发达国家正在成为一股潮流和趋势。我国人口众多、资源相对贫乏、生态环境脆弱，面对社会消费体系正在形成的局面，在资源存量和环境承载力两个方面，都经不起高强度的资源消耗和环境污染。"十五"以来，国家已在辽宁等地进行发展循环经济试点，其他许多地区都在积极进行发展循环经济的实践。振兴东北老工业基地，要通过走循环经济和新经济发展之路，建立一种新型的、先进的经济形态，改变高消耗、高能耗、高污染的粗放型增长模式，实现经济社会和资源环境的可持续发展。要建立促进循环经济法规制度，《清洁生产促进法》的颁布实施是一个良好的开端。在这方面，可以借鉴日本、德国的经验，制定《国家绿色消费法》和《资源再生利用法》，同时建立具体资源再生行业（如家用电器、建筑材料、电池和容器等）法律。要建立绿色技术支撑体系，建成一批循环经济型企业和生态工业园区，开展能流、物流集成和废物循环利用，通过推行清洁生产实现少投入、高产出、低污染。要提高全民绿色消费意识，实行政府绿色采购制度和发展社会绿色消费体系，按照"减量化、资源化、无害化"原则，建立城市生活垃圾、特种废旧物资和城市中水回收利用系统，提高社会再生资源利用率。建立循环经济的一个关键环节是，改革现行的经济核算体系，从企业到国家建立一套绿色经济核算制度，包括企业绿色会计制度、政府和企业绿色审计制度、绿色国民经济核算体系等。应该在东北地区探索建立绿色国民经济核算体系的试点。

九、切实做好扩大就业和社会保障工作

东北老工业基地近些年来，在结构调整和体制转轨的过程中经历了一场脱胎换骨的革命。这一地区，是全国下岗失业人员、城市低保对象和离退休人员最多的地区。切实做好扩大就业和社会保障工作，是振兴东北老工业基地的重要保证。1998 年以来，在国家的支持下，经过多方面的不懈努力，东北三省"两个确保"不断巩固，社会保障体系建设和再就业工作取得重要进展，总体上保持了改革发展稳定的局面，但社会保障和再就业的压力仍然很大。今年工

作的当务之急是，把中央确定的各项扶持再就业政策措施落到实处。要千方百计创造就业岗位，完善再就业服务体系，对再就业困难群体实行援助。国有企业改革要坚持减员增效与促进再就业相结合。社会保障工作的重点是，继续加强"两个确保"和城市"低保"工作，搞好"三条保障线"衔接，建立和完善对低收入者的救助制度。在总结辽宁社保试点经验的基础上，应选择吉林、黑龙江两省扩大试点。首要的是，推进下岗职工基本生活保障向失业保险并轨，做实基本养老保险个人账户等。

十、继续加强交通运输、通讯和水利等基础设施建设

东北地区铁路密度远高于全国水平，但一些"瓶颈"地段严重影响通过能力。急需解决的有，秦沈客运专线投入运营后，应尽快扩大京秦间的运输能力；提高哈大、滨绥、滨州、绥佳线煤炭运输和中俄贸易运输能力；接通东北地区东西两翼的铁路，东部打通丹东至佳木斯的通道，西部打通伊敏河至锦州的通道；修建大连至烟台的轮渡，形成东北地区与华北地区的直接通道。海上航运要继续提高大连、营口、锦州和丹东新老港区的吞吐能力；充分发挥内河港口的作用，积极发展黑龙江、松花江、嫩江、辽河的内河航运。管道运输主要是修建从山西到辽宁西部的输煤管道，以减轻铁路运输压力，保证辽宁工业用煤；石油管道应立足于石油的战略储备通盘考虑建设问题。邮电通讯业应重点提高沈阳、长春、哈尔滨、大连四大枢纽的通信能力，广泛开展高速传真、图像通信、电子邮件、应用咨询和数据库等业务。水利建设至关重要。东北地区水资源分布不均，南部、西部水资源短缺，特别是辽中南地区，城市密集、工业集中，水的供需矛盾十分尖锐。从长远看，应尽快建设"北水南调"工程，跨流域调松花江水入辽河，这不仅可以缓解东北南部地区的水资源紧缺问题，也可以减轻哈尔滨、佳木斯等市的洪水威胁，变"水害"为"水利"，并使黑龙江、松花江与辽河沟通，开创黑、吉两省直达营口的水利条件。

振兴东北老工业基地，是一场深刻的社会变革，是一项庞大的系统工程，既需要国家给予必要的资金和政策支持，更需要立足自己努力解决问题。规划的编制工作，要坚持解放思想、勇于突破、立足创新的原则，从原来偏重编制生产能力、增长速度规划，转变到注重防止重复建设和产业趋同化，增强综合竞争力的规划；从原来着重国有经济发展与部门系统规划，转变到统筹考虑多

种所有制经济共同发展和全社会、全行业综合发展的规划；从原来局限于行业地域范围内的规划，转变到从国内外的大格局、大变化、大趋势的视角编制规划；从原来偏重经济、社会发展的规划，转变到统筹兼顾经济、社会和人口、资源、环境协调发展的规划。我们坚信，东北老工业基地一定能够早日实现振兴，中国也一定能够早日成为世界强国。

（2003 年 4 月）

东北老工业基地扩大同日韩俄三国合作的建议

加入世界贸易组织后，我国对外开放进入新阶段，为东北老工业基地全面参与国际分工与竞争提供新契机。从地缘角度看，中国东北区和俄罗斯西伯利亚、蒙古、朝鲜半岛、日本共同构成"东北亚经济圈"。东北区处在这一经济圈的中心地带，同日韩俄三国经济互补性较强，发展战略上的结合点相似，在诸多领域推进广泛深入的合作势在必行。尤为重要的是，在国际格局发生大变革的时代，中日关系取得新进展，中韩关系进入全面合作的新阶段，中俄战略协作伙伴关系进一步深化，这样的地缘关系更有利于东北老工业基地扩大同日韩俄三国全方位、多层次、宽领域的合作。

一、提升传统产业国际竞争力

东北区是我国的重工业基地，许多重要产品在国内外市场上占有一定份额，同日韩俄三国合作进行产品更新换代和产业优化升级，必须坚持大型化、专业化、精益化、集团化的产业发展方向，建立资本、技术、管理和市场相结合的产业合作体系。机械工业的合作重点是：节能环保汽车、支线客机和民用直升机、高技术高附加值船舶、新型轨道交通设备和大型成套设备，新一代智能化数控系统、伺服驱动装置和高速高效数控机床，关键的基础零部件、基础工艺和模具制造等。钢铁工业的合作重点是：汽车板、家电板、造船板、集装箱板等板材系列，集粗、中、细和无缝、焊接、铸造为一体的管材系列，以及特殊钢系列和精品钢材系列等。石油化学工业的合作重点是：炼油及高档油品，乙烯、聚酯及尼龙66盐，氮肥、高浓度磷肥和钾肥，烷基苯、环氧丙烷和维生素C等产品精细化生产，高档塑料制品、橡胶制品和化纤深加工产品等。电子工业的合作重点是：计算机、电力电子和通讯设备制造业等产业类电子产品，数字化电器等消费类电子产品，新型显示器件和新型元器件等。纺织工业的合作重点是：高档服装面料和成衣，高档针织类产品，新型纺织机械等。能源工业的合作重点是：煤层气资源开发，洁净煤生产，燃料酒精等石油替代产品，石油资源勘探和开发等。要大力发展同俄罗斯在石油天然气领域的合作，重点抓好中俄石油管道项目"安大线"建设。要加快发展日韩两国在东北区的工业团地。

二、全面提高科技创新能力

东北区同日韩俄三国在高新技术方面的合作已有很好的基础，要以全面提高科技创新能力为中心，在一些重点领域实现跨越式发展，形成高新技术产业增长极。在农业领域，要加强动植物品种选育、现代集约化种养技术、旱作节水农业技术、农业生物灾害防治技术、农产品储运加工保鲜技术等方面的合作。在基础产业领域，能源原材料工业要加强新能源、新材料的开发和高效节能环保技术方面的合作；交通运输业要加强铁路重载技术、高速客运技术、大吨位车辆运输成套技术和涡扇喷气支线客机研制技术等方面的合作。在加工工业领域，要加强光机电一体化技术、计算机和软件技术、通信技术和测试传感技术，火电、输变电、冶金、矿山和化工等大型成套技术装备设计制造的相关技术，汽车零部件、发动机设计制造的相关技术，创制药物和现代中药生产技术等方面的合作。在服务业领域，要加强电子政务、电子商务、电子金融等相关技术，电话、电视和信息的联网服务以及网络安全的相关技术等方面的合作。特别要在电子信息、先进制造、生物工程、新材料等领域，加快形成具有东北区特色的高新技术产业集群。同时，要吸引日韩俄三国跨国公司和科研机构，在沈阳、长春、哈尔滨和大连等地建立研发中心。重视发展同俄罗斯的军事技术合作。

三、加快国有大企业战略性重组

东北区国有大企业多、资产存量大、加工能力大、发展潜力大，要在以跨国公司为中心的国际分工体系中找到位置并获取经济份额，亟需加快制度创新、技术创新和管理创新，进行一场脱胎换骨的股份制改造。关键是抓住日韩俄三国的跨国公司战略调整、结构重组和管理革命的有利时机促其购并或合资合作。在具体方式上，要对东北区的国有大企业分类指导、因企施策，可以搞整体购并，也可以分立重组后局部购并，还可以实行"一厂两制"或"多制"，务求有所突破。要不断完善配套政策，加快完善社会保障体系、解决企业债务负担、妥善安置富余人员、分离办社会职能、改革行政审批制度和加强信息咨询与服务等，进一步加强投资软硬环境建设。要充分发挥东北区综合配套能力强的比较优势，通过合资合作兴办一大批科技型和劳动密集型中小企业群体，生产优质价廉的机械零部件和电子元器件。要坚持"引进来"和"走出去"相结合，鼓励有条件的各类大企业集团在日韩俄三国或同其合作在海外建立跨国公司，实现融资、研发、生产和销售的国际化，带动原材料、设备和零部件出口，有组织地输出制造业、矿产业、建筑业、运输仓储业等方面的产业技术工人。

四、推进农业现代化进程

东北区是我国重要的商品粮、牧业和用材林基地，这里的人均耕地相当全国的2倍，玉米、大豆是世界著名的产业带之一，农业产业化和农产品加工业也有较好的基础。日韩俄三国由于受地域、农业生产条件等方面的限制，不少农产品依赖进口，双方合作开发农业资源具有较大发展潜力和空间。要合作发展种业、现代种植和养殖业以及农产品深加工，重点放在玉米、大豆、奶业和果品产业化上；要合作发展高效节水农业、生态农业、精准农业、高效畜牧业、干旱半干旱地区雨养农业示范工程，重点研究松嫩平原、三江平原和辽中平原综合开发，巩固和扩大在俄罗斯西伯利亚进行的农业产业化经营；要合作发展耐旱、耐寒、耐盐碱、抗病虫害的抗逆林木良种和适宜退耕还林（草）及防沙治沙用的林草良种，重点研究大、小兴安岭天然林保护和沙尘暴治理；要合作发展生物农（兽）药、生物肥料、生物饲料和生物降解材料，重点建设一批绿色食品生产、加工和出口基地；要合作发展运用现代生物技术解决濒危、稀缺药用动植物及优质种源的繁育问题和大宗药材的基地化生产问题，重点加强重要中药品种的二次开发及其产业化；要合作进行洪水、干旱、地震等自然灾害的监测预报和信息交流，重点在卫星遥感数据方面实现资源共享；要合作发展优质高效水产养殖和加工业，重点在珍贵鱼种和远洋渔业开发方面取得进展。

五、大力发展现代服务业

东北区同日韩俄三国是近邻，要有重点地拉长现代服务业的合作链条。旅游业的合作要立足于做大做强。要合资合作兴办旅行社和国际化的旅游集团，联合开发旅游资源和兴建旅游设施，开通多条空中和海上旅游热线，开辟第三国旅游市场，培育一批世界级旅游名牌产品。积极有效地开展金融保险和投资合作。要吸引日韩俄三国的金融、保险公司到沈阳、长春、哈尔滨和大连设立更多的分支机构；逐步建立一批合资的银行、保险公司、证券公司和基金管理公司；吸引大公司、大财团对东北区经济技术开发区、高新技术开发区、旅游度假区和现代农业示范区包片开发；吸收长期低息的政府贷款等。着重加强现代物流业领域的合作。东北区铁路、公路、管道、内河航运、海运、航空等运输网络密集，是发展现代物流业的重要基础。要合资建设一批现代物流基地，形成包括交通运输、配送服务、加工代理、仓储管理、信息网络、营销策划等多环节构成的现代物流大循环系统。要合资组建大型远洋船队，共同开拓国际海运市场，发展大型化、自动化、高速化和专业化的海洋运输业。重点研究联合开展西伯利亚大陆桥集装箱运输。此外，还要大力加强文化和体育产业、中介服务业、远程教育、远程医疗等方面的交流与合作。

六、加强环境资源保护合作

东北区与日韩俄三国有着共同的环境利益和资源需求，要在环境综合治理、发展循环经济、开发海洋资源三个方面进行实质性合作。在环境综合治理方面，要加强双方共同关心的黄沙、酸雨等环境污染治理和保护黄海环境等问题的研究。同时，加强对东北区的水资源的可持续利用，防止水土流失和土壤改良，提高大中城市环境质量以及辽河流域、松花江流域工业污染源治理和污水处理应用等方面的合作。在发展循环经济方面，要学习借鉴日本的经验，围绕建立"循环型社会"，加强循环经济立法和清洁生产技术研究，重点开展资源再利用、旧产品和旧零件再利用以及减少废弃物方面的合作。在开发海洋资源方面，要合作发展渤海和黄海沿岸的海洋油气、海洋化工、海洋生物、海水养殖、海洋旅游和海水淡化等新兴产业，在重点海岛群进行海洋资源综合开发。海洋油气的开发，要逐步形成由岸到岛、由近海到远洋、由浅海到深海的格局。

七、扩大商品特别是资本货物出口

改革开放以来，东北区南部形成了以大连为中心的港口群，北部形成了对俄罗斯开展边境贸易的口岸群，这一地区同日韩俄三国的进出口商品贸易额占全国的比重很高。东北区的各类开发区要继续利用产业、区位和出口优势，在外引内联、产品扩散以及示范窗口等方面，充分发挥扩大同日韩俄三国合作的先导区作用。要在保持对日韩俄三国的出口规模和速度不断增长的基础上，加强对日韩俄三国的市场调查，大力优化出口商品结构，增加以软件为主的高新技术产品出口，增加以机电产品为主的工业制成品出口，增加以绿色食品为主的农产品出口。要合资合作兴办一批贸易公司，培育多种所有制的出口经营主体，发展面向世界的加工贸易基地，建立海外营销、分拨和维修中心，不断扩大商品在国际市场上的占有份额。要合作培养精通 WTO 规则的专业人才，包括国际贸易专家、国际商法专家、贸易谈判专家、反倾销调查专家等，学会妥善处理大量复杂的涉外经济贸易事务。

扩大东北区同日韩俄三国的合作，应成为我国的一项长期战略方针。在重点抓好上述领域之外，还要发展东北区同日韩俄三国友好城市、学术团体、民间组织和新闻媒体之间的合作与交流；积极参加 APEC 的活动，共同加强东北亚区域经济合作和环日本海经济圈、环黄渤海经济圈等多边合作；合作研究辽宁中部带状城市群开发、图们江金三角开发和发展对俄罗斯边境贸易等问题；适时建立以东北区为主的我国同日韩俄三国自由贸易区。我国应同日韩俄三国联合建立产业合作委员会或经济联委会，研究制定和组织实施今后五年到十年的合作规划。

（2003 年 5 月）

优先发展东北区装备制造业的建议

　　装备制造业是战略性产业。装备制造业的水平，是国家工业化、现代化和信息化进程的显著标志；装备制造业的发展，对国民经济、国家安全和国际贸易关系重大。当今世界，无论是工业发达国家，还是新兴工业国家，都高度重视发展装备制造业，把它视为"工业发展的心脏"、"经济起飞的先导"和"现代经济发展的原动机"。目前，我国装备制造业工业增加值仅次于美国、日本和德国而居世界第四位。中国要逐步成为强大的世界制造业中心，一定要有自己强大的装备制造业，失去强大的装备制造业就会失去未来。东北区曾被誉为我国国民经济的"装备部"，装备制造业在区域经济分工中举足轻重，许多产品在国内外市场上有一定竞争力。优先发展东北区装备制造业，可以为我国产业技术升级、农村经济发展和实施西部大开发战略，提供先进的技术装备和机械产品。但要看到，在我国加入 WTO 的新形势下，优先发展东北区装备制造业既有机遇，也面临挑战。存在的主要问题，可以用"小、低、散、弱、差"来概括："小"表现在大企业不大不强，小企业不专不精；"低"表现在产业集中度不高，设备新度系数低；"散"表现在企业组织结构大而全，小而全；"弱"表现在技术创新能力弱，吃不饱和吃不了的矛盾并存；"差"表现在管理水平落后，经济效益差。这些问题有的是结构性的，有的是体制性的，也是许多企业陷入困境的主要原因。

　　优先发展东北区装备制造业，使其从渐次衰落走向重振雄风，对加快振兴东北老工业基地至关重要，对提高我国综合国力和国际竞争力迫在眉睫。东北区装备制造业主要集中在沈阳、大连、长春、哈尔滨、齐齐哈尔等城市，周边城市也有一些重点骨干企业。根据现有的产业基础、技术人才和产品比较优势，建议总的思路应选择坚持一个方向，突出两个重点，抓好三个基础，发展四个领域，落实五项措施。

第一，坚持机电一体化的方向。要把普遍采用电子信息技术改造提升装备制造业，研究和推广能够推动装备制造业发展的关键技术和共性技术，大力提高机电一体化技术装备的生产份额，作为一项重要的产业发展政策确定下来。要重点抓好四个环节：

一是有计划地开发和生产机电一体化产品所需的微电子器件、微处理机和其他配套件，首先立足国内，并在国外择优选购。同时，提高机械基础件、元器件的水平和质量，提高本体机械的精度、静态和动态刚度及可靠性。

二是机床工具行业是起带动作用的机电一体化领域，电动机及电子调速控制系统、内燃机及电子控制系统是旋转工作机械的动力。抓住这两种动力系统的机电一体化就能解决一大半机械产品的机电一体化，抓住智能化仪表与控制系统就可带动成套设备的机电一体化。这三个关键领域应作为技术攻关、引进和改造的重点。

三是围绕大幅度提高生产效率，降低制造成本，大力推进精益生产、敏捷制造、智能制造、虚拟制造、分散网络化制造等先进制造管理技术，广泛应用计算机辅助设计与制造（CAD/CAM）、柔性制造单元（FMC）、柔性制造系统（FMS）和计算机集成制造系统（CIMS）等，实现制造过程向高级化、集成化发展。

四是对装备制造业重点考核八项指标。主要是机电一体化产品比率、机床产量和产值数控化率、仪器仪表智能化率、内燃机电子化率、机电一体化电机电器比率、专用机械的机电一体化率、采用微电子技术更新改造老设备比率和配套电子元器件自给率。

第二，突出大型成套设备和运输设备两个重点。要紧密跟踪世界先进技术和国民经济发展需求，在提高产品配套性、系统性和国产化水平，提高产品更新换代和自主创新能力，提高产品出口创汇和替代进口比重三个方面取得突破性进展，建设一批能够代表中国制造业水平的标志性工程。

大型成套设备要在五个方面占领制高点。一是大型电力和输变电设备。重点发展30万、60万千瓦大型火电机组，70万千瓦级大型水电机组，100万千瓦级大型核电机组，新能源发电设备和城市垃圾处理发电设备，超高压直流、

75 万伏交流输变电设备。

二是大型石油化工成套设备。重点发展年产 60 万吨至 80 万吨乙烯及下游配套装置，年产 30 万吨以上合成氨和年产 52 万吨尿素成套装置，大型海上石油作业平台及沙漠、海洋石油钻采设备国产化。

三是大型冶金成套设备。重点发展薄板坯连铸连轧设备，冷轧宽带钢连轧设备，镀锌、镀锡和涂塑设备，精品合金钢和普通钢加工关键设备。

四是大型矿山成套设备。重点发展年产 1000 万吨露天矿设备，年产 600 万吨综采放顶煤工作面配套设备，年进 8000 米以上快速掘进成套设备以及高效选煤和脱硫、煤炭液化和气化等成套设备。

五是大型建材和工程机械成套设备。重点发展年产 4000 吨以上新型干法水泥成套设备，集装箱多式联运系统及大型港口装卸成套设备，高等级公路、铁路及桥梁等建设用大型液压挖掘机、混凝土搅拌、铲土运输、摊铺平地等成套设备，水利防洪固堤、连续防渗墙施工设备和多功能钻机，西部开发建设需要的抗风沙、耐高寒、大吨位的起重、凿岩、深挖、深埋设备等。运输设备要把汽车、大型民用船舶、支线客机、铁路机车和城市轻轨机车做大做强。汽车工业，要重点发展经济型、环保型、节能型轿车，适应高速公路需要的大吨位重型车，符合绿色环保要求的公交汽车、大中型客车和高档旅游客车，适合农村实用条件的轻、微型客货车，开发城市环卫车、市政作业车、施工工程车、机场和油田专用汽车等，研制为国防现代化服务的各种专用汽车，推进电动汽车、混合动力汽车研发，推广代用燃料汽车和可回收环保材料等技术应用。加快发展关键的汽车零部件，如达到排放控制水平的柴油机、单燃料 CNG 和 LPG 发动机、防抱死装置、安全气囊和三元催化转化器等，基本满足主机配套和出口要求。民用船舶工业，要建造 1 到 2 个 50 至 100 万级特大型船坞，加快有较好市场前景的高技术、高附加值船型开发和核心技术研究，如超大型油轮、大型液化天然气船（LNG）、大型液化石油气船（LPG）、超大型集装箱船、高速滚装船、新一代化学品船和新型海上油田浮式生产储油轮（FPSO）等，争取在五年之内进入世界造船业前五强。民用飞机制造业，要坚持以我为主，完全按照国际标准研制 30 至 70 座涡扇喷气客机，全面满足 CAAC/FAA 的适航要求。同时，要研制生产民用直升机；开发新一代飞机发动机；发展大型燃气轮机等军转民技术和产品；扩大同美国波音公司、加拿大庞巴迪公司等飞机零部件转包生产；进一步加强同俄罗斯在军品生产和技术领域的交流与合作。铁路机车和城市轻轨机车，要重点发展和应用高速轮轨技术、城市地铁和轨道交通技术、高速磁悬浮列车技术，机车控制调速系统、大型牵引调速电机、通讯信号系统和公用设施等关键设备，提高系统成套水平和整体功能。

第三，抓好基础机械、基础零部件和基础工艺。以数控机床为标志的基础机械、可靠耐久的机械基础件和优质高效的基础工艺，代表着一个国家机械工业的总体水平，也是能否早日振兴装备制造业的"瓶颈"。这方面的矛盾解决了，我们完全有能力用中国装备装备中国。数控机床要以复合、高速、智能、精密、环保为技术发展的主攻方向，优先发展普及型数控机床，促进高级型数控机床发展。要重点发展数控机床、数控铣床、加工中心、数控磨床、数控重型机床、数控锻压机械、数控精密电加工机床以及各类数控专用机床和专用机器人，尤其要加快发展 IT 产业需要的小型、高速、精密、多坐标数控机床。要建立数控技术开发中心和工程成套中心，承担国家重点成套技术开发和工程成套工作。支持有条件的企业建立数控系统及相关部件产业化基地，形成专业化、规模化生产。机械基础件要以高性能、高质量、可靠性、耐久性和品种、规格多样化为目标，满足现代化、高水平的主机和重大技术装备不同层次的实际需求。要重点发展液压件、密封件、气动原件、精密大型专用轴承、低压电器和其他通用零部件，特别重视发展模具行业。模具行业的发展，直接影响许多行业产品的质量、水平和新产品开发速度。要重点扶持具有一定规模、技术开发能力强、以生产中高档模具为主的专业模具企业，重点发展汽车覆盖件模、精密多工位级进模、大型和多型腔注塑模、精密复杂压铸模、精冲模和精锻模等。基础工艺要以铸造、锻压、焊接、热处理四大工艺为突破口，提高生产专业化、工艺自动化、技术现代化水平。要通过改组、改造形成一批铸造、锻压、焊接、热处理基地。同时，积极推广新工艺、新技术，如铸造的气冲造型、树脂沙造型，锻造的模锻、精锻，焊接的气体保护焊，热处理的保护气氛或可控气氛热处理等，研究和推广精密成型、快速原型 / 零件制造（RPM）、金属材料热成型过程动态模拟等先进基础工艺技术。

第四，发展农业机械、轻纺机械、环保机械和仪器仪表四个领域。这四个领域在东北区都有很好的基础，既是结构优化和产业升级的迫切需要，也是振兴装备制造业的重要组成部分。

农业机械是最具发展潜力的行业，集约化可持续农业要有新一代农机产品作支撑。要重点发展各种联合作业机、少耕免耕机、秸秆粉碎还田机等成套耕作机械，超低量弥雾机、生物农药喷施机等低污染植物保护机械，新型种子培育、保贮、加工和播种技术装备，适应间作套种耕作技术的设备，高效喷灌和滴灌成套设备，新型农膜铺放和回收设备，设施农业和精准农业所需设备等。农副产品加工设备是推进农业产业化的重要技术装备。要加快发展粮食及薯类产品精深加工关键设备，油料和油脂精深加工设备，林果特产精深加工设备，畜禽和水产品精深加工设备，饲料精深加工设备等。

轻纺机械是发展轻纺工业，扩大社会就业的基础。轻工机械，要重点发展数字化医疗机械、塑料和橡胶制品加工机械，制浆造纸机械，陶瓷与日用玻璃制品机械，酿酒饮料机械，乳品加工和制糖机械及服装、皮革等机械，产品要达到大型化、精密化、自动化及高质量、高附加值的目标。纺织机械，要重点开发研制大容量、短流程、连续化的聚酯装置，粘胶、腈纶、涤纶以及氨纶纤维成套设备，新一代清梳联合机、精梳机，高性能粗纱机，细络联合机和新型纺纱设备，提高自动络筒机和无梭织机技术水平和可靠性，开发新一代印染前处理、染色、印花和织物的后处理设备等。

环保机械的发展，有着非常广阔的市场前景。要围绕提高水和大气质量，控制和减少工业污染物排放总量，城市垃圾和工业固体废物减量化、资源化、无害化处理，重点发展工业废水、废气和废物处理成套技术与设备，高效低投资脱硫、脱硝和除尘以及微粒控制技术与装备，城市污水和生活垃圾处理技术与成套设备，医疗废物及其他危险废物无害化处理设备，资源再利用、废旧产品和零件回收利用技术和设备，环境质量监测设备等。重点研究水重复利用技术、能源综合利用技术、回收和再循环技术，重复利用和替代技术等，不断发展壮大环保产业。仪器仪表是知识密集、技术密集型产业，是用信息技术带动装备制造业发展的重要保障。要推进仪表的智能化、系统的网络化、软件的工程化、应用的程序化，重点发展现场总线控制系统装置和智能化仪表、特种和专用的自动化仪表，发展工业过程分析仪器及检测仪器，发展传感器、弹性元件、专用电路、接插件、计数器等仪器仪表元件生产，切实加强大型精密仪器、传感技术、现场总线、仪器仪表智能化等基础性、战略性、前瞻性的重大关键技术和项目的研究开发及产业化。

第五，落实扩大对外开放、深化企业改革、实施名牌战略、加快人才培养和择优做大扶强五项措施。既要为企业创造良好的市场环境、政策环境和体制环境，又要促进企业彻底转变观念、转换机制、转变经济增长方式。

一要通过扩大对外开放，推进企业制度创新、技术创新和管理创新。要认真研究跨国公司全球战略投资的大趋势，大力发展同跨国公司各种形式的合资合作，在以跨国公司为中心的国际分工体系中找到位置，在国际装备制造业产品市场上获取经济份额。要实行规范化的公司制改造，加快建立现代企业制度，健全适应国际分工与竞争要求的运行机制。要将股权设置结构、法人治理结构、母子公司结构和资本运营体系，作为考核企业制度创新的重要指标；将研发经费投入、技术开发体系、自主创新能力和引进消化吸收成果，作为考核企业技术创新能力的重要指标；将投资回报率、成本利润率、企业市盈率和净资产收益率，作为考核企业管理创新的重要指标。

二要通过深化企业改革，加快跨行业、跨地区、跨部门、跨领域、跨所有制的兼并联合和战略性改组。要彻底打破目前存在的条块分割、地区封闭和产业进入限制，培育一批混合所有制的大型企业和企业集团，集中力量扶持少数行业排头兵企业。要采取工程成套、主配结合、横向联合、纵向延伸、多元化经营等多种途径，调整资产存量，提高生产集中度，实现规模化经营。如电力设备和重型设备生产领域，要结合西部大开发加强同那里的企业与用户部门进行工程承包与合作，建成1至2家在国际重型电工市场有一定竞争力的大型企业集团。汽车领域要以长春、沈阳为中心，鼓励合资合作、强强联合、兼并租赁、企业重组和国有民营等方式，进一步调整企业组织结构，提高国产化、标准化、通用化和系列化程度。

三要通过实施名牌战略，促使装备制造业企业上品种、上质量、上水平。要全面加强国际质量（ISO9000）、环保（ISO14000）和职业安全卫生（OHSAS18000）认证及各类产品国际认证，加快同国际标准和国际惯例接轨，不断提高产品性能、质量和技术水平，尽快形成一批有较高市场占有率的名牌产品，形成一批拥有自主知识产权和著名品牌产品的骨干企业。要扩大和提高汽车及零部件、大型远洋船舶、火力发电设备、输变电设备、电动工具、农业机械和工程机械等产品出口比重，不断优化出口产品结构和市场结构。鼓励企业开展境外加工贸易，特别要鼓励有实力的企业到境外办厂，建立一批带动原材料、设备和零部件出口的海外生产基地。鼓励企业同跨国公司在海外建立研发和设计中心，建立产品营销、分拨和维修中心，提升装备制造业产品技术水平和市场开拓能力。

四要通过加快人才培养，建立企业各类人才健康成长的激励、考核、监督、约束制度。要逐步实行经营者收入与企业的经营业绩挂钩，继续搞好股份期权、年薪制的分配方式试点，重点培养一批有世界眼光、精通国际商务的高级经营者。要培养跨国工商管理经营人才、国际贸易反倾销谈判人才、网络与虚拟设计人才、知识产权和物流管理人才，建立健全加快人才成长的用人机制、工作环境和生活条件，推行管理、技术参与分配的有效形式。要培养熟练技术工人，特别是高级技工和能工巧匠，加强继续教育和岗位培训，提高职工队伍的整体素质。要吸引海外各类高素质人才为我所用，发挥人才增益。

五要通过择优做大扶强，着力解决企业资金短缺、债务沉重、人员过多和办社会负担等问题。要落实好八个方面的政策：(1)支持具备条件的企业在境内外上市融资；(2)对重点企业在技改贴息资金上给予倾斜；(3)进行产业发展投资基金试点；(4)对重点企业继续实行债转股政策；(5)在信贷和税收政策上支持产品出口或替代进口；(6)继续落实中央关于减员增效和促进就业的有关政策；(7)有计划地将企业办社会职能移交地方管理；(8)在东北区扩大完善社会保障体系试点。东北区的各级政府要进一步转变思想观念，转变政府职能，转变工作方式，建立公共服务体制，改革行政审批制度，提高办事效率和工作透明度。优先发展东北区装备制造业，必须跳出传统的"引进改造—落后淘汰—再引进改造"的怪圈，走出一条中国特色的新型工业化新路。建议制定"东北区装备制造业振兴计划"，作为东北老工业基地改造和调整规划的专项规划，坚持高起点、大规模、外向型的方针组织编制和实施。

(2003 年 6 月)

东北区资源型城市经济转型的建议

东北区是我国资源型城市最密集的区域，是我国能源工业和用材林最重要的基地。全区地市级城市中近半数是资源型城市，这里有著名的石油城、钢都、煤电之城、森工城和综合型矿城。这些城市在中国工业化和城市化进程中作出过重要贡献，在地区经济和社会发展中具有举足轻重的地位。由于长期开发甚至超强开发，许多城市资源萎缩和枯竭，主导产业群严重衰退，职工下岗失业问题突出。国际公认的矿业城市（森工城市可参照）的标准是，矿业从业职工占城市全部从业职工15%以上，参考矿业产值占城市工业总产值10%以上。东北区资源型城市远远超过这个标准，资源、产业和城市的可持续发展十分紧迫。党中央、国务院高度重视资源型城市在新世纪新阶段的发展问题，采取了一系列重要举措。地方各级党委和政府都把这项工作摆到议事日程，推进这些地区发展接续和替代产业。中央在辽宁省阜新市进行的经济转型和采掘沉陷区治理试点，已经取得初步成效。

东北区资源型城市经济转型，是一场重大的、复杂的社会变革，是一项长期的、渐进的系统工程。这是振兴东北老工业基地的艰巨任务，对我国其他区域的资源型城市具有普遍的示范意义。

一、解决职能错位和条块分割问题，构筑市场经济条件下的政企关系

长期以来，资源型城市中政府和企业的关系没有完全理顺。资源型城市既要承担一般城市经济社会的综合服务职能，又要承担发展工矿基地的产业支柱功能。在城市中的大型或特大型企业，是资源型城市赖以生存和发展的基础，他们也同时具有生产经营和社会服务双重职能。由于职能错位派生出两个履行城市功能的主体，再加上中央和地方条块分割的企业管理模式，使得许多地方

政企之间存在"关系壁垒",市场不能合理、有效地配置资源,政府和企业都没有很好地发挥各自的效率。资源型城市经济转型必须首先解决这种体制性障碍,当务之急是加快政企职能分开,该政府管的事情由政府管好,应企业尽的责任由企业承担。近几年来,东北区一些资源型城市开始分离企业办社会职能,但不少城市政府限于财力进展迟缓。国家有关部门应把产业发展政策和城市发展政策结合起来,合理分担中央和地方企业分离办社会职能的成本,统筹考虑资源型城市和资源型企业的共同发展问题。各地要认真理顺政企管理体制,做到不比大小、互相尊重,不搞分割、密切配合,不分彼此、互相支持,不论隶属、主动服务,努力建立市场经济条件下的新型政企关系。

二、走新型工业化道路,制定适合国情的资源型城市发展战略

资源型城市的形成、发展和变化有着特殊规律,主要有资源消耗枯竭规律、矿区和林区效益递减规律、环境问题递增规律、矿城和林城后期转型规律、城市属性和功能演进规律等。处在不同发展阶段的资源型城市,都要因时、因地制宜调整发展战略,既要遵循城市发展规律,又要遵循矿业发展规律;既要坚持在转型中发展,又要坚持在发展中转型;既要加强企业的市场主体地位,又要加强政府的公共服务职能。经济转型的大思路必须立足走新型工业化道路,处理好工业和农业、服务业协调发展的关系,处理好开发建设新区和挖潜改造老区的关系,处理好建立衰退产业退出机制和培育接续替代产业的关系,处理好搞好国有企业和发展非国有经济的关系,处理好充分利用国内和国外两种资源的关系,处理好环境整治和完善城市基础设施的关系,处理好企业关闭破产和职工安置、社会稳定的关系,处理好城乡一体和区域联动的关系,处理好依靠自力更生和争取国家支持的关系。规划的编制要坚持当前和长远相结合,彻底改变传统的计划思维定势,传统的经济增长方式,传统的管理体制束缚,传统的区域分工概念,通盘考虑结构经济、布局经济、规模经济和时序经济,积极探索和积累适合国情、可资借鉴的新鲜经验,不能走世界有些国家"矿竭城衰"的老路。

三、以大型或特大型企业为重点,加快发展接续和替代产业

由于资源完全或濒临枯竭,东北区有些企业已经或即将关闭破产,有些企

业开采成本上升，有些企业产量继续衰减等。资源型城市经济转型，关键在于通过形成接续和替代产业实现主导产业群的振兴，改变这些城市产业结构过于单一或比重失衡的状况。煤炭企业要进一步提高产业集中度，延伸煤炭加工链，组建一批综合经营的特大型企业和企业集团。要在推进大型煤矿改造，建设高产高效矿井，加快产业技术升级的基础上，重点发展煤—电、煤—化工、煤—焦、煤—建材、煤—伴生矿物、煤—煤炭机械等，把资源优势转化为经济优势，促进矿区综合开发和多元经营。同时，抓好辽宁铁法、抚顺等矿区煤成气勘探评价及开发利用，抓好黑龙江依兰煤炭直接液化示范厂建设，抓好吉林以玉米为原料生产燃料酒精等石油替代产品，形成新的产业增长点。石油企业重点提高合成树脂专用料比重、发展合纤原料及聚合物、建设有机原料生产基地，拉长塑料制品、化纤织物和精细化工三条产业链。大庆和辽河油田应适应国际竞争需要，不断发展和完善上下游一体化、内外贸相结合、产供销一条龙的企业组织结构，建设综合性的特大型跨国集团公司。冶金企业宜推动鞍钢、本钢为核心的企业联合重组，加快发展冷轧薄板、镀锌板，以及汽车、机械和军工所需的高质量特殊钢材品种，建立和宝钢并驾齐驱的北方精品钢材生产基地。通过资源综合利用及废渣、废水、废气处理形成一批新兴产业和产品，如节能与环保机械、焦油化工、新型建材、循环水应用等。森工企业可抓住国家实施"天保工程"的机遇，发展林下产业。

四、实施"引进来"和"走出去"战略，大力发展混合所有制经济

东北区是我国国有经济最集中的地区，长期在计划经济体制下运行，同浙江等发达地区相比，在思想观念、所有制结构、市场运行机制、企业经济效益和地区财政收入等方面，都相距甚远。这种状况在资源型城市尤为突出，一些城市的大型或特大型企业历史形成的资本构成和经济总量占"半壁江山"，混合所有制经济发展缓慢，特别是有影响、有规模的民营企业屈指可数。必须进一步扩大对内对外开放，更多地引进国外跨国公司和浙江等发达地区的民营企业，通过合资合作参与从战略上调整国有经济布局和改组国有企业，推进投资主体多元化，大力发展混合所有制经济。同时，要加快引进和发展壮大民营企业，做到不限发展比例、不限发展速度、不限经营方式、不限经营规模，在市场准入、扶持政策、公共服务和依法保护上一视同仁。要鼓励和支持东北区资

源型城市的大型或特大型企业"走出去"开发矿业和林业。这是一项事关全局的大战略。这些企业人才、技术和成套设备都有很强的比较优势，"走出去"一定会大有作为。阜新海州露天矿曾是亚洲最大的露天矿，具有国内露天开采的一流技术，由于资源枯竭今年将进入关闭破产程序。他们提出合作开发内蒙古锡林郭勒盟白音华煤田的方案，两省区政府已初步达成共识。白音华露天矿的建设规模初期可达 500 万吨 / 年，后期可视情况扩建为 1000 至 2000 万吨 / 年，如建设露天矿群有可能达到 1 亿吨 / 年的超大规模开采。国家如批准这项重大决策，可以"一举四得"：阜新矿区乃至阜新市经济转型取得重大突破；阜新海州露天矿人才、技术和部分设备可以成建制地投入建设；内蒙古锡林郭勒盟地区将成为我国新兴的重要工矿基地；保证辽宁煤炭供应需求，也扩大煤炭出口。内蒙古伊克昭盟发现的苏里格大气田，是我国目前规模最大的第一个世界级储量的大气田。东北区的大庆、辽河、扶余三个油田完全可以联合进行合作开发。此外，还应重点研究东北区资源型城市的大型或特大型企业到我国西部地区和境外开发矿业，黑龙江大、小兴安岭林业局到俄罗斯西伯利亚开发森林资源。这既是加强能源开发和战略储备的客观需要，也是劳动力资源战略性转移的有效途径。

五、加大环境综合治理工作力度，建设绿色矿区和绿色矿城

环境问题是资源型城市的共性问题。绝不能以破坏环境和浪费资源为代价求得一时的发展。实现资源、产业和城市的可持续发展，必须坚持"开发与保护并重"、"开发与节约并举"的方针，达到资源开发、环境保护与经济建设共赢。应首先在东北区的资源型城市发展循环经济，按照生态规律利用自然资源和环境容量，实现经济活动向生态化和绿色化转向，建设一批无公害产业群体和生态工业示范园区。重点应抓好四个方面：一是广泛采用节能降耗新技术、新工艺，提高能源综合利用效率，有效利用市场机制配置资源，建立节约型的能源消费模式。二是积极推行"清洁生产"，从生产源头开始控制污染，解决老污染源治理问题。新、改、扩建工程中环保技术和资金要保证到位，使环保"三同时"高水平配套。三是实现废物排放资源化、无害化、最小化，由传统经济"资源——产品——污染排放"的物质单行流动，逐步走上"资源——产品——再生资源"的物质反复循环流动。四是重点遏制矿区生态环境恶化的势

头。继续实行"谁污染、谁治理，谁治理、谁受益"的政策，进行土地复垦，搞好城市园林绿化，创造一个整齐、清洁、优美的绿色矿区和绿色矿城。中央已重点加大对东北区采煤沉陷区治理的支持力度，解决采煤沉陷区危房改造和搬迁问题。这项工作应同矿区生态恢复与治理结合进行。

六、建立综合配套的政策体系，推进东北区资源型城市经济转型

资源型城市经济转型，需要支付巨大的资金和成本，需要在统一的规划指导下有组织地进行，需要从中央到地方有步骤地实施，仅靠一个地区或一个行业是力不能及的。近几年来，中央对东北区资源型城市的经济转型在政策上已经给予很大倾斜。主要有重点技改项目资金贴息、骨干企业债转股、兼并破产企业核销呆坏账、煤矿安全技改、加大社保资金转移支付、下岗职工进中心和再就业补助、井下作业人员提前退休、采煤沉陷区治理以及城市基础设施建设等，并还将继续加大支持力度。除此之外，还应重点研究落实九个问题：一是建立资源型产业经济转型基金，主要用于职工转岗培训、重点转产项目资本金等。二是改革和完善矿业增值税税制，允许企业扣除外购固定资产所含进项税。三是在规划、立项和融资上，支持大型或特大型企业开发利用海内外矿产、林产资源。四是加大煤成气、煤炭液化和气化、燃料酒精等石油替代产品的资金投入，减免税种或降低税率。五是设立矿产资源地质勘探专项风险资金，形成一定程度的重要矿产资源战略储备。六是在吸引外商和民营企业投资兴业上，给予更优惠的税收政策。七是合理分担财政负担比例，尽快分离企业办社会职能。八是制定矿山井下作业人员"危险、繁重作业工资补贴"，缩小同其他产业的收入分配差距。九是借鉴国外主要国家的经验，加强矿业开发和资源型城市经济转型的立法工作。资源型城市经济转型是一个世界性难题。尤为重要的是，矿产资源是不可再生的，矿产是一个国家的战略性资源，矿业是一个国家的战略性产业。我国是矿业生产和消费大国，矿业经济牵动国民经济的全局，矿业城市是资源型城市的主体，矿业经济持续发展和矿业城市经济转型任重而道远。目前，全球有 89 个国家把矿业作为独立的产业管理，主要工业化国家都在实践和探索矿业城市的经济转型。建议国家组织有关部门重点研究这方面的问题。

（2003 年 7 月）

黑龙江、辽宁老工业基地调研报告

最近，我们到黑龙江、辽宁两省就老工业基地振兴情况进行调研，先后与两省和哈尔滨、大庆、沈阳三市政府有关部门座谈，考察了哈尔滨电机厂、大庆石化公司、沈阳机床集团等 12 家大型企业和大庆、沈阳两个经济技术开发区，并与两省有关领导交换了意见。总的看，中央提出振兴东北地区等老工业基地战略开局起步良好，东北初步形成了人心凝聚、共谋振兴的良好氛围，老工业基地开始焕发新的生机和活力。现将调研中对一些问题的思考和建议报告如下。

第一，东北地区社保试点的相关问题需研究解决。辽宁社保试点已于 2003 年底结束，黑吉两省社保试点目前已进入总结评估阶段。总的看，这项工作效果明显，减轻了国有企业人员负担，推进了国有企业改革发展，对老工业基地振兴发挥了重要作用。但有三个问题需要引起重视。一是并轨人员的再就业问题需要妥善解决。辽黑两省于 2003 年和 2005 年先后完成了并轨工作，并轨人员分别为 178.9 万和 182 万，经济补偿金人均 8000 多元。这些职工已由"企业人"变成了"社会人"，但目前辽黑两省只有 50%和 37%的并轨人员实现了再就业，其中还包括灵活就业人员。未就业人员经济补偿金花完后，很可能又来找政府。二是个人账户基金保值增值问题需要抓紧研究。辽宁从 2001 年起累计做实个人账户基金 206 亿元，黑龙江从 2004 年起已做实个人账户基金 32.4 亿元。按现行规定，个人账户基金只能协议存款和购买国债，难以获得稳定、较高的收益率。今后，个人账户基金规模会越来越大，如果管理和运营不好，基金就会"缩水"。两省同志希望有关部门尽快制定个人账户基金投资运营办法，适当拓宽基金保值增值的渠道，如投资高速铁路、购买银行股票、发行特种国债等。三是厂办大集体改革试点中职工安置和劳动关系处理可能引起连锁反应。辽宁鞍山是东北地区厂办大集体改革试点城市,但目前试点还没有实施。地方同志介绍,鞍山市符合试点条件的厂办大集体企业职工有15.4万人,中央财政给部分补助,但地方财政拿不起钱,兜不住底。还担心市县区属集体企业和厂办大集体所办小集体职工出现攀比;国有企业已并轨人员因经济补偿金低于试点的厂办大集体职工,很可能会"找后账"。

第二,资源型城市希望尽快建立"两个机制"。东北地区资源型城市较多,这些城市经济转型是振兴老工业基地的重点和难点。辽宁阜新在2001年12月被国务院确定为全国第一个资源型城市经济转型试点市,2005年试点范围扩大到黑吉两省的大庆、伊春和辽源市。我们在大庆市调研中感到,建立资源开发补偿机制和衰退产业援助机制,对推动资源型城市经济转型至关重要。现在看,关键是解决专项资金的来源问题,当地同志建议在增量资金上做文章。一是将矿产资源补偿费和资源税提高征收标准后的增量部分全部留给资源型城市,或加大矿产资源补偿费和资源税留给资源型城市的分成比例。例如,现在的矿产资源补偿费是中央和地方5∶5分成,而地方分成部分资源型城市又得到很少。大庆市的同志认为,矿产资源补偿费应主要留给资源型城市,资源税分成也应向资源型城市倾斜。二是将资源型城市上缴中央的增值税、消费税、所得税的超基数部分,大部分返还。由这两方面资金形成的专项资金,主要用于资源型城市完善社会保障、生态环境建设、矿产资源开发以及发展替代产业等。

第三,对东北地区装备制造企业应给予重点扶持。东北地区装备制造业在我国举足轻重,许多装备制造企业是行业的"龙头",代表着国家水平。近两年,在中央政策支持和宏观经济形势好的大背景下,东北地区装备制造业发展出现重要转机。在同地方政府和企业负责人座谈中,他们反映的一些困难值得重视。一是企业研发投入严重不足。如东北轻合金有限责任公司是我国最大的铝镁合金工业基地,军用铝材生产和研究项目分别占国内总量的60%和70%,但每年都自筹甚至职工集资几千万元研制军工新产品。该企业用5年时间为"神舟五号"飞船研制的一种特种合金,最终订货只有几千克,但其作用不能简单用经济效益来衡量。他们建议国家有关部门改变科技投入分散的状况,集中资金支持承担国家重点研制任务的企业,也可实行政府招标或政府购买方式予以支持。二是重大国产装备制造产品扩大市场份额需要扶持。东北地区许多重大装备制造产品已经达到了进口替代水平，出口市场也看好。地方同志反映，国家已出台了鼓励订购和使用国产首台（套）重大技术装备的有关政策，这项政策好，但仅仅局限在首台（套）是不够的，应该放大这些政策效应。企业的同志建议，为了推进装备国产化和扩大出口份额，对内对外都可实行买方信贷的办法。

第四，黑龙江迫切需要解决交通"瓶颈"问题。振兴东北老工业基地，交通基础设施建设要先行。现在辽宁所属 14 个城市都已经通了高速公路，县乡道路状况也不错。但黑龙江公路建设仍比较落后，一些主要指标仅略好于新疆、青海等西部省区。全省 45.4 万平方公里的国土面积，高速公路仅有 714 公里，占公路总里程的 1.4%；13 个地市只有 5 个通了高速公路，哈尔滨、大庆、齐齐哈尔之间都没有完全通高速公路；二级以上公路仅占公路总里程的 13.7%，低于全国平均水平；县乡道路基本上是砂石路面，还有一些乡镇和林场不通公路。我们在哈尔滨郊县一段三十多公里的路面上，坐汽车走了一个半小时。省里同志反映，落后的交通条件严重影响了投资环境，成为制约黑龙江经济社会发展的"瓶颈"。他们希望国家有关部门支持黑龙江加快主要城市之间高速公路建设，支持县县公路和县乡公路建设，对商品粮生产大县、大农场的公路建设给予更多倾斜。对黑龙江来说，这是"十一五"期间老工业基地振兴的一项重要任务。

第五，东北振兴应在重视引进外资的同时大力引进内资。近两年，随着东南沿海产业梯度转移，东北地区利用内资出现好势头，一些城市利用内资已经超过利用外资的规模。沈阳市 2005 年实际利用外资 21 亿美元，比上年增长 106%，而同期利用内资增幅更大。沈阳去年引进内资 705 亿元，投资建设 500 万元以上工业项目 1145 个，当年已竣工投产项目 766 个。这些项目全部达产后，将创造工业总产值 1900 亿元以上。如原沈阳变压器公司被新疆特变电工公司并购后，两年时间摆脱了多年徘徊的低迷状态，产值和销售收入实现成倍增长。目前，在沈阳经商和办厂的外省人已超过 50 万人，他们的资金投入、市场机制和管理理念同沈阳的产业基础、基础设施和技术人才有机结合，形成了具有市场竞争力的混合所有制企业。哈尔滨市 2005 年实际利用外资 3.66 亿美元，但引进内资实际到位 102 亿元。这些资金主要投向高新技术、新兴建材、医药化工、机械制造和绿色食品等领域。我们在调研中感到，利用内资的潜力很大，作用很明显。国家应在政策上进一步鼓励内资投向东北老工业基地，东北地区也应进一步改善投资环境。

第六，东北老工业基地振兴需要形成几个"亮点"。由点到面、重点突破，是我国扩大对外开放的一条成功经验。深圳特区逐步带动了珠三角的发展，上海浦东新区带动了长三角的发展，正在开发的天津滨海新区也必将带动京津冀地区的发展。振兴东北老工业基地也不可能到处振兴，也要突破传统发展思路、增长方式和产业领域的局限，拓展新的发展空间，建设新的经济地带，培育新的产业集群。辽宁新规划的"五点一线"沿海经济带，包括沿黄海、渤海海岸线的大连长兴岛、营口沿海产业基地、辽西锦州湾、丹东产业园区和大连庄河花园口工业园区5个重点区域，利用海边滩涂地逐步建成若干个新型工业园区，旨在形成东北的沿海开放先导区，带动辽宁乃至东北地区扩大开发。黑龙江规划建设"哈大齐工业走廊"，依托沿哈齐铁路和公路的哈尔滨、大庆、齐齐哈尔及肇东、安达五市区域内的工业园区和开发区，重点发展装备制造、石油化工、食品加工、新型医药和高新技术产业。我们在调研中感到，在目前土地、资源、环境约束加剧和市场、技术、产业竞争激烈的形势下，两省提出建设"沿海经济带"和"哈大齐工业走廊"的构想，符合区域经济振兴的一般规律和市场机制为基础配置资源的原则，搞得好会优化东北地区的产业布局，带动区域振兴和发展。国家有关部门应帮助两省搞好规划并给予必要的扶持，引导各类生产要素向这里聚集，形成能够带动东北老工业基地振兴的新的经济增长地带。

第七，振兴东北老工业基地要大力发展现代农业。东北地区具有发展现代农业的独特优势，做大做强东北现代农业，既有基础又有潜力。东北三省粮食产量占全国15%左右，黑龙江占全国的8%左右，去年全国粮食增产中黑龙江贡献了40%。黑龙江的同志反映，发展现代农业需要解决三个战略性问题。一是利用界江界湖水源解决农业灌溉用水。由于多年打井取水灌溉，使黑龙江地下水位明显下降，继续下去将会对生态环境造成严重影响。黑龙江、乌苏里江和兴凯湖（"两江一湖"）过境水总量为2600多亿立方米。水利部门已于去年提出"两江一湖"干流沿岸灌区规划，规划灌溉面积1100多万亩，每年可为国家增产粮食100亿斤左右。同时灌区退水还可为相邻的湿地自然保护区补水 3 亿多立方米。这项工程涉及从界江界湖引水，早动手早主动，建议国家尽快启动这项工程。二是扶持农产品精深加工业发展。东北的玉米、大豆产量分别占到全国的 30% 和 48%，畜产品产量在全国也占有重要地位。近年来以玉米、大豆和奶类产品为主要原料的农产品加工业快速发展，潜力很大。我们在大庆考察了一家年加工大豆能力 20 万吨的民营企业，主要生产大豆肽等产品，市场前景好。现在农产品加工企业面临的主要困难是流动资金缺乏，企业税赋比较重。省里希望有关部门研究解决农产品加工企业收购原料的贷款问题，适当提高农产品加工企业增值税进项抵扣率，扶持做大一批农业产业化龙头企业。三是加大购置农机补贴力度。黑龙江人均耕地面积大，具备机械化耕作的条件。现在，像拖拉机等大型农业机械价格在 10—30 万元之间，一般农户购买不起。近几年黑龙江在财政比较困难的情况下，已投入 2 亿多资金支持农机发展，国家也在农机补贴资金中给了黑龙江一定支持。省里同志建议，国家农机购置补贴应进一步向粮食生产大省倾斜。

第八，要让广大产业工人在老工业基地振兴中得到实惠。中央提出实施东北地区等老工业基地振兴战略，在东北广大产业工人中产生积极反响，他们热切期盼东北振兴能给他们带来更多的实惠。辽宁省去年以来，围绕解决产业工人普遍性的突出困难，重点抓了两件事：一是加快棚户区改造。辽宁在计划经济年代长期实行"先生产、后生活"，每个老工业城市都有较大面积的棚户区，全省仅 5 万平方米以上集中连片棚户区就涉及近百万群众，一些产业工人还住在日伪时期的劳工房里。去年辽宁省财政共安排棚户区改造资金 18.5 亿元，利用国家开发行软贷款 46.6 亿元，拆除棚户区 765 万平方米，开工新建回迁房 758 万平方米，预计今年底前，将基本完成 5 万平方米以上集中连片棚户区改造任务。目前，已有 10 万余户困难职工迁入新居。二是消除"零就业家庭"。辽宁下岗失业人员数量比较大，其中不少家庭几代人都在一个企业工作，企业一关闭，全家都失业。一些夫妻双方都失业的家庭，生活更为艰难，离婚率高。辽宁把确保每个"零就业家庭"至少实现 1 人就业，作为下岗失业人员再就业工作的重点和硬任务，采取政府购买就业岗位、补贴用人单位等措施，去年帮助 14.3 万户"零就业家庭"实现了至少 1 人就业。当地政府承诺，今年新增的"零就业家庭"将在 20 天内保证一人就业。这两件实事，使广大困难职工看到了希望，感受到了党和政府的关怀。他们说，政府干的正是他们盼的，老工业基地振兴给他们带来了好处。关心困难职工生活，解决历史遗留欠账，是振兴老工业基地的重要方面，辽宁的做法值得推广。建议国家有关部门对这样的"民心工程"，要像对基建、技改项目一样在资金上予以支持。

（2006年4月，本文同韩长赋、刘文海、陶怀颖同志合作完成）

关于将辽宁沿海经济带开放开发
纳入国家战略的建议

今年"两会"期间，辽宁代表团提出建议，在中国改革开放新的发展阶段，将辽宁沿海经济带开放开发纳入国家总体发展战略。我们就这个题目，同辽宁省政府有关部门同志进行了研究，并与国务院有关部门同志交换了意见，一致认为加快辽宁沿海经济带开放开发条件具备，时机成熟，意义重大。

一、辽宁沿海经济带开放开发具有良好基础

辽宁沿海经济带由 6 个沿海城市所辖 21 个市区和 12 个县（市）组成，总面积为 5.65 万平方公里，占东北三省的 7%。2007 年，这一区域人口 1746 万人，占东北三省的 16%；实现地区生产总值 5400 亿元，占东北三省的 24%。随着环渤海地区经济日益活跃和东北振兴取得重要进展，加快辽宁沿海经济带建设已在辽宁乃至东北地区形成广泛共识。推进这一区域的开放开发具有诸多优势：一是区位条件优越，处于环渤海地区和东北亚经济圈的关键地带，是东北地区的主要出海通道和对外开放的重要窗口。二是港口基础雄厚，现有港口群与世界 160 多个国家和地区通航，在 1000 多公里宜港岸线中有 400 公里深水岸线。三是土地资源丰富，拥有 2000 多平方公里可供综合开发的废弃盐田、盐碱地和荒滩。四是产业体系完备，石油化工、机械装备、电子信息、船舶制造、金属冶炼工业发达，高新技术产业和现代服务业快速发展。五是科技教育发达，现有高等院校 33 所、独立科研机构 87 所和大量高素质的产业技术人才。六是交通网络密集，高速公路、铁路运输、原油输送管道畅达。七是城市功能完善，目前城市化率高达 58%，现有 8 个国家级开发区和 17 个省级开发区。八是经济腹地广阔，以沈阳为中心的

辽宁中部城市群被称为东方"鲁尔"，经济总量占辽宁的 55%，规模以上工业占 60% 以上。此外，还有长吉经济区和哈大齐工业走廊等。从总体上看，辽宁沿海经济带是东北地区经济基础较好、推进全方位对外开放的重点区域，也是承接国内外先进产业转移、建设国家新兴产业基地的重要载体。

二、辽宁沿海经济带开放开发已经初见成效

2005 年初，辽宁省委、省政府在深入贯彻落实科学发展观的过程中，紧紧抓住东北振兴和沿海开放的双重机遇，提出加快辽宁沿海经济带开放开发的战略举措。辽宁沿海经济带建设的切入点是"五点一线"，主要包括大连长兴岛临港工业区、营口沿海产业基地、辽西锦州湾经济区、丹东产业园区和大连花园口经济区，规划总面积为 483 平方公里，起步区面积为 195 平方公里，逐步形成以 1443 公里滨海公路连接多个开发区域的线状布局，辐射和带动 100 公里范围内的沿海经济带发展。在战略定位上，突出大连的龙头地位和沈阳的枢纽作用，推进大连东北亚航运中心和辽宁中部城市群建设，促进沿海和内地优势互补、良性互动。在产业布局上，坚持以先进装备制造业为主体，发展高新技术产业、现代服务业和现代农业，培育临海临港产业集群，拓展辽宁乃至东北产业结构调整空间。在发展要求上，坚持开发与保护并重，以环境保护优化经济增长，推进经济发展方式转变，构建生态文明的经济带、循环发展的经济带。

两年多来，辽宁省委、省政府下发了关于加快"五点一线"沿海经济带建设的若干意见，出台了一系列鼓励开放开发的政策措施，重大基础设施建设和投资项目有序展开。到 2007 年底，"五点"地区已开发废弃土地面积 121 平方公里，实际利用面积 54.7 平方公里；注册各类投资项目 413 个，总投资额 1265 亿元。与此同时，加快建设辽宁中部城市群的沈西工业走廊，构筑具有国际竞争力的装备制造业聚集区。辽宁沿海经济带现已成为国内外企业投资创业的热点区域，成为全面振兴东北老工业基地的重要增长极。

三、辽宁沿海经济带开放开发符合经济规律

据调查，目前全球约 3/4 的大城市、70% 的工业资本、70% 的人口，都集中在距海岸 100 公里以内的沿海地带，沿海经济带已成为牵引世界经济增长的"火车头"。美国大西洋经济带和西太平洋经济带的开发，是当今世界沿海区域

发展战略的成功典范。其中大西洋经济带城市化水平高达 90%，制造业产值占全国的 30%。"双岸"经济带与以纽约、洛杉矶、芝加哥为代表的三大都市经济圈互动，使美国成为全球第一经济强国。日本著名的太平洋沿岸城市带，集中了日本工业和从业人员的 2/3、工业产值的 3/4 和国民收入的 2/3，并与以东京、大阪、名古屋为代表的三大都市经济圈引领着日本经济发展。我国改革开放以来，由沿海开放带动形成了珠三角、长三角和环渤海三大经济圈。这是中国经济发展的两个金三角和一个黄金海岸，其国内生产总值占全国近 60%，进出口总额占全国近 90%，外资企业数量和实现总产值都占全国近 80%。辽宁沿海经济带是环渤海地区目前国内没有整体开发、发展潜力巨大的沿海区域。我们现在面临两大经济发展趋势：一是世界经济发展正在"东移"，由西欧移向东亚，由大西洋移向太平洋；二是中国经济正在"北上"，由珠三角北上长三角，进而北上环渤海地区。辽宁沿海经济带的诸多优势决定这里是"东移"和"北上"的重要交汇处，充分利用这一难得的历史机遇并有所作为，必将促进东北全面振兴和环渤海地区经济的整体发展，加快构筑新的产业集聚带和经济增长区域，增强综合实力、创新能力、服务能力和国际竞争力。

四、建议将辽宁沿海经济带开放开发纳入国家总体发展战略

目前，我国沿海已形成珠三角的深圳经济特区、长三角的上海浦东新区、京津冀的天津滨海新区以及广西的北部湾经济区等战略支点，以新疆等地区为重点的沿边开放也在稳步推进。这些战略支点必将成为我国新一轮对外开放中的排头兵，构筑经济全球化条件下参与国际经济合作和竞争的新优势。辽宁省政府希望国家比照广西北部湾经济区的做法，制定辽宁沿海经济带开放开发规划，并将其列入国家"十二五"规划。我们在调研中感到，将辽宁沿海经济带开放开发纳入国家总体发展战略，建设面向世界、连接东亚、辐射东北的重要国际经济合作区，对于推动区域协调发展、优化国土开发格局具有特殊重要的意义。建议在辽宁省现有工作基础上，由国家发改委主持制定辽宁沿海经济带开放开发规划，报请国务院批准实施，引导辽宁沿海经济带发挥深化改革和扩大开放的试验作用、产业转移和技术创新的集聚作用、集约用地和环境保护的示范作用，东北振兴和区域优化的先导作用，促进其发展成为中国北方经济新的增长极和隆起带。

（2008 年 5 月）

推进南沙新区开发建设具有战略意义

南沙新区位于广州市南端，是西江、北江、东江入海交汇处。现有行政区面积 527.65 平方公里，其中陆域面积 339.5 平方公里，水域面积 188.15 平方公里。全区户籍人口 15.17 万人，常住人口 19.72 万人，划为黄阁、南沙岛、横沥—灵山、珠江、万顷沙、龙穴岛六个分区。2001 年至 2010 年，南沙地区生产总值年均增长 24%，呈现出经济发展、社会进步、民生改善的良好态势，体现了"勇立潮头、艰苦奋斗、科学高效、敢于跨越"的创业精神。

南沙新区开发建设，经历了一个创新发展思路、转变发展方式、探索发展道路的过程。20 世纪 90 年代之前，南沙还是一片交通闭塞、经济落后的滩涂沙地。1993 年 7 月，国务院批准成立南沙国家级经济技术开发区，祖国南方的"边陲小镇"拉开了开发建设的序幕，南沙的产业投资、城市建设、环境改善从此开始启动并快速发展。2002 年 1 月，《广州城市建设总体战略规划纲要》颁布，首次突破广州单中心空间发展结构，明确提出"南拓、北优、东进、西联"的发展战略，南沙成为广州城市南拓轴线上重要的战略节点。这一时期，南沙按照发展大港口、大物流、大产业的定位，初步形成临港重化工业、现代物流、资讯服务的产业布局思路。2005 年 4 月，国务院批准正式设立南沙行政区，标志着南沙开发建设进入新的历史发展阶段。着力构建"基地化、规模化、集约化、配套化、生态化"的发展模式，推进工业向产业发展区集中、现代农业向基地集中、农村人口向中心镇（村）集中。

2009 年 1 月，国务院出台《珠江三角洲改革发展规划纲要》，要求广州市进一步优化功能分区和产业布局，并提出规划建设广州南沙新区等合作区域，作为加强与港澳服务业、高新技术产业等方面合作的载体。广州根据国家和广东省的统一部署调整产业发展定位，对南沙发展战略和产业布局进行重大调整，把原规划建设的 1000 万吨钢铁基地和 1500 万吨炼油、200 万吨乙烯构成的世界级炼化一体化基地迁址湛江东海岛。2011 年 3 月，十一届全国人大四次会议通过的"十二五"规划纲要，明确南沙新区开发要"打造服务内地、连接港澳的商业服务中心、科技创新中心和教育培训基地，建设临港产业配套服务合作区"，南沙改革发展已经列入国家总体发展战略的重点区域，正在积极探索智慧经济、高端服务、先进制造的发展方向。

南沙新区是广州市未来发展的战略引擎，是推进珠三角地区经济转型的战略高地。南沙新区开发建设具有四大优势：一是独特的区位优势。南沙处于珠江三角洲的地理几何中心，是广佛经济走廊和珠三角西翼城市群通向海洋的门户。区内三面环水，距香港和澳门分别为 38 海里和 41 海里，广州乃至珠三角的黄金海岸和黄金水道在这里汇合，方圆 100 公里内覆盖了整个珠三角城市经济圈。二是优越的自然环境。南沙在特定的地理条件下，形成温和湿润的亚热带海洋性气候，年平均气温 21.9 摄氏度，年平均降雨量 1647.5 毫米。区内水网密布且地势平坦，全区绿地覆盖率达 44.3%。同国内和世界著名海滨城市相比，南沙具备开发建设的优越自然条件。三是便捷的交通设施。南沙是珠三角地区内河航运和远洋航运转换的枢纽，多条河流入海口造就了南沙的天然深水港，港区内拥有大型深水集装箱泊位和江海联运码头。密集的高速公路、高速铁路和城际铁路网，在 1 小时内可抵达珠三角大部分城市。周边 70 公里范围内，坐落着广州、深圳、珠海、香港、澳门五大国际机场，通达祖国各地和世界主要国家。四是广阔的腹地条件。珠三角地区是我国改革开放的先行地区和重要的经济中心，是比英国大伦敦地区大 26 倍的超级城市群。这一地区经济规模大、综合实力强、发展后劲足，为南沙新区的崛起提供了巨大的发展腹地和内陆市场。同时，南沙新区开发建设所产生的巨大乘数效应，必将带动珠三角地区和整个珠江流域经济实现新飞跃。

2020 年以前，我国仍处在经济社会发展的重要战略机遇期，也是建设新南沙、打造新广州的重要战略机遇期。中国是当今世界上经济增长最快、经济动力最强、经济潜能最大、经济发展最具活力的国家之一，既具备承接世界经济增长重心转移的历史条件，又具有实现中华民族伟大复兴的现实基础。后国际金融危机时代，世界经济正处在大变革大调整大发展之中，全球先进产业转移为我们提供了跨越发展机遇，技术资金转移为我们提供了国际投资机遇，服务外包转移为我们提供了外贸转型机遇，特别是新科技革命将为我们提供创新驱动、内生增长和产业振兴的永续动力。从国内发展环境看，我国工业化、信息化、城镇化、市场化、国际化深入发展，珠三角地区进入转变发展方式和经济结构战略性调整的关键阶段，广州市面临率先科学发展、推进改革开放、转变发展方式的光荣而艰巨的任务。南沙新区开发建设恰逢其时，机遇与挑战同在、压力与动力并存，绝不能再靠高投入、高消耗、高污染来换取经济增长，靠低成本、低价格、低效益来拓展市场空间。必须依托特殊的地理位置和后发优势，在更高的起点上加快构建现代化、智慧化、功能化、生态化的南沙新区，塑造中国扩大对外开放的新窗口和广州建设国际化大都市的新形象。

进入新世纪，世界经济增长重心加速向亚太地区转移，中国已经成为有重要国际影响力的经济大国。在今后国际竞争格局中，我国由经济大国转向经济强国的主要标志之一，就是拥有若干综合实力强大的区域和国家中心城市。中央在新的发展阶段反复强调，要遵循市场经济规律，突破行政区划界线，形成若干带动力强、联系紧密的经济圈和经济带，走中国特色的工业化和城镇化道路。特别要以增强综合承载能力为重点，以特大城市为依托，形成辐射作用大的城市群，培育新的经济增长极。这是从国家战略全局和长远发展出发，做出的优化国土开发格局、推动经济社会转型的重大战略部署。目前，我国长三角、珠三角和环渤海三大城市经济圈，土地面积占全国9.42%，人口总数占全国近35%，经济总量占全国60%以上。珠三角同长三角、环渤海城市经济圈相比，总体上看经济增长主要是出口拉动型，发展动力主要是外资推动型，产业特征主要是劳动密集型，必须促进经济发展向依靠消费、投资、出口协调拉动转变，向依靠第一、第二、第三产业协调带动转变，向主要依靠科技进步、劳动者素质提高、管理创新转变。

从三大城市经济圈的首位城市看，广州人均GDP已经率先达到中等发达国家水平，经济总量位于上海、北京之后居全国大城市第三位。近些年来，上海浦东新区、天津滨海新区开发建设，极大增强了上海和天津这两个国家中心城市综合竞争力，有效推动了长三角、环渤海地区改革开放和经济社会发展进程。纵观国际国内发展大势，加快南沙新区开发建设具有重大而深远的全局和战略意义。

——加快南沙新区开发建设，有利于拓展广州作为国家中心城市发展的战略空间。我国的国家中心城市是工业化、城市化发展到一定阶段的必然产物，新区建设则是拓展国家中心城市发展空间、承载能力和综合服务功能的重要途径。广州是我国华南地区的中心城市和对外开放的前沿城市，南沙是广州一块得天独厚、蓄势待发的战略储备用地。南沙新区开发建设将使广州的单核城市结构转向更大区域的双核城市结构，由云山珠水的沿江城市发展成为山城田海的现代化海滨城市，全面发挥国家中心城市引领、辐射、集散的龙头功能。这不仅是广州城市发展格局的改变，更重要的是城市总体能力的提升和再造，进而加快建设服务全国、面向世界的国际大都市。

——加快南沙新区开发建设，有利于构建粤港澳紧密合作和优势互补的示范平台。改革开放30年来，粤港澳这一特殊区域的经济整合快速发展，促进了珠三角世界制造业基地和香港国际金融、贸易、航运中心的形成。南沙是粤港澳合作的桥头堡，自古以来与港澳地缘相近、文缘相承、商缘相连，又具有土地储备丰富、产业门类齐全和依托国家中心城市的独特条件，完全可以充分利用粤港澳三地资源建设CEPA先行先试综合示范区。在南沙新区开发建设中打好"港澳牌"，能够借鉴港澳先进经验创新体制机制、开发理念和发展模式，能够促进区域间人员、物资、资金和信息高效集聚和合理流动，能够搭建港澳技术、人才等优秀资源进入内地的新通道，并为保持港澳地区长期繁荣稳定提供战略支撑点。

——加快南沙新区开发建设，有利于推进珠三角地区打造世界级经济增长地带。珠三角地区是我国外向度最高的经济区域和对外开放的重要窗口，工业化、信息化、城镇化、市场化、国际化程度高，在全国经济社会发展和改革开放大局中具有举足轻重的带动作用和战略地位。加快南沙新区开发建设，可以使广州提高聚集国际资源要素的能力和承接国际产业转移的层级，通过实施改造提升、名牌带动、以质取胜、转型升级战略，推动建设以珠江三角洲为中心的资源互补、产业关联、梯度发展的多层次产业群，着力发展高端产业和产业链高端环节，引导生产要素向优势地区、产业基地和产业园区集聚，使南沙成为推动珠三角地区一体化发展、打造世界级城市群的新的增长极。

——加快南沙新区开发建设，有利于发挥在中国—东盟自由贸易区中的带动作用。中国—东盟自由贸易区，是世界上人口最多、由发展中国家组成的自由贸易区，目前经济规模仅次于欧盟和北美自由贸易区。从经济地理的概念上，越南、泰国、新加坡、马来西亚等东南亚国家都属于"泛珠三角"区域，广州长期以来与东盟国家经贸往来和人文交流十分密切。在经济全球化和区域经济一体化的背景下，南沙新区开发建设应立足创造更加自由、便利、透明及公平的投资环境，构建珠三角和华南地区与东盟国家互利共赢和共同发展的核心对聚区域，成为人才流、商品流、资金流、技术流、信息流的重要集散地，成为推动贸易和投资自由化同国际规则接轨的先行试验区。

——加快南沙新区开发建设，有利于全面加强我国同世界主要经济体经贸技术合作。世界经济增长重心加速向亚太地区转移，是工业革命以来中国发展面临的最大机遇。全球范围内综合国力竞争和科技人才竞争，是当今时代中国发展面临的最大挑战。南沙新区开发建设必须实行更加积极主动的开放战略，顺应国际经济结构和产业分工格局深度调整的大趋势，全面拓展世界主要经济体的经贸技术合作领域和空间，进一步完善更加适应发展开放型经济要求的体制机制，在一些关键领域抢占科技创新和产业升级的"智慧制高点"，建立全方位、多层次、宽领域、高水平的开放型经济新格局。

（2011 年 7 月）

南沙新区开发建设战略定位研究

加快建设服务全国、面向世界的国际大都市，是中央新世纪新阶段赋予广州的历史使命。国际大都市也被学界称为世界城市，是衡量一个国家综合国力的重要标志。国际上公认的世界城市有两类：一类是全球性的世界城市，如纽约、伦敦、东京；另一类是区域性的世界城市，如洛杉矶、芝加哥、巴黎、法兰克福、悉尼、香港、大阪等。未来时期打造新广州的战略方向，就是以南沙为突破口建成区域性的世界城市，全面增强高端要素集聚、科技创新、文化引领和综合服务功能。

南沙新区开发建设必须谋定后动，遵循自然规律、经济规律、社会规律，充分借鉴国外新城和国内新区建设的成功经验，举广州全市乃至广东全省之力打造一个新广州，创造符合时代特征、体现中国特色、具有广州特点的新模式。

一、南沙新区开发建设的总体要求

当前和今后一个时期，南沙新区开发建设的总体要求是：以科学发展观为指导，突出经济结构战略性调整，面向珠三角、面向粤港澳、面向全球化，创新经济发展方式，创新城市建设方式，创新社会管理服务方式，着力构建高端产业体系，着力增强自主创新能力，着力扩大对内对外开放，努力把南沙新区建设成为科学发展新区、改革开放新区、智慧经济新区、生态宜居新区、现代滨海新区，全面提高广州核心竞争力、开放兼容力和国际影响力，加快实现由国家中心城市向国际大都市的历史性跨越。

按照这一总体要求，一是南沙新区开发建设应率先科学发展，坚定不移地解放思想、与时俱进、先行先试，坚持以人为本，树立全面、协调、可持续的发展观，不单纯追求 GDP 数量和人口规模，促进经济社会又好又快发展和人的全面发展。二是南沙新区开发建设应着眼创新驱动，始终不渝地坚持高端发展的战略取向，建立以科教人才为支撑、智慧产业为主导的经济结构，加快培育以技术、品牌、质量、服务为核心竞争力的新优势，更好地发挥人力资本效率、技术进步效率和资源利用效率。三是南沙新区开发建设应立足生态优先，实现社会、经济与自然协调发展，物质、能量与信息高效利用，科技、文化与景观充分融合，建设资源节约型、环境友好型、人口均衡型的社会，走出一条生产发展、生活富裕、生态良好的新路。四是南沙新区开发建设应提升城市功能，围绕提高外向型经济层次、高科技产业能级、现代化管理水平，增强引领带动能力、集聚辐射效应、综合服务功能，建设与港澳地区错位发展的国际航运、物流、贸易、会展、旅游和创新中心。五是南沙新区开发建设应注重市场机制，切实把政府职能转变到经济调节、市场监管、社会管理、公共服务上来，进一步完善要素市场体系、市场监管体系、社会诚信体系和中介服务体系，在更大程度、更大范围发挥市场配置资源的基础性作用。六是南沙新区开发建设应统筹布局实施，以前瞻性、战略性、全局性、国际性思维，高起点规划、高标准建设、高水平管理、高速度发展，从联结珠江口两岸城市群的枢纽性节点转向战略性高地。七是南沙新区开发建设应具有世界眼光，以开放促改革、促发展、促创新，对内与对外全面开放、沿江与沿海协同推进、经济与社会协调发展，勇于作深化重点领域改革和全面提高开放水平的排头兵。

二、南沙新区开发建设的战略定位

南沙新区开发建设，必须紧紧围绕广州建设国家中心城市和国际化大都市的发展定位，打造服务内地、连接港澳、辐射东南亚、面向世界的现代化新城区。总的考虑是：根据南沙新区在区域发展中所处的重要战略地位，应当放在与上海浦东新区、天津滨海新区、重庆两江新区同等重要的位置，把南沙新区开发建设上升为国家战略给予必要的政策支持。在我国改革开放和现代化建设的新阶段，通过四大新区开发建设促进我国珠三角经济区、长三角经济区、环渤海经济区、成渝经济区四极联动发展。综合各方面研究成果，南沙新区在区域经济发展中的战略定位如下。

——深化粤港澳合作综合示范区。立足将粤港澳这一区域打造成更具综合竞争力的世界级城市群，率先落实 CEPA 及其补充协议的政策措施细则，加快实现从更紧密合作向一体化发展迈进。要以体制机制创新为着力点，推动粤港澳合作由单向辐射变为双向促进，由功能性整合走向制度性整合，由经济领域向社会民生领域拓展，促进粤港澳三地资金、人才、科技成果等全要素的流动和配置，建设内地与港澳先进发展机制对接的先行实践区。

——珠江三角洲产业转型升级先导区。把握经济全球化大趋势与国际产业分工变动规律，紧紧围绕珠江三角洲转变经济发展方式的战略方向，坚持制造与创造相促进，制造业与服务业相配套，信息化与工业化相融合，构建以企业为主体、以市场为导向、产学研结合的开放型区域创新体系，大力发展产业特色鲜明、配套体系完备的高端服务、高端制造和高技术产业群，形成产业结构高级化、产业发展集聚化、产业竞争力高端化的现代产业体系。

——广东智慧城市建设引领区。适应新科技革命和智慧经济发展的新趋势，在南沙建设以数字化、网络化、智能化为主要特征的智慧岛，创造高品牌价值、高质量环境、低资源损耗、低污染发展的生产生活和消费方式，着力抓好关键领域的引进消化吸收再创新和集成创新，实现产品开发成本最小化、产品设计质量最优化、产品生产效率最大化，推动经济发展从要素驱动向创新驱动、广东制造向广东创造转变，建设中国南方智慧产业集聚区和中国智慧城市先行区。

——我国新一轮改革开放试验区。始终坚持把改革、开放、创新作为南沙新区开发建设的根本动力，在一些重要领域和关键环节先行先试并取得突破性进展，在推进珠江三角洲地区和全国改革开放中发挥"试验田"和示范区作用。要善于在扩大对外开放中赢得更多发展机遇，广泛引进世界各国的先进技术、人才和管理经验，以大开放带动大开发和大发展。要以行政管理体制改革为突破口，深化经济体制和社会管理体制改革，率先形成有利于科学发展和经济发展方式转变的体制机制。

——国际滨海生态旅游新城区。构建经济繁荣、环境友好、社会和谐、宜业宜居的国际滨海生态旅游新城区，创造珠三角优质生活圈、环珠江口宜居湾区和广州建设"首善之区"的城市发展新模式，成为适宜海内外各类人才创业、工作和生活的新都市。要着力把旅游业打造成为战略性支柱产业，积极发展以生命健康为主题的高端医疗、养生保健、体育运动、休闲娱乐等健康产业，建设区域性文化创意发展中心、低碳绿色生活社区和旅游休闲度假胜地。

三、南沙新区开发建设的战略布局

从南沙新区发展的战略定位出发，紧紧围绕建设粤港澳深化合作核心示范区、珠江三角洲产业转型升级先导区、广东智慧城市建设引领区、我国新一轮改革开放试验区和国际滨海生态旅游新城区，以开放的思维和长远的视野统筹规划南沙新区开发建设的战略布局。

——南沙新区开发建设的空间范围。根据广州市有关部门研究，对南沙新区空间范围提出三个方案：一是小方案。以现有的南沙新区即南沙行政区为界，总面积528平方公里。此方案的好处是以现有区域为基础，不涉及区划变动，比较方便易行。不足是范围较小，与广州中心城区相隔离，成为一个飞地。二是中方案。除现有南沙区范围之外，将番禺区沙湾水道以南地区和亚运城、海鸥岛划入南沙新区，规划面积约850平方公里。该方案与2001年提出的南沙地区总体规划的空间范围一致，行政区划调整涉及面小，易于在近期操作和启动。不足是涉及番禺区的部分调整，将番禺区一分为二，同时又在主城区之间隔离一个缩小的番禺区。三是大方案。除方案二的空间范围之外，从珠三角一体化及湾区发展统筹考虑，增加现在东莞虎门、长安两镇、佛山顺德区洪奇沥水道以东飞地和现中山黄圃、三角、民众、南萌四镇，规划面积约1500平方公里。这个方案涉及广州市域外的行政区域调整，把南沙新区开发开放政策延伸至珠江口东西两岸毗邻地区，涉及区域协调的内容较多且复杂，影响面较大，近中期实施比较困难，可作为远期推动珠三角一体化和建设珠三角湾区中心的储备方案。

我们研究认为，"南拓"是广州城市未来发展的大战略，可以考虑扩大南沙新区开发建设范围。建议在中方案基础上进行调整，将南沙新区覆盖至整个番禺区。这样做的好处：一是可以与现有广州市中心城区连成一片，有利于广州市实施"南拓"战略，从总体上统筹规划广州南部新区发展。二是南沙新区包含南沙区和番禺区两个行政区，既扩大了新区面积，又不调整行政区划，比较方便易行，容易操作。三是能够把南沙新区的开发开放政策覆盖至番禺区，使番禺区也享受到新区的优惠政策，有利于番禺区的发展。四是保留现有南沙区和番禺区的行政职能，南沙新区管委会统筹协调开发建设和发展，适当时机再整合调整两个行政区与南沙新区的关系。

——南沙新区开发建设的空间布局。南沙新区开发建设的空间布局，应服务和服从于"打造一个新广州"的总体布局。按照广州建设国家中心城市和国际化大都市的战略定位，形成"南拓主轴线、主副双中心、湾区新极核"的城市发展新格局。

（1）南拓主轴线。就是延伸珠江新城中轴线为广州"南拓"主轴线，统领天河、海珠到南部新区（番禺、南沙）滨海新城，规划布局智慧经济产业带和重大标志性工程。要坚持"南拓"与"东进"紧密结合、优势互补、错位发展，形成由中新知识城—科学城—大学城—亚运城—滨海新城构成的智慧产业发展轴。

（2）主副双中心。广州中心城区作为城市主中心，南部新区（滨海新城）作为城市副中心，形成中调南拓、新旧联动、主副相连的城市布局。要改造疏散和调整优化主城区的功能布局，提升中心城市的功能品位和综合实力，通盘规划南沙新区功能区或功能组团，建设一个既保存历史文化名城风貌，又展示现代城市文明特色的国际滨海新城。

（3）湾区新极核。面向未来，南沙不仅是广州国家中心城市的新极核，也是珠三角湾区城市群的新极核。在未来规划布局上，要统筹考虑南沙在整个珠江三角洲地区乃至广东地区的地位和作用，逐步在南沙新区聚集综合性优势和核心竞争力，带动珠三角城市和经济社会发展转型升级，打造珠三角一体化枢纽和世界级城市群核心区。

四、南沙新区开发建设的战略产业

南沙新区开发、建设和发展，最根本的是战略定位，核心是产业发展。要按照创新驱动、高端发展的总体要求，重点规划发展高端服务业、高端制造业和智慧创新型产业，形成与空间布局相适应的高端产业布局。

——发挥区位优势，发展高端航运物流和临港产业基地。与香港、深圳港错位发展，在南沙新区建设高端航运服务集聚区和亚洲枢纽型港口物流中心、区域大宗商品交易中心，使南沙成为我国南方对外开放的重要窗口和国际门户。加快保税港区、国际物流园区、出口加工区建设，形成以节能环保汽车、大型船舶、海洋工程装备、新能源装备、精密制造等为主体的临港高端装备制造业基地，发展电子信息、新能源、新材料、生物工程、精细化工和文化创意等高新技术产业。

——发挥后发优势，发展智慧经济为主导的高端产业集群。树立现代经济就是智慧经济的理念，坚持全面提升与重点突破相结合，突出自主创新和产业集聚，加快推进智慧应用体系、智慧产业基地和智慧基础设施建设，发展CEPA综合示范区、智慧技术创新基地、云计算中心、智慧产品研发制造基地、智慧服务业示范基地、智能产品交易中心、国际智能港、智慧企业总部、"智慧城市"论坛等，着力发展高端产业和产业链高端环节。大力发展技术评估、产权交易、成果转化等科技中介服务机构，强化应用技术集成创新和成果转化。

——发挥综合优势，发展珠三角金融、商贸、信息等高端服务中心。加快打造金融服务中心，构建金融综合服务体系和辐射亚太地区的现代金融产业后援服务基地。加快打造服务外包中心，构建国家级国际服务外包基地城市，形成较为完整的国际服务业外包产业链。加快打造信息服务中心，支持发展人力资源、研究设计、营销策划、工程咨询、中介服务等专业服务机构，构建南方物流信息交换和国际电子商务中枢。加快打造珠江口湾区现代CBD中心，积极创造新型总部经济发展环境，大力提升区域综合服务功能。

五、南沙新区开发建设的战略目标

可以考虑两阶段发展目标：

——第一阶段到2015年，南沙新区开发建设初具框架。在"十二五"时期，基本形成新的城市框架、经济结构和空间布局，城市功能、基础设施、产业发展有序推进和完善，产业竞争力、科技创新力和文化软实力明显增强，改革开放和经济社会发展取得突破性进展，初步建立起符合新区战略定位和发展要求的框架，在提升广州国家中心城市地位、推动珠三角地区科学发展方面开始发挥先导作用。

——第二阶段到2020年，南沙新区开发建设主要目标基本实现。在"十二五"时期发展的基础上，再用五年时间基本实现打造一个新广州的目标，形成一个现代化的国际滨海新城，基本建成国际航运物流中心和商贸服务中心，我国南方先进制造业、高端服务业和智慧产业基地，深化粤港澳合作和对内对外开放取得显著成效，开始成为珠三角地区打造世界级经济增长地带的新引擎和增长极。

从长远来看，南沙新区有望建设成为珠三角湾区城市群的新极核，充分发挥珠江三角洲大湾区交通、物流和经济服务中心的作用，实现打造珠三角一体化枢纽和世界级城市群核心区的目标。南沙新区将与上海浦东新区、天津滨海新区、重庆两江新区一样，在我国区域发展总体布局中发挥重要作用。

（2011 年 7 月，本文同刘应杰同志合作完成）

率先闯出科学发展新路

——珠海改革发展调研报告

珠海经济特区1980年设立以来，在党中央、国务院和广东省委、省政府领导下，从一个贫穷落后的边陲小镇发展成为独具特色的现代化花园式海滨城市。2008年12月和2009年8月，国务院批复《珠三角地区改革发展规划纲要》和《横琴总体发展规划》，把珠海经济特区改革发展提升到国家战略的地位。站在新的历史起点上，珠海市委、市政府继续解放思想、开拓创新、与时俱进，坚持面向港澳、面向世界、面向现代化，遵循经济规律、科学规律、自然规律，谋划了高端发展、集约发展、错位发展、生态发展的模式，明确了建设"人口均衡型、资源节约型、环境友好型"社会的路径，提出了到2020年在珠三角地区实现"人均首位、生态一流、文化繁荣、法治优良、社会公平"的目标，确立了"建设生态文明新特区、争当科学发展示范市"的奋斗方向。在战略定位上，围绕打造珠江口西岸核心城市，加快建设高栏港工业区、海洋装备制造基地、通用航空产业园区和国际商务休闲旅游度假区。在战略目标上，坚持经济发展与保护环境双赢、与改善民生共进，构建具有国际影响力的生态城市、旅游城市、创新城市和港口城市。在战略布局上，形成一个沿海拓展轴、东西两大板块、组团紧凑发展的城市格局，共同建设珠港澳大都市区。在战略重点上，发展立体交通，形成珠江口西岸交通枢纽；发展高端产业，创造"珠海制造、珠海服务"品牌；发展文明城市，提高市民素质和幸福指数。我们在调研中所见所闻，珠海在应对国际金融危机中逆势而上、蓄势已发，已经拉开率先闯出科学发展新路的帷幕。

一、以横琴总体开发为龙头，
在深化粤港澳合作和扩大开放上取得新进展

珠海市委、市政府以"合作、创新、服务"为主题规划横琴新区，采用突出重点、系统推进、滚动开发的时空发展模式，构成各具特色、跨越发展、紧密关联的"三片十区"功能布局。商务服务片位于小横琴山以东和以北沿河地区，这里将建设亚太地区重要的口岸服务区、珠江口西岸最具活力的中心商务区、全球一流水准的国际居住社区，形成辐射国内外的服务经济产业链。休闲旅游片位于大横琴山以南和横琴岛南侧的沿海地带，这里将打造山水融合、自然与人文共生共荣的世界级休闲度假区和生态景观区，发展与港澳联动的旅游精品项目和路线。科教研发片位于大小横琴山之间和中心沟两侧，这里将发展大学教育区、科技研发区、文化创意区、高新技术产业区和综合服务区，构建中国乃至世界科学家创新创业乐园。目前，投资超过 700 亿元的横琴岛澳门大学新校区、市政基础设施、多联供燃气能源站等 5 大项目业已启动，投资超过 200 亿元的横琴总部大厦、粤澳中医药科技产业园、南光创谷等 13 个产业项目即将开工，规划引进 100 家国内外顶尖科研机构、博士后工作站和高科技企业已经实施，横琴二桥、金海大桥、广珠城际轻轨延长线等项目有望明年动工。经过 5 年到 10 年的努力，横琴新区将建成知识密集、信息发达的"智能岛"，连通港澳、区域共建的"开放岛"，经济繁荣、宜居宜业的"活力岛"，资源节约、环境友好的"生态岛"，着力发展创新型、服务型、开放型、生态型经济，全面提升国际吸引力、核心竞争力和开放兼容力。

二、以交通设施建设为先导，
在打造珠江口西岸交通枢纽和物流基地上取得新进展

珠海建市以来，始终把交通设施建设作为战略重点。珠海要成为珠江口西岸核心城市，必须加快成为珠江口西岸的交通枢纽。珠海市委、市政府全面贯通港口、机场、口岸三大枢纽节点，加快构建以"一桥（港珠澳大桥）双港（高栏港和航空港）两铁（广珠铁路和广珠城际快速轨道）"为龙头，"六横八纵"（与港澳和周边城市紧密相连、四通八达的高速公路和市政道路）为骨架，形成面向港澳、服务周边、联通全国的综合交通运输网络。举世瞩目的港珠澳大桥于 2009 年 12 月动工，2016 年建成通车后珠海到香港仅需 20 多分钟。广珠铁路和高栏港高速公路分别于明年底、2012 年建成通车，这将打通珠三角西岸海铁联运大通道。高栏港港口码头建设和航线拓展，使珠海 3 年内将建成亿吨级港口群，进而辐射粤西和我国中南、西南腹地。珠海机场高速公路 2012 年建成通车，这里将成为区域性枢纽机场。广珠城际轨道今年底通车，珠海将进一步融入"珠三角一小时都市经济生活圈"。珠海建设的城市路网和绿色公交系统，提供了足够的交通承载能力和良好出行环境。珠海正在统筹发展港口物流、航空物流、国际物流和保税物流，推进区域物流信息交换中枢、国际电子商务中心和金融后台服务基地建设。

三、以产业优化升级为主线，
在转变经济发展方式和自主创新上取得新进展

珠海在抗危机中打了一场调结构的攻坚战。他们实行"高端起步、双轮驱动、合理布局、集聚发展"的方针，坚决把 24 个工业园区撤、转、并、控为 8 个特色园区，推动工业集中布局、产业集群发展、土地集约使用，有选择地发展"三高产业"和战略性新兴产业。一是高端制造业实现"上天入海"突破。中航工业加快建设通用航空产业全产业链联基地，一年建成的总装厂生产的首架"海鸥 300"商务机已亮相今年珠海国际航展。高栏港经济区正在移山填海中崛起，中海油总投资 280 亿元的深水工程装备制造基地、中船集团总投资 443 亿元的大型修造船基地、中海油总投资 500 亿元的南海天然气陆上终端以及 LNG 接收站等清洁能源项目、三一重工投资 100 亿元兴建的港口机械生产基地全面展开，国内最大的游艇产业基地形成规模。二是高端服务业突出"引领未来"特色。休闲旅游、商务会展、文化创意、现代物流，是珠海重点发展的四大服务经济领域。随着投资 100 亿元的长隆国际海洋度假区、东澳岛旅游开发和海泉湾二期等项目陆续动工，将全面提高珠海旅游业的规模、层次和质量。以投资 380 亿元的十字门中央商务区为标志的会展商务组团，将建成区域性高端人才和现代服务的聚集平台。金山总部暨研发基地、巨人网络南方总部、珠海南方影视动漫制作基地奠基，预示着珠海文化创意产业集群的兴起。建设斗门跨境综合物流基地、上冲商贸物流服务区、南屏和富山生产物流中心等，推动发展大产业、带动大物流。三是高新技术产业打造"珠海制造"

品牌。大力发展以格力集团为代表的节能家电产业，以金山和远光公司为代表的软件产业，以炬力科技和欧比特控制工程为代表的集成电路产业，以丽珠和联邦制药为代表的生物医药产业，以摩天宇航空发动机和格力大金模具为代表的精密制造产业，以汉胜集团为代表的光纤光缆产业，以银通集团为代表的清洁动力产业等。珠海坚持"占地少用工少、有研发有品牌、高技术高效益"的导向，高新技术产业呈现稳步快速增长之势。

四、以生态城市构筑为重心，
在统筹经济社会发展和人文环境建设上取得新进展

珠海是我国第一个获得联合国"国际改善人居环境最佳范例奖"的城市，在国内最早提出建设"宜居宜业宜游宜创新"的生态城市理念。今年以来，构建"人口均衡型、资源节约型、环境友好型"社会迈出新的步伐。为了实现人口与资源环境承载能力相适应、与经济社会发展水平相协调，珠海着力把好"三个关口"。一是严格控制人口。就是以城市发展规划和功能定位为先导，围绕产业发展调整人口结构，优化人口构成，提高人口素质。珠海大学园区在校大学生超过 10 万，每百人中大学生比例居广东首位。珠海把积极引进和培养研发型、工程型、技能型人才，作为高等教育、技工培养和城市发展、人口管理的重点。高水平建设歌剧院、博物馆和城市规划展览馆等，全面建设基层公共文化设施，提升城市文化品位和市民文化素养。二是严格控制土地。按照"严控增量、盘活存量、管住总量、集约高效"的要求，实施土地统一规划、统一征用、统一开发、统一出让、统一管理，坚持高端产业用地优惠优先、公共设施用地优惠优先、保障性住房用地优惠优先。今天的珠海，到处是高端产业、公共设施和民生工程建设的"大工地"。三是严格控制环境。坚定不移地推进生态建设行动，新增工业项目百分百进入园区、污水垃圾百分百达标处理、裸露山体百分百恢复绿化、节能减排百分百实现目标。目前，珠海陆地面积 1701 平方公里中，已建成的 8 个自然保护区面积达 623 平方公里，规划建设城市和社区绿道 600 公里；118 平方公里建成区的绿化覆盖率达 44.97%。优美的环境已成为珠海的"城市名片"。

珠海正在构筑以"三型"社会为标志的现代城市新格局，倡导绿色文明的生产、生活、工作和消费方式。情侣路－珠海大道已从 18 公里北延西拓至 55

公里，沿线将成为融高端服务功能、高尚居住功能、高雅休闲功能于一体的绿色走廊、黄金海岸和人才高地。东部地区突出山、海、城有机统一的城市特色，打造山海相拥、陆岛相望的滨海花园城市风貌。西部地区充分利用水网纵横、沙田连片的水乡特色，塑造水在城中、城在水中的滨江田园风貌。南部横琴新区注重绿色发展、低碳发展、循环发展，严格保护占106平方公里规划面积近80%的山体、红树林湿地、岸线滩涂，使这颗南海新明珠永远风光旖旎、璀璨夺目。

五、以体制机制改革为动力，在健全市场经济体制和社会管理上取得新进展

珠海坚持把改革创新作为生命线和灵魂。近两年来，着重在三个领域积极探索并取得了突破。一是行政管理体制完成大部制改革。珠海市政府工作部门精简1/3，议事协调机构减少83.3%。重点推进政府分层管理改革，市一级主要抓规划统筹和政策监管，区一级主要抓经济社会发展和城市管理，镇街一级主要抓社会管理和公共服务。为了把转变政府职能和发展理念落到实处，珠海出台了落实科学发展观的政绩考核体系，设立经济发展、社会建设、人民生活、生态环境等4个指标评价组，强调不再以GDP多少论英雄，而要以是否坚持科学发展、保护生态环境、改善人民生活见高低。二是推进社会管理体制改革先行先试。借鉴香港等先进地区经验，全面展开城乡社区民主自治、培育扶持发展社会组织、设立政府决策咨询机制、加强流动人口服务管理、推行政府购买服务等试点，政府、社会、公民共建共治共享的新型社会管理体制正在形成，在建设有限政府、服务政府、责任政府和法治政府方面迈出关键一步。三是深化市场经济体制改革。着力把深化投融资体制和国有企业改革结合起来，通过资源整合组建旅游、交通、水务、城建等多个投融资平台，发挥国有资本在基础设施、公用事业和关键行业投资建设中的主导作用。健全公共财政体系，优化财政支出结构，重点向民生和社会保障倾斜，推动基本公共服务均等化。在全国首个实施中小学12年免费教育；首个建立全民医疗保障制度；首个建立新型农村养老保险制度，初步实现了"人人享有基本社会保障"的目标；首个实施城乡适龄青年百分之百接受技工教育和实现就业。

珠海率先闯出科学发展新路已取得初步成效。这既有历届领导班子长期努

力打下的基础，更有现任领导班子大胆创新进行的探索。我们在调研中有四点深刻启示：一是发扬敢为人先、先行先试的特区精神。珠海经济特区成立以来，以"杀出一条血路"的胆识创造了许多全国第一，一直是我国改革开放的"试验田"和前沿阵地。他们在新时期并没有满足现状，勇于率先闯出一条科学发展的新路，率先形成比较完善的开放型经济体系，率先全面推进经济、政治、社会、文化建设和生态文明建设。二是坚持生态优先、好字当头的发展理念。珠海发展不盲目追求 GDP 数量，顶住传统发展模式的压力，抗住一时快慢得失的干扰，守住"蓝天白云、青山绿水"的底线，坚持做到宁好勿快、好中求快。这种体现科学发展的"珠海速度"、"珠海模式"，是高端产业和知识经济双引擎，是创新驱动和内生增长双拉动，是绿色标准和社会监督双制约。三是树立规划先行、遵纪守法的全民意识。珠海多年来在城市规划中坚持"八个不准"，就是不准在山坡 25 米等高线以上兴建非供旅客休闲和观赏的建筑物，不准在市区内建设有大烟筒或有严重污染的项目，不准在市区范围内以煤和重油作为燃料等。规划已成为规范珠海各级政府行为的指南，市民为市政建设中砍树找政府"论理"的事例不胜枚举。四是培养雷厉风行、能打硬仗的干部队伍。珠海取得今天的成就、创造明天的辉煌，关键是培养一支想干事、能干事、会干事的干部队伍，制定一套说真话、动真格、较真劲的考核制度。我们接触的珠海各级干部，谈的都是打基础、强后劲、管长远、利民生的工作，对珠海实现科学发展、建设生态文明的认识高度一致，对勇于开拓创新、做好本职工作充满信心。

当前和今后时期，无论是沿海城市，还是内地城市，走科学发展道路都是一项重大而紧迫的任务。至关重要的是，要把思想和行动统一到中央的决策和部署上来，结合本地实际把握发展规律、创新发展理念、转变发展方式、破解发展难题，实现有质量、有效益的又好又快发展。从这个意义上讲，珠海率先闯出科学发展新路，具有全局性的指导和借鉴作用。建议国家有关部门和广东省继续支持珠海大胆探索与突破，使其早日成为珠三角地区新的经济增长极。

第一，支持横琴新区在通关制度和科技、金融创新上有重大突破。通关制度创新应加快实行"分线管理"。建议在执行海关特殊监管区域现有政策的基础上实行更加优惠的关税政策，支持横琴新区比照实行与澳门相同或略高的所得税率。科技创新应围绕今后时期国家战略需求，部署大科学装置和科技先导型工程，推动高端产学研合作与高新技术成果产业化。建议中科院牵头制定科技发展规划和路线图。金融创新应支持横琴新区打造金融外包基地、五币（人民币与美元、英镑、港币、澳门元）自由交易市场、资本输出和跨境金融资产转让平台、金融衍生品市场和离岸金融中心等。建议人民银行总行牵头制定实施方案。

第二，支持珠海通用航空产业基地和高栏港经济区的建设。通用航空反映一个国家科学技术、经济发展和人民生活水平。据专家预测，我国到 2012 年需要各类通用航空飞机 1 到 1.2 万架，自身及带动的产业将形成 1 万亿元以上的市场容量。建议国家统筹考虑低空空域开放、各类人员培养、空中交通管理和机场建设布局等问题。高栏港经济区将是珠三角地区重要的高端制造业基地。建议国家有关部门支持高栏港建设世界级的船舶和海洋工程装备制造以及游艇产业基地，国家级的清洁能源基地和石油化工基地，区域性的港口物流中心和国际休闲旅游度假区。

第三，支持珠海作为国家"教育国际化实验区"和"粤港澳高等教育合作基地"。珠海拥有中山大学、北京师范大学、吉林大学等分校区以及首家内地与香港合作创办的联合国际学院等十多所高校。建议教育部应以澳门大学横琴校区建设为契机，在珠海进行省部共建"教育国际化实验区"和"粤港澳高等教育合作基地"试点，支持珠海大学园区创建研究型大学和现代大学制度，开展全方位、宽领域、多形式的智力引进和人才培养合作，造就更多具有国际视野、交流能力、创造精神的各类高级人才。

第四，支持珠海在行政管理、社会管理和干部人事制度改革领域先行先试。珠海这些领域改革已经取得成效，按科学发展观考核评价干部政绩走在全国前面。建议国家有关部门加强指导并适时推广。我们在调研中深刻感到，各级干部在改革开放和现代化建设新的发展阶段，必须具备适应科学发展、和谐发展的知识结构和执政能力。建议在珠海开展学习型组织建设试点。

（2010 年 9 月）

山西省经济转型改革发展建议

山西省是我国重要的能源生产基地，也是资源型城市最密集的省份，在中国工业化和城市化进程中作出了重大贡献。中央决定设立山西省国家资源型经济转型综合配套改革试验区，对于深入贯彻落实科学发展观、加快转变经济发展方式具有全局和战略的指导意义和示范作用。

一、深入研究资源型省份发展的特殊规律

资源型地区经济转型是一个世界性难题。矿产资源是不可再生的，矿产是一个国家的战略性资源，矿业是一个国家的战略性产业。我国是矿业生产和消费大国，矿业经济牵动国民经济的全局，矿业城市经济转型和永续发展任重而道远。国家在山西省开展资源型经济转型综合配套改革试验，是一场重大的、复杂的社会变革，是一项长期的、渐进的系统工程。必须立足走新型工业化道路，认真研究资源型省份的形成、发展和变化的特殊规律，主要有资源消耗枯竭规律、矿区效益变动规律、环境问题递增规律、矿城后期转型规律、城市属性和功能演进规律等。山西省处在不同发展阶段的资源型城市，都要因时、因地制宜调整发展战略和制定经济转型规划，既要遵循城市发展规律，又要遵循矿业发展规律；既要坚持在转型中发展，又要坚持在发展中转型；既要加强企业的市场主体地位，又要加强政府的公共服务职能。

二、认真把握推进经济转型中的重大关系

山西省开展资源型经济转型综合配套改革试验，要处理好工业和农业、服务业协调发展的关系，处理好开发建设新区和挖潜改造老区的关系，处理好建

立衰退产业退出机制和培育接续替代产业的关系，处理好搞好国有企业和发展非国有经济的关系，处理好充分利用国内和国外两种资源的关系，处理好环境整治和完善城市基础设施的关系，处理好企业关闭破产和职工安置、社会稳定的关系，处理好城乡一体和区域联动的关系，处理好依靠自力更生和争取国家支持的关系。要坚持当前和长远相结合，彻底改变传统的经济发展方式，传统的城市建设路径，传统的管理体制束缚，传统的区域分工概念，通盘考虑结构经济、布局经济、规模经济和时序经济，积极探索和积累适合国情省情、可资学习借鉴的新鲜经验，不能走世界有些国家"矿竭城衰"的老路。

三、着力构筑市场经济条件下的政企关系

长期以来，资源型城市中政府和企业的关系没有完全理顺。资源型城市既要承担一般城市经济社会的综合服务职能，又要承担发展工矿基地的产业支柱功能。在城市中的大型或特大型企业，是资源型城市赖以生存和发展的基础，他们也同时具有生产经营和社会责任双重职能。由于职能错位派生出两个履行城市功能的主体，使得许多地方政企之间存在"关系壁垒"，市场不能合理有效地配置资源，政府和企业都没有很好地发挥各自的效率。山西省开展资源型经济转型综合配套改革试验，应把产业发展政策和城市发展政策结合起来，统筹考虑资源型城市和资源型企业的共同发展问题。要认真理顺政企管理体制，做到不比大小、互相尊重，不搞分割、密切配合，不分彼此、互相支持，不论隶属、主动服务，努力建立市场经济条件下的新型政企关系。

四、重点抓好煤炭产业和替代产业发展

在相当长时间内，我国以煤为主的能源结构难以改变，山西省调整以煤为主的经济结构也是一个长过程。应突出建设煤炭合理高效经济清洁开发利用基地，煤炭资源产业链循环发展基地，煤矸石、粉煤灰和共伴生矿等综合利用基地，煤层气开发利用基地等，同时也要考虑电网和路网输电输煤问题。替代产业和接续产业发展是重中之重，应着力培育新的支柱产业和主导产业，争取国家在生产力布局中给予支持。特别强调发展壮大民营替代产业要有大动作，依

据国家产业政策做到不限发展比例、不限发展速度、不限经营方式、不限经营规模，在市场准入、扶持政策、公共服务和依法保护上一视同仁。这两方面以及其他"转型主要任务"都应有专项规划，结合五年规划滚动调整实施。同时，应考核必要的定量指标，如非煤产业比重、全要素产生率、民生改善状况、职业技能培训等。

（2009 年 8月）

深化教育体制改革，促进教育事业发展

党的十六届三中全会审议通过的《中共中央关于完善社会主义市场经济体制若干问题的决定》，提出了深化教育体制改革的任务，对促进新时期教育事业的发展有着十分重大的意义。教育是全面建设小康社会的重要内容和标志，在现代化建设中具有先导性全局性作用。在完善社会主义市场经济体制的伟大实践中，必须为进一步解放和发展社会生产力提供充分的人才与智力支持，必须为明显提高全民族思想道德、科学文化和健康素质作出积极贡献，必须为大力促进经济、社会和人的全面发展发挥重要作用。深化教育体制改革，要着重抓好以下几个方面：

一、构建现代国民教育体系和终身教育体系，建设学习型社会

随着科技和社会进步，学习或受教育正在逐步成为人类生存和发展的"第一需求"，建设学习型社会是社会和教育改革发展的重要趋势。必须确立"大教育"的观念，发挥社会的教育资源、学习资源、文化资源的综合作用，增强国民就业能力、创新能力和创业能力，努力把巨大的人口压力转变为丰富的人力资源优势。建设学习型社会，关键在于构建现代国民教育体系和终身教育体系。新时期我国现代国民教育体系的建设发展，要着眼于建设层次合理、结构优化的学校教育系统，着眼于提高教育系统主动适应现代化发展要求的能力，着眼于弘扬培育民族精神和增强民族凝聚力，着眼于造就高素质的劳动者、专门人才和创新人才，着眼于形成现代学校管理体制和运行机制，着眼于建立面向世界的开放的教育体系。此基础上，逐步建立起基础教育、职业教育、成人教育和高等教育相衔接，正规教育、非正规教育、非正式教育相结合，职前与

职后教育、与培训相贯通，学校教育、家庭教育、社会教育相配合的终身教育体系。这不仅符合我国国情和教育发展的需要，符合全民学习和终身学习的思想，也符合世界教育科技、经济、社会发展的大潮流。

全面推进素质教育，这是进入 21 世纪我国教育改革和发展的重大主题和核心任务。一定要把全面推进素质教育贯穿于构建现代国民教育体系和终身教育体系的全过程，始终坚持"面向现代化、面向世界、面向未来"的指导方针，树立适应时代需要的人才观、教育观和发展观，源源不断地培养和造就具有科学精神、创新意识和实践能力的社会主义新人。

二、推进教育创新，优化教育结构和改革培养模式

创新是教育发展的不竭动力，是教育活力的重要源泉。实现教育创新，关键要抓好优化教育结构和改革培养模式两个环节。在优化教育结构方面，要正确处理好各级各类教育的关系，在确保"两基"重中之重地位的同时，提高城乡儿童学前教育质量，逐步扩大高中阶段招生规模，注重发展面向新兴产业的职业教育，努力实现高等教育大众化目标。要坚持教育事业发展中规模、结构、质量、效益相统一，既要做到规模适当、结构合理，又要做到质量高、效益好，扩张优质教育资源，合理组合教育资源，提高教育质量和办学效益。要努力促进城乡、区域教育均衡发展，不断缩小不同地区、不同人群之间的受教育差距，使全体公民都有接受良好教育的机会。特别要处理好中央与地方在教育管理中的关系，强化各级政府在推动教育发展方面应负的责任，建立同经济社会发展要求相适应的教育体制。在改革培养模式方面，要改革教材建设、课程设置、教学内容，建立现代化的教学体系。要改革考试评价制度，减轻学生过重的课业负担，建立符合素质教育要求的对学校、教师和学生的评价制度。要改革招生考试制度，实行学分制和弹性学习制度，放宽入学年龄限制，允许报考双学位或双学历教育。实行公开公正的选拔制度，加快推行高考全过程网络录取和文凭电子注册制度。进行高等院校自主招生考试或部分院校联考改革试点。要改革教学方式，积极实行启发式和讨论式教学，激发学生独立思考和创新的意识。要改革教育手段，普及信息技术教育，采取多种形式推进教育信息化，以信息化带动教育的现代化。

推进教育创新，提高教育质量，教师是关键。要施行教师全员聘用和教师

资格准入制度。高等学校要以岗位聘任制及与之相配套的分配制度改革为重点，完善按劳取酬、优劳优酬的内部分配制度，建立有利于拔尖人才脱颖而出的竞争和激励机制。中小学要以施行聘用（任）制为重点，建立能进能出、能上能下的教师任用新机制。要广泛吸收各种优秀人才加入教师队伍，促进学校之间、学校与社会之间、不同地区之间教师的合理配置。加强对教师队伍政治素质、业务素质、思想素质和心理素质的培训，建设一支具备较高素质和能力的教书育人的专业队伍。

三、巩固和完善以县级政府为主的农村义务教育管理体制

农村义务教育发展，不仅关系到广大农村中小学生的健康成长，关系到亿万农民的科学文化素质的提高，而且关系到传统农业向现代农业转变的进程，关系到国民经济和社会发展的全局。中央农村教育工作会议，提出今后五年发展农村义务教育的目标和任务。完成这些目标和任务，要继续巩固和完善中央确定的"在国务院领导下，由地方政府负责、分级管理、以县为主"的农村义务教育管理体制，为农村教育长远发展建立稳定的体制环境和制度保证。县级政府要切实担负起对本地教育发展规划、经费安排使用、校长和教师人事等方面进行统筹管理的责任，继续发挥乡镇政府在普及农村义务教育中的责任。要通过调整财政支出结构，建立起省、地（市）、县、乡镇分级负担与中央专项支持相结合的农村义务教育经费投入保障机制。各级政府要认真落实中央关于新增教育经费主要用于农村，税费改革后农村义务教育投入不低于改革前的水平并力争有所提高的要求。同时，也要增加对职业教育、农民培训和扫盲教育的经费投入。要确保农村中小学教职工工资按时足额发放，确保农村中小学危房改造经费落实，确保农村中小学校正常运转的基本支出需要。在国家和省扶贫开发工作重点县，义务教育阶段学校一律实行"一费制"，省、地（市）政府对公用经费缺口要予以补足。建立和完善中小学收费公示制度和学校收费巡查制度，加强收费管理，坚决制止中小学乱收费。

完善国家和社会资助贫困学生的制度，保障家庭经济困难学生受教育的权利，是促进教育公平、公正发展的重要政策。要建立健全扶持农村家庭经济困难学生接受义务教育的制度。2007 年，争取全国义务教育阶段家庭经济困难学生都能享受到免杂费、免书费、补助寄宿生生活费；设立中小学助学金，逐

步扩大免费发放教科书的范围；广泛动员和鼓励机关、团体、企事业单位和公民捐资助学，落实对捐资助学单位和个人的税收优惠政策。要落实高等学校奖学金、学生贷款、勤工助学、困难补贴等资助家庭困难学生的政策措施，特别是抓紧建立健全以国家助学贷款为主体的国家助学体系，努力做到不让学生因家庭经济困难而辍学。

四、形成公办学校和民办学校共同发展的格局

进一步改革办学体制，鼓励社会力量办学，形成公办学校和民办学校共同发展的格局，符合我国社会主义的办学方向。近些年来，各类民办学校及教育机构数量增长较快，发展规模逐步扩大，已经成为我国社会主义教育体系的重要组成部分。目前，国家已经形成了一系列有关民办教育的法规和制度，特别是 2002 年 12 月 28 日第九届全国人大常委会第 31 次会议通过了《中华人民共和国民办教育促进法》。各地也出台了许多地方法规和规章，保障和促进本地社会力量办学的发展。但是，现有的一些法规亟待完善。要继续坚持"积极鼓励、大力支持、正确引导、加强管理"的方针，尽快解决依法理顺和明确学校产权、健全学校管理体制、完善学校内部管理机制、落实优惠政策等当前影响民办教育发展的问题。同时，要依法规范和加强政府对社会力量办学活动的监管，维护社会力量办学质量和声誉，创造有利于民办教育健康发展的良好环境。各级政府应对发展社会力量办学作出突出贡献的组织和个人，进行表彰和奖励。这要成为一种制度，鼓励全社会进行智力投资，促进民办教育健康发展。

我国是发展中国家，正处在社会主义初级阶段，仅仅依靠政府财政不可能满足教育发展的需求，必须完善和规范以政府投入为主、多渠道筹措教育经费的教育投入体制。要借鉴国际社会发展教育的经验，在鼓励社会和个人对教育的捐赠、设立教育基金、建立教育银行、发行教育债券等方面进行积极的探索。要积极发展中外合作办学，扩大教育对外开放，不断增加教育机会，使我国教育的办学主体结构更趋多元化。

（2003 年 10 月）

关于解决高校毕业生就业问题的建议

"十五"期间，全国就业形势面临着城镇新增劳动力就业、农民进城务工就业和下岗失业人员再就业"三峰叠加"的严峻局面，高校毕业生数量将进入一个较长时期的持续攀升阶段。在这种大环境下，高校毕业生就业"难"的问题初现端倪，引起了方方面面的普遍关注。扩大就业是我国当前和今后长时期重大而艰巨的任务，毕业生就业是城镇新增劳动力就业的重点。要科学分析和判断今后几年毕业生就业趋势，未雨绸缪，鉴往知来，早做因应之策。

一、正确认识高校毕业生就业形势

1. 今年是我国高校大规模扩招后第一个大学毕业生就业高峰年。高校毕业生达到 212.2 万人，其中研究生 12.1 万人，本科生 91.9 万人，专科（高职）生 108.2 万人，毕业生总数比上年增加 67 万人，增幅达 46.2%。预计 2004 年毕业生有 280 万人，2005 年毕业生约 340 万人。2003 年至 2005 年，毕业生三年总计 830 万人。目前，社会上对大学生就业问题的议论纷纷扬扬，对高校扩招的看法也莫衷一是。对此，一定要辩证分析和思考，保持清醒的头脑。

2. 高校扩招是全面推行劳动预备制度的显著标志，是推进改革开放和现代化建设的必然要求。去年全国高等教育毛入学率达到 15%，刚跨入国际公认的"大众化"门槛，这不仅与发达国家已经实现的 35% 至 55% 的指标相距甚远，而且也低于一些发展中国家，绝不能认为我国的大学生多了。这几年，如果没有高校扩招使大部分劳动适龄青年延迟就业，低素质劳动力就业难的问题将会凸现。高校连续三年扩招，并在此后保持相当的招生规模，不仅有利于维护我国社会政治稳定大局，而且可以满足各行各业对高素质劳动力的需求。

3. 今后几年，毕业生就业形势既有压力，也有潜力。据教育部统计分析：去年毕业生数量和全社会需求相比，研究生为 1：2.6，本科生为 1：1.3，专科（高职）生为 1：0.4；当年毕业生就业人数 116 万人，就业率为 80%；在 29 万未就业的毕业生中，有 15 万人左右从事灵活就业，约 2 万人复习考研，真正未就业的只有 12 万人左右，主要是专科（高职）生。由此可见，毕业生就业"难"的症结是结构性的，经过努力完全有条件基本实现充分就业的目标。

4. 对当前毕业生就业工作中存在的问题，必须高度重视并认真加以解决。一些地方重视程度不够，各种限制还不少；高校现行的人才培养模式不适应经济社会发展的需要；毕业生求职愿望呈现"四多四少"现象，即东部多、西部少，城市多、农村少，机关多、基层少，外企多、国企少。这些问题不解决，我们将在毕业生就业持续高峰阶段承担巨大的社会稳定压力。党中央、国务院去年先后下发了国办发〔2002〕19 号和教学〔2002〕16 号两个文件，制定了做好毕业生就业工作的一系列政策措施。关键在于全部落实到位。

二、各级政府要切实做好毕业生就业工作

1. 要把毕业生就业问题摆在政府工作的重要位置，纳入当地经济和社会发展的整体规划，列入统计和考核"城镇登记失业率"、"新增就业岗位"指标中的重要内容，加快完善工作管理体制和建全领导协调机构，建立起"市场导向、政府调控、学校推荐、学生与用人单位双向选择"的毕业生就业机制。努力做好毕业生就业形势分析和预警工作，加强宏观经济政策之间的综合配套，制定有针对性的、可操作性强的对策。有条件的地方应建立大学生人才储备制度。

2. 各地要取消用人单位特别是非国有单位进人指标、户口指标和各种增人卡的限制，鼓励其多招聘毕业生；允许毕业生跨省市流动，取消出省（自治区、直辖市）费、出系统费和其他不合法、不合理的收费；采取减免教育贷款和经费补贴等措施，引导毕业生到西部和欠发达地区工作，户口和人事关系存放地尊重本人意愿。西部和欠发达地区因编制和经费问题影响接纳能力，国家应统筹调剂解决并给予资金支持。

3. 建立毕业生就业服务网络体系，为毕业生提供及时、准确的需求信息、

就业政策、择业指导和心理咨询。鼓励和促进毕业生自主创业、灵活就业、竞争择业，在工商登记、小额贷款、税费减免等方面给予政策优惠。实行未就业毕业生登记和见习补贴制度，对登记在册的人员提供就业见习岗位，政府给予生活补贴并提供见习期间的综合保险。对家庭生活困难的未就业毕业生，当地政府在他们求职期间应保障他们的基本生活，符合条件的要纳入城市"低保"范围。

4. 大力发展、规范和整顿毕业生就业市场、人才市场和劳动力市场，实现各类市场之间相互融通，网上信息资源共享，更好地为毕业生和用人单位服务。对毕业生提供"一站式"和"一条龙"服务，免费进行职业介绍和创业指导。加强对各类职业中介行为的监管，严厉打击非法职业中介和各类欺诈行为，依法查处各类企业招聘毕业生不签订合同、滥用试用期、随意压低和克扣工资、拒缴社会保险费等违法行为。

三、高等学校要大力调整人才培养结构

1. 高校扩招要坚持"面向现代化、面向世界、面向未来"的方针，坚持数量、质量、结构、效益的统一，使其发展规模、专业设置和招生数量同就业状况适度挂钩、同经济社会发展水平相适应。要统筹配置全社会的教育资源，依法规范和积极支持各级各类民办教育发展，从国家、地方和高校三个层面形成招生、培养、经费和就业相互联系、相互促进的宏观运行机制，避免脱离实际盲目兴建大学城。

2. 要把毕业生就业作为高校的战略性任务和经常性工作来抓，坚决摆脱只重视招生、不重视就业的传统办学思想的羁绊，将毕业生就业率作为高校评估和领导班子考评的重要内容。所有高校都要构建职业指导服务体系，从大学一年级开始设立"职业设计和规划"课程，选择具有足够数量的、专业化和职业化水平较高的指导教师，积极开展以提高就业能力为宗旨的产学研合作教育，对大学生进行全员、全面、全程的职业指导。

3. 要立足当前、着眼长远，加快调整高校学科专业结构、教材教学内容和师资队伍力量，对在校生普遍实行学分制和弹性学制，允许报考双学位或双学历教育，重点学校要在自然科学、经济、管理等课程上进行双语教学等。围绕实现培养创造、创新、创业型人才的目标，既要重视少数高精尖人才的培

养，更要重视多数学生整体素质的提高、知识面的拓宽和实践能力的提高。

4. 高等职业教育要注重培养专才，真正办出特色，不能搞成本科教育的浓缩。要结合产业结构调整和技术升级的需要，大力推进高职招生、就业制度、课程设置和培养方式改革，建设一批校企结合的生产实习基地，加快实行学业证书和职业资格证书并重的制度，培养生产、服务、管理第一线需要的实用人才。要特别重视高级技工的培养。

四、全社会都要关心毕业生就业问题

1. 坚持学校、家庭和社会三结合，对毕业生进行爱国主义、集体主义、社会主义教育，引导他们树立正确的世界观、人生观、价值观和择业观，鼓励和支持他们到西部去、到农村去、到社区去、到中小企业去、到祖国最需要的地方去。尤其是农学、医学和师范等专业的毕业生，沿海地区和中部大中城市已近饱和，到西部去、到农村去、到基层去是大有作为的。

2. 正确引导社会的教育投资和消费，客观估计居民的承受能力、学校的办学条件和社会的实际需求，牢牢把握提高质量这条高等教育发展的生命线，疏导毕业生和家长过高的择业期望值，充分发挥行业或系统在配置人力资源、拓宽就业渠道方面的重要作用。要各行业、各部门合理定位企业用人层次，通过吸纳毕业生改变从业人员队伍结构，既要避免片面追求高学历造成人才"高消费"现象，也要解决本系统基层单位"用廉不用优"倾向。

3. 动员和组织社会各方面的力量，为毕业生营造良好的就业环境。各级劳动保障、财政、发展改革、税务、工商和金融部门，应认真履行职责，不断研究新情况，解决新问题。工会、共青团、妇联等群众组织和民主党派、工商联，应继续发挥自身优势，在促进毕业生就业方面作出更大的贡献。新闻媒体要广泛宣传中央的各项方针政策，介绍各地促进毕业生就业的先进经验，推广毕业生自主择业和创业的典型事迹，始终掌握正确的舆论导向。

4. 在继续提高我国高等教育水平的同时，建立终身教育体系和学习型社会。在市场竞争的环境下，特别是面对我国加入 WTO 的新形势，"一张考卷、一次就业定终身"的格局已被彻底打破，人的一生可能经历几次竞争就业的选择和考验。要科学规划和发展社区教育、行业企业培训、继续教育、网络教育等，建设学习型社区、学习型企业、学习型家庭，构建学习型社会需要的终身教育体系。

　　高校扩招和毕业生就业，是一项庞大的、复杂的、艰巨的系统工程。要把这项工作作为实施科教兴国战略的关键环节，坚持不懈地抓紧、抓好、抓出成效来，不断增强综合国力、提高国民素质、促进经济发展和社会全面进步。

（2003 年 5 月）

推动卫生事业改革发展

加强医疗卫生服务，提高人民健康水平，是构建社会主义和谐社会的重要任务之一。建设覆盖城乡居民的基本卫生保健制度，为群众提供安全、有效、方便、价廉的公共卫生和基本医疗服务，是各级政府和卫生部门肩负的基本职责。

一、积极推行新型农村合作医疗制度

我国公共卫生建设的重点在农村。2003 年以来逐步建立的新型农村合作医疗制度，是彻底解决农民看不起病，因病致贫、因病返贫的重大举措。各级政府精心组织、周密安排、稳步推进，这项制度试点工作已经取得明显成效。2006 年，试点范围扩大到 1433 个县（市、区），占全国县（市、区）总数的 50%；有 4 亿多农民参加合作医疗，占全国农业人口的 45.8%；中央和地方财政共安排 123 亿元补助资金，对参加合作医疗的农民补助标准提高到 40 元；全国已有 1.4 亿农民从合作医疗中受益，共得到医疗费用补偿 95.8 亿元。

今年新型农村合作医疗制度试点范围扩大到全国 80% 以上的县（市、区），有条件的地方还可以搞的更快一些。中央财政对中西部地区这方面的补助资金安排 101 亿元，比去年增加 58 亿元。这充分体现出党中央、国务院对农村卫生工作的高度重视。做好今年试点工作，要继续坚持互助共济，坚持公开公正，坚持便民利民，真正让农民受益。一要加强合作医疗基金监管。规范各级政府合作医疗补助资金的拨付程序，确保资金及时、足额到位。积极探索农民个人缴费方式，充分发挥基层组织作用，建立稳定的农民筹资机制。加强对合作医疗基金的监管，防范基金风险，确保基金安全。二要科学制定和调整农民医疗费用补偿方案。中央和省级要加强对不同地区的分类指导，逐步规范统一合作医疗管理制度，完善方便农民的费用结算办法，扩大和提高参合农民受益面和受益程度。搞好新型农村合作医疗制度与农村医疗救助制度的衔接，提高贫困农民的受益水平。三要规范新型农村合作医疗管理。重点检查定点医疗机构服务行为和医疗费用使用，采取有效措施遏制医疗费用不合理增长。继续探索农民参与监督和民主管理的长效机制。加强新型农村合作医疗管理能力建设，逐步健全各级合作医疗管理和经办机构，开展合作医疗管理和经办人员的政策、业务培训。四要加快合作医疗信息化步伐。推动中央和省级新型农村合作医疗信息平台建设，逐步实现网上审核、监管和信息传输，提高管理效率和服务水平。

今年还要认真实施《农村卫生服务体系建设与发展规划》，加强农村医疗卫生基础设施建设，巩固和健全县乡村农村医疗卫生服务体系。一是重点加强乡镇卫生院建设。每个乡镇要有一所政府举办的卫生院，并由县级政府统一管理；地方政府根据实际情况，采取多种形式支持每个行政村设立一个卫生室。到2010年，基本完成县级医疗机构、预防保健机构和乡镇卫生院房屋设备改造和建设任务，保证开展公共卫生和基本医疗服务所必需的基础设施和条件。二是加快农村卫生体制和运行机制改革。要优化农村卫生资源配置，以乡村两级为重点，落实职能、人员和工作经费。在部分地区开展乡镇卫生院收支两条线管理和农村卫生机构业务合作试点，推进乡村卫生服务管理一体化。认真抓好二级以上医疗卫生机构对口支援乡镇卫生院扩大试点工作，指导中西部21个省（区、市）制定试点工作实施方案，推动"万名医师支援农村卫生工程"持续发展。三是切实加强农村医疗卫生队伍建设。特别要加快培养适合农村需要的卫生技术人员，完成中西部地区乡村两级急诊急救人员培训；更好地贯彻落实《乡村医生从业管理条例》，研究乡村医生和乡镇卫生院临床医疗服务人员向执业（助理）医师过渡的有关政策措施；利用社会捐赠资金在部分地区开展乡村医生继续医学和学历教育，发挥现有教育资源和远程教育手段作用；评选表彰和大力宣传优秀乡村医生的先进事迹。到2010年，使全国大多数乡村医生具备执业助理医师或执业医师资格。四是促进农村初级卫生保健深入发展。加大农村初级卫生保健知识和有关政策宣传力度，加强农村地区疾病预防控制、妇幼保健等公共卫生工作，明确乡镇卫生院和村卫生室的公共卫生职责，确定专人负责疾病监测报告、预防接种等公共卫生任务。新型农村合作医疗试点县要在乡村卫生机构建立农民健康档案，发挥其在农村防病治病和规范农村基层卫生服务中的积极作用。

二、加快建设新型城市卫生服务体系

加快建设以社区卫生为基础的新型城市卫生服务体系，是深化城市医疗卫生体制改革、促进城市医疗卫生事业发展的主要任务。改革开放以来，我国城市卫生事业有了很大发展，服务规模不断扩大，科技水平不断提高，医疗条件明显改善，疾病防治能力显著增强，为增进人民健康发挥了重要作用。但是，还存在优质资源过分向大医院集中，社区卫生服务资源短缺、服务能力不强、不能满足群众基本卫生服务需求等问题。这是造成群众看病难、看病贵的重要原因之一。落实《国务院关于发展城市社区卫生服务的指导意见》精神，必须坚持预防为主、防治结合的方针，优化城市卫生服务结构，方便群众就医看病，减轻医疗费用负担，建立和谐医患关系，努力满足群众的基本卫生服务需求。

（一）加大城市医疗卫生资源调整力度，建立合理的分工协作体系

社区卫生服务是实现人人享有初级卫生保健目标的基础环节，适宜社区开展的疾病预防控制、妇幼保健公共卫生服务交由社区卫生服务机构承担，预防保健机构要对社区卫生服务机构提供业务指导和技术支持。要实行社区卫生服务机构与大中型医院多种形式的联合与合作，建立分级医疗和双向转诊制度，探索开展社区首诊制试点，由社区卫生服务机构逐步承担大中型医院的一般门诊、康复和护理等服务。要制定和实施社区卫生服务发展规划，新建和改建城市居民区要与社区卫生服务设施同步规划、同步建设、同步使用。要以探索维护社区卫生服务公益性、落实基本卫生保健职能为重点，开展社区卫生服务机构收支两条线管理以及药品政府采购、统一配送、零差率销售和社区首诊制等试点研究工作。

（二）坚持政府主导、鼓励社会参与，建立健全社区卫生服务网络

社区卫生服务的公益性质，要求必须注重卫生服务的公平、效率和可及性，多渠道发展社区卫生服务。地方各级政府要有计划、有步骤地建立健全以社区卫生服务中心和社区卫生服务站为主体，以诊所、医务所（室）、护理院等其他基层医疗机构为补充的社区卫生服务网络，充分发挥社会力量举办的社区卫生服务

机构的作用。要以社区、家庭和居民为服务对象，以妇女、儿童、老年人、慢性病人、残疾人、贫困居民等为服务重点，以主动服务、上门服务为主，开展健康教育、预防、保健、康复、计划生育技术服务和一般常见病、多发病的诊疗服务。要推进落实社区卫生服务补助政策，研究制定社区卫生诊断、健康教育、预防、保健等社区卫生服务各项技术规范，完善健康档案管理、家庭出诊、双向转诊等社区卫生服务工作规范，推进社区卫生服务规范化建设。

（三）加强社区卫生服务队伍建设，培养更多高水平的全科医生

社区医疗在国外是全科医疗全科医生，全科医生培养培训占有非常重要的位置，而我国目前在本科培养全科医生的医学院校极少。要从发展社区和乡村医疗的实际需要出发，在医学院校应设立全科医学专业或全科医学系，在医学专业本科生中增加全科／家庭医学的教学内容，建立全科医学培训师资队伍和全科医生培训基地。城市中心医院和预防保健机构应定期选派高素质的医疗技术人员轮流到社区卫生服务机构坐诊，定期接收社区医生进修学习、参加学术活动，城市医院医护人员晋升职称应有在社区卫生服务机构的工作经历，鼓励退休医护人员依照有关规定参与社区卫生服务。

发展社区卫生服务是政府履行社会管理和公共服务职能的一项重要内容，主要责任在地方政府。要制订社区卫生服务发展中长期规划和年度发展计划，将发展社区卫生服务纳入当地国民经济和社会发展规划及区域卫生规划，落实规划实施的政策措施；完善社区卫生服务运行机制，按照服务工作需要和精干、效能的要求，实行定编定岗、公开招聘、合同聘用、岗位管理、绩效考核的办法；加强社区卫生服务的监督管理，规范社区卫生服务机构的设置条件和标准，依法严格社区卫生服务机构、从业人员和技术服务项目的准入，发挥行业自律组织提供服务、反映诉求、规范行为等作用；加大对社区卫生服务的经费投入，建立稳定的社区卫生服务筹资和投入机制，为社区卫生服务机构提供必要的房屋和医疗卫生设备等设施，根据社区人口、服务项目和数量、质量及相关成本核定预防保健等社区公共卫生服务经费补助。各有关部门要切实履行职责，共同推进社区卫生服务发展。

三、开展城镇居民基本医疗保险试点

从我国目前城乡居民的医疗保障制度状况看，城镇职工基本医疗保险制度全面实施，新型农村合作医疗试点工作顺利推进，但学生、儿童和其他非从业城镇居民的医疗保障缺乏制度安排，问题日益突出，参保呼声强烈。近几年来，广东、江苏等地 100 多个市（县）开始探索城镇居民基本医疗保险办法，初步缓解了城镇居民"看病难、看病贵"问题，受到老百姓的欢迎，也为全国探索城镇居民医疗保障制度积累了经验。地方政府反映，这项工作花钱不多，但社会政治效果好。目前，许多省市已经将此项工作列入政府重要议事日程，在全国范围内启动以大病统筹为主的城镇居民基本医疗保险试点的时机已经成熟。

（一）关于城镇居民基本医疗保险试点的目标、任务和基本原则

这次试点工作的目标是：根据构建社会主义和谐社会的总体要求，坚持以人为本的科学发展观，着眼于促进社会公平正义、完善医疗保障体系和实现制度可持续发展，用三年左右的时间进行试点，探索建立以大病统筹为主的城镇居民基本医疗保险。试点工作的任务主要有三项：一是各地可结合本地实际，因地制宜探索城镇居民基本医疗保险实施办法；二是建立健全多方筹资、合理分担的筹资机制；三是充分利用现有管理服务体系，完善管理办法，提升管理能力，为城镇居民提供方便的医疗保险管理服务。已经开展城镇居民基本医疗保险工作的地区，要进一步总结经验、完善制度、规范管理。试点工作坚持的基本原则是：筹资水平适当，重点保障城镇居民大病医疗需求；覆盖范围广泛，城镇各类居民都可按规定参保缴费，实行属地管理；缴费责任分担，医疗保险缴费以个人和家庭为主；统筹合理安排，做好各类医疗保障制度之间基本政策、标准和管理措施等的衔接。

（二）关于城镇居民基本医疗保险的保障范围、筹资水平和待遇支付

城镇居民基本医疗保险的保障范围，主要是城镇学生、少年儿童和其他非从业城镇居民，重点保障住院和门诊大病医疗费用支出，有条件的地区可以逐步试行门诊医疗费用统筹的保障方式。各保险筹资以个人和家庭缴费为主，探索建立筹资水平、缴费年限和待遇水平挂钩的机制。老年人、残疾人、低保对象和享受助学金及助学贷款的非在职在校大学生等困难城镇居民参加基本医疗保险，应缴费用主要由财政给予补助。中央财政对中西部地区的困难城镇居民参保缴费给予适当补助，省（区、市）财政对困难城镇居民参保缴费也要给予补助，补助经费要纳入各级政府财政预算。城镇居民基本医疗保险基金用于支付医疗保险规定范围内的医疗费用，明确分担比例，完善支付办法。城镇居民基本医疗保险支付范围以外的医疗费用，可以通过补充医疗保险、商业健康保险和社会医疗救助等方式解决。

（三）关于城镇居民基本医疗保险基金管理和医疗服务管理

各统筹地区要按照社会保险基金管理的有关规定，建立健全财务制度，加强基本医疗保险基金的管理和监督，保证基金安全。要综合考虑城镇居民医疗需求和基本医疗保险基金承受能力等因素，合理确定城镇居民基本医疗保险医疗服务范围，特别要积极推行医疗费用按病种付费、按总额预付等结算方式，探索协议确定医疗保险医疗服务费用标准的办法。同时，要加强医疗保险信息系统和劳动保障社区服务平台建设，充分发挥街道社区、学校等社会组织的作用，探索建立健全由政府机构代表、参保人代表、社会团体代表、医药服务机构代表等参加的医疗保险社会监督组织，逐步建立医疗保险专业技术标准组织和专家咨询组织，完善医疗保险服务管理专业技术标准和业务规范。

四、继续做好重大疾病和传染病防治工作

提高重大疾病和传染病防治能力，是加强公共卫生体系建设的重要任务。夺取抗击"非典"胜利后三年来，我国疾病控制体系建设与疾病预防控制工作取得了长足的进步与发展，覆盖城乡、功能完善的疾病预防控制体系和突发公共卫生事件医疗救治体系，已经基本建成并投入使用。今年将进一步加大重大疾病和传染病防治工作和投入力度，将甲肝、流脑等15种可以通过接种疫苗有效预防的疾病纳入国民免疫计划，在免费救治艾滋病、血吸虫病等传染病患者的基础上扩大免费救治病种，充分体现了党和政府高度重视保障人民的健康权益。

（一）完善疾病预防控制体系和应急救治体系

要按照健全职能、转换机制、落实责任、保障经费、增强能力、改善服务的要求，重点预防控制艾滋病、结核病、乙肝、鼠疫、霍乱、非典、人感染高致病性禽流感等重点传染病，血吸虫病、疟疾、包虫病、黑热病和食源性寄生虫病等严重威胁人群健康的重大寄生虫病，高血压、心脑血管疾病、糖尿病等严重危害人民健康的疾病。要推进各级疾控机构规范化建设，明确职能定位，落实责任目标，完善运行机制，提高总体服务能力。要解决中西部地区疾病预防控制机构设备不足等问题，探索建立以农村和社区为基础的重大疾病防控干预机制，重点提高现场流行病学和实验室检测检验水平。要完善突发公共卫生

事件应急机制和医疗救治体系，建立规范、科学、有序的突发公共卫生事件应急机制，建立和完善重大传染病疫情和突发公共卫生事件监测系统、医疗救治信息系统，全面提高突发公共卫生事件的预警、指挥和处置能力。

（二）进一步加强各级卫生监督体系建设

要加强各级卫生监督执法机构建设，规范机构设置和编制标准，严格人员准入，强化人员培训，全面提高监督执法水平和能力。要完善改善卫生法律法规、各种技术规范、操作规程和行业标准，健全技术准入、执业规范、质量考核、日常监督、信息发布、患者权益保护等项监管制度。要加强医疗服务监管，落实《传染病防治法》等有关法律法规。以医疗质量和医疗安全为核心，加强基础医疗和护理的管理；规范医疗服务行为，合理检查、合理用药、因病施治，改善患者就诊环境，优化服务流程，方便群众就医；维护医疗服务秩序，打击非法行医和各种不正当竞争，严禁违法医疗广告和其他损害群众利益的行为。要加强职业卫生监管，依法保护职工健康权益。强化用人单位职业卫生的主体责任，严格执行国家职业安全和劳动保护规程及标准，按规定配备职业病防护设施和发放符合要求的劳动防护用品，对从事可能产生职业危害作业的人员定期进行健康检查。要严肃查处损害职工健康的不法行为，对重大职业卫生案件除惩处企业负责人外，还要追究有关领导责任。同时，要加强食品、餐饮和公共卫生场所监管，保障人民群众健康安全。

（三）全面提高妇女儿童健康水平

加强妇幼卫生工作要努力实现"三个降低"：一是降低孕产妇死亡率。在基层医疗卫生机构配置必要的设备，加强妇幼保健人员培训，推广适宜技术，提高基层卫生服务能力，实施贫困救助。提高住院分娩率，确保孕产妇的生育安全。二是降低新生儿窒息和 5 岁以下儿童死亡率。儿童保健覆盖率在城市达到 90%以上，在农村达到 80%以上。积极防治儿童多发病和常见病；逐步扩大儿童国家免疫规划疫苗种类；加强儿童疾病综合管理和儿童生长发育监测等工作；促进母乳喂养，改善儿童营养状况。三是降低出生缺陷发生率。开展出生缺陷防治宣传教育活动；认真做好三级预防，推动铁和叶酸等食品强化工作；做好产前诊断、孕期保健和新生儿疾病筛查工作。有关部门要对影响出生缺陷的生物遗传、社会环境、不良生活方式等重大危险因素进行研究、评估和干预。要围绕提高出生人口素质，推进"中国人口早期教育暨独生子女培养示范区"试点工作，普及婴幼儿抚养和家庭教育的科学知识，强化独生子女社会行为教育和培养。

（四）广泛深入开展爱国卫生运动

爱国卫生运动是组织开展群众性卫生活动的一种好方式。要围绕国家第三步发展战略目标，重点抓好健康教育、农村改水改厕、创建卫生城市、除四害，以及重大灾情和疫情的控制与预防。要把爱国卫生运动作为传播知识、教育群众、共同关心、人人努力的过程，作为倡导现代文明，普及科学知识，推广科学方法，推动社会进步的过程。要切实加强爱国卫生工作的执法监督、群众监督和舆论监督，增强社会卫生意识，减少和消除危害健康的因素，改善环境，除害防病，提高全民生活质量、卫生素质和健康水平。要继续开展卫生城市和卫生城镇的创建工作，逐步开展健康城市和健康城镇活动。到 2010 年，建设 128 个国家卫生城市（区）和 450 个国家卫生镇。同时，要进一步改善农村环境卫生，加大农村改水、改厕力度。到 2010 年，农村自来水普及率达到 70%，农村卫生厕所普及率达到 65%，促进社会主义新农村建设。

今年《政府工作报告》中，还强调了两个需要重点抓好的问题。一是"大力扶持中医药和民族医药健康发展，充分发挥祖国传统医药在防病治病中的重要作用"。我们要在预防、医疗、康复、健康教育等方面，更好地利用中医药和民族医药资源，特别要加强农村和城市社区中医药和民族医药服务能力建设，合理配备中医药或民族医药专业技术人员，积极开展对农村和城市社区卫生服务从业人员的中医药基本知识和技能培训，推广和应用适宜的中医药和民族医药技术。二是"抓紧研究制定深化医疗卫生体制改革方案，努力解决好广大群众关心的看病就医问题"。深化医疗卫生体制改革，重点是推进医疗机构管理体制改革，实行医疗机构由当地政府属地化全行业管理；逐步理顺医疗卫生行政管理体制，整合政府卫生管理机构并实施综合行政管理；改革"以医补药"机制，实施"药品收入分开"，规范医疗机构收支管理；加强医务人员医德医风建设，完善收入分配机制，大力弘扬救死扶伤的人道主义精神。

（2008 年 3 月）

抗击 SARS 疫情的启示

　　SARS 疫情是一场突如其来的危机，对人民身体健康和生命安全构成严重威胁，给经济社会发展造成一定困难。这场危机是"危"更是"机"。正如摩根斯坦利全球首席经济专家罗奇最近所说："中国可从这场或会演变成大灾难的疫病中吸取教训，崛起一个更强大的中国。" SARS 的发生、蔓延与防治工作的启示是多方面的，举其荦荦大端如下：

　　第一，推进政府政风建设。抗击 SARS 疫情以来，各级政府工作适应能力和透明度增强，不良现象减少，领导干部工作作风明显转变，政府机关办事效率显著提高。这说明顽症可治。要巩固政风建设已取得的成果，加快转变政府职能：一是改变一些领导热衷于树形象、上项目、报喜不报忧等"政绩思维"方式。二是增强政府处理公共突发事件的快速反应能力。三是下决心像处理瞒报、谎报、漏报 SARS 疫情的责任人那样，解决当前一些地方和部门存在的虚假浮夸、形式主义、作表面文章等问题。四是坚决纠正一些地方和部门存在的各自为政现象。五是毫不动摇地加强廉政建设和反腐败工作。

　　第二，高度重视经济与社会的协调发展。改革开放 20 多年来，我国经济发展取得举世瞩目的成就，但科技、教育、卫生、文化、社会保障等社会事业的发展却相对滞后，已经成为我国现代化建设和社会全面进步的"瓶颈"。SARS 疫情来势猛、扩散快、危害大。相形之下，现有的公共卫生服务和疾病控制体系显得非常脆弱，其他方面的公共服务能力也很不适应。这使我们从全局和战略的高度，加深了对实现经济社会协调发展的认识。必须在抓好经济工作的同时，加快发展城乡各项社会事业，全面提高各级政府公共服务能力。

　　第三，在农村进行一场卫生革命。SARS 疫情的暴发，凸现了农村公共卫生体系是我国社会事业发展最薄弱的环节，广大农民缺医少药、无钱看病的状况仍非常严重。农村防治SARS的实践告诉我们：必须坚持抗灾和救灾并举，当前和长远并重。无论从传染病防治，还是加快农村小康建设，都需要健全和完善农村初级医疗卫生体系，也需要建立农村社会医疗救助体系，推进农村卫生事业发展。同时，要统筹考虑农村其他社会事业发展问题。

第四，加快国民经济和社会信息化建设。SARS疫情的发生，使新的思维方式、行为方式和生产生活方式正在形成。广播、电视、电话等媒体以及互联网等，为人们获取信息、商务沟通、购物、就学、求医等提供了很大便利，有力维护了正常的经济社会秩序。为了迎接经济全球化和知识经济的挑战，为了满足为公共服务的宗旨和以经济建设为中心的目标，要大力发展电子政务、电子商务、电子娱乐、远程教育、远程医疗等，建立网络服务体系。

第五，健康教育要经常化、制度化。SARS疫情使公众人人注意自我防护，注意清洁卫生，注意锻炼身体，珍爱生命和健康。要广泛深入地开展全民爱国卫生运动、全民健身运动，让全社会和每个公民都自觉规范行为方式，发扬社会公德，增强身体素质，从根本上抗大病、防大疫。要倡导科学的生活和卫生习惯，如改变吃"野味"、随地吐痰、乱丢垃圾等陋习，倡导"分餐制"等。要从每个公民做起，从一点一滴做起，根除积年恶习，培养现代文明意识。

第六，强化全民环境保护意识。SARS疫情为我们敲响了警钟：人类必须与自然界和谐相处，否则就会受到自然界的惩罚。科学家预言，SARS与AIDS、禽流感、疯牛病等一样，都是生态环境破坏的产物。一定要从根本上治理城乡环境污染做起，使环境保护成为全民的、全社会的共同意识。当务之急是做好与防治SARS有关的污水和垃圾的无害化处理。要建立健全各种标准，加快发展绿色食品产业。这既是保证人民群众身体健康和生命安全的需要，也是调整农业结构、促进农民增收的有效途径。

第七，在全社会掀起学法、守法、用法高潮。前一段，防治工作中暴露出一些有法不依的严重问题，是造成疫情蔓延扩散趋势加剧的重要原因。由此可见，法贵于行，防治"非典"必须防止"非法"。抗击SARS是对每一位公民守法意识和法律行为的检验，必须坚持依法决策、依法办事、依法治疫。近日，《突发公共卫生事件应急条例》也已颁布实施，标志着我国突发公共卫生事件应急处理工作纳入法制化轨道。要将此作为普法教育的重要内容，做到家喻户晓、人人皆知。"奉法者强则国强"。在建设社会主义法治国家的进程中，至关重要的是抓紧健全和完善适应依法治国需要的法律体系。

第八，各行各业都要弘扬良好的职业道德。面对防治 SARS 这场生与死的抉择，广大医务人员包括军队医务人员临危受命，恪尽职守，发扬无私奉献的革命精神和救死扶伤的人道主义精神，表现出非凡的职业勇气和高尚的职业道德，涌现出钟南山、叶欣等一批英雄人物，筑起了一座抗击 SARS 的钢铁长城，大大增强了中华民族的凝聚力。这是宝贵的精神财富。应以此为契机，在各行各业广泛开展学习卫生系统先进事迹，进行爱岗敬业、无私奉献教育，树立良好的职业道德。

第九，树立新的国家安全观。伊拉克战争与 SARS 疫情接踵而至，再次说明这个世界并不太平。现在，人们一般将国防、政治、经济、科技、生态等方面的安全纳入国家安全体系，而轻视疾病肆虐和其他不可预见因素对人类社会安全可能造成的破坏。抗击 SARS 这场没有硝烟的战争告诉我们，一定要树立新的国家安全观。在建立起传染病防治机制的同时，还要清醒地看到生化武器和基因变异灾难，核材料的安全使用和保存，国家重点实验室的安全与保密，巨大水坝的安全，主要水源的防毒防污染，有关国计民生的物资（例如粮食、石油、医疗用品等）的储备和供应，金融风险的防范，舆论的引导与控制等，都关系到国家安全问题，有关部门应加快建立相应的危机处理机制。

第十，全面提高国民素质势在必行。SARS 疫情深刻地警示我们：强大的综合国力，是抗御自然灾害、应对突发事件和驾驭各种复杂局面的基础条件。在某种意义上说，国民素质是第一国力。SARS 疫情发生后暴露出的问题，许多与国民素质欠缺有关。因此，亟需完善我国现行的国民教育体系，要从娃娃抓起，既要重视科学和文化素质教育，也要重视思想、道德、法律、职业、健康、国防等方面的素质教育，全面提高国民素质的现代化水平。

（2003 年 5 月，本文同刘文海同志合作完成）

乡镇企业职业卫生状况应引起重视

到 2002 年底，全国共有乡镇企业 2133 万个，从业人员 13288 万人，实现增加值 32386 亿元，其中工业企业 628 万个，从业人员 7668 万人，实现增加值 22773 亿元，分别占全国乡镇企业的 29.4%、57.7% 和 70.3%。乡镇企业实现的增加值占全国国内生产总值的 31.6%，乡镇工业企业增加值占全国工业增加值的 49.6%，乡镇企业已成为我国国民经济的重要支柱和工业经济的半壁江山。根据农业部、卫生部提供的有关资料，随着乡镇企业的发展壮大，职业病危害问题日益突出，严重侵犯了职工的合法权益，严重影响了企业的持续发展，引起了社会各方面的广泛关注。近两年来，为了贯彻《职业病防治法》、《危险化学品安全管理条例》《使用有毒物品作业场所劳动保护条例》等法律法规，农业部下发了《关于切实加强农业职业卫生工作的通知》，组织开展了多种形式的学习和宣教活动，并配合有关部门对乡镇企业中从事制鞋箱包加工、皮革加工、玩具制造、家具制造、装饰材料加工等行业进行了专项整治工作。地方各级乡镇企业行政管理部门在当地政府的统一领导下，积极配合有关部门，加大乡镇企业职业卫生工作力度，取得了一定的成效并积累一些经验。但乡镇企业职业病危害堪忧，如得不到有效遏制，仍有蔓延扩展的趋势，必须引起高度重视。

一、乡镇企业职业卫生现状触目惊心，职业病危害威胁着职工的身体健康和生命安全

第一，乡镇企业涉及有毒有害行业和工种居多。在全国乡镇工业的 38 个行业中，有 33 个行业存在不同程度的职业病危害。职业病危害比较严重的是

采矿、冶金、建材、化工、金属制品、医药、橡塑、机械、纺织、皮革、食品、家具、造纸、印刷、工艺美术等 15 个行业，涉及有毒有害的工种有 6533 个。有毒有害工种超过 200 个的有 7 个行业：化工 2283 个、建材 466 个、冶金 454 个、医药 463 个、金属制品 246 个、橡塑 237 个、采矿 201 个。

第二，乡镇企业接触有毒有害作业人员比重过大。全国有 80%的乡镇工业企业存在不同程度的职业病危害。接触粉尘、毒物和噪声等有毒有害作业的职工 2515 万人，占乡镇工业企业职工总数的 33%，占全国乡镇企业职工总数的 18.9%。总数超过 100 万人的行业有 8 个：采矿 777 万人，占 31%；建材 588 万人，占 23.4%；机械 208 万人，占 8.3%；纺织 151 万人，占 6%；金属制品 127 万人，占 5%；橡塑 125 万人，占 5%；化工 124 万人，占 5%；皮革 114 万人，占 4.5%。

第三，乡镇企业职业病的种类齐全。乡镇工业企业的职业病主要有尘肺、职业性放射性疾病、职业中毒、物理因素所致职业病、生物因素所致职业病、职业性眼病、职业性耳鼻喉口腔疾病、职业性肿瘤、其他职业病等十大类，共773 种。超过 15 种职业病以上的行业有 12 个：化工 80 种、医药 46 种、建材 44 种、金属制品 39 种、橡塑 37 种、机械 35 种、石化 30 种、冶金 25 种、纺织 20 种、皮革 20 种、造纸 19 种、采矿 18 种。

第四，乡镇企业职业病发病率呈上升趋势。近年来，乡镇企业每年全国报告新发职业病例 1.5 万多人，发生急性职业中毒 200 多起，因职业病致死 3000 多人。在各类职业病中，尘肺病占 77.7%，慢性职业中毒占 10.2%，急性职业中毒占 6.7%，其他职业病占 5.4%。其中尘肺病和急性职业中毒病死率最高，分别为 23%左右和 21%左右。2002 年，卫生部门对全国 124 万人进行了职业健康检查，职业病检出率为 3.21%，疑似职业病检出率为 0.16%，而乡镇企业职业病检出率为 4.3%，疑似职业病检出率为 11.4%。可见，乡镇企业从事的职业病高发行业多，职业病例增长快，职业病和疑似职业病发病率远高于国有大中型企业，农民工、临时工、季节工遭受职业病危害尤烈。

第五，乡镇企业职业病危害因素繁杂。乡镇工业企业职业病危害因素以粉尘、毒物、噪声为主，有粉尘类、放射性物质类、化学物质类、物理因素、生物因素、导致接触性皮肤病的危害因素、导致职业性耳鼻喉口腔疾病的危害因素、导致职业性肿瘤的危害因素及其他因素等十大类。在涉及有毒有害的企业中，粉尘危害因素占70%左右；噪声危害因素占90%左右；高温危害因素占30%左右；化学危害因素占40%左右。导致尘肺病的主要物质是砂尘、煤尘、石墨尘、碳黑尘、石棉尘、滑石尘、水泥尘、云母尘、陶瓷尘、铝尘、电焊烟尘、铸造粉尘等。引起急性职业中毒的化学物质约40余种类，主要是苯、硫化氢和一氧化碳等。引起慢性职业中毒的化学物质主要是铅及其化合物、苯和锰及其化合物等。随着各种新材料、新工艺、新技术的使用，近年来在部分沿海地区发生了正己烷、三氯甲烷、二氯乙烷中毒等严重职业病。

第六，乡镇企业职业病防治工作十分薄弱。2002年，卫生部对全国19527家乡镇企业职业卫生情况进行监督抽查，其结果是不容乐观的。有47.7%的乡镇企业建立了职业卫生组织机构和职业卫生防护设施管理制度，有55%的乡镇企业为劳动者配备适当的个人防护用品；2001年以来有15%的乡镇企业建设项目经过卫生审查；乡镇企业职业病防护设施配备率为58%，设备正常运行率为82%；乡镇企业工作场所有害因素监测点覆盖率为48.7%，监测点合格率为68.7%；乡镇企业从业人员上岗前体检率为40%，定期体检率为30%，离岗从业人员体检率仅为2.1%。

二、乡镇企业职业病防治形势严峻，
已经成为制约乡镇企业发展壮大的重要因素

一是《职业病防治法》宣传广度和深度不够，乡镇企业经营管理者和劳动者守法意识亟待加强，对职业病危害认识不足。一些乡镇企业领导虽然知道有这部法律，但并没有完全理解和落实，没有正确处理发展经济与保障职工健康的关系，存在先生产、后防治的观念，不肯花钱改善工作环境。个别企业目无法纪、见利忘义，以危害职工健康为代价换取企业发展的现象屡屡发生。乡镇企业工人大多数文化素质低且没有经过培训，职业卫生观念淡薄，自我保护意识差。有些人明知工种有危险因素，但照样上班，为多赚钱而拼命加班；有的工人为了操作方便，将防护设施拆毁，导致生产岗位有害物质超标；有一些人明知所处之地有毒气，但嫌带口罩麻烦，窗户也懒得开，甚至吃饭都不洗手。这些现象是比较普遍的。

二是多数企业生产环境治理资金投入不足，对职工职业病防护措施不到位，个体、私营企业尤为严重。乡镇企业发展初期，大多因陋就简，土法上马，工艺落后，技术水平低，卫生防护设施不配套，职业卫生欠账很多。许多企业快速发展面临资金紧缺，职业防护设施投入严重不足，工人劳动环境日益恶化，职工健康更得不到保障。在制鞋、箱包、玩具加工等劳动密集型企业中，由于生产工艺的限制，有毒作业岗位和无毒作业岗位交叉，既没有有效隔离又缺乏适宜的防护设施，职业病防护技术改造难度较大。近年来，我国职业危害出现了从国外向国内转嫁，从国有大中型企业向乡镇企业转嫁，从城市向农村转嫁，从东部向中西部转嫁的趋势，这些转嫁最终的主要受害者是乡镇企业。这是一个值得重视的严重问题。

三是乡镇企业职工大多数是短期合同工、临时工，工作流动性大，职工职业健康监护无保障。不少企业不对职工进行体检，没有建立职工职业健康监护档案。特别是一些个体、私营小企业在生产过程中，对一些有毒有害工种采取雇用临时工的方法，一旦工作出现职业病症状便予以辞退，以逃脱承担医疗费用责任，使一些强壮劳动者在若干年后发生严重的职业性疾病。劳动用工不规范的问题普遍存在。许多劳动合同未告知或未如实告知工作岗位存在的危害及其防护要求，有的合同竟然有"出现后果概不负责"的字样，相当一部分企业存在超时劳动，个别企业甚至使用童工从事有毒有害作业。目前，国家对职业健康监护还没有统一的规范标准，这也是造成职工健康监护难的一个重要原因。

四是企业职业卫生管理不严格，职业卫生组织机构和规章制度不健全，不重视对职工进行职业卫生教育和培训。许多企业没有依法建立和严格执行职业卫生管理制度，没有对员工进行上岗前职业卫生知识培训，没有采取与职业病危害防护相适应的防护措施，没有在严重职业病危害的作业岗位设置警示标识，没有为职工提供个人使用的职业病防护用品，没有依法公布有关职业病防治的规章制度、操作规程和工作场所职业病因素检测结果等。一些企业建立的职业卫生管理制度形同虚设，企业经营者并未严格执行。如有的企业使用不符合国家标准要求的高毒原料和有毒有机溶剂，使发生职业病的机率大大增加；有的企业安装了通风设施，但不按要求投入使用；有的企业对已有的职业防护设施，为图方便省事而弃之不用。这些因素，造成了许多不应该发生的职业病危害。

五是乡镇企业主管部门没有职业卫生监督职能，职业卫生监督执法力量薄弱，对职业病防治监督检查不力。各级乡镇企业主管部门主要是配合卫生行政管理部门，对乡镇企业职业卫生工作进行指导和监督。但卫生行政管理部门的职业卫生监督执法力量薄弱，特别是县乡一级缺乏快速检验设备和必要的经费，不能适应职业卫生监督工作的需要。据卫生部门 2000 年度的统计报告，在卫生部门应监督的乡镇企业建设项目中，只有 49% 实施了监督；对需要进行经常性职业病危害监督的乡镇企业中，只有 21.4% 实施了监督。对危险化学品监管、胶粘剂生产经营许可、职业卫生监督等环节的全过程监管力度不够，也是导致乡镇企业职业病危害严重的一个重要原因。

六是一些县乡政府地方保护主义比较严重，充当企业违法经营的"保护伞"，使乡镇企业职业病得不到有效控制。有些地方制定的特殊优惠政策或特别保护政策，带有明显的地方利益倾向和地方保护主义色彩。据卫生监督部门反映，一些职业病较严重的企业是当地政府主要经济来源，都不同程度地受到当地县乡政府的特殊保护，职业卫生监督工作得不到支持反而经常受到阻碍，致使《职业病防治法》在这些地区、行业或企业难以落实。有的基层干部对存在的问题熟视无睹，即使在发生重大职业病危害事故时，也不是总结吸取教训，认真解决问题，而是出面说情和推卸责任，有的还干挠查处工作。

三、解决乡镇企业职业卫生问题至关重要，依法加强乡镇企业职业卫生工作势在必行

（一）依法加强对乡镇企业职业卫生工作的组织领导和管理

各地政府应切实把治理乡镇企业职业病危害纳入重要日程，坚持标本兼治，加大投入力度。要根据本地区职业病危害的特点，有针对性地提出防治措施，选择不同行业、不同类型、不同规模的企业进行试点，积极探索加强乡镇企业职业卫生管理的新模式。乡镇企业主管部门和广大乡镇企业，应落实《乡镇企业法》和《职业病防治法》等有关法律法规，健全和完善职业病防治责任制，坚持"预防为主、防治结合"的方针，正确处理发展生产与职业病防治的关系，主动配合有关部门搞好监督。各有关部门应各司其职、各负其责、密切协调，依照国家有关法律、法规、规章、规程和标准，从职业病危害控制、企业市场准入、税收征管、劳动用工、危险化学品监管、胶粘剂市场规范等环节入手，有组织、有计划地依法监督管理，形成综合防治乡镇企业职业病的合

力。乡镇企业点多、量大、面广，职业卫生工作涉及多层次、多学科，建立多部门全过程监管的长效机制是一项复杂的系统工程。应赋予农业部乡镇企业局依法参与指导、监督乡镇企业的劳动安全、职业卫生、社会保障等职责，以便配合有关部门指导、规范、监督和促进乡镇企业发展。

（二）深入开展职业病危害严重行业的专项整治

各级乡镇企业主管部门要会同有关部门，加强对乡镇企业职业卫生的日常监督检查，对职业危害严重的行业进行专项整治。特别要继续加大对制鞋、箱包加工、皮革加工、玩具制造、家具制造、装饰材料加工等重点行业职业危害的专项整治力度。对于新建、改建、扩建和技改项目，切实贯彻职业病防护设施与主体工程同时设计、同时施工、同时投产使用的"三同时"规定，严把源头治理关。对职业危害严重、不具备基本防护条件的限期停业整改，经整改仍达不到要求的坚决关闭；对存在有毒有害化学品的"三合一"（生产车间、仓库、生活合一）企业要坚决关闭；对未经批准、擅自从事有毒有害化学品等危险品作业的单位和个人要依法严惩。企业对遭受健康损害的劳动者要积极组织救治，并依法给予抚恤费、医疗费等各项待遇；对企业与职工签订的不符合《劳动合同法》的条文要坚决修订，对损害劳动者权益的行为要立即改正，并依法责令企业给予赔偿。坚决依法查处大案要案，对由于地方保护主义造成严重后果的，要依法追究有关领导人的责任。

（三）加快推进乡镇企业产业优化和技术升级

各级政府要统一思想认识，理清发展思路，引导乡镇企业走新型工业化的道路。要及时总结各行各业职业病防治经验，提供职业卫生防护技术指南，推广适宜职业病危害防治技术。要加强职业病预防控制措施和适宜技术的科学研究，加快职业病防护设施和个人防护用品开发。要加大乡镇企业技术改造投入，采用高新技术和先进适用技术改造和提升传统产业，大力推进"清洁生产"。要推广和应用有利于职业病防治的新技术、新工艺、新材料，限制使用或淘汰危害劳动者健康的落后技术、工艺和材料，最大限度地减少乡镇企业的职业病危害。

（四）引导乡镇企业加强职业病防治工作

企业是落实《职业病防治法》的主体，企业法人代表必须对企业职业病防治工作负总责。要建立健全职业卫生管理机构或组织，配备专职或者兼职的职业卫生专业人员，具体抓好企业职业病防治工作。要建立、健全职业卫生管理制度和操作规程，职业病危害事故应急救援预案，工作场所职业病危害因素监测及评价制度，制定职业病防治计划和实施方案。要落实工作场所职业危害警示、告知制度，采取有效的职业病防护设施并为劳动者提供职业病防护用品，劳动合同应写明工作过程中可能产生的职业病危害及其后果、职业病防护措施和待遇。不得安排未成年工从事接触职业病危害的作业，不得安排孕期、哺乳期的女职工从事对本人和胎儿、婴儿有危害的作业。要积极推行《职业安全卫生管理体系试行标准》，建立健全企业职业安全卫生管理体系，完善安全生产和职业卫生的自我约束机制。

（五）加强乡镇企业职业卫生的宣传教育

要采取多种形式，继续深入宣传《职业病防治法》、《危险化学品安全管理条例》、《使用有毒物品作业场所劳动保护条例》等法律法规，宣传加强职业卫生工作的重要意义和治理职业病危害的先进典型，有组织地对乡镇企业管理人员和职工进行职业病防治知识培训。既要使企业明确职业病防治的责任和义务，规范企业生产经营和劳动用工行为，加强企业职业卫生管理与防治工作；又要使职工掌握职业病防治知识，增强自我保护意识。有关部门要不断健全和完善职业病防治的法律法规。

（2003 年 7 月）

深入落实现行人口和计划生育政策

党中央、国务院历来高度重视人口问题，把计划生育确立为必须长期坚持的基本国策，确定为建设中国特色社会主义的重大战略任务。2006 年 12 月，党中央、国务院又颁布和实施《关于全面加强人口和计划生育工作统筹解决人口问题的决定》，这对于以科学发展观统领人口和计划生育工作全局，稳定低生育水平、统筹解决人口问题、促进人的全面发展，加快全面建设小康社会和构建社会主义和谐社会，具有重大的现实意义和深远的历史意义。

一、加快建立稳定低生育水平的长效工作机制，推进人口和计划生育工作法治化

要全面深化并及时总结推广人口和计划生育综合改革试点经验，切实把工作重心转到研究战略、制定规则、创造环境、依法行政上来，推动建立"依法管理、村（居）民自治、优质服务、政策推动、综合治理"的长效工作机制。要全面推进人口和计划生育依法行政工作，加强法制宣传教育和行政执法监督检查，建立和完善行政争议解决机制，继续推进人口和计划生育便民维权活动。要以统计制度改革推动社会监督机制的建立和基层工作创新，建立统计监测系统和相应的制度规范，继续加强人口和计划生育基层工作调查，探索统计工作的社会监督机制。要加强和改进目标管理责任制，对信访工作规范化管理试点进行验收评估，逐步形成科学有效的目标管理责任考核评估制度。

二、强化人口和计划生育管理服务体系，实施新农村新家庭计划

要把农村人口和计划生育工作切实纳入社会主义新农村建设的总体部署，

做好相关支农、惠农政策与计划生育政策的协调，采取有力措施遏制部分农村地区生育水平反弹的势头。要强化人口和计划生育管理服务体系，继续做好机构和队伍稳定的工作，重点加强县乡计划生育技术服务站规范化和标准化建设，形成行政部门、服务机构、自治组织、群众团体目标一致，上下互动、信息共享、运转高效的科学管理格局。要实施新农村新家庭计划，加强宣传教育，坚持依法管理，深化优质服务，完善利益导向，切实解决群众在生产、生活和生育中遇到的实际困难。

三、推进计划生育生殖健康科技创新，
努力提高出生人口素质

要继续深入开展创建计划生育优质服务先进县（市、区）活动，实施计划生育生殖健康促进工程，努力提高综合避孕率和长效避孕率，提高群众的生殖健康水平。要全面启动出生缺陷一级干预，研究制定出生缺陷干预工作规范，大力提高出生人口素质。有关部门要对影响出生缺陷的生物遗传、社会环境、不良生活方式等重大危险因素进行研究、评估和干预。要推进"中国人口早期教育暨独生子女培养示范区"试点工作，普及婴幼儿抚养和家庭教育的科学知识，强化独生子女社会行为教育和培养。探索建立以素质教育为核心，以婴幼儿、家长及看护人员为对象，以改善婴幼儿的生存环境为途径，以人的全面发展为目标的早期教育服务和独生子女培养模式。

四、深入开展婚育新风进万家活动和
"关爱女孩行动"，综合治理出生人口性别比偏高问题

要深入开展婚育新风进万家活动，广泛宣传计划生育、男女平等、少生优生等文明婚育观念，普及保护妇女儿童权益的法律法规知识，大力加强生育文明建设。要扎实推进"关爱女孩行动"，以消除性别歧视为重点，制定有利于女孩和妇女健康发展的社会经济政策，推动"幸福工程"、"春蕾计划"、"志愿者行动"等社会公益活动，促进男女平等就业和共同参与社会经济活动。有条件的地方，要在扶贫济困、慈善救助、贴息贷款、就业安排、项目扶持中，对计划生育女儿户予以倾斜。有关部门要建立 B 超检查和人工终止妊娠登记、孕情检测、孕产过程管理等制度，完善执业资质认证和 B 超使用准入制度。建

立综合治理出生人口性别比的跨省协作机制，在出生人口性别比严重偏高的地区开展集中治理活动。

五、建立流动人口计划生育统一管理、优质服务新体制，维护流动人口计划生育合法权益

要落实流动人口计划生育以流入地为主、流出地和流入地协调配合的服务管理体制。按照"属地化管理、市民化服务"的原则，将流动人口计划生育管理服务纳入流入地经常性工作范围，免费办理《流动人口婚育证明》。完善现行的流动人口计划生育政策法规，探索建立不同类型的流动人口计划生育管理服务工作模式。各地要把流动人口计划生育管理服务经费纳入地方财政预算，提供与户籍人口同等的免费服务。要进一步加强和完善全国流动人口计划生育信息交换平台建设，建立全国流动人口计划生育统计信息制度和工作评估标准，积极推进流动人口计划生育区域管理和协作。要发挥社区居民自治组织、计划生育协会等非政府组织的作用，探索构建以城市社区为依托的流动人口计划生育综合管理服务平台。

六、全面推行农村计划生育两项制度，完善人口和计划生育利益导向政策体系

要全面推行农村计划生育家庭奖励扶助制度和"少生快富"工程，落实独生子女父母奖励、计划生育免费基本技术服务制度；探索建立独生子女伤残死亡家庭扶助、长效节育措施奖励、节育手术保险、城市计划生育夫妇年老一次性奖励等制度；对符合社会救助条件的计划生育家庭，也可通过城乡最低生活保障、医疗救助以及农村五保户供养、特困户生活救助等制度予以帮助。中央和地方财政部门要建立稳定增长的财政保障机制，加大对农村地区、西部地区的转移支付力度；加强中央财政专项资金管理，提高专项经费的使用效益和管理水平；研究改进社会抚养费征收和管理工作。有关部门要在就业培训、合作医疗、扶贫开发、宅基地划分、改水改厕、沼气应用、新技术推广等方面，完善对计划生育家庭特别是农村独生子女和双女户家庭的优先优惠政策。

（2007 年 3 月）

全社会都要关心和保护农民工

　　新春伊始,《国务院关于解决农民工问题的若干意见》正式发布了。这是中央落实科学发展观,统筹城乡发展、解决"三农"问题的又一重大举措,对于切实保障广大农民工的合法权益,进一步改善农民工的就业环境,引导农村富余劳动力合理有序转移,推动社会主义新农村建设和中国特色的工业化、城镇化、现代化健康发展,具有重大的意义。

　　农民工是我国改革开放和工业化、城镇化进程中涌现的一支新型劳动大军,他们广泛分布在国民经济的各个行业,为城市繁荣、农村发展和国家现代化建设做出了重大贡献。农民外出务工,一头连着城市和发达地区,一头连着农村和落后地区,为改变城乡二元结构、解决"三农"问题闯出了一条新路,是工业带动农业、城市带动农村、发达地区带动落后地区的有效形式。我国正处在工业化、城镇化加快发展的阶段,将有越来越多的农村富余劳动力逐渐转移到非农产业和城镇中来,大量农民工在城乡之间流动就业在我国将长期存在。解决好农民工问题,既是关系改革发展稳定全局的迫切任务,也是建设中国特色社会主义的战略任务。

　　党中央、国务院高度重视保障农民工权益和改善农民工就业环境问题,近年来制定了一系列政策措施,各地区各部门做了大量工作,取得了明显成效。但当前农民工在培训就业、劳动工资、社会保障、公共服务等方面仍然面临不少问题,侵犯农民工合法权益的事情仍时有发生。国务院出台《若干意见》,充分肯定了农民工在我国经济社会发展中的地位和作用,深刻阐述了解决好农民工问题的重要性、紧迫性和长期性,明确提出了做好农民工工作的指导思想、基本原则和政策措施。落实好这个文件,解决好农民工外出务工遇到的困难和问题，必将会极大地保护和调动广大农民工的积极性，推动城乡共同繁荣，促进社会和谐稳定。

贯彻落实《若干意见》，必须把握文件的精神实质。一是坚持以人为本、公平对待，尊重和维护农民工的合法权益。既要充分体现社会公平和正义，使农民工和城市职工享有同等的权利和义务，又要引导农民工全面提高自身素质，努力适应新的工作、生活环境。二是坚持"两条腿走路"的方针，从我国国情出发引导农村劳动力合理有序流动。既要积极引导农民进城务工并安居乐业，又要大力发展乡镇企业和县域经济，扩大农村劳动力在当地转移就业。要坚持农村基本经营制度，依法保障进城农民工的土地承包权，使他们进退有路。三是坚持当前和长远相结合、方向性和渐进性相统一，城乡统筹解决农民工问题。既要抓紧解决农民工最关心、最直接、最现实的问题，又要依靠体制改革和制度创新，逐步解决长期城乡分割的二元结构带来的深层次问题。

农民工是活跃在城镇和乡村中最积极、最能干、最可敬的新生力量，他们在创造社会财富的同时也在塑造自己，已经与城市发展和居民生活、与农村繁荣和文明进步密不可分。各级政府要切实加强和改善对农民工工作的领导，真心实意地为农民工办实事、解难事、做好事。输入地政府要把农民工纳入城市公共服务体系，统筹解决他们在就业培训、子女就学、公共卫生、居住场所、文化生活等方面存在的问题。各级工会、共青团、妇联组织要成为广大农民工温暖的家，充分发挥在维护农民工合法权益和服务工作中的重要作用。所有企业和用人单位都要强化社会责任，珍惜和爱护农民工的劳动和创造，不得违反国家法律法规和政策规定损害农民工权益。城市社区要积极发挥在农民工管理和服务中的作用，为他们融入城市、同市民和谐相处创造良好环境和条件。新闻媒体要大力宣传农民工在改革开放和现代化建设中的重要贡献和先进典型。社会各个方面都应该尊重农民工、理解农民工、保护农民工，在全社会形成关爱农民工的舆论氛围。

"东方风来满眼春。"《若干意见》的出台，不仅农民工高兴，而且广大农民也高兴，全国人民都高兴。我们坚信，只要各地区、各部门真正把《若干意见》中的各项方针政策落到实处，就一定能够进一步激发广大农民工的积极性和创造性，有力推动全面建设小康社会和整个现代化事业的进程。

（2006 年 3 月，本文为《人民日报》代写的社论）

中国农民工问题调研体会

做好调查研究工作，是正确认识世界和改造世界的重要方法，是科学制定政策和执行政策的重要基础，是紧密联系群众和依靠群众的重要渠道，是加快锻炼干部和培养干部的重要途径。我到国务院研究室工作9年来，参与了一些经济社会发展重大课题调研，其中最难忘的是中国农民工调研。

2005年2月和3月，温家宝总理先后两次就解决农民工问题作出重要批示，要求国务院研究室组织中央有关部门、地方和部分专家深层次调研农民工问题，并为国务院起草一个关于解决农民工问题的指导性文件。这项工作前后历时10个月，《国务院关于解决农民工问题的若干意见》已于2006年初发布实施，《中国农民工调研报告》一书获得2006年度孙冶方经济学奖。我有幸在室领导主持下全过程参与组织了这次调研，对掌握调查研究本领、提高决策咨询质量的体会颇深。

一、端正指导思想，选好调研题目

总理在批示中，肯定了农民工在改革开放和现代化建设中的重要作用，指出了农民工为推进工业化、城市化进程作出的历史贡献，阐述了解决农民工问题对改革发展稳定全局的战略意义。这不仅充分体现了亲民、爱民、为民的执政理念，也是我们搞好中国农民工调研工作的总纲。组织这次调研首先在指导思想上明确：农民工是解放农村劳动力的伟大创造，是推动城乡经济社会变革的巨大力量；解决农民工问题不是权宜之计，而是事关国家长治久安的重大决策；必须要有全局性、战略性、前瞻性的思考，关键的是选准调研题目。我们综合研究确定了23个专题，分别由调研组成员单位承担。主要包括农民工的总量、结构、特点和发展趋势；国外相应发展阶段农村劳动力及人口转移的经验教训；农民工劳动工资、就业培训、职业安全、社会保障、子女教育、公共卫生、居住环境、权益维护、土地承包、户籍管理等问题；发展乡镇企业和县域经济，就地转移农村富余劳动力；转变政府管理职能和方式，创新农民工管理体制和制度等。我们对调研工作的基本要求是：站高看远，求真务实，做到有情况、有观点、有分析、有建议，力求理论创新、管理创新、政策创新和制度创新。

二、了解历史沿革，确定政策取向

中国农民工涉及几亿农村人口生产生活方式的变迁，这是人类社会发展史上前所未有的。我们只有全面、系统、深入地了解农民工的历史沿革，才能提出有针对性、操作性、可行性的决策建议。农民工是在我国城乡二元结构尚未根本突破的历史背景下，继农村家庭承包经营制度和乡镇企业崛起之后涌现的新事物。我们党和政府对农民工的认识经历了一个不断深化的过程，涉及农民工的政策也大致经历了从"自由迁移"到"严格控制"、从"离土不离乡"到"离土又离乡"、从"消极应对"到"积极引导"三个发展过程。目前，解决农民工问题已经进入"公平对待、一视同仁"的新阶段。在调研的初期，我们紧紧围绕研究解决农民工问题的政策取向，收集整理了涉及农民工的法律法规和规范性文件，归纳综合了各地已有政策措施和调研成果，广泛熟悉了不同时期农民工政策的来龙去脉，深入分析了现阶段农民工政策的利弊得失。在此基础上，我们确定了这次调研工作的着力点：首先要抓紧解决农民工面临的突出问题，同时依靠改革和发展逐步解决深层次矛盾，形成从根本上保障农民工权益的体制和制度。

三、立足基本国情，抓住主要矛盾

这是我们搞好中国农民工调研的基本出发点。农村土地资源少和农业劳动力太多，不仅是农民增收难和农村贫困的主要根源，也是加快工业化和城镇化进程中必须解决的主要矛盾。当时，全国跨地区流动和在本地非农产业就业的农民工大约2亿人，专家预测到2020年还有近3亿农村人口转向城镇和非农产业。我们调研得出的基本判断是：我国正处在社会主义初级阶段，全面建设小康社会，关键是农村实现小康；统筹城乡协调发展，关键是统筹城乡就业；提高国民综合素质，关键是增强农民素质；促进和谐社会建设，关键是实现公平正义等。农民工问题事关经济社会发展全局，我们绕不开这些问题。当前和今后时期，农村城镇化、农民市民化是中国现代化的必由之路，农民工是我国社会生产力中最积极的新型产业大军，亦工亦农、双向流动、进退有路是他们的主要特点。我们反复讨论后认为，解决农民工问题，必须立足国情、统筹兼顾、因势利导、循序渐进。既要积极推进城镇化，又要防止拉美国家的"城市病"；既要加快发达地区产业升级，又要推进产业梯度转移；既要引导农民外出务工，又要鼓励农民就地创业；既要依法维护农民工权益，又要深化城乡配套改革。

四、深入基层实际，掌握真实材料

求深、求细、求准、求实，是搞好中国农民工调研的灵魂。只有"一竿子插到底"，才能真正掌握第一手材料。调研组成员单位和各位专家在深入调研基础上形成了48篇专题报告。室内有关同志先后到11个省（区、市）实地考察了农民工集中的企业和居住区、农民工培训场所、劳动力市场、社保经办机构、农民工子弟学校等，召开各种类型的座谈会50余次。我们亲眼看到，农民工工作在城市最脏、最苦、最累、最险的岗位，每天都在创造着新生活、新财富、新业绩，是新时期最值得尊重、关心和爱护的人。我们也深刻认识到，农民工是我国经济社会转型时期的特殊概念，他们户籍在农村，有承包土地，但主要从事非农产业，依靠工资收入生活。解决农民工问题，在城市是员工平等权保障，在农村是土地承包权保障，尽早摘掉农民工的农民帽子是历史必然，尽快提高农民工的职业技能是根本之策，特别要重视新生代农民工成长、农村留守家庭和农民工返乡创业。有效解决这些问题，就能把巨大的人口压力变为人力资本的优势，就能找到一条统筹城乡发展解决"三农"问题的路径，就能分散和化解工业化、城镇化加快推进过程中的风险。

五、起草调研报告，提出决策建议

中国农民工调研结束后，我们先后召开了9次中直单位和有关专家座谈会，研讨"中国农民工调研报告"的框架和内容。在讨论中不预设框子，不先定调子，鼓励大家唯科学是从，唯国运顿首，最重要的提出决策建议。一项好的决策建议可以利国利民，一项错的决策建议可以误国误民。我们既要看到解决农民工问题的重要性、必要性和紧迫性，更要看到解决农民工问题的复杂性、艰巨性和长期性，坚持立足当前，着眼长远，尽力而为，量力而行。大家着重从 5 个方面思考：一是对以往政策措施，哪些是需要坚持的，哪些是需要完善修改的。二是对各地区、各部门具有普遍意义的经验，哪些是需要上升国家政策的。三是对当时仍有争议的问题，如农民工社会保障、户籍管理等，需要提出哪些切实可行的政策措施。四是对加强农民工维权工作，哪些需要通过立法程序来解决，哪些需要通过执法监督来解决。五是对各级政府转变职能，哪些方面需要加强公共服务，哪些方面需要加大财政投入，哪些方面需要解决体制和机制性障碍。由于在这些重大问题上集思广益、达成共识，起草《国务院关于解决农民工问题的若干意见》时十分顺利。

参加中国农民工调研已经 4 年多了，这是我经受的一次终生难忘的精神洗礼。我从中更加深切地感到，只有深入调查研究，才能做到耳聪目明，才能了解社情民意，才能搞好决策咨询服务。

（2011 年 8 月）

《国务院关于解决农民工问题的若干意见》 学习体会

去年年初下发的《国务院关于解决农民工问题的若干意见》，是中央落实科学发展观、构建社会主义和谐社会的一项重要部署，是统筹城乡发展、解决"三农"问题的又一重大举措。各地区、各部门一年来的工作实践证明：中央关于解决农民工问题的一系列决策是完全正确的，符合我国国情和地方实际情况，符合农民工和社会各界要求，符合工业化、城镇化发展方向，全国农民工工作开局良好、进展顺利、成效明显。根据这次培训班的统一安排，我想汇报四个问题：

第一个问题，我国农民工现状、特点、贡献和面临的主要问题。

农民工是我国改革开放进程中出现的新事物和经济社会转型时期出现的特殊群体。农民工主要是指户籍身份还是农民，有承包土地，但主要从事非农产业，依靠工资收入生活的人员。狭义的农民工一般指跨地区外出进城务工人员。广义的农民工包括在县域内二、三产业就业人员和跨地区外出务工人员。研究和解决好农民工问题，对于解决"三农"问题、顺利推进工业化和城镇化、保持社会和谐稳定具有重大意义。

农民工现状、作用和发展趋势。党的十一届三中全会以后，实行土地家庭承包经营，极大地解放和发展了农村生产力，农产品和农业劳动力出现剩余，乡镇企业异军突起，大量农民进入乡镇企业就业，开创了"离土不离乡"的农村劳动力转移模式。1992年邓小平同志南巡讲话发表后，我国经济发展进入了新一轮增长期，农民外出务工就业出现了新的高潮。进入新世纪，中央提出统筹城乡发展，解决农民增收难问题，对农民外出务工采取了积极引导的政策，农民外出务工又进入了一个新的发展时期。目前，我国外出农民工数量为1.2亿人左右，如果加上在本地从事非农产业的农村劳动力，农民工总数大约有2亿人。

农民工的主要特点。一是以初中文化的青壮年为主。据抽样调查推算，2004年农民工的平均年龄为28.6岁，初中文化程度的占66%。二是以自发性外出为主。依托亲缘、地缘关系自发性外出的占88%。三是以来自中西部地区为主。安徽、江西、河南、湖北、湖南、广西、重庆、四川、贵州等9省区跨省流动的农民工占全国跨省流动农民工总量的81%。四川、河南两省农村外出务工劳动力均超过1000万人。四是以制造业、建筑业和服务业就业为主。农民工在这三个行业就业的占63.6%。五是以到东部地区和大中城市就业为主。流入北京、天津、上海、浙江、江苏、广东、福建等7个省市的占82%；流入广东省的最多，达1600多万人。到大中城市务工的农民工超过60%。六是以在城乡间双向流动为主。他们中的大多数职业与身份相分离，"亦工亦农"，"亦城亦乡"，以年或季节为周期，在城乡之间呈"候鸟式"流动。

农民工对我国经济社会发展作出了特殊贡献。农民工是继农村家庭承包经营和乡镇企业崛起之后，中国农民的又一伟大创造，成为推动我国经济发展和社会结构变革的巨大力量。农民工一头连着城市和发达地区，一头连着农村和落后地区，带动城乡之间劳动力资源和生产力布局优化配置，把解决"三农"问题和工业化、城镇化、现代化有机地联系在一起，在城乡二元结构尚未根本突破的背景下，闯出了一条城乡融合发展的新路子。农民工为工业增强了竞争力，为城市增加了活力，为改革开放增添了动力。一是农民外出务工已成为扩大就业、增加收入的主渠道。2004年全国农民人均纯收入2936元，其中工资性收入占34%。二是农民工已成为支撑我国工业化发展的重要力量。农民工在第二产业从业人员中占57.6%，在第三产业从业人员中占52%；在加工制造业从业人员中占68%，在建筑业从业人员中占80%。三是农民工已成为促进城市建设与繁荣的生力军。城市环卫工人、家政从业人员、餐饮服务人员中90%左右是农民工。四是农民外出务工已成为工业带动农业、城市带动农村、发达地区带动落后地区的有效实现形式。2004年，农民工平均收入结余3000元以上。农民工每年带回家的几千亿元现金，成为购买农业生产资料和改善生活条件的重要资金来源。五是农民外出务工已成为促进改革的推动力。农民工跨地区流动就业蕴含着深刻的体制变革因素。农民工的巨大浪潮冲破了劳动力市场的城乡界限、地域界限和部门界限，促进了市场导向、自主择业、竞争就业机制的形成，也有力地推动了政府职能和管理方式转变。

农民工的发展趋势预测。一是规模仍会继续扩大，但增速将趋向平稳。二是流向仍以东部地区和大中城市为主，但将逐渐向中西部地区和中小城市扩散。三是转移仍以双向流动为主，但在城市定居的人数将逐渐增多。四是返乡创业将逐年增多。

农民工面临的主要问题。近年来，党中央、国务院高度重视农民工问题，制定了一系列保障农民工权益和改善农民工就业环境的政策措施，各地区各部门做了大量工作，取得了积极成效。但农民工面临的问题仍然十分突出。主要是：工资偏低，拖欠工资现象严重；劳动时间长，安全条件差；缺乏基本社会保障，职业病和工伤事故多；培训就业、子女上学、生活居住等方面也存在诸多困难，经济、政治、文化权益得不到有效保障。这些问题引发了不少社会矛盾和纠纷。解决好这些问题，关系到维护社会公平正义，保持社会和谐稳定，关系到顺利推进工业化和城镇化，全面建设小康社会进程。

去年2月26日和3月23日，温家宝总理先后两次对农民工问题作出重要批示，要求国务院研究室会同有关部门从深层次研究农民工问题，制定和完善涉及农民工的各项政策。研究室党组高度重视、精心组织，经过调查研究和文件起草两个阶段，这项工作历时一年时间已经完成。

第二个问题，《国务院关于解决农民工问题的若干意见》的框架结构和主要内容。

农民工问题是一个事关改革发展稳定全局和亿万农民切身利益的重大问题。在文件起草过程中，我们遵照家宝总理多次指示精神，力求把握好以下四点：一是从全面建设小康社会和现代化建设全局的高度，认识解决农民工问题的重要性、迫切性、长期性和重大意义。二是既要善待农民工，切实维护农民工的合法权益，又要注意防止造成大量农民工涌入城市，特别是要避免一些国家出现过的大城市人口膨胀、贫富悬殊的现象。三是从我国国情出发，坚持"两条腿走路"的方针，既要积极引导农民有序进城务工，又要不断扩大就地就近转移。四是坚持当前和长远相结合、方向性和操作性相统一，着重研究解决农民工面临的最直接、最现实的问题，同时对一些深层次的问题指出政策方向和解决思路，并为今后和各地的进一步探索留有空间。

《国务院关于解决农民工问题的若干意见》全文 10 个部分、40 条、9000 字。导言一段，主要阐述农民工的概念和出台这个文件的目的。第一部分是充分认识解决好农民工问题的重大意义；第二部分是做好农民工工作的指导思想和基本原则；第三部分是抓紧解决农民工工资偏低和拖欠问题；第四部分是依法规范农民工劳动管理；第五部分是搞好农民工就业服务和培训；第六部分是积极稳妥地解决农民工社会保障问题；第七部分是切实为农民工提供相关公共服务；第八部分是健全维护农民工权益的保障机制；第九部分是促进农村劳动力就地就近转移就业；第十部分是加强和改进对农民工工作的领导。结尾对各地方、各部门贯彻落实文件提出要求。

一、怎样理解《若干意见》提出的
做好农民工工作的指导思想和基本原则

《若干意见》提出了做好农民工工作的指导思想，最主要的是"三个坚持"和"三个建立"。"三个坚持"，即坚持解放思想，实事求是，与时俱进；坚持从我国国情出发，统筹城乡发展；坚持以人为本，认真解决涉及农民工利益的问题。"三个建立"，即逐步建立城乡统一的劳动力市场和公平竞争的就业制度，建立保障农民工合法权益的政策体系和执法监督机制，建立惠及农民工的城乡公共服务体制和制度。努力做到"三个坚持"和实现"三个建立"，才能拓宽农村劳动力转移就业渠道，保护和调动农民工的积极性，促进城乡经济繁荣和社会进步，推动社会主义新农村建设和中国特色的工业化、城镇化、现代化健康发展。

《若干意见》提出做好农民工工作的基本原则是：公平对待、一视同仁，强化服务、完善管理，统筹规划、合理引导，因地制宜、分类指导，立足当前、着眼长远。在这 40 个字中，最重要的是公平对待、合理引导。公平对待，就是要对进城农民工与城市职工同等看待，使他们享有平等待遇和权益。这是坚持以人为本、促进社会公平和正义的具体体现。合理引导，就是要坚持"两条腿走路"的方针，既要积极引导农民进城务工，又要大力发展乡镇企业和县域经济，着力扩大农村劳动力在当地转移就业。这样，才能确保农村劳动力的合理流动，防止大量农民工盲目涌进城市特别是大城市。

二、怎样把握《若干意见》中一些重点政策和主要措施

（一）关于农民工工资和劳动合同问题

这是农民工最直接的切身利益问题，也是当前农民工和社会上反映最强烈的问题，必须首先下大力气加以解决。《若干意见》重点强调了三个方面的政策措施：一是建立工资支付监控制度和工资保证金制度，从根本上解决拖欠农民工工资问题。《若干意见》对农民工工资发放，对政府投资项目拖欠工程款，对建设资金不落实的项目，对恶意拖欠、情节严重的用人单位的处罚等方面，都提出了明确要求。二是合理确定和提高农民工工资水平，规范农民工工资管理，切实改变农民工工资偏低、同工不同酬的状况。三是严格执行劳动合同制度。强调所有用人单位招用农民工都必须依法订立并履行劳动合同，不得滥用试用期侵犯农民工权益；劳动保障部门要制定和推行规范的劳动合同文本，加强对用人单位订立和履行劳动合同的指导和监督。为了切实保障农民工的劳动权益，《若干意见》还对加大维护农民工权益的执法力度，提出了具体要求。

（二）关于加强农民工职业安全卫生问题

职业安全卫生事关劳动者的身体健康和生命安全，是农民工最基本的劳动权利，也是他们就业后最担心的一个问题。多年来，党和政府十分重视保障包括农民工在内的劳动者职业安全卫生权益，已经颁布和实施一系列法律法规和职业安全卫生标准，但在一些地方和单位没有得到很好的执行。针对当前职业安全卫生存在的突出问题，《若干意见》强调了五个方面。一是强化政府和有关部门的责任。要求各地严格执行国家职业安全和劳动保护规程及标准，有关部门要切实履行职业安全和劳动保护监管职责。二是强化企业和用人单位的责任。要求用人单位必须履行职业安全卫生的主体责任，必须向新招用的农民工履行告知义务，发放符合要求的劳动防护用品，对从事可能产生职业危害作业的人员定期进行健康检查。三是加强农民工职业安全、劳动保护教育，增强农民工自我保护能力。特别提出从事高危行业和特种作业的农民工要经专门培训、持证上岗。四是有关部门要加强监管，保证农民工居住场所符合基本的卫生和安全条件。五是对切实保护女工和未成年工权益，严格禁止使用童工提出了严格要求。

（三）关于农民工就业服务和培训问题

农民外出务工遇到的首要问题就是找工作，而技能素质的高低决定着他们

就业的稳定性和收入水平。《若干意见》提出要改革城乡分割的就业管理体制，建立城乡统一、平等竞争的劳动力市场，为城乡劳动者提供平等的就业机会和服务。具体措施包括：一是各地区各部门进一步清理和取消各种针对农民工进城就业的歧视性规定和不合理限制，清理对企业使用农民工的行政审批。二是城市公共职业介绍机构向农民工开放，免费提供政策咨询、就业信息、就业指导和职业介绍。三是依法规范职业中介、劳务派遣和企业招用工行为，严厉打击以职业介绍或招工为名坑害农民工的违法犯罪活动。四是加强农民工职业技能培训，提高农民转移就业能力和外出适应能力。包括实施农村劳动力转移培训工程；完善农民工培训补贴办法；研究制定鼓励农民工参加职业技能鉴定、获取国家职业资格证书的政策等。五是针对农村初、高中毕业生是我国产业工人后备军的实际情况，《若干意见》还强调大力发展面向农村的职业教育，并提出相应措施。

（四）关于农民工社会保障问题

农民工的社会保障是一个必须研究解决又相对复杂一些的问题，也是社会上比较关注的问题。《若干意见》提出了积极稳妥地解决农民工社会保障问题的思路：即根据农民工最紧迫的需要，坚持分类指导、稳步推进，优先解决工伤保险和大病医疗保障问题，逐步解决养老保障问题。强调要依法将农民工纳入工伤保险范围，所有用人单位必须及时为农民工办理参加工伤保险手续；各统筹地区要采取建立大病医疗保险统筹基金的办法，重点解决农民工进城务工期间的住院医疗保障问题；抓紧研究低费率、广覆盖、可转移，并能够与现行的养老保险制度衔接的农民工养老保险办法。同时，对已经参加城镇职工医疗和养老保险的，提出了继续参保的意见。

（五）关于为农民工提供相关公共服务问题

《若干意见》提出要坚持属地管理原则，把农民工纳入城市公共服务体系。强调保障农民工子女平等接受义务教育，努力解决长期在城市就业农民工子女上学问题。输入地政府要承担农民工同住子女义务教育的责任，以全日制公办中小学为主接收农民工子女入学，城市公办学校对农民工子女接受义务教育要与当地学生在收费、管理等方面同等对待。《若干意见》还提出要加强农民工疾病预防控制和适龄儿童的免疫工作；进一步搞好农民工计划生育管理和服务，实行以输入地为主、输出地和输入地协调配合的管理服务体制；多渠道改善农民工居住条件，有关部门要加强监管，保证农民工居住场所符合基本的卫生和安全条件。

关于农民工户籍问题也是政府公共服务的重要内容。《若干意见》提出，要按照建立城乡统一的户籍管理制度的改革方向，逐步地、有条件地解决长期在城市就业和居住的农民工户籍问题。地（市）级以下城市和小城镇应允许符合条件的农民工落户；其他大城市也要逐步适当放宽农民工落户限制，对农民工中的劳动模范、先进工作者和高级技工、技师，以及其他有突出贡献者，应优先准予落户。同时，提出要改进农民工居住登记管理办法。

（六）关于保护农民工土地承包权益问题

目前，我国大多数农民工的承包土地由其家庭成员耕种，有的由他人代耕或转包他人耕种，也有极少数农民工放弃了承包土地。如何处理好农民工土地承包问题十分重要。依法保护农民工土地承包权益，是适应他们亦工亦农、流动就业的特点，减轻农民外出就业风险、保持社会稳定的重大政策。以土地家庭承包经营为基础的农村基本经营制度，是党的农村政策的基石，不能有丝毫的动摇。中央曾提出30年不能变，今后也没有必要变。《若干意见》强调，土地是农民的生产资料，也是他们的生活保障，不得以农民外出务工为由收回或调整其承包地。这有助于降低他们在外打工的成本，减少他们的后顾之忧，保证农民工进退有路。当然，农民外出务工期间，按照依法、自愿、有偿的原则，可以委托代耕或以转包、出租、转让等形式流转承包土地经营权。《若干意见》特别提出任何组织和个人不得强制或限制，也不得截留、扣缴或以其他方式侵占其土地流转收益。

（七）关于促进农村劳动力就地就近转移就业

这部分是根据家宝总理批示精神起草的，也是文件的一个重要内容。这是我国走新型工业化道路的必然要求，是解决我国庞大农村劳动力转移就业的必由之路。在目前全国已转移的农村劳动力中，在县域经济范围内吸纳了65%，浙江、江苏、山东、广东等经济发达省份大部分农村劳动力在当地转移就业。实践证明，只有坚持农村劳动力异地转移与就地转移相结合，才能确保农村劳动力的合理流动，广开农民工就业门路，防止大量农民工涌进城市特别是大城市，避免一些国家出现过的大城市人口急剧膨胀和贫富悬殊的现象。因此，《若干意见》提出要大力发展乡镇企业和县域经济，扩大农村富余劳动力在当地转移就业容量；引导相关产业向中西部转移，增加农民在当地就业机会；大力开展农村基础设施建设，这不仅利于促进农民就业和增收，也利于吸纳农村富余劳动力就近就业；提高小城镇产业集聚和人口吸纳能力，鼓励外出务工农民回到小城镇创业和居住。落实这些措施，必将促进农村劳动力就地就近转移就业。

（八）关于引导农民工全面提高自身素质

由于农民工已经并将进一步成为我国产业工人的重要组成部分，这支劳动大军的素质状况，不仅直接关系到我国产业素质和竞争力，而且关系到整个工业化、现代化水平和城市文明进步程度。《若干意见》强调要保障农民工依法享有的民主政治权利，依法保障农民工人身自由和人格尊严，严禁打骂、侮辱农民工的非法行为；加大维护农民工权益的执法力度，强化劳动保障监察执法；健全农民工维权举报投诉制度；把农民工列为法律援助的重点对象；充分发挥工会、共青团、妇联组织在农民工维权工作中的作用。与此同时，《若干意见》提出要把全面提高农民工素质放在重要地位，在加强农民工职业技术教育、提高就业创业能力的同时，还要在农民工中开展普法宣传教育、职业道德和社会公德教育和精神文明创建活动。《若干意见》还强调广大农民工努力适应城市工作、生活的新要求，遵守城市公共秩序和管理规定，履行应尽义务。这是适应工业化、城镇化发展，使农民工成为合格的产业工人和新型的城市居民的必然需要。

（九）关于加强和改进对农民工工作的领导

《若干意见》提出解决好涉及农民工利益的问题，是各级政府的重要职责。要把解决农民工问题纳入国民经济和社会发展中长期规划和年度计划。做好农民工工作的主要责任在地方。完善农民工工作协调机制，国务院建立农民工工作部际联席会议制度，统筹协调和指导全国农民工工作。发挥城市社区在农民工管理和服务中的重要作用，建设开放型、多功能的城市社区，构建以社区为依托的农民工服务和管理平台。加强和改进农民工统计管理工作，充分利用和整合统计、公安、人口计生等部门的资源，推进农民工信息网络建设并实现信息共享。社会各方面都要树立理解农民工、尊重农民工、善待农民工的意识，在全社会形成关心农民工的良好氛围。

（十）关于采用"农民工"称谓问题

这是起草组经过反复研讨斟酌、听取多方面意见后确定的。一是这一称谓约定俗成，比较准确、简洁，符合我国现阶段实际，而且也找不到比这更合适、更贴切的名词；二是采用农民工称谓，既能包括进城务工的农民，也能包括异地或就地转移到乡镇企业就业的农民；三是农民工是我国工业化、城市化过程中的特殊群体，将在一个相当长的时期内存在；四是中央和国务院相关文件中都使用过农民工的概念，也有依据。2006年2号文件《中央政治局常委会工作要点》中，明确提出"切实维护农民工合法权益"，也使用了农民工这个概念。绝大多数同志和专家都赞成文件继续用农民工称谓，认为对农民工歧视与否，不在于使用什么样的称谓，关键在于实行什么样的经济社会政策。

第三个问题，国务院去年解决农民工问题的工作目标和具体措施。

《若干意见》下发后，农民工工作联席会议召开了第一次全体会议。建立农民工联席会议办公室并紧张而有序地开展工作；印发了农民工工作联席会议工作规则和落实《若干意见》的分工方案；多数成员单位已制定农民工工作方案和实施意见；绝大多数省区市已明确协调办事机构并开展工作；各新闻单位配合《若干意见》公开发表所作宣传工作效果很好。去年5月，农民工工作联席会议召开了第二次全体会议，国务院领导同志强调统一思想、抓好落实。一是抓落实要树立大局观念、责任意识。解决农民工问题，是事关经济社会发展全局的一件大事，是今年和今后时期国务院的一项重点工作。各有关部门要切实把农民工工作摆上重要日程，放到大局中来认识、来把握、来部署，各司其职、各尽其责，不能有丝毫懈怠。要进一步增强责任感和紧迫感，在抓落实上下功夫，在抓落实上作表率，在抓落实上创实绩。二是抓落实要做到立足当前、着眼长远。要根据社会关注程度和现有政策成熟情况，抓紧解决农民工最关心、最直接、最现实的问题，为农民工办几件实实在在的事情；同时要注重体制改革和制度创新，探索建立具有中国特色、城乡统筹解决农民工问题的长效机制。要从逐步打破城乡二元结构着手，研究有关制度建设问题，进一步为农民工创造更好的就业和生活环境。三是抓落实要坚持循序渐进、量力而行。解决农民工问题必须从我国国情和各地实际出发。应该解决、经过努力又能够解决的问题必须下决心抓紧解决，一定要让中央的政策惠及亿万农民工，不能雷声大雨点小，停留在会议上、文件上、口头上。同时又要使具体政策措施切实可行，说到一定要做到。

去年国务院农民工工作联席会议确定重点抓好十件实事。

第一件，继续清理工资拖欠。研究制定《关于建立农民工工资支付保障制度的意见》。加大监督执法力度，在重点行业开展农民工工资支付情况检查，公布一批欠薪严重的用人单位名单，公开处理几个恶意拖欠、情节严重的企业负责人，以儆效尤。

第二件，指导各地合理调整最低工资标准，所有地区（西藏除外）都要在今年内实施小时最低工资制度，促进农民工工资合理增长。

第三件，针对不同行业特点制定和推行劳动合同范本，加强对用人单位订立和履行劳动合同的指导和监督。在使用农民工集中的行业开展劳动用工情况大检查。

第四件，指导和监督企业改善生产作业和生活居住环境，不符合国家规定的企业和单位要限期整改。对煤炭和建筑企业职业安全卫生情况进行专项检查，对职业病多发行业农民工职业健康监护情况进行检查，促进改善农民工职业安全卫生状况。

第五件，设立禁止使用童工和保护未成年工权益的监督热线，严厉查处损害未成年工权益和介绍使用童工的违法行为。

第六件，推动农民工流入地公共就业服务机构普遍向农民工开放，免费提供政策咨询、就业信息、职业介绍等服务。

第七件，完成今年的农民工职业技能培训计划（各部门共培训3200万人）。对煤炭等高风险行业从业人员进行全员安全培训。开展农民工安全生产知识电视培训。完善农民工培训补贴政策，制定鼓励农民工参加职业技能鉴定、获得国家职业资格证书的政策。

第八件，加快推进农民工工伤保险，建筑、采掘等高风险行业要全面推行，今年内实现大中型煤矿农民工全部参加工伤保险。总结推广一些地区开展农民工大病医疗保障的做法。

第九件，落实城市政府以全日制公办中小学为主接收农民工同住子女入学，并免除借读费的政策。

第十件，制定农民工计划生育管理服务指导意见。把农民工子女预防接种纳入输入地政府免疫规划，在省会城市及流动人口集中的地方设立免费接种点。

经过全国上下的共同努力，去年农民工工作取得了五个明显进展：一是在解决农民工工资偏低和拖欠问题上取得明显进展；二是在规范农民工劳动管理和劳动安全问题上取得明显进展；三是在搞好农民工就业服务和培训工作，特别是在强化煤炭等高风险行业从业人员培训上取得明显进展；四是在探索适合农民工特点的社会保障办法，特别是在依法将农民工纳入工伤保险上取得明显进展；五是在加强对农民工公共服务，特别是在保障农民工子女接受义务教育上取得明显进展。去年农民工工作的主要特点，可以概括为"四个新"。

首先是各级党委政府做好农民工工作的积极性和主动性有了新提高。主要体现在真正把思想统一到国务院 5 号文件精神上来，把做好农民工工作摆在经济社会发展全局的突出位置，制定了明确的工作目标、具体任务和配套文件，切实做到思想认识到位、组织领导到位、政策措施到位。特别是围绕就农民工劳动工资权益、就业培训服务、职业安全卫生、子女义务教育、疾病预防控制、社会保障办法、法律服务援助、留守儿童教育、统计管理体系等问题，组织多项深入系统的调查研究工作，为有针对性地制定和完善有关政策措施奠定了基础。

第二是从中央到地方建立了统筹协调和指导农民工工作的新机制。全国 31 个省、自治区、直辖市都成立了以分管领导为召集人、多个部门和单位组成的联席会议制度或领导小组，有些省在地市一级也建立了农民工工作协调机制。联席会议成员单位也指定部门和人员侧重抓好农民工工作，全国农民工工作办公室形成正常的督察网络和工作秩序，在制定政策措施、协调解决问题、联络沟通信息、提供决策建议等方面发挥了重要作用。总体上看，初步建立了中央和地方上下贯通、各有关部门密切配合的工作体系。

第三是各地区、各部门切实解决农民工切身利益问题取得新进展。根据社会关注程度和现有政策成熟情况，着力办好农民工热切期盼的十件实事，在解决农民工工资偏低和拖欠问题、规范农民工劳动管理和保障农民工劳动安全、搞好农民工就业服务和培训、推进农民工参加工伤和医疗保险、加强对农民工子女上学等公共服务五个方面取得了明显进展。各地区、各部门注重解决突出问题，开展各种扎实有效的专项行动，有力地保障了广大农民工的合法权益，促进了农村富余劳动力合理有序转移。

第四是全社会呈现出理解、关心、保护农民工合法权益的新气象。中央主要新闻单位配合落实国务院 5 号文件进行了系列宣传报道，集中宣传各地各部门创造的新鲜经验、企业强化责任的具体做法，以及农民工岗位成才、返乡创业的先进典型等。现在看，中央关心和解决农民工问题的大政方针更加深入人心，农民工的重大作用和贡献得到普遍认同，农民外出务工的环境和条件逐步改善，输出输入地、各有关方面协同配合的工作机制建立起来，全社会理解、关心、保护农民工合法权益的大环境初步形成。

这些都为今年和今后工作奠定了良好的基础。需要特别指出的是，当前农民工工作还面临许多突出问题和深层次矛盾，真正把国务院5号文件精神落到实处任重道远。我们必须更加充分认识解决农民工问题的重要性、紧迫性和长期性，必须常怀忧民之情、常虑为民之策，采取更加扎实有力的措施为农民工多做好事、多办实事。

第四个问题，国务院今年继续做好农民工工作的总体要求和重点任务。

2007年是深入贯彻落实科学发展观、积极推进社会主义和谐社会建设的重要一年。做好今年农民工工作，对于维护改革发展稳定大局、迎接党的十七大胜利召开意义十分重大。做好今年农民工工作总体要求是：继续落实文件，巩固扩展成果，推进制度创新，夯实工作基础。继续落实文件，就是要不断提高对贯彻国务院5号文件重要性的认识，全面领会精神实质，准确把握指导思想，进一步增强做好农民工工作的自觉性。巩固扩展成果，就是要继续解决农民工最关心、最直接、最现实的问题，巩固今年为农民工所办十件实事的成果，在力所能及的范围内为农民工办更多的好事。推进制度创新，就是要坚持当前和长远相结合、方向性和操作性相统一，从逐步打破城乡二元结构着手，逐步建立和完善从根本上保障农民工权益的体制和制度。夯实工作基础，就是要真正把农民工工作放到大局中来认识、来把握、来部署，充分发挥各级政府农民工联席会议及其办事机构的作用，进一步形成齐抓共管、共同做好农民工工作的合力。

制度带有根本性、全局性、长期性。今后一个长时期内，我国将经历世界发展史上最大规模的农村人口向城市流动。正确认识和高度重视解决农民工问题，仍然是明年和今后时期国务院的一项重点工作。华建敏国务委员提出，做好明年农民工工作，必须在推进制度创新上取得突破性进展。

一是全面建立工资支付保障制度。这是农民工最直接的切身利益问题，也是当前农民工和社会上反映最强烈的问题，必须首先下大力气在制度上加以解决。明年要在总结今年工作经验的基础上，全面建立工资支付监控制度和工资保证金制度，从根本上解决拖欠农民工工资问题。同时，要严格执行最低工资和小时工资制度，合理确定和提高农民工工资水平，切实改变农民工工资偏低、同工不同酬的状况。

二是全面推行劳动合同制度。劳动合同是规范用人单位和农民工双方权利与义务的法律文件。明年开始，所有用人单位招用农民工都必须依法订立并履行劳动合同，不得滥用试用期侵犯农民工权益；劳动保障部门要制定和推行规范的劳动合同文本，加强对用人单位订立和履行劳动合同的指导和监督。特别要重点抓好农民工比较集中的采掘、建筑、加工等行业的监督检查。

三是严格执行劳动安全卫生制度。工伤和职业病已成为一个重大的公共卫生问题和社会问题，也是农民工就业后最担心发生的问题。各地必须严格执行国家职业安全和劳动保护规程及标准，有关部门必须切实履行职业安全和劳动保护监管职责，用人单位必须履行劳动安全卫生的主体责任，农民工必须增强劳动安全卫生意识和自我保护能力。特别要切实保护女工和未成年工权益，禁止使用童工。

四是完善就业服务培训制度。加快改革城乡分割的就业管理体制，所有城市公共职业介绍机构都要向农民工免费开放。扩大农民工职业技能培训范围，完善农民工职业技能培训补贴办法，规范农民工职业技能鉴定标准。尤其是从事煤炭等高危行业和特种作业的农民工必须经过专门培训、持证上岗。要通过逐步完善职业资格培训体系，为农民工铺设一条从初级工、中级工、高级工，再到技师、高级技师的成长通道。

五是探索农民工社会保障制度。这是免除农民工后顾之忧的"安全网"，也是维护社会稳定的"调节器"。今年要按照国务院5号文件的要求，积极稳妥地推进建立适合农民工特点的社会保障办法。所有用人单位依法将农民工纳入工伤保险范围，各统筹地区要重点解决农民工进城务工期间的住院医疗保障问题。同时，要抓紧研究探索低费率、广覆盖、可转移，并能够与城乡养老保险制度相衔接的农民工养老保险办法。

六是完善农民工子女教育管理制度。这是一项十分重要的社会管理制度。明年要继续贯彻国务院提出的"两为主"原则，解决好农民工子女平等接受义务教育问题。同时，必须高度重视农村留守儿童的教育管理工作。12月9日，家宝总理在全国妇联《关于12省市农村留守儿童状况调查情况的报告》上作出重要批示："目前农村存在的留守儿童问题，应引起重视。妇联调查报告反映的情况和建议，可由农民工办会同有关部门做些研究。"我们要认真落实家宝总理重要批示精神，切实把农村留守儿童教育管理作为工作重点，从制度上研究解决这个关系未来的重大问题。

七是落实优秀农民工落户制度。要按照建立城乡统一的户籍管理制度的改革方向，逐步地、有条件地解决长期在城市就业和居住的农民工户籍问题。中小城市和小城镇要逐步适当放宽农民工落户条件；大城市要积极稳妥地解决符合条件的农民工户籍问题，对农民工中的劳动模范、先进工作者和高级技工、技师，以及其他有突出贡献者，应优先准予落户。具体落户条件，由各地根据城市规划和实际情况。同时，要多渠道改善农民工居住条件。

八是认真执行农村土地承包制度。依法保护农民工土地承包权益，是适应他们亦工亦农、流动就业的特点，减轻农民外出就业风险、保持社会稳定的重大政策。农民外出务工期间，按照依法、自愿、有偿的原则，可以委托代耕或以转包、出租、转让等形式流转承包土地经营权。任何地方不得以农民外出务工为由收回其承包地；任何组织和个人不得强制或限制流转，也不得截留、扣缴或以其他方式侵占其土地流转收益。

九是建立农民工信息统计管理制度。有关部门正在做这项工作。要充分利用和整合统计、公安、人口计生等部门的资源，建立以常住人口为对象的统计指标体系，推进农民工信息网络建设和信息共享，为加强农民工管理和服务提供准确、及时的信息。一些城市实行的农民工居住登记管理办法，集居住状况、就业培训、社会保险、计划生育、卫生防疫和统计信息等功能于一体，这种做法值得总结推广。

十是健全社区管理服务制度。明年要加快构建以社区为依托的农民工服务和管理平台，加快建设开放型、多功能的城市社区，促进农民工融入城市生活，与城市居民和谐相处。要完善社区公共服务和文化设施，开展文化、体育进社区活动，丰富农民工业余文化生活。特别要鼓励农民工参与社区自治，增强作为社区成员的意识，提高自我管理、自我教育和自我服务能力。发挥社区在计划生育、卫生防疫、居住安全、社会治安等方面的重要作用。

（2007 年 2 月，在全国农民工工作培训班上的讲话提纲）

部分城市解决农民工社会保障问题调查报告

　　农民工是我国改革开放和工业化、城镇化进程中涌现的一支新型产业大军，他们的社会保障权益受到各级政府的高度重视和社会各界的普遍关注。近年来，一些地方在建立适合农民工特点的社会保障制度上进行了积极探索。最近，我们对部分城市贯彻国务院 5 号文件情况进行了专题调研，各地解决农民工社会保障问题主要有以下四种类型。

　　1. 深圳市在现行城镇社会保障制度框架下，重点抓好农民工的工伤、医疗和养老保险。深圳市从业人员 760 万人，其中农民工 585 万人，占全市从业人员的 77%。在农民工社会保障方面，深圳市主要抓了三项工作：一是推进工伤保险全覆盖。深圳市从 1990 年就建立工伤保险制度，农民工与城镇职工实行全市统一的工伤保险政策。近几年，深圳市在允许企业先参加工伤保险的同时，适当调低费基和灵活缴费，规定企业按农民工实际工资缴费，允许企业人员在同一个月内互相流动可以顶替参保。为了将工伤保险和工伤预防结合起来，深圳市建立了安全生产监督部门联席会议制度和区、街道安全通报排名制度以及企业安全生产奖优罚劣制度，每年用于工伤保险和工伤预防方面的培训经费达 800 万左右。到今年 6 月底，深圳市农民工工伤保险参保已达 529 万人，占全市农民工人数的 90%，今年 9 月底将实现农民工工伤保险全覆盖。二是建立多层次的医疗保险体系。目前，深圳市建立了综合医疗保险、住院医疗保险和劳务工医疗保险三个层次的医疗保险体系，农民工可根据企业和自己的意愿，选择参加其中任何一个层次的医疗保险。综合医疗保险是 1992 年建立的，参保人数由于缴费高一直徘徊在 20 万人左右。按照保大病的要求，1996 年又推出住院医疗保险，农民工每月交 27 元，与综合医疗保险的住院待遇相同，现有 150 万人参保。但企业反映缴费高、农民工反映受益面小。2005 年 3 月，深圳市推出了劳务工医疗保险试点，深受广大农民工欢迎。这项保险缴费低，每月用人单位交 8 元，农民工个人交 4 元；受益面大，既保住院又保门诊，依托 500 多家社区医疗中心就近就医、逐级转诊；实惠多，门诊实际报销比例 79%，住院实际报销比例 63%。到今年 7 月底，全市劳务工医疗保险参保达 206 万人，预计到年底达到 350 万人。最近，深圳市正在解决参加住院医疗保险的农民工享受门诊待遇问题。三是建立了与城镇职工一体化的养老保险制度。深圳市从 1992 年就开始实施包括农民工在内的养老保险制度，目前全市参加养老保险的 396 万人中农民工有 253 万人，农民工参加养老保险的积极性没有参加工伤和医疗保险高。主要原因是养老保险缴费基数大大高于农民工实际工资，经济负担太重；即使在深圳工作年限达到 15 年，也不能享受城镇职工的养老保险待遇。今年 7 月 26 日，深圳市人大常委会修正了养老保险条例，明确农民工按城镇职工同样比例实际缴费达到规定年限，退休时按深圳统一的计发办法享受养老保险待遇；允许农民工按实际工资缴费，但不得低于深圳市最低工资标准；农民工离开深圳时，能转移养老保险关系的可按规定转移，不能转移养老保险关系的可一次性领取个人账户积累额，重新返回深圳就业后实际缴费年限和个人账户积累额可以累积计算。

深圳市解决农民工社会保障问题，既体现了实行农民工与城镇职工一视同仁的社会保障政策，又考虑到农民工特点进行适时调整、减轻负担、可供选择、着力扩面。他们首先改变了要求农民工"捆绑式"参加各种社会保险的做法，重点抓好农民工的工伤、医疗和养老保险，基本做到了用人单位和农民工双方都满意。深圳市遇到的主要问题是，因养老保险关系不能跨地区接转，原养老保险制度不完善，已参保的农民工退保严重。2004 年退保 37.3 万人，2005 年退保 65 万人，今年上半年退保 37 万人。深圳市修正后的养老保险条例实施后，农民工大量退保的状况将会有所改变。

2. 上海市和成都市为农民工建立综合保险制度，参加"一个保险"、享受"三项待遇"。上海市和成都市现有农民工近 400 万人和 80 多万人，两市在 2002 年 7 月和 2003 年 3 月为农民工建立了综合保险制度，目前参保人数分别为 250 万人和 33 万人。综合保险制度的性质是社会保险，针对农民工最急需解决的工伤、生病和养老等问题，通过政府制定规章强制执行。这项制度的主要特点：一是实行低费率。上海市综合保险的缴费主体是用人单位，个人不缴费，无单位的农民工个人缴费。缴费基数为本市上年职工月社会平均工资的60%，缴费费率面上单位为12.5%（其中养老补贴占7%），是城镇职工缴费标准的1/4。外地施工企业只缴纳5.5%的工伤及医疗两项费用，养老保险由企业注册地解决。为了解决小企业欠薪欠保问题，上海市建立了小企业欠薪保证金制度，收到了很好的效果。成都市综合保险缴费基数按本市上年职工月社会平均工资的60%—200%分为8个档次，农民工就近靠档、多缴多得。缴费按照应缴费工资基数的20%缴纳，是城镇职工平均缴费标准的1/2，用人单位与个人分别承担14.5%和5.5%。今年，成都市政府决定用就业、再就业基金按缴费工资基数的4.5%，对招用农民工的企业实行综合保险补贴。二是享受三项待遇。农民工综合保险的受益项目包括工伤（或意外伤害）、住院医疗和老年补贴等三项保险待遇。在工伤待遇上，两市的补偿标准与城镇职工一致，外来农民工可选择一次性支付，上海25岁以下的一级工伤者最高待遇可达78.9万元。在住院医疗待遇上，上海市农民工享受的最高标准为上年度全市职工年平均工资的4倍，可报销医疗费8.3万元。2005年4月起，在不增加缴费的前提下，综合保险又为农民工新增了每人每月20元的日常医药费补贴项目。成都市参加综合保险的农民工住院费用报销封顶额比城镇职工基本医疗保险高一倍，今年以来又为农民工相继建立医疗门诊个人账户和女职工定额生育补贴。在养老补贴待遇上，上海市用人单位为农民工缴纳综合保险费累计每满12个月，农民工可获得一份养老补贴凭证，目前一份养老补贴为1040元。男农民工年满60周岁、女农民工年满50周岁，可凭养老补贴凭证在居住地指定机构一次性兑现。三是市场化运作。用人单位和无单位农民工办理综合保险登记或变更手续后，每月10日前将应当缴纳的综合保险费存入综合保险缴费卡。未按规定日期缴费的由社会保险事业管理中心扣款，扣款不成功的由外来人员就业管理机构移交劳动监察部门查处。

综合保险由上海市劳动保障部门委托商业保险公司支付和运作，外来人员就业管理机构负责向商业保险公司提供用人单位和无单位农民工参加综合保险情况。商业保险公司向用人单位寄发保险凭证，其中工伤保险凭证、住院医疗保险凭证由用人单位持有，并将投保情况告知农民工；老年补贴保险凭证由用人单位转交农民工持有。对办理综合保险的无单位农民工，商业保险公司向街道（乡镇）社会保障服务中心寄发保险凭证，转交无单位农民工持有。在参加综合保险期间，农民工发生工伤事故（意外伤害）、患职业病或住院医疗的，可按规定向商业保险公司领取综合保险金；到达规定退休年龄的农民工，凭身份证明、保险凭证到户籍所在地的商业保险公司约定机构领取老年补贴。上海市、成都市的综合保险制度是为农民工度身定制的，实行低标准进入、渐进式过渡，整个制度体系具有较强的适应性和可操作性。特别是上海市的综合保险金发放依托商业保险机构，农民工到其他地方就业或将来回原籍仍可方便领取养老补贴，提供了一条解决社会保险异地转移难问题的有效途径。目前，对两市综合保险制度的公平性问题也存在一些异议。一种意见认为，本市职工和农民工实行两种待遇差别很大的养老保险政策，在同一企业不能很好地实现同工同酬同保障。多数同志认为，如果制度模式是合理的、可取的，完全可以逐步提高缴费和待遇标准。今后时期，农民工可能在不同阶段参加不同种类的社会保险，到退休时不同保险待遇之间是可以衔接和转换的。

3. 昆山市和义乌市对农民工实行"国民待遇"，与城镇职工一样参加"五项保险"。江苏昆山市和浙江义乌市都属于经济较为发达的县级市，分别有农民工 70 和 80 多万人，都超过了当地的户籍人口，成为促进经济社会发展的主力军。其中多年在当地就业和居住的农民工占 70% 到 80%，两市政府把他们视为"新昆山人"和"新义乌人"，与本地职工一样享受统一的社会保障政策。一是实行"五险合一"。农民工参加当地的工伤、医疗、养老、失业和生育五项社会保险，执行城镇社会保障制度规定的缴费基数和缴费比例，参保农民工基本做到了同工同酬同保障，到龄退休、看病住院、工伤补偿、失业救济、生育补贴待遇标准没有差别。昆山市还规定在参保农民工发生失业情况时可以"一次性"领取失业金，在农民工生活集聚地和农民工集中的企业内部开设医疗服务站等。义乌市对参加医疗保险的农民工，实行个人缴费、集体扶持和政府资助相结合的筹资办法，市级财政和镇（街）财政分别给予每人每年 39 元和 15 元的补助。二是坚持"三个统一"。围绕提高农民工社会保险管理和服务水平，两市对五项保险统一管理，保险费用统一征缴，管理服务统一标准。劳动部门对参保农民工逐一登记并发放保险证，及时发放个人账单，按时足额发放养老金和报销相关保险费用。对农民工从参保、变更、结算到待遇支付、转移等实施"一条龙"服务，信访、工伤、劳动争议等具体业务也都实现了"窗口式"办理。昆山市政府为了满足农民工的诉求，全面实施限时办结制和首问责任制。三是做到"六个到位"。两市政府都明确农民工社会保障工作由"一把手"负总责，确保机构、人员、经费、场地、制度和工作到位，加强基层劳动保障和社会救助管理服务平台建设。为了增强全社会的社会保障意识，两市通过举办社会保障法规知识讲座、免费印发社会保障政策宣传手册、在新闻媒体开设社会保障专栏等形式，广泛开展丰富多彩的宣传活动。同时，加强了专项检查、日常巡查、举报专查工作力度，建立包括企业用工、参保等情况在内的企业信用档案，切实维护农民工的社会保障权益。

尽管昆山和义乌两市对农民工参加社会保障实行"国民待遇"，但目前参保人数仅分别为 50% 和 20%。这样低的比例，除实行"五险合一"的社会保障政策门槛高、劳动密集型企业农民工流动性大等共性原因外，小企业、个体工商户和非正规就业人员参保难问题十分突出。如义乌市现有工业企业 1.6 万家，个体工商户 7.8 万家，其中销售收入 500 万元及以上的企业只有 711 家。80 多万农民工大多数在小企业工作和为个体工商户打工，劳动关系非常不稳定，劳资双方参保积极性都不高，这种情况在全国各地带有普遍性。两市政府反映，现行城镇社会保障体系特别是职工基本养老保险制度，已不适应多种类型企业和多种就业形式发展的需要，应该建立全国统一的多元化、综合型、可转换的社会保障体系。

4. 北京市主要推进农民工参加工伤和医疗保险，逐步实行农民工养老保险制度。北京市约有 300 万农民工，其中与用人单位建立稳定劳动关系或存在事实劳动关系的 134 万人。前些年，北京市将农民工纳入城镇职工社会保障制度，缴纳 5 项社会保险占工资总额的 40% 多，农民工参保人数一直在 10 多万人。2004 年以来，北京市为统一缴纳 5 项社会保险的做法"松绑"，要求用人单位可以为农民工先行办理工伤和医疗保险，各按工资总额的 2% 由用人单位缴纳保费，农民工个人不缴费。新办法推进了工伤和医疗保险扩面工作，北京市目前参加工伤和医疗保险的农民工分别达到 97 万人和 95 万人。

一是在工伤保险方面，北京市规定用人单位应以外地农民工上年度月平均工资为缴费工资基数，只有在本市为外地农民工办理了工伤保险参保手续并按时足额缴费，经本市县区劳动保障部门认定为工伤的，其工伤保险待遇才能按照本市规定执行，符合工伤保险基金支付项目的才能支付。一次性支付的标准为：满 16 周岁不满 30 周岁的一级工伤者最高待遇为 20 万元；满 30 周岁不满 50 周岁的一级工伤者最高待遇为 15 万元；满 50 周岁以上的一级工伤者最高待遇为 9 万元。二是在医疗保险方面，北京市规定用人单位以上年本市职工月平均工资 60% 为缴费基数，按 2% 比例缴纳的保险费，1.8% 划入基本医疗保险统筹基金，0.2% 划入大额医疗互助资金，农民工持《就医卡》到定点医疗机构住院就医。基本医疗保险基金支付的起付标准为 1300 元，一个年度累计支付的最高数额为 5 万元；超过 5 万元的医疗费用，由大额医疗互助资金负担 70%，农民工个人负担 30%；大额医疗互助资金最高支付限额为 10 万元。三是在养老保险方面，北京市的农民工养老保险暂行办法是 2001 年制定的，明确规定用人单位应自招用农民工之月起，必须与其签订劳动合同，并为其办理参加养老保险手续。养老保险费由用人单位和农民工共同缴纳，按上一年本市职工最低工资标准，用人单位缴纳 19%，农民工个人缴纳 7%。这项办法实施以来效果不佳，参加养老保险的农民工目前仅有 10 万多人。北京市的农民工社会保险办法，是按照"低缴费、保当期、保大病"的政策取向制定的。从各方面的反映来看，对基本医疗保险总体上是满意的，用人单位缴费负担不重，农民工享受的待遇不低。但普遍认为工伤保险待遇低，外地农民工不仅同本地职工差距大，而且只有参保才能享受工伤待遇，不符合国家有关部门的要求。北京市劳动部门提出，下一步要大力推进工伤和医疗保险，农民工养老保险可以先放一放。这种倾向在其他一些城市也存在。国务院 5 号文件提出逐步解决农民工养老问题，不是这项工作暂时不搞，而是要探索适合农民工特点的养老保险办法。

农民工的社会保障问题，归根到底是在新形势下重新调整国家、企业和农民工三者之间利益关系的重大问题。适应工业化、城镇化发展和人口老龄化的需要，将农民工纳入社会保障势在必行。从以上四种类型看，国务院 5 号文件提出"根据农民工最紧迫的社会保障需求，坚持分类指导、稳步推进，优先解决工伤保险和大病医疗保障问题，逐步解决养老保障问题"的思路是完全可行的。一是工伤保险平均费率不高，既不需要个人缴费，又不存在关系接续问题，把农民工纳入工伤保险范围在法律上、制度上、操作上都没有任何障碍，而且这个问题又最为迫切，应争取在最短时间内覆盖到企业所有劳动者。没有参加工伤保险的企业，农民工也应按有关规定无差别地享受工伤及职业病的待遇补偿。二是在现行城镇职工医疗保险制度框架内，针对农民工流动性强、收入水平低的特点，为其建立的医疗保险主要应由用人单位缴费，实行社会统筹，不搞个人账户，基金单独管理使用。六个城市的做法虽然各有异同，但总体上使农民工既能享受住院医疗保障，又能享受门诊医疗补助，实践证明这种制度安排是切实可行的。三是农民工的养老保障不是要不要搞的问题，而是怎样建立一个适合农民工特点的渐进式、过渡性办法。上海模式的特点是低费率、广覆盖、可转移，对农民工实行养老补贴办法；深圳模式的特点是制度统一、降低门槛、方便转移，对农民工实行养老保险办法。这两种模式，都能够与现行的和将来的城乡养老保险制度相衔接，值得各地结合实际研究和借鉴。

六城市政府有关同志建议，国务院相关部门应抓紧制定和完善适合我国国情的社会保障法律法规。农民工的社会保障应有别于城镇职工，做到政府能承受、企业能负担、员工能接受。同时，还要大力加强城市小企业、农村乡镇企业、城乡个体工商户和非正规就业人员的参保工作。我们在调研中，大家共同反映养老保险关系异地转移与接续难问题，已经成为制约农民工参保的"瓶颈"。应加快建立全国统一的农民工个人账户信息管理系统；条件不具备时，也可委托银行或商业保险公司具体经办；在不同统筹地区参保缴费的，个人账户和保险权益可随之转移、连续计算，缴费标准与享受待遇相统一，并不允许退保；农民工退休时，可在当地社会保险经办机构或银行、商业保险公司领取养老金。

（2006 年 8 月，本文同王飞同志合作完成）

落实最低工资标准存在的问题和建议

随着这两年解决拖欠农民工工资问题取得重要进展，最低工资标准问题逐渐凸现出来。近来，最低工资标准不落实，劳动者基本权益得不到有效保障，引起媒体和社会各方面的广泛关注。我们就此问题到河北省进行了调研，并同全国总工会、劳动保障部有关同志座谈，现将这方面的情况报告如下。

一、最低工资标准落实存在的突出问题

河北省 2004 年 7 月 1 日根据国家《最低工资规定》，对职工最低工资标准进行了及时调整，设区市每月最低工资标准由 2002 年的 350 元提高到 520 元，除贫困县以外的其他县市每月最低工资标准为 470 元，贫困县每月最低工资标准为 420 元，标准提高的幅度及水平在全国处于前列。同时，加大了劳动执法监察的力度，推动了这项工作的进展。

为了解和掌握全省企业最低工资标准的落实情况，河北省总工会去年用 3 个月时间，对全省 1021 户各类企业执行最低工资标准状况进行了专项调查，发现存在的问题比较突出。在这些企业中，达到最低工资标准的企业 589 户，占 58%，未达到的占 42%；调查覆盖职工 374670 人，达到最低工资标准的职工 219582 人，占被调查职工总数的 59%，未达到的占 41%。按所有制性质划分，调查公有制企业 267 户，达到最低工资标准的 220 户，占 82%，未达到的占 18%；涉及公有制企业职工 157224 人，达到最低工资标准的 112651 人，占 71%，未达到的占 29%。调查非公有制企业 754 户，达到最低工资标准的 369 户，占 49%，未达到的占 51%；涉及非公有制企业职工 206586 人，达到最低工资标准的 106931 人，占 50%，未达到的占 50%。按所属行业划分，加

工制造、纺织服装、轻工、商贸行业达到最低工资标准的分别占 38%、42%、54% 和 62%，未达到的分别占 62%、58%、46% 和 38%；建筑、化工行业达到最低工资标准的分别占 71% 和 90%，未达到的分别占 29% 和 10%。

总体上看，国有企业和列入统计的规模以上非公有制企业执行最低工资标准的情况比较好，问题主要集中在中小型民营企业和个体经济组织，餐饮服务、商业零售、纺织服装、加工制造等劳动密集型行业不落实最低工资标准的现象比较普遍，特别是农民工群体落实情况较差。主要表现在以下几个方面：

一是企业曲解最低工资标准，把不应计入的项目全部包括在最低工资内。按照国家规定，最低工资标准不包括延长工作时间工资，特殊工作环境条件下的津贴和劳动者应得的福利待遇等。事实上，许多企业把职工所有收入都计算在最低工资标准之内，甚至还有的企业以实物代替现金支付，餐饮、服务企业把提供食宿也计算在工资内。据对某市一个餐饮聚集地调查，餐馆员工的待遇普遍是包吃包住，每月工资 300 元。这些人员收入根本没有达到最低工资标准。

二是超时加班现象十分普遍，职工实际收入低于最低工资标准。调查显示，企业侵害职工休息休假权利的问题相当严重，许多非公有制企业劳动时间长，没有休息日，加班加点不按规定支付加班费。河北省总工会调查的 754 户非公有制企业中，有 385 户企业日工作时间超过 8 小时，占被调查总数的 51%，有的企业职工甚至每天工作 12 小时，每月工作时间在 26 天以上。加班加点的企业不按规定支付职工加班加点工资，职工拿到的钱数量上高于、实际上低于最低工资标准。同时，被调查的职工有 76% 在节假日加班未享受到国家规定的加班工资。

三是过高的劳动定额导致分配不公，职工收入难以达到最低工资标准。部分企业实行的看似高效、科学的分配形式背后，隐藏着许多不合理因素。在实行计件工资的企业中，确定劳动定额的随意性相当大。他们为了赚取超额利润，有意提高劳动定额，使职工只有靠超时劳动才能达到最低工资标准。在实行提成工资制的商业企业及销售岗位，规定很低的底薪工资，有的甚至没有底薪，使一些完不成销售额的职工达不到最低工资，而企业却认为按业绩提成合情合理。

四是企业故意混淆最低工资标准的内涵，人为压低或减少职工工资。一些企业以职工在试用期、见习期、学徒期和熟练期为由，压低职工工资水平。如有的企业规定，新职工试用期为 3 个月，试用期间每月工资 300 元，试用期满后所有收入为 550 元。还有些企业把最低工资标准当成挡箭牌，本来有能力支付较高的工资，但为了压低劳动成本，把最低工资标准变成了企业正常工资标准。河北省总工会实地调查的 256 名职工中，2004 年工资收入比 2003 年有所提高的有 167 人，其中仅有 37 人达到年收入提高 11%，也就是当地工资指导基准线的水平。

五是非公有制经济中社会保障覆盖面小，职工工资收入严重"缩水"。目前，各地非公有制经济中社会保障覆盖面普遍很小，职工微薄的工资收入难以在年老、患病、工伤、失业的情况下得到保障。河北省总工会的调查表明，在 754 户非公有制企业中，有 338 户未缴纳养老保险，涉及职工占 57%；有 396 户未缴纳工伤保险，涉及职工占 61%；有 612 户未缴纳医疗保险，涉及职工占 81%；有 554 户未缴纳失业保险，涉及职工占 73%。

二、最低工资标准没有完全落实的主要原因

我们在同劳动保障部、全国总工会有关同志座谈中感到，河北省总工会调查反映的问题在全国各地都程度不同地存在。最低工资标准没有完全落实的主要原因有以下几方面。

第一，我国劳动力市场供大于求，使劳动者在就业中处于不利地位。目前，在我国就业矛盾十分突出的情况下，一些地方形成强资本弱劳动的市场供求格局，导致劳动价值和劳动报酬严重背离。相当多的用人单位利用大量廉价劳动力，通过压低人工成本的办法谋取企业利润。劳动者为了保住一份工作，不得不屈从低于最低工资标准的劳动报酬和恶劣的劳动条件。有的私营企业主说："我能够给他们工作就是对社会的贡献，能拿到最低工资标准就不错了，现在市场上就是不缺劳动力。"

第二，一些个体私营企业法制观念淡薄，随意侵害职工的合法权益。一些企业经营者无视《劳动法》等法律法规，不与职工签订劳动合同，或签订只对自己有利的不平等雇用协议。据调查，非公有制企业劳动合同签订率仅 47% 左右。这也是企业不执行国家工资支付规定，随意延长工作时间，逃避缴纳社会保险的一个重要原因。特别是一些高危行业的工人，干的是超强度的工作，

得到的是低廉的工资，甚至还承担着生命危险。

第三，劳动执法监察不到位，依法处罚力度不够。一些地方政府及有关部门，对企业不落实最低工资标准、侵害职工基本经济权益的问题没有给予足够重视，有的地方甚至以优化投资环境、支持企业发展为由，姑息用人单位的违法违规行为。一方面，劳动保障执法监察力量相对薄弱，难以应付量大面广的劳动监察任务，只能是逮住了处罚一下，而不少违反劳动法规的行为得不到及时查处。另一方面，劳动监察处罚手段软弱，难以震慑和遏止违法违规行为，使得违反最低工资标准行为的成本很低，得不到有效制止。

第四，最低工资标准宣传不够，职工依法维权意识薄弱。河北省某市总工会发放职工的问卷调查结果，有55%的职工不知道有《最低工资规定》和最低工资标准的内容，有75%的职工不能确切知道当地最低工资标准是多少。有的职工明知企业侵犯了自己的合法权益，无法拿起法律武器维护自身合法权益，多数职工则害怕丢饭碗或经营者打击报复而忍耐迁就。此外，不少非公有制企业还没有建立工会组织，有的是私营企业经营者主导建立的工会组织，难以发挥维护职工权益的作用。

第五，工资分配机制不健全，宏观调控力度不够。在建立和完善社会主义市场经济体制的过程中，国家对企业工资分配管理由直接管理向间接调控转变，企业有了充分的工资分配自主权。但由于工资收入宏观调控体系尚未真正建立起来，加之企业内部外部都缺乏必要的监督制约机制，在企业工资分配管理上出现了"真空"。有的同志形象地说："我国企业工资收入高的管不住、低的保不了，主要原因是旧体制打破了、新体制没建立。"

第六，部分国有企业经营困难，无力落实最低工资标准。河北省某市国有企业处于停产、半停产的有388家，亏损企业894家，分别占国有企业总数的41%和93%。这些企业"活不了"又"死不起"，长期拖欠职工工资、欠缴社会保险费、住房公积金等，支付给在岗职工的劳动报酬经常达不到最低工资标准。

我们通过这次调查认为，当前企业工资管理中的最大问题是底数不清、监管不力、宏观调控不到位。列入统计的企业有比较完整的统计数据，而量大面广、分散经营的个体私营经济却缺乏详细的统计调查，难以有一个全面的数量分析和完整判断。而这些企业数量大，吸纳就业人数多，在最低工资标准落实中存在着比较突出的问题。

三、落实最低工资标准的政策建议

最低工资标准是用人单位向劳动者支付工资时不得低于的法定下限，直接关系到低收入职工群众的切身利益。最低工资得不到保障，不仅难以满足低收入职工基本消费需求，而且不能保障劳动者的最基本权益，不利于维护社会公平和正义，影响到社会稳定。建议把落实和完善各地最低工资标准这项工作，作为今年下半年政府工作的一项重要任务来抓。

第一，要集中力量开展一次全国范围的落实最低工资标准的专项检查，真正掌握各地方、各类企业和用人单位执行最低工资标准的情况。这是做好这项工作的基本依据和出发点。重点检查规模以下非公有制企业和个体经济组织、县以下用工单位、农民工比较集中的劳动密集型行业，着重检查随意提高劳动定额、延长劳动时间、压低工资水平等违反最低工资标准的行为。同时，对规模以下企业生产经营、工资发放、社会保障等情况，建立非公有制企业和个体经济组织正常的统计和监管渠道。

第二，加大劳动监察执法力度，坚决纠正违反最低工资标准的行为。各级劳动保障部门要切实履行好劳动监察的职责，把落实最低工资标准作为一项重要工作抓紧抓好。设立劳动监察举报热线，依法及时查处、纠正和处罚违法行为。工商部门要密切配合，对未达到最低工资标准的企业在年检时责令限期改正和补发。有关部门要把落实最低工资标准作为当前维护职工权益工作的重点内容来抓，加大对最低工资标准执行情况的监督检查力度。

第三，进一步健全相关法律法规，加强最低工资标准制度建设。针对当前劳动关系中出现的新情况、新问题，国家应加快对《劳动法》的修改进程，并及时出台与之配套的《劳动合同法》、《工资法》、《社会保险法》等法律法规，逐步建立起适应市场经济发展、就业日趋多样化的劳动保障法律法规体系。探索建立工资储备金制度、劳动用工登记备案制度等，以利于更有效地对劳动工资进行监控和管理。在生产发展和提高经济效益的基础上，应适时调整最低工资标准，使其保持在一个合理的水平上。

第四，加大政策宣传力度，形成全社会维护职工权益的良好氛围。要在全社会广泛宣传最低工资保障制度，提高政府部门、企业和劳动者的法律意识，特别是让企业经营者认识到保障职工最低工资标准是依法经营的基本条件，让广大职工充分了解国家关于最低工资标准的规定内容，增强他们的维权意识和能力。新闻媒体要坚持正确的舆论导向，宣传企业维护职工权益的正面典型，对拒不执行最低工资标准的用人单位加强舆论监督。

第五，健全企业工资分配新机制，大力推进工资集体协商制度。要加快建立与现代企业制度相适应的工资收入分配制度，并与企业剩余收益分配制度、职工福利制度结合起来，使企业真正根据当地社会平均工资和本企业经济效益情况决定职工工资水平。要推动各类企业建立起工资集体协商制度，将企业最低工资标准、加班加点工资支付、社会保险、劳动定额等涉及职工基本经济权益的问题作为协商的重点内容，签订工资专项集体合同，在小型企业集中的地区推行签订区域性、行业性工资专项集体合同，依据经济合同来规范工资管理。

第六，加强国家对工资收入的宏观控制，规范市场经济条件下的收入分配关系。要把工资收入分配问题作为国家宏观调控的重要内容，加快完善工资收入宏观调控体系。要继续坚持"市场机制调节、企业自主分配、职工民主参与、国家监控指导"的方向，建立健全工资指导线制度、劳动力市场工资指导价位制度、人工成本预测预警制度等，从工资总额调控向工资水平调控转变，综合运用行政、经济和法律手段进行调控。国务院有关部门和地方政府在规范收入分配关系上，应把基本着眼点放在限制过高工资收入，保障最低工资收入，扩大中等收入上，并作为一项重要的考核指标。要在继续加强劳动就业和社会保障工作的同时，切实加强新形势下的工资收入管理和调控工作，更好地保障劳动者的合法权益。

（2009 年 7 月，本文同刘应杰同志合作完成）

完善城市居民最低生活保障制度的建议

经过几年的努力，我国城市居民最低生活保障（以下简称低保）工作取得突破性进展。据民政部统计，2002 年全国实际领取城市居民低保金的人数达 2053 万人，全年城镇居民低保支出 112.6 亿元，基本上做到了应保尽保。可以说，政府用相对较少的财政支出，基本解决了城市最困难群体的"糊口"这个社会大难题，深得百姓赞誉，有力地维护了改革发展稳定大局。但也要看到，各地现行的低保标准和保障对象的实际补助水平，在实际执行中还存在一些问题。具体表现在：一些地方低保"门槛"过高，一部分困难群体还没有纳入低保范围；一些地方降低低保"门槛"，低保对象增加较快，加大了低保工作的难度和资金压力；各地低保资金筹集拨付尚未形成有效机制，各级财政负担比例不尽合理，造成不同城市之间甚至同一城市不同街道之间的低保待遇存在明显差距；多数低保对象除收入低外，还存在就医、子女就学、住房、取暖等多方面的实际困难；低保工作管理体制不顺，人员力量薄弱，管理手段落后，等等。因此，必须从政策上、机制上、体制上进一步完善现行低保制度。

（一）完善低保的准入机制

这主要是解决低保"入口"或"门槛"的问题。为了从根本上解决"归堆吃低保"，做到"不该保的一个不保"，同时也为了更好地做到"应保尽保"，必须建立严格的准入"门槛"。设计好"门槛"需要考虑三个问题。一是最低生活保障线的设定。这是低保制度健康运行的关键环节之一，是一个技术性很强的工作。这条线定低了，达不到保障生活的目的；高了，就会养懒人。制定低保线要考虑当地人均国内生产总值、居民人均可支配收入和支出、人均地方财政收入和支出以及恩格尔系数等参数，综合评价后确定。低保线按"属地原则"应由城市自己确定，并向社会公布，每年调整一次。但中央或省级政府应制定指导性标准，或者至少对制定低保线的程序和办法作出统一的规定。参考国外做法，一般低保线设定在相当于当地社会平均工资收入的 30%—40% 为宜。二是低保对象的界定。低保的对象针对的应当是家庭，而非个人。低保作为"兜底"的一种社会保障项目，应该具有最大的普遍性和公平性，不管是什么样的家庭，只要收入低于法定的最低生活保障线，就应当得到社会的救济。家庭人均收入水平低于当地低保线，是享受低保待遇的唯一条件。从各国的实践看，核定家庭收入是一个难题。国外一般采取个人申报和家庭调查相结合的办法，辅之以严厉的反欺诈措施。我国也要研究制定易于操作的家庭收入核查办法。加快建立与国际接轨的个人或家庭信用制度。加大监督执法力度，惩罚骗取低保金行为。当前，要重点解决以"应得收入"、"虚拟收入"计算家庭人均收入的问题。国务院有关部门应尽快制定核算低保对象家庭财产和收入的指导性意见。三是就业意愿，也可称为"挡懒人门槛"。凡是有劳动能力的低保申请者必须有就业意向，能主动登记申请就业并接受公共就业服务机构提供给他的一切工作机会。

（二）建立稳定的低保资金筹措机制

近一二年，各地低保"扩面"步子很大，资金投入也已经达到了相当的规模，这与中央财政的强力支持有很大关系，但中央财政每年究竟能列支多少钱，列支到哪一年，目前并没有明确的说法。低保不是临时性的"花钱买稳定"，而应当成为一项长期有效的基本政策，在各级财政框架中占固定的一席之地。一是加快制定《社会救济法》，通过立法将低保资金列入各级政府刚性的财政支出，建立稳定的低保资金来源渠道，并在此基础上通过发放社会福利彩票、鼓励捐赠等方式拓宽资金来源渠道。对各级财政低保资金预算情况，同级人大要加强审核监督，对低保资金预算不足的议案不予通过。二是确定各级财政的合理分担比例。总量上可以考虑，中央和省两级财政补助占 50%，市、区（县）两级财政补助占 50%。中央财政补助比例具体到各省，可区别对待，对中西部和老工业基地等困难地区适当倾斜。中央和省级补助的口径可考虑实行"零基预算"，按当年城市人口所占比例、低保覆盖面、差额补助平均水平等因素确定一个具体的分担比例。三是层层建立低保资金专户，加强对低保资金使用的监管，确保资金使用效益和安全。资金专户按照中央、省、市、区

（县）四级分担比例及所对应的资金额度做好收入账，按低保对象"人头"做好支出账。考虑到中央财政预算要"人大"通过后才能下拨，为防止资金下拨的"滞后"，可考虑以头年 7 月到次年 6 月为低保的一个财政年度，以确保不因资金拨付周期而影响低保金的正常发放。四是以个人所得税为低保的专项资金来源。西方国家在这方面有相当成功的经验。我国的个人所得税拥有庞大的税源，目前的问题是税收结构不合理、征管手段落后、征收工作乏力，造成大量的税款流失。只要加快税收制度改革，加强征管，我国的个人所得税预期每年可征收数百亿元，完全可以为低保提供强力资金支持。

（三）建立公平有效的低保资金支出机制

公平有效地使用低保资金涉及两个关键问题：一是对低保对象按不同人群实行差别救助。目前低保的待遇水平，由当地低保线与低保对象实际收入相减而得，虽然操作简单易行，但缺乏针对性，不能充分体现公平。实际上，收入水平相同的家庭，可能因家庭成员人数、家庭成员性别年龄结构、子女接受义务教育、家庭成员中有重大疾病等因素，贫困程度有很大差距。因此，低保待遇应根据低保对象有无劳动能力、是否在接受教育、是否罹患重大疾病等因素，确定不同的补助档次，以更好地体现公平性。按照国际惯例：有劳动能力的低保对象本身的低保待遇一般相当于没有劳动能力的对象的 2/3 或 3/4，即使前者找到工作，也可以给予 6 个月左右的缓冲期，待其收入稳定后，再退出低保行列；假定 1 人户家庭的待遇为 1，则 2—3 人户家庭的人均待遇应为 0.8—0.85，4 人户以上家庭的人均待遇则为 0.75—0.8；特殊家庭如优抚对象、残疾人、单亲携子女家庭则应通过其他专门的社会保障项目来解决，待遇理应比低保高。在我国目前没有建立起残（残疾人）遗（遗属）保障制度前，对应家庭的低保待遇可考虑比一般家庭提高 20%—30%左右。而优抚家庭理论上讲就不应该有贫困户，这是国家应承担的责任。二是建立"能进能出"的动态管理机制。有的低保对象把领取低保金看作一种固定待遇，使低保"能进不能出"，造成低保覆盖面越来越大，政府财政的压力也越来越大。因此，必须在收入核查的基础上，及时掌握低保对象的收入变化，采取措施促进低保对象就业，从而建立低保"能进能出"的动态管理机制。

（四）建立对低保对象的就业援助机制

这是解决低保的"出口"问题的。再就业是低保对象脱贫的最根本途径，因此在对低保家庭实行收入补贴的同时，还应当积极建立就业援助机制。可以采取"以工代赈"的形式，也可以采取定向提供特殊就业岗位的方式，吸纳低保对象通过参与社区服务、社区建设、清洁卫生、园林绿化、维持治安、公益宣传等劳动而获得收入。或者由地方出台优惠政策，鼓励用人单位接纳包括低保对象在内的就业困难群体实现就业。为了鼓励包括低保对象在内的城镇失业人员自谋职业，一些地方（如北京市）实行了对失业人员自谋职业进行社会保险费补助的经验值得推广。不过，社会保险费补助的经费不宜由低保资金支出，可以考虑由失业保险基金支出或单独列入财政预算。

（五）建立以低保制度为主体的综合性社会救助体系

低保家庭面临的困难通常是多方面的，而不仅仅是"糊口"。从理论上讲，一个国家的社会保障制度设计不能过于复杂、烦琐，项目不能过多，否则制度成本就会太高。低保作为一个兜底的社会保障项目，应当是个"一揽子"计划，能够解决除医疗和教育外的所有与基本生活有关的问题，包括吃饭、穿衣、取暖等。但目前我国的义务教育和医疗保障体系都不健全，低保待遇水平总体上还比较低，还没法从根本上解决低保对象面临的就医、就学、住房、取暖等实际问题。现行制度对解决上述方面实际困难虽然也有一些安排（主要是让具体工作部门实行以"减免"为特征的优惠政策），但因为与相关领域市场化的改革取向有冲突，故在执行上有很大难度。比较可行的是，建立以低保为主体、辅之以医疗、教育、住房等专项制度的一整套社会救助体系。其实质是"政府买单"，而让低保对象自己去交费。这样，不但资金的使用效率高，而且可以避免社会歧视和社会排斥问题。当务之急是建立城镇社会医疗救助制度。这是解决包括低保对象在内的弱势群体看病难问题的治本之策。社会医疗救助体系可依托现有的社区医疗卫生系统，一般小病由社区医疗机构提供低收费的医疗服务。社会医疗救助的资金来源以财政支出为主，辅以发放定向福利彩票、社会捐助的收入等。同时，由地方基层政府或社区探索建立"教育救助"、"廉租住房"、"取暖救助"等专项救助方式。此外，要加快制定有关社会募捐和捐赠的法律法规，规范全社会扶贫济困、助人为乐行为。

（六）加快理顺低保管理体制

目前，基层民政部门具体负责低保的实施和管理，机构设置和人员编制都是按照民政部门原来的工作内容和任务量设定的，已不能适应低保工作大量的审批、统计、建档、资金结算、银行划拨、收入调查、接待来访及日常管理工作任务的需要。就全国而言，每年管理使用的低保资金已超百亿元，但相应的人员配置却少得可怜，一般市级 2—3 人，区县、街道以下一般 1—2 人，有时不得不临时聘用工作人员，素质和工作质量难以保证。同时，社会保障管理体制不顺，劳动保障部门管理就业、社会保险，民政部门管理低保等工作，也造成低保待遇和社会保险待遇不衔接、低保与再就业工作脱节等问题。因此，从长远看，统一社会保障管理机构应是一个趋势。就目前的管理体制下，可以先从加强基层（比如街道）社会保障机构入手，把民政和劳动保障部门的有关职能归并在一起，成立统一的"社会保障管理服务中心"，负责从失业人员的接收、档案管理、再就业安置到低保政策咨询、低保申请审核、低保动态管理等"一条龙"服务。要加强社区社会保障人员力量，保证工作经费。辽宁省准备从中小学分流教师，选择一部分人员充实社区。这种做法既保证了社区工作人员素质，财政又未新增开支。要统一规划建设集社会保险、低保和劳动就业为一体的计算机网络体系。但需要指出，一些地方把低保工作"管理重心下移"到居委会一级是不妥当的，因为居委会不是一级政府，权责不对称必然导致"看人情"甚至腐败问题。因此，低保申请应在街道一级进行，而审批手续应在街道和区（县）两级完成，低保资金通过银行、邮局等实行社会化发放。居委会的作用是协助家庭收入调查以及做必要的联系工作。

（七）建立低保的社会监督机制

这是保证低保资金使用透明度的需要。建议完善以下两个方面的制度：一是建立与低保有关的投诉和行政复议制度。城市居民在申请低保没有获得批准时，可以向上级机关提请行政复议。如果申请者对行政复议的结果仍不满意，可以提起行政诉讼。同时，建立与低保有关的畅通的咨询和投诉渠道。二是建立非政府的低保社会监督委员会。低保社会监督委员会的人员以政府代表、群众团体、社会知名人士、居民代表等构成。监督委员会负责低保资金使用的质询和监督、低保制度实施效果评估、提出低保政策建议和接收投诉等。

（2003 年 4 月，本文同刘文海同志合作完成）

重庆市巴南区转移 50% 农村富余劳动力的主要做法

重庆市巴南区是一个农村面积大、农业人口多、城乡二元结构比较明显的主城区。在全区 86 万总人口中，农业人口 62 万人，农村劳动力 29.7 万人，富余劳动力超过 20 万人，人均耕地面积仅 1.03 亩。近年来，这个区的区委、区政府按照"培育载体、打造品牌、强化服务、有序输出"的思路，大力发展劳务经济，到 2004 年底全区已累计转移农村富余劳动力 11 万人。2003 年全区农民人均纯收入达到 2715 元，其中劳务收入 921 元，占 34%；去年全区农民人均纯收入达到 3100 元，在新增的近 400 元中，有 46% 来源于劳务收入。他们的主要做法是：

一、切实加强领导

农村富余劳动力转移就业是一项系统工程。巴南区委、区政府坚持做到四个落实：一是组织落实。区里成立了农村劳动力转移工作领导和协调小组，各镇街也成立了农村劳动力转移工作办公室，配备了工作人员，落实了工作经费。二是底数落实。对全区农业人口现状、农村劳动力性别、年龄、文化程度构成情况和技术专长、求职意愿以及已输出人员的地区分布、职业状况等进行全面调查，做到心中有数。三是责任落实。对区劳动保障局、农办、农业局、财政局、建委等相关部门明确职责，其他部门按分工各司其职、相互配合，形成了齐抓共管的工作局面。四是目标落实。将农村劳务输出任务分解落实到各镇街，纳入对各镇街的年度综合目标考核，并兑现奖惩。

二、注重技能培训

解决劳动技能单一的状况，是实现农村富余劳动力转移的关键。巴南区主要抓了四个环节：一是对培训机构实行招投标制，营造公开、公正、公平的竞争环境。他们充分发挥农广校、职业中学、技工学校等各类培训机构的教学资源优势，通过公开招投标确定了 10 个定点培训机构。二是组织有关部门对培训机构的条件、培训专业、培训规模、设备和资质进行认定。根据劳动力市场需求，主要开展了车工、钳工、铸造、营业员、服务员、计算机等专业的职业技能培训。三是高标准、严要求地组织评估、验收。重点放在提高农村劳动力职业技能，增强市场竞争就业能力上。去年培训的 9000 余人，大多数都已进城务工就业。界石镇农民冷兴桥原来收过"破烂"。去年他经过培训掌握了硫化工操作技能，现已是带有 2 名大学生徒弟的师傅了，月收入也近 2000 元。四是培训资金使用实行报帐制，确保项目资金投入的有效使用。2003 年 10 月以来，财政补助 170 万元培训经费做到了专款专用。

三、打造"石龙"品牌

石龙镇是巴南区的一个边远的、贫困的山镇。近年来，这个镇率先在重庆市建立镇一级劳务输出公司、农民工培训基地、农民工服务体系和农民工返乡创业园，走出大山的农民富了，长期贫困的山镇变了。1999 年以来，全镇农村劳动力 16000 人中已组织输出 13000 余人，挣回劳务收入近 3 亿元。去年在全面实现电网改造中，全镇 9500 多户、近 2000 万元的电网改造费，40%是靠打工挣钱缴纳的；全镇现有出租汽车 8 辆，出租摩托车 25 辆，自备摩托车 180 辆，大小货车 28 辆，大多数是农民工家庭所有；民工近几年回乡建房已达 600 余幢等。目前，"石龙技工"已成为具有一定知名度的劳务品牌，该品牌商标注册已经过重庆市审核上报国家商标局审批；已有四万多农村富余劳动力进入城镇务工经商，推进了城镇化进程。巴南区委、区政府及时推广石龙经验，促进了全区农村富余劳动力转移工作。

四、组织有序输出

为了避免农村劳动力盲目流动，巴南区精心组织劳务输出，积极推进有序流动。一是充分利用区劳动力市场的信息网络优势，向广大农村劳动力及时发布用工信息，在求职登记、职业介绍、职业指导上与下岗失业职工一视同仁。去年就举办现场招聘会12场，其中有8场在镇街举行，方便了农民群众。二是区劳动就业部门多次派出人员前往上海、江苏、广东、福建等地，与当地劳动就业部门及用人单位进行洽谈，广泛收集真实可靠的用工信息。同时，对农民工进行回访，了解他们在企业的工作情况和需要帮助解决的困难，听取他们的意见和建议，并适时采取措施改进工作。南彭镇农民黄德强经过10余年的打工生涯，已由过去的一般厨工成长为厨师长，先后被北京几家酒店、宾馆聘为总厨。区劳动就业部门听取他的建议，设立了餐饮培训项目。三是在新疆、黑龙江、山西、江苏昆山、福建泉州等地建立了劳务输出基地，建立稳定的劳务协作关系和输出渠道。如在新疆米泉市设立以输出铸工为主的办事处，在北京设立以输出餐饮服务员为主的办事处等。四是组建区、镇街两级劳务输出公司，实行政府引导、市场运作、有序输出，使全区劳务经济健康发展。五是定期组织劳动用工执法检查，对不规范运作的中介机构作出取消资格、罚款等处罚，整顿劳动力市场秩序。

五、着力排忧解难

巴南区强化对外出农民工的服务意识，帮助他们解决切身利益问题。一是解决民工出行难问题。区劳动保障部门先后10余次与铁路部门进行协调、联系，为3200名外出农民工集中购买火车票，并为1300名石龙农民工申请了重庆至乌鲁木齐的"农民工专列"，使这个难题有所缓解。二是解决农民工家庭种地难问题。所有镇街都组织了"党员助农机耕队"和"青年志愿者服务队"，基本解除了"民工外出打工，田土无人耕种"的后顾之忧。三是解决民工城市生活难问题。组织编写了《巴南民工指南》，为农民工在城市生活、工作及维权等方面提供指导服务，被誉为农民外出打工、维权的"图文并茂的小百科全书"。四是解决农民工维权难问题。巴南区委、区政府不仅加强与农民工所在地党委、政府及有关部门的协调联系，还设立了农民工权益保障工作指导协调组，"劳务110"举报、投诉、咨询电话，受理举报、投诉事宜，提供法律政策咨询服务，维护其合法权益。他们把解决拖欠农民工工资作为重点，去年以来共受理并查处拖欠农民工工资案件138件，为6719名农民工追回被拖欠的工资 1744 万元。

我们在调查中了解到，巴南区农村富余劳动力转移工作虽然取得了一定成效，但还存在一些问题：一是大量农村富余劳动力外出务工导致部分土地荒芜，全区 60 多万亩耕地中，现荒地 4 万余亩，约占耕地面积的 7%。二是增加了农业税征收难度，全区现欠农业税 300 多万元，其中 70% 系举家外出务工家庭所欠。三是节日期间农民工大批返乡时，车票难买，高价票盛行。四是农民工工作时间长、职业卫生差、超时工资低，生产生活条件急需改善。建议国家有关部门重视解决这些问题，特别要加大对农村富余劳动力转移的政策扶持力度，重点加强西部地区农村富余劳动力职业技能培训和劳动力市场信息网络建设，将这件"小投入、大收益"并且农民直接受益的大事、实事办好。

（2005 年 1 月，本文同郝贵诚同志合作完成）

解决小企业欠薪欠保问题的一个好办法

20 世纪 90 年代以来，上海小企业迅速发展壮大，成为新的经济增长点，也是吸纳就业的重要渠道。到 2005 年末，全市已有小企业约 32 万户，从业人员达到 500 多万，占全市从业人员总数 50%以上。小企业发展中的一个突出问题是，由于经营不善或在退出市场时，时常会发生欠付职工工资、欠缴职工社会保险费等侵权行为。为了解决这方面的问题，上海市于 1999 年出台了《上海市小企业欠薪基金试行办法》，探索建立小企业欠薪保障金制度，经过 2000 年和 2003 年两次修订日臻完善。目前，这项制度已经覆盖近 10 万户小企业、400 万职工；基金规模超过 2 亿元，累计为欠薪职工垫付 3000 多万元，解决上百起矛盾纠纷，约万名职工受益。

一、上海市欠薪保障金制度的基本框架

欠薪保障金制度是由政府介入、社会共济的方式，促进小企业发展、保障职工合法权益、维护社会稳定的一种行之有效的模式。其基本框架如下：

1. 覆盖范围。欠薪保障金制度适用于在上海市工商行政部门登记注册、用工在 300 人及以下的企业。目前，用工人数虽在 300 人及以下、但符合国家《中小企业标准暂行规定》中关于大中型企业标准的企业，暂不实施欠薪保障金制度。

2. 缴费办法。每户小企业每年只按一名职工计算缴纳一次欠薪保障金，缴费基数按上一年度上海市职工月平均工资的一定比例确定。新设立的企业，设立当年的缴费标准为 30%；已设立的企业，用工在 100 人及以下的，缴费标准为 60%；用工在 101 人至 200 人的，缴费标准为 80%；用工在 200

人以上的，缴费标准为 100%。为了强化欠薪保障金收缴，上海市规定，小企业到工商行政管理部门办理登记和年检时，必须持有缴纳欠薪保障金的专用收据。

3. 欠薪保障金的使用。欠薪保障金以基金垫付的形式向小企业支付职工欠薪，主要是企业应支付而逾期未支付给职工的工资和未依法按期足额缴纳的社会保险费两类。按规定缴纳欠薪保障费的企业，在三种情况下可以申请欠薪垫付：

（1）企业因歇业、被人民法院宣告破产等进入清算程序，因资产暂时无法变现和资产不足以偿付欠付工资或欠缴社会保险费。但企业投资人注册资金未按规定全部到位，或企业债权债务已有担保或另有清偿责任承担者除外。

（2）企业法定代表人（或经营者）隐匿，停止经营，无法偿付欠付工资或欠缴社会保险费，人民法院在执行过程中，因被执行的资产暂时无法变现，或被执行资产不足以偿付欠付工资或欠缴社会保险费。

（3）上海市有关部门处理涉及劳动纠纷的重大突发事件中，需要垫付企业欠付工资或欠缴社会保险费。欠薪保障金垫付的月工资标准或社会保险费（含单位及个人缴费部分）缴费基数，均按本市职工最低工资标准确定。核发数额一般最多不超过六个月，每户企业在一个自然年度内只能申请一次。欠薪垫款是需要偿还的。一是进入清算程序的企业，清算组织应将欠薪垫款列入优先清偿顺序，在资产变现后三天内向保障金办公室偿还所欠垫款；二是法定代表人（经营者）隐匿的企业，人民法院应按执行所得，优先向保障金办公室偿还欠薪垫款；三是处理重大突发事件接受欠薪垫款的，处理事件责任部门应在事件处理完毕后，及时向保障金办公室偿还欠薪垫款。

4. 欠薪保障基金管理。欠薪保障金的来源除小企业缴费外，还有基金的利息收入、按规定购买的国债收益，以及基金不足使用时通过有关渠道予以补充的资金。为了加强对基金的日常管理，上海市专门设立了小企业欠薪保障金委员会。委员会由市促进小企业发展协调办公室、市劳动保障局、市财政局、市总工会等单位派员组成，办公室设在市劳动保障局，具体负责欠薪保障金的收缴、受理垫付申请、审核拨付及追偿等日常事务。欠薪保障费由各区县社会保险经办机构在收取社会保险费时统一征收后，全额缴入市财政欠薪保障金专户，实行"收支两条线"管理，并依法接受审计监督。

二、上海市欠薪保障金制度的特点

1. 在保障对象上，对外来从业人员一视同仁。小企业的用工对象有相当部分是外来从业人员。欠薪保障金制度对外来从业人员一视同仁，把他们也纳入欠薪保障范围，使其合法权益不受侵害。例如，上海三鹤食品有限公司和上海育伸食品有限公司曾经拖欠了23名外来从业人员34万元工资，一直无力支付。其中一名外来从业人员因女儿生重病，急需讨回工资。有关部门查实后，迅速安排基金先行垫付，帮助他们拿到了欠薪。

2. 在缴费标准上，既确定基数，又体现差别；既强调小企业责任，又不过多增加小企业负担。上海市现行的缴费标准，是以上一年度职工月平均工资为基础，根据企业设立时间和用工规模的不同，确定不同的缴费比例，充分考虑了小企业在不同发展阶段的特点和承受能力。

3. 在具体操作上，强调严格、规范、便捷。为确保欠薪保障金及时、有效落实到欠薪职工，欠薪保障金制度在操作上突出三点：一是严格审核申请，由保障金办公室严格按照规定的程序进行审核；二是针对申请垫付的三种不同情况，明确相应的程序，分别确定申请主体、发放主体和操作流程；三是强调方便快捷，从申请垫付到垫款发放到职工手中，一般只需要2天时间。

三、上海市完善欠薪保障金制度的考虑

上海市欠薪保障金制度实施6年来，在取得明显成效的同时也遇到一些问题。结合当前劳动力市场的新情况、新变化，他们考虑从以下几方面进行完善：

一是强化欠薪保障金制度的法律地位。现行的《上海市小企业欠薪基金实行办法》是上海市政府的规范性文件，不具有法律效力，在操作上难以强制执行。上海市已考虑将这个办法修改后作为市政府规章，目前正在研究具体方案。

二是扩大欠薪保障金制度的覆盖面。现行欠薪保障金制度实施范围仅限于300人及以下的企业。在经济生活中，其他企业也同样要解决欠薪欠保问题。上海市准备借鉴香港、深圳的经验，实行面向所有企业的欠薪保障金制度。

三是完善欠薪保障金制度的垫付规则。随着我国破产制度的发展和劳动关

系的变化，欠薪欠保的问题日益多样化、复杂化，需要加以保障和规范的情况增多。上海市拟进一步丰富和完善垫付规则，更好地保护劳动者的合法权益。目前，全国各地小企业已成为促进经济增长、扩大社会就业的重要力量。小企业在激烈的市场竞争中，时刻都面临着生与死的考验，欠薪欠保问题普遍存在，保障职工合法权益、维护社会和谐稳定应该有制度安排。建议推广上海市实行小企业欠薪保障金制度的做法，并逐步将欠薪保障金制度覆盖到所有企业。

（2006 年 7 月，本文同肖林、蒋蕊同志合作完成）

关于抗震救灾工作的几点思考

汉川大地震举世关注。在党中央、国务院的英明领导下，最大限度地挽救了灾区人民的生命，医疗救治和灾区防疫正在有序进行，极大地彰显了中华民族的伟大凝聚力。事实雄辩地证明，任何困难都难不倒英雄的中国人民。现就抗震救灾工作提出以下几点思考。

第一，切实抓好灾后重建和恢复生产。灾后重建是抗震救灾工作的继续，也是新一轮防灾工作的开始；是对灾毁家园的恢复，也是经济发展的新的增长点。应该注意把握好五个问题。一是充分考虑灾害综合区划进行城镇重建，有效防御地震和其他自然灾害。二是严格按照防震等级和标准开展居民住房加固和新建，使广大受灾群众住上放心房。三是保证建筑物特别是学校、医院、水电设施、交通枢纽的抗灾能力，高度重视基建优化和质量。四是严格控制城镇易发次生灾害与衍生灾害的工程和企业建设。五是增加城镇避防灾害的安全空地、疏散渠道和救灾设施。当前，恢复生产是灾后重建的关键环节，也是抗震救灾的重要任务。要统筹安排，精心组织，优先急需，确保重点，首先恢复供水、供电、医院、交通、通讯等生命线工程和破坏较轻的学校、厂矿、农业等，逐步实现全面恢复生产的目标。需要强调的是，灾后重建和恢复生产要重视国家支持和国际援助，但更要发挥社会保险、社会互助作用，特别要发扬自力更生、奋发图强精神。

第二，完善灾害综合管理和评估系统。我国是一个灾害频发的国家，防灾抗灾救灾是全社会的统一协调行动，是一项复杂而庞大的系统工程。一是牢固确立"以防为主，防灾抗灾救灾相结合"的方针，坚持经济建设同减灾工作一起抓，把减灾作为经济社会全面协调可持续发展的重要方面。二是制定减灾、发展和保护资源环境相统一的国土资源开发利用规划，努力做到趋利避害，除害兴利，害中求利，化害为利。三是继续加强对各个时期、各个地区的灾情调研，建立分区、分类、分时段的综合性数据库，作为进行灾害研究、制定减灾对策及制定经济社会发展规划的基础。四是进一步健全灾前预评估、适时跟踪评估、灾后实地评估和减灾效益评估等自然灾害评估系统，特别要研究灾害对经济社会发展的影响、社会各阶层的心理状态和反应。五是加快改革我国减灾管理体制，增加财政减灾专项基金，建立常态和非常态条件下统管灾害应急救援工作的专门机构。

第三，提高综合预报能力和监测水平。短期临震预报是一个世界性难题，一次成功的大灾预报具有难以估量的意义，1975 年海城地震的成功预报充分说明了这一点。我国位于环太平洋地震带与欧亚地震带之间，在目前地震活动频繁地区缺少抗震加固措施的情况下，进一步强化灾害预报和监测工作十分重要。一是从地球系统和地球表层系统的整体观出发，加强对地震灾害发生、发展、分布的周期性规律进行系统研究，作出准确程度不等的近期、中期、长期预报。二是在继续完善各类监测系统的同时，大力提高灾害综合预报和监测能力，依靠现代高新技术实现科学化、定量化，破解自然变异的多因子性、多解性和不确定性。三是推进突发公共事件信息化建设，建立完善的防灾专用信息网络及灾害信息共享系统，使预警信息能够在第一时间迅速传达给社会。四是应把地震监测预报作为国家重点科学工程，建立符合中国国情的地震监测预报体系。

第四，健全救灾组织体系和减灾预案。这次抗震救灾，充分体现出一方有难、八方支援的伟大壮举，全国军民创造了无数可歌可泣的英雄事迹。抗震救灾实际上是一场涉及全社会的、准军事化的紧急行动，健全救灾组织体系和减灾预案尤为重要。一是各级党委和军队的相关部门应纳入应急管理组织体系，以利于在紧急危难时刻党政军民合力抗灾。二是完善综合救灾预案和应急救灾方案，根据自然分布规律和影响程度制定分区域的减灾预案，探索建立国防动员体制与公共安全危机处理体制相结合的国家应急体制。三是全面加强应急管理力量建设，除政府各部门和专业系统的应急救援专业队伍外，各类民兵预备役应急分队应该成为救灾的骨干力量。四是定期组织军地双方参加带有实战性质的应急救援和国防动员演练，增强军地一体化联合行动能力。五是加强救灾队伍技术培训，增添先进救灾技术设备，健全救灾物质储备基地，建立应急性的通信和交通运输系统。

第五，加强抗灾工程建设和防范措施。我国地震频度高、强度大、震源浅、分布广，对地震灾害采取避防性措施是最经济、最安全的。一是进行规划性防灾，即在大型工程选址开展前期地质勘察时，避开风险程度大的地区。二是进行工程性防灾，即在工程设计和建设时，应充分考虑灾害的影响实施必要的设防。三是进行技术性防灾，即在设备制造的工艺流程中，推广隔震、减震及控震技术。四是进行转移性防灾，即在预报灾害发生之前和灾害发生之后，有计划地将人员、牲畜及可动产向安全地带转移。当前，在抓好这些抗震救灾措施的同时，还要抓好其他抗灾工程建设。一是长江黄河等大江大河和三峡水库等大型水利设施的防汛工程。二是堤防、危坝和病险水库的加固工程。三是沿海沉降地区的防潮、抗洪工程。四是国家重大网络系统的抗滑坡、抗泥石流、防洪、防风工程。五是以防洪、抗震为主的重点城市防灾工程等。我国地域广大，自然环境复杂，不同地区的灾种和强度有很大差别。为了探索灾害测、报、防、抗、救、援等方面经验和技术，应选择多灾频发的地区作为综合减灾示范区。

第六，开展国民灾害教育和科学普及。大量的事实说明，当突发性的特大自然灾害袭来时，尤其是在没有准确预报和及时预警的情况下，个人的行动就是自己和周围人们命运的主宰。然而个人行动是否积极合理，则取决于国民灾害教育和科学普及的程度。一是将灾害教育真正纳入国民教育体系，让减灾科学知识进学校、进工厂、进农村、进家庭，提高个人与社会的防灾抗灾救灾意识。二是采取多种形式普及防灾抗灾救灾常识，将其纳入普法、科普、出版、展览、影视等项计划，进行覆盖广泛、生动形象、可学管用的教育。三是提高基层单位和家庭临震组织协调和随机应变能力，帮助广大群众学会防灾、避震、抢险及相互救治的本领，掌握减少或避免次生灾害伤亡和损失的措施。四是进一步加强灾害防治法制建设，依法明确单位和个人的减灾责任。同时，学习借鉴日本等国家的有益经验，适时制定我国《灾害对策基本法》和《灾害救助法》。

（2008 年 5 月）

关于振兴中国远洋运输业研究报告

远洋运输业是衡量主权国家综合国力的标志之一，是关系国家安全和国民经济命脉的战略性产业。根据国务院国资委的统一安排，中远集团成立了以董事长、党组书记魏家福同志为组长的课题组，就振兴远洋运输业的战略意义、目标任务和政策建议进行了认真研究，现报告如下：

一、振兴中国远洋运输业的战略意义

21 世纪是海洋的世纪。谁拥有海洋，谁就拥有未来；谁拥有强大的远洋运输业，谁就能占据海洋战略制高点。历史上，海洋大国的崛起都需要远洋运输能力作支撑。今天，远洋运输业成为推动经济全球化进程和各国经贸发展的生命线，也是我国全方位、宽领域、深层次融入世界经济的战略通道，在发展经济贸易、扩大对外开放、保障国家安全和实施"走出去"战略等方面都具有举足轻重的作用。振兴远洋运输业，可以在国际风云变幻中，减少对国外运输企业的依赖，最大限度地保证外贸和战略物资运输的主动权，有效保障国家经济安全、能源安全和运输安全。

远洋运输业是国民经济和社会事业发展的重要支柱和增长点。世界上经济最具活力的地区，大都分布在沿海 200 公里以内。远洋运输产业链长，就业容纳能力强，可以带动金融、保险、咨询、代理等服务业，是沿海国家和沿海城市重要的基础性和先导性产业。造船工业又可带动钢铁、装备制造、仪器仪表等产业，兼有劳动密集型、资本密集型和技术密集型三重特征。中国实施海洋战略，发展海洋经济，离不开远洋运输业的全面振兴。

远洋运输业还是开展国际事务和应对突发事件的重要力量。世界许多国家在航运法中规定，本国商船队在紧急时刻要为国家安全服务。美国称其商船队为仅次于海陆空军的"第四只臂膀"。新中国成立以来，中国远洋运输船队多次成功地从枪林弹雨中救回华人华侨、援外人员，有力地维护了国家尊严和大国形象。在新的国际形势下，振兴远洋运输业具有"服务外贸、服务外交、服务军事"多重功能，在履行大国责任时尤其不可或缺。

改革开放以来，我国逐步发展成为世界上重要的航运大国、港口大国和集装箱运输大国。近几年，我国90%以上的外贸进出口物资是远洋运输业完成的，远洋运输贸易规模超过全国服务贸易总额的20%；中远集团综合运力位于世界第二、跻身世界500强，中远集团、中海集团在世界集装箱市场的份额分别排名第4位和第8位；全球货物吞吐量前10大港口中中国占据8席，全球前10大集装箱港口中中国拥有6个；我国海运需求总量、集装箱运量多年居世界首位，也是铁矿石进口量第一、原油进口量第二的大国。尽管如此，中国与世界海运大国相比差距仍然很大。我国拥有船队总规模超过1亿载重吨，占世界船队的比例为8%左右，居世界第四位，可在中国注册船籍的船舶数量为第九位；中远集团、中海集团在世界集装箱市场份额合计为7.5%，而排名第一的丹麦马士基集团达16.1%，排名第二的瑞士地中海航运公司为13.3%；我国远洋运输货物每年25亿吨左右，但80%以上由外资班轮承运，国内货主每年还要支付运费之外的各种不合理附加费达600多亿元；海运贸易逆差是我国服务贸易长期以来的最大逆差项目，2010年国际海运收支赤字达到了290亿美元，这与我国贸易大国的地位是不相称的。

远洋运输业是国际经贸形势的"晴雨表"，每当世界经济衰退时都会首当其冲受到冲击。去年以来，由于全球经济低迷，各国航运企业都面临前所未有的挑战。一是供需关系不均衡。市场运力供大于求局面将持续一段时间，航运业波动周期也明显缩短。二是成本收入不均衡。面临高成本和低收入的双重夹击，燃油价格处于高位，航运价格处于历史低位。三是市场主体不均衡。处于产业链不同位置的企业涌入航运市场和造船市场，造成市场秩序严重混乱。四是利益诉求不均衡。尽管目前航运市场低迷，仍有不少船东盲目大规模造船，更加剧了市场环境恶化。五是利润分配不均衡。航运在整个产业链上处于相对劣势地位，利润空间被显著挤压。为应对全球航运形势变化，国际航运巨头纷纷结盟抗衡，大大提高了成员公司集合竞价能力和运输服务质量，中央航运企业面对组织性协调性更加强大的对手。2011 年，我国远洋运输业盈亏相抵后全行业亏损，前三季度全国上市公司前十大亏损企业中有四家是中央航运企业所属。需要指出的是，世界海运大国长期以来对远洋运输业实行多种扶持政策，我国现行航运政策同国际通行做法有很大差异，中央航运企业在国际航运市场上进行的是一场不平等竞争。

尽管世界经济形势总体上十分严峻复杂，但世界经济增长重心加速向亚太地区转移的趋势没有变，中国仍处在可以大有作为的战略机遇期没有变，远洋运输业作为战略性产业的地位没有变。后国际金融危机时代，世界经济处在大变革大调整之中，全球先进产业转移为振兴中国远洋运输业提供了多元发展机遇，技术资金转移为振兴中国远洋运输业提供了国际投资机遇，服务外包转移为振兴中国远洋运输业提供了市场拓展机遇，特别是新科技革命将为振兴中国远洋运输业提供创新驱动、产业转型的永续动力。还要看到，全球航运业进入下行周期和结构调整期，也必将为振兴中国远洋运输业提供许多新的发展契机。国际航运资源向亚太地区和中国集聚，将促进我国国际航运中心和远洋运输业加快发展；世界经济区域化和一体化发展，将为中央航运企业跨国经营与投资提供新商机；全球航运市场合作联盟成为一大主流，将推动我国航运企业创新服务方式和延伸增值服务；世界航运业并购重组整合浪潮，将促使我国改变航运资源分散和无序竞争局面；国际航运巨头延伸产业链经营，将推进中央航运企业增强供应链和现代物流融合发展的综合竞争优势。我们必须从全局和战略的高度，充分认识振兴远洋运输业的重大意义，牢牢把握这些机遇实现科学发展、跨越发展、低碳发展。这是保障我国充分利用两种资源和两个市场的需要，也是维护我国海洋权益和海洋开发的需要，更是推进我国改革开放和现代化大业的需要。

二、振兴中国远洋运输业的目标任务

今后五年，中国是全球经济增长最快、经济动力最强、经济潜能最大、经济发展最具活力的国家之一。在新的国际竞争格局中，我国由经济大国转向经济强国、由贸易大国转向贸易强国的主要标志之一，就是加快建设海运强国和振兴远洋运输业。要充分体现保障性，具有适度超前的基础设施保障能力和综合运输能力，对战略物资海运通道具有影响力和控制力，在出现国内外危机时，能安全、高效保障国家重要战略物资以及人员海上运输；要充分体现竞争性，海运业服务（包括航运、港口、船级社、航运金融、航运信息和海事仲裁等）全球性存在，相对其他海运大国更具竞争力，海运服务贸易出口位于世界前列；要充分体现引领性，对海运主要国际组织的建立、发展以及利益相关的发展中国家海运业进步做出积极贡献，并以此引领世界海运发展趋势。

建设海运强国和振兴远洋运输业是新的战略增长点，这既是实施互利共赢开放战略的迫切要求，更是实现中华民族伟大复兴的长远谋划。要坚持四大发展战略和六个战略目标。四大发展战略：一是全球化发展战略。在全球范围内配置资源和布局，拓展新的开放领域和空间，实现由"跨国经营"向"全球化经营"的转变。二是多元化发展战略。调整优化产业结构，实现生产经营与资本运营两轮驱动，形成航运主业与互补产业两大引擎。三是现代化发展战略。坚持把创新发展作为灵魂，加快构建现代企业制度，高起点规划、高标准建设、高水平管理、高速度发展。四是可持续发展战略。培育以技术、品牌、质量、服务为核心竞争力的新优势，更好地发挥人力资本效率、技术进步效率和资源利用效率。六个战略目标：一是强大的远洋运输船队。建立世界领先的大宗散货、集装箱和滚装运输船队，船队、船型、船龄结构优化。同时，适应国家战略需求的非航运互补产业长足发展。二是现代化的港口码头网络。具有满足国家战略物资需要、适应船舶大型化的深水专业化码头，集装箱干线港口成为现代物流的重要枢纽。三是享誉国内和全球的航运品牌。以拥有全球供应链的跨国公司为主要客户群，以先进的信息技术和全球物流电子商务平台为依托，成为提供全过程整体解决方案为服务产品的全球物流经营人。四是完善的支持保障系统。形成较强的维护国家权益、履行国际公约和承担国际义务的能力，为维护国际重要海运通道安全、推进全球海运自由化发展做出新贡献。五是高效的快速反应能力。形成布局合理、性能优良的综合储备能力，能够快速反应和自如应对突发事件，具有制定相应对策的快速反应能力和实力。六是健全的法律法规体系。为建设海运强国和振兴远洋运输业提供法制保障，增强制定世界海运技术标准和规则中的话语权。

我国要实现"海运强国"战略目标，振兴远洋运业要加快八个战略性转变：

一要从全球知名综合航运企业向航运集群领军企业转变。在全球范围内打造以航运物流为核心、优势业务互补、绿色低碳发展的世界级航运产业集群，形成具有国际领先地位的超级供应链资源配置商。

二要从受航运业周期性发展影响向推进可持续发展转变。着力提高应对航运市场周期性波动能力，深入分析研究市场周期性变化规律，发展反周期业务和互补产业板块投资，提高全产业链延伸发展层次和全要素生产率，有效平抑化解航运业的周期性风险。

三要从注重硬件设施投资建设向推进管理现代化和创新转变。既要扩大企业资产、船队规模和并购投资项目这些硬件，更要推进现代管理、信息化和体制机制创新，全面提高精益管理、风险防控和投入产出水平。

四要从拥有资源向控制资源转变进而向配置社会资源转变。着重研判全球范围产业发展态势和投资机会，统筹配置码头、航运、物流、金融和其他具有开发优势的能源资源，在产业链上下游发挥系统集成和引领作用。

五要从生产经营收益为主向从生产和资本经营获取收益转变。资本市场对远洋运输业的影响和渗透日益深刻，中央航运企业不仅要在国际和国内两个市场上成为优胜者，更要在上市和非上市两个平台上成为领先者。

六要从规模效益并重、以规模为主向以质量效益为中心转变。这是加快转变经济发展方式的必然要求，必须加快由规模效益型向质量效益型转变，推动企业做大、做强、做优，提高科学发展和综合竞争能力。

七要从单纯满足客户需求向善于创造市场需求转变。美国现代管理大师德鲁克有一句名言："好的公司满足需求，伟大的公司创造市场"。振兴远洋运输业，要不断创造市场需求和创新客服模式，提高承运本国货物和第三国货物比例，从根本上提升市场开拓能力。

八要从世界航运业前列的跨国公司向全球公司转变。过去十年，中远集团已经实现"从全球航运经营人向以航运为依托的全球物流经营人转变、从跨国经营向跨国公司的转变"。今后五年，中央航运企业应遵循经济规律、科学规律、社会规律，建设高端发展、集约发展、错位发展的全球公司，全面提升国际吸引力、核心竞争力和开放兼容力。

三、振兴中国远洋运输业的政策建议

国际航运市场是一个开放、透明、完全竞争的市场，世界航运国家都采取特殊的政策支持远洋运输业发展。主要有船舶营运补贴、税收优惠、关税减免、低息贷款、设立海运发展基金、船队更新补贴、光船租赁、国内航行权、造船补贴、海事保险补贴等。这些系列政策许多是以法律形式固定的，而且越是在国际航运市场恶化的时候力度越大。我国要打造与世界第二经济大国地位相称的远洋运输业，应当按照国际惯例缩小同世界航运国家的政策差距，使中央航运企业公平参与国际航运市场竞争。为此，我们在中外航运政策比较的基础上提出以下十项建议。

第一，制定振兴远洋运输业的发展战略。当今世界发达国家都制定有明确、系统的"海运安全计划"，都把发展平战结合的远洋运输业作为国家战略。我们无论是应对当前困难，还是着眼长远发展，都应把振兴远洋运输业上升为国家战略。建议国务院出台"振兴远洋运输业的若干意见"，制定"振兴远洋运输业发展规划"，提出远洋运输业发展的长远思路和即期政策。制定适合国情的"海运安全计划"，健全促进从国家安全战略高度进行布局和发展远洋运输业的制度。借鉴发达国家做法制定《国际海运促进法》，为我国海运发展战略规划实施提供法律依据和法制保障。

第二，尽快实行国际船舶运输通用税制。国际远洋运输通用税制是吨税制，即对船舶课税以吨位为基准，而不是依据航运利润，税率一般低于企业所得税。其优点是，企业付税简单、固定、低税率，政府航运税收不受企业赢亏影响，是一种政府和企业双赢的税制。目前，世界大部分航运国家采用吨税制，不仅促进了国内注册船舶数量的增加，还带动了就业、投资和相关产业发展。我国目前除向远洋运输船舶征收吨税外，航运企业还要按利润总额25%缴纳企业所得税。由于国内税负明显高于国外，致使很多航运企业将经营业务转移到境外，在我国注册的航运企业和船舶运力不断流失。建议对航运企业实行国际通行的吨税制，可以在国有大型航运企业试点，条件成熟时全面推广。

第三，租用境外船舶和集装箱租金给予免税。航运企业租用国外船舶可以规避经营风险、提高远洋运输能力。为了鼓励航运企业租船，世界各国对远洋运输船舶、集装箱租金收入均不征税。2008年之前，我国也对航运企业租用境外船舶和集装箱付出的租金免税。随着新的企业所得税法和营业税暂行条例的实行，这一政策不再执行。我国现已同美国、日本、德国等90多个国家和地区签订了避免双重征税协定协议以及互免国际运输收入税收协议或换函等法律文书。在实际执行中，我国航运企业对外出租远洋运输船舶租金收入从未代扣代缴企业所得税及营业税，但国内航运公司租用境外远洋运输船舶和集装箱所支付的租金却要代扣代缴。由于这种做法不符合国际海运惯例，境外出租方拒不承担相关税费，转由国内航运公司代扣代缴。这种做法极大增加了企业额外成本，削弱了我国航运企业的国际竞争力。建议按照国籍船舶互租免税的国际惯例和双边协议，恢复对航运公司租用境外船舶和集装箱用于国际运输的租金免征所得税和营业税。

第四，对船员航行期间工资性收入免税。船员是国际公认的特殊艰苦职业和高危职业，他们大部分时间无法享受公民在陆地居住应有的公共服务，因此多数航运国家对本国船员实行个人所得税减免政策。按照我国税法，船员要按照工资、薪金和海上补贴等全部收入缴纳个人所得税，纳税额占船员收入近三成。他们即使只拿国际劳工组织规定的全球船员最低工资标准，仍达到15%至25%的纳税阶梯。近年来，国际船员出现全球性紧缺，很多中国高级船员流失到境外船公司，人才短缺极大地制约了远洋运输业发展。建议参照国际惯例，在中国税法允许范围内，对船员在航行期间的工资性收入免征个人收入所得税。

第五，实施"国货国运"和"国油国运"政策。全球约有50个国家和地区不同程度地实行货载保留制度（"国货国运"和"国油国运"），通过签订国际多边或双边协议来确保本国船队获得一定的货运份额，或者通过单方立法规定全部或部分特定货载由本国船队承运，只有在其主动放弃承运权时才可由外国船公司运输。2011年，我国进口原油2.5亿吨、铁矿石6.86亿吨、煤炭1.82亿吨，多数是国外船公司承运的。2007年，国家发改委提出"国油国运"到2010年达到50%以上，2015年达到80%的目标，但2010年原油国轮运输的比例仅在40%左右，目前看实施的难度很大。建议参照国外货载保留制度，大力发展由中央航运企业控制的资源能源运输船队，推动石化、钢铁、煤炭等企业与之建立长期战略合作关系。鼓励重点进出口企业置换与国外航运企业签订的到期长期运输协议，将主要运输业务交由中央航运企业承运。严格国内大型货主企业、一些地方政府和民营企业发展远洋船队政策，有效防止航运市场过度开放危及国家经济安全。

第六，"国轮国造"政策应支持拆旧造新。世界造船业长期以来历经风风雨雨，各国都采取了各种优惠政策和扶持措施。西欧各国造船补贴率都在10%以上，最高的达到近30%。美国20世纪70年代，对造船补贴曾达到船价的35%至50%，之后以各种名义提供信贷担保和长期低息贷款。日本规定造船企业可以优先为本国航运企业建造船只，很多订单以内部协商的形式直接交给本国造船企业。目前，我国的"国轮国造"实行增值税先征后返税收优惠政策，只对中远集团、中海集团、中外运长航集团三大航运公司与中船集团、中船重工集团两大船舶集团签订的内销远洋船建造合同生效，但中远集团等国内航运企业所辖船厂建造的船舶不享受这项政策。建议国家"十二五"期间继续实行"国轮国造"税收优惠政策，并将财政补贴执行范围扩大到国内其他规模以上船厂，采取拆船补贴、造船补充资本金、买船享受优惠贷款的鼓励政策，实现全产业链拉动与升级。

第七，保障我国铁矿石进口和运输安全。我国是世界铁矿石进口第一大国，但我国在国际铁矿石价格谈判中却"屡战屡败"，铁矿石价格飞涨已严重损害了国家利益。近几年来，国际铁矿石谈判进入白热化阶段，矿产巨头垄断定价权进而垄断运输权的行为，将对我国钢铁生产安全、经济运行安全和能源运输安全造成重大威胁。为此，建议启动国家经济安全审查机制，对我国企业与国外矿业巨头合资经营"虚拟矿山"进行安全审查，防止其损害我国经济安全。提高铁矿石采购谈判集中度，大幅增加离岸价格合同，鼓励买方负责派船接运货物，控制铁矿石进口的运输保障权和谈判话语权。由钢铁、航运、码头公司合资组建铁矿石物流集团公司，从事铁矿石贸易、运输、堆存加工、国内二次贸易等业务。

第八，支持国有大型航运企业并购重组。我国远洋运输企业总体来说实力偏弱，市场定价权主要掌握在外国企业手中，在激烈的国际竞争中难以取得有利的生存空间。特别是在国际集装箱运输市场，国外企业集中度正在大幅攀升。2000年，全球前八大集装箱航运公司占全球运输能力的37%，但到2011年底为止已经达到57.2%。全球最大的集装箱运输公司马士基集团就是通过收购竞争对手，运力规模达到全球的16%，超过中远集团与中海集团两家之和的一倍还多。日本已经提出，将日本三大航运公司的集装箱业务整合，成立一家新的企业，使三家公司的集装箱市场份额合并达到7.3%，成为全球第四大集装箱运输公司。建议组建和发展我国集装箱运输领域的"航空母舰"，提高规模效益、创造成本优势、消除内部竞争来提高核心竞争力，增强中国企业在国际集装箱运输市场集合竞价能力。

第九，鼓励我国航运企业到海外投资码头。我国远洋运输业在实施"走出去"战略中发挥了重要作用，在参与国际竞争中初步建成了覆盖全球的服务网络，中远集团在全球范围内投资经营着 32 个码头，总泊位达 157 个。码头是具有国际战略地位的行业，不仅具有发展临港工业、临港城市的经济辐射能力，对相关行业的拉动和带动作用十分巨大，并且能够在特殊情况下为海军提供补给和保障。目前，中远集团下属的中远太平洋公司已成为全球第五大集装箱码头运营商，但其 81.9% 的吞吐量都在亚洲，欧洲、美洲和非洲的比例只有 18.1%。建议对关系国家全球战略的重大境外码头投资项目，通过设立国家专项发展基金，鼓励中央航运企业对外开展码头投资，对中远集团这种特大型国有企业授予相应的投资权限。同时，建立"境外投资损失准备金"制度；统筹协调同一个产业链上的相关企业进入目标国市场，既要发挥集成效应，也要防止无序竞争。

第十，扶持中央航运企业发展互补产业。长达 200 多年的世界航运统计表明，远洋运输业总是"苦日子长，好日子短"，两者比例为 1.7：1。近十几年，更呈现周期缩短、波动加剧的趋势，特别是受到这次全球金融危机冲击，中央航运企业经济效益受到重创。如中远集团 2008 年前三季度盈利超过 300 亿元，但四季度亏损 100 多亿元；2010 年盈利 160 多亿元，但 2011 年再度亏损。世界上一些航运集团由于结构优化，承受航运市场周期性波动的能力较强。马士基集团的航运板块收入占比 60%，包括油气开发和零售业在内的板块收入则达到 40%。香港和记黄埔集团是全球第二大码头运营商，但该公司的码头业务收入只占 9%，零售却达到 36%，能源 18%，基建、酒店及其他 37%。为了实现远洋运输业可持续发展，建议国家在鼓励中央航运企业做大做强做优主业的前提下，支持其择机进入能源资源、绿色制造和金融投资等产业领域，在对中央航运企业主业核定和辅业审批上灵活处置。

（2012 年 5 月，本文同薛梅同志合作完成）

关于振兴中国现代物流业研究报告

　　现代物流业是国民经济的重要组成部分，在扩大开放、拉动消费、增加就业、改善民生中的作用越来越显著，有力推动了发展方式转变、产业结构调整和综合竞争力提升。在全球经济一体化、社会分工专业化的今天，有效调整和整合供应链上的物流、资金流、信息流已势在必行。我们必须充分认识现代物流业在国民经济全局中的战略地位，正确把握现代物流业发展的阶段性趋势和方向，立足国情、抓住机遇，推动现代物流业健康发展、跨越发展和可持续发展。

一、振兴中国现代物流业的发展趋势

　　现代物流业是以现代运输业为重点，以信息技术为支撑，以现代制造业和商贸业为基础，集系统化、信息化、仓储现代化为一体的综合性产业，其运行的变化可以反映生产企业经营状况和国家经济活跃程度。后国际金融危机时期，世界物流市场逐渐复苏，新兴市场潜力凸显；发达国家仍占据现代物流优势地位；承接外包成为现代物流服务主导方式；第四方物流等新兴物流服务模式兴起；现代物流日趋信息化、网络化、绿色化；随着国际新经济革命以及信息技术的发展，物流业呈现出加速变革的趋势。从总体上看，全球物流业发展态势体现出以下"六个转变"。

　　一是由传统物流向现代物流转变。经济全球化深入发展，推动了现代物流时代的到来。与传统物流不同的是，现代物流是原材料、产成品从起点至终点及相关信息有效流动的全过程。它将运输、仓储、装卸、加工整理、配送、信息等方面有机结合，形成完整的供应链，为用户提供多功能、一体化的综合性服务，大大降低了物流费用在产品成本中的比重。

二是由区域物流向跨国物流转变。当今世界，越来越多的生产经营活动和资源配置过程在全球范围内进行，多元化和立体化的现代物流业运输方式应运而生。为了快捷实现货物在世界各地的送达，现代物流发展成融合陆运、海运、空运等多种方式于一身的复合运输形式。同时，物流国际化也催生了跨国物流企业，物流公司为提高竞争能力纷纷跨国布局，形成一大批国际物流产业集团。

三是由单一服务向供应链服务转变。随着现代物流业专业化水平的提升，物流服务从单纯的货物运输，演变成为客户提供"整体物流解决方案"的模式。服务范围从产品递送到原料采购，甚至到产品回收，逐步延伸至供应链的各个环节。现代物流通过将物流服务进行集成，使得各物流要素和过程相互协调配合，使得物流业的竞争演化成一群物流企业与另一群物流企业、一条供应链与另一条供应链、一个物流体系与另一个物流体系的竞争。

四是由企业物流向物流企业转变。产品生产商和用户越发依赖专业的物流服务，一个企业从产品生产到产品配送全包的方式逐步退出历史舞台。产业物流外包的需求不断提升，全球第三方物流市场迅猛增长。在物流业发达的国家和地区，第三方物流注重与制造业合作共赢；物流业欠发达的国家和地区，第三方物流需求也正在加快发展。欧洲目前使用第三方物流服务的比例超过七成，美国则约为六成。基于联盟服务的第四方物流服务商作用彰显强大生命力。

五是由传统手段向新技术手段转变。一方面，信息技术、网络技术日益广泛用于物流领域，简化了物流过程，使得供需双方的物流信息即时沟通，物流过程中的各个环节精确衔接，全球物流产业在速度、效率和服务质量上快速提高。另一方面，电子商务等依托于信息技术的新型消费模式不断涌现，大大促进了物流业的跨越式发展。未来，新技术手段在促进物流业发展中的潜力将加速显现。

六是由产业分散向产业集中转变。凭借金融资本在物流产业的推波助澜，逐步成长起来的跨国物流公司通过并购加速重组，日益控制全球产业的物流服务供应链，欧美、日本的跨国物流巨头纷纷崛起。如联邦快递、敦豪、丹马士、天地、联合包裹等，韩国、新加坡的跨国物流公司也在快速发展。全球物流业的产业集中度的提高，不仅拓宽了跨国物流企业的服务领域，同时大大增强了它们的国际市场竞争力，逐步演变成物流行业的主导趋势。

进入新世纪以来，我国物流业总体规模快速增长，服务水平显著提高，发展环境持续改善，特别是随着我国经济持续高速发展和对外开放不断扩大，现代物流业对社会经济的支撑和带动作用日益明显，中国物流市场已成为全球发展最快的市场之一。我国物流业发展主要有以下几个特点。

第一，物流业规模快速增长，产业需求不断扩张。国家关于加快转变经济发展方式、推动产业结构优化升级战略实施，推动国内物流需求"量"的扩张和"质"的提升。近十年以来，我国社会物流业总额保持年均15%左右的增长速度。制造企业、商贸企业以及第三方物流企业持续改造内部物流流程，与上下游企业建立供应链战略合作关系，增强企业竞争力，形成全面推进的物流业发展总体格局。

第二，物流业发展水平不断提高，社会化、专业化趋势明显。在市场竞争压力下，越来越多的制造企业、商贸企业开始从战略高度重视物流功能整合和物流业务分离外包，要求物流企业提供专业化的解决方案和运作模式。物流企业不断完善业务功能，摆脱传统运输、仓储、货代业务模式，向一体化、精益化、智能化的供应链整合现代物流企业转型；一批新型的物流企业迅速成长，形成了多种所有制、多种服务模式、多层次的物流企业群体。

第三，物流企业服务内容不断创新，增值性物流成为主要发展方向。现代物流企业的发展，主要表现为传统服务的整合和专业化服务的创新。创新型物流业务、增值型物流服务获得了更大市场空间。随着国民经济和消费的快速发展，物流企业针对客户个性化的需求，大力推进增值型、创新型业务，与此相关的物流形式，如电子商务物流、冷链物流、农村商贸物流获得快速成长。

第四，基础建设逐步完善，物流设施不断升级。交通设施建设规模迅速扩大，综合运输网络布局逐步完善，为物流业发展提供了良好的设施条件。物流设施的系统性、兼容性大大提高，为多式联运发展创造可能；各地一批物流园区和物流中心的建设，使仓储、配送设施现代化水平不断提高；物流技术设备加快更新换代，物流信息化建设有了突破性进展。

第五，物流市场国际化深入发展，跨国经营比重加大。中国的物流市场已成为国外企业关注和投资的热点。国内大型物流企业随着中国产品和服务走出了国门，进行跨国经营。国外物流企业也加快了并购国内企业、完善在华的网络布局、将国内物流网络纳入其为全球供应链网络一部分的步伐。中国物流市场的国际化趋势和国际化竞争进一步加剧。

虽然我国物流业发展迅速，但我国物流业的总体水平仍然偏低，存在的问题仍然比较突出。一是社会物流运行效率偏低，物流运行费用上升。二是"大而全"、"小而全"的企业物流运作模式还相当普遍。三是物流配套基础设施布局不够合理，信息化、网络化水平偏低。四是物流市场不够规范，市场缺乏秩序，地方封锁和行业垄断对市场发展形成障碍。五是物流企业专业化、国际化水平不高，管理能力、人员素质、企业规模、市场份额等尚有较大差距。当前，世界经济复苏跌宕起伏，对我国经济贸易影响逐渐加深，物流业市场需求萎缩，收费价格深度跳水，企业利润大幅下跌，物流产业发展面临严峻考验。我们必须审时度势、趋利避害、谋定后动，采取与我有利的因应之策以应对挑战。

二、振兴中国现代物流业的主要任务

今后五年，我国现代物流业发展处在大调整、大发展的关键时期。振兴现代物流业，是适应国际产业分工变化、深度融入世界经济的战略需要，也是调整国民经济结构、加快实现科学发展的紧迫任务。一是我国实行扩大内需的基本国策，将显著提高国民消费比重，直接促使现代物流业规模迅速扩张；二是保持现代物流业平稳发展，必须继续推进企业整合购并重组步伐，提高产业集中度和抗风险能力；三是加快转变经济发展方式，要求发展以信息技术和供应链管理为核心的现代物流业；四是制造业和商贸业优化内部分工，需要提供低成本、高效率、多样化、专业化的物流服务；五是统筹国内国际两个大局，亟待面向两种资源和两个市场布局现代物流业发展；六是建立全球采购、全球生产、全球销售的发展模式，也应通过振兴现代物流业来提高国民经济素质和国际竞争力；七是国际产业和服务外包加速向中国转移，必将为我国现代物流业发展提供历史性机遇。

要深入落实国务院关于物流业调整和振兴规划，加快建立统一的物流管理体系，维护产业稳定发展；培育起一批具有国际竞争力的大型跨国综合物流企业集团；显著提高物流业的运行效率，充分发挥物流业在国民经济中的衔接作用；逐步提高物流业的发展水平，显著缩小与国外成熟物流业的差距；逐步扩展国内物流业的范围，建立较为成熟的国际化物流网络；物流业的社会化、专业化水平明显提高，第三方物流的比重显著增加；建立起具有一定国际竞争力的现代物流服务体系。未来五年，振兴现代物流业应抓好以下七项主要任务：

第一，推进物流业信息化和新技术开发利用。尽快制订物流信息技术标准和信息资源标准；建立公共物流资源的信息平台，为物流业提供必须的公共信息支持；加快区域间、管理部门间的信息共享机制；加快物流装备网络系统、物流信息网络系统、物流节点网络系统、物流企业网络系统与物流人才网络系统的建设。同时，加大物流新技术的研发力度，扶持和鼓励物流企业开发运用新技术，如电子数据交换（EDI）技术，RFID和移动物流信息服务技术，全球定位系统（GNSS）、地理信息系统（GIS），道路交通信息通信系统（VICS），物流信息系统安全体系等。

第二，建立统一、规范、高效的物流管理体系。将物流业的监管部门、管理体系统一化和规范化，改变物流业分散在多个不同部门、分散在各地管理的现状，统一归口，统一协调。改善物流业的管理网络布设，改变目前区域间管理割裂的状况。建立统一的行业管理制度，弥补管理漏洞、提高管理效率、减低物流管理成本。

第三，加大物流基础设施建设投资力度。完善综合运输网络布局，加强集疏运体系建设，使铁路、港口码头、机场及公路实现"无缝对接"，着力提高物流设施的系统性、兼容性。加强物流业重点发展领域的基础设施建设，如潜力巨大的冷链物流领域、粮食仓储物流等。对相关基础设施的建设、审批等制度应进行整体规划，统一协调，着眼于我国整体和各区域的经济发展规划，建立科学、合理、高效的物流基础设施体系。优化物流业发展的区域布局，加速推进物流园区、物流中心、配送中心三级架构建设。

第四，扶持培育跨国大型现代物流企业。加大物流业产业层面兼并重组政策的制定，尽快推进全行业的升级过程。重点培育领先的本土物流企业，提供优先扶持政策和财税优惠，鼓励这些企业进行专业化升级，带动我国物流业向"国际化"和专业化转型，提高物流业的国际竞争力，维护我国物流业的产业安全。在培育大型物流企业、推动重点领域物流发展、基础设施建设、物流园区建设、新兴增值服务、优化区域布局等方面建立有效的资金支持渠道，以加快整体物流水平的提高。设立现代物流发展基金，鼓励对行业多元化投入，进一步加大对物流业的融资力度。

第五，促进现代物流业进行国际网络布局。鼓励有实力的物流企业"走出去"，通过直接投资、合作或者并购的方式，参与到国际物流网络布局中，加快我国物流业的国际化进程。通过物流企业的国际网络布局，促进国内产品、服务、文化在当地的销售和输出，把握当地的投资机会，维护我国在当地大型经济项目安全运作。

第六，大力发展第三方、第四方物流模式。第三方物流、第四方物流是现代物流业的标志性特征，随着国内消费水平快速提升必将呈现巨大发展空间。同时，转变消费模式也使新兴物流形式不断涌现，如电子商务物流、冷链物流等。因此，应鼓励其他行业企业剥离物流业务，倡导物流外包，加大对第三方、第四方物流的支持力度，鼓励新兴物流模式的健康快速发展，强化其对整个行业的促动作用。

第七，推动现代物流重点领域延伸拓展。加强资源能源领域，如石油、煤炭、重要矿产品及相关产品的物流设施和物流体系建设。加快其他重要产品，如粮食、医药等重要产品的物流运输体系建设，尽快完善该领域的物流信息化建设，尽快制定规范、严格、统一的制度标准，提高监管力度。加快应急物流、绿色物流、城际物流等对民生和国家战略有重大意义领域的发展。

三、振兴中国现代物流业的政策建议

中国现代物流业正在迅速发展成为新的经济增长点，但与发达国家相比差距达 20 至 30 年，整体行业发展水平低、运行效率低、专业化程度低、产业集中度低，存在物流费用高、管理成本高、物流服务体系建设滞后等诸多问题，尤其在物流业管理体系、税收政策、扶持政策等方面均有较大距离。为促进我国物流业加快向现代化转型，结合产业实际提出以下政策建议：

一要明确行业界定标准和物流企业概念。美国是现代物流业发展最为成熟的国家，它在 20 世纪就建立了整体化的物流管理系统，即以整体利益为重、冲破按部门分管的体制，从整体对物流业进行统一规划管理。目前，我国物流业仍不能从仓储与运输业中清晰分离出来，大量只有运输或只有仓储单项功能

"物流企业"的存在，造成市场不规范竞争愈演愈烈，成为制约物流业健康发展的极大障碍。建议将物流业作为一个新兴的服务行业来对待，研究切合其发展规律的管理模式；将具有第三方、第四方物流特征的企业界定为"物流企业"，明确其基本范围类型和制订准入标准，促进市场规范化和物流企业健康发展。

二要在工商企业名录中增设物流企业类别。在明确物流企业概念、规范行业准入制度的基础上，工商企业名录上应增加物流企业类别，并与传统的运输企业、仓储企业、铁路企业、民航企业并列为独立的企业类别分类管理，据此单独制订有针对性的财税及其他管理政策。建议国家税务总局根据物流业特征，制定相关税收政策；财政部、交通运输部等政府部门，分别制定针对性和指向性较强的扶持政策和管理规定；国家统计局应增加物流行业统计分类等。

三要进一步完善营业税改增值税政策。根据财政部、国家税务总局下发的《营业税改征增值税试点方案》，2012年1月1日起在上海启动增值税试点政策，运输、装卸、搬运等交通运输业务实施11%的增值税率，物流辅助业务如仓储、配送及代理等实行6%的增值税税率。而改革前，两者征收的营业税分别为3%和5%。但在实际运行中，部分物流企业的税负不降反升。为切实减轻物流企业税收负担，建议调低增值税税率，或者采取"先征后返"措施；在上海市试点未形成完善的解决方案之前，暂不在更大范围推广。

四要对中央物流企业实行税收优惠政策。中央物流企业承担许多国家重点工程和社会公益性项目，应在营业规模、盈利能力、管理水平、网点规模和服务范围等方面，优先考虑将其确定为税收优惠政策的扶植对象。建议借鉴国外鼓励扶持现代物流业的税收返还政策：一是给予上述扶植对象一定比例的营业税返还优惠；二是对购置物流设施设备和IT系统投入设备的进项增值税予以返还，对国内急需进口的大型物流设备给予关税减免，允许物流运输设备设施等采取加速折旧并税前列支，或允许用新购进固定资产所含增值税，扣抵当期应纳营业税；三是对制造业产品出口物流服务，免征营业税；四是允许物流企业技术专利的研发费用从税前抵扣；五是简化国内领先物流企业内部资产调拨、股权转让、重组并购等行为的审批程序，免除相关环节税金。

五要为国内领先物流企业提供资金支持。国内领先物流企业是传统物流向现代物流转变的中坚力量，需要有力的资金扶持。建议尽快出台扶持国内领先物流企业发展的专项资金扶持政策。如在国资委管理的中央企业国有资本经营预算支出中专项列支，特别是对实施"走出去"战略的项目增加预算支出；财政部和商务部管理的对外经济技术合作专项资金，应加大对中央物流企业国际物流项目的支持力度。

六要切实保护我国物流业的产业安全。中国加入 WTO 后，大批外资物流企业进入我国物流业，虽然有利于推动我国传统物流向现代物流转变，但是他们是国际产业服务链的延伸，绝大多数是为外资制造业、流通业服务的，并为高端物流服务设置了很高的门槛，牢牢控制了为制造业服务的供应链。这种状况，使外资物流企业在国内某些领域逐步形成垄断，长此以往将损害我国物流业的产业安全和国家利益。建议出台大力扶持本土第三方、第四方物流企业成长的相关政策，使其尽快进入国际产业供应链体系，打破外资物流公司垄断高端物流服务领域的局面。

七要允许有资质的总部物流企业跨区域运营。"总部签约、分部经营"，是物流企业集约化经营的基本模式，也是国际通行的惯例，但在我国一些地方这种做法仍被限制，一定程度上阻碍物流企业的网络化进程。建议切实消除物流企业设立分支机构的障碍。如，允许物流企业异地设立非独立核算的分支机构；允许企业分支机构统一使用总部取得的各类资质证明；允许分支机构享受总部获得的各种优惠政策，无需再次申报；加强对地方保护和地区封锁等行政性垄断文件的清理和整顿。

八要发挥制造业和物流业联动的作用。政府主管部门和相关企业，应把制造业和物流业的联动作为启动物流需求、推进制造业升级的重点工程，营造有利于"两业"联动发展的政策环境。建议在列入国家调整和振兴规划的九个制造业中，积极推进"两业"联动；鼓励制造企业转变传统观念，分离外包物流业务；针对制造企业需要，支持物流企业提升一体化服务能力，引导制造企业与物流企业结成战略合作伙伴关系；通过"两业"联动试点示范，逐步推广；政府有关部门制定联动示范项目相应的申报和评审办法，明确示范工程和重点项目的条件、程序和规则，组织实施全国示范工作；示范工程和重点项目优先享受扶持政策和激励措施，鼓励制造业的物流业务分离出来。

九要建立严格统一的物流业市场准入标准。目前，我国物流业的准入门槛低，运输工具设备良莠不齐，市场竞争混乱，为物流业的健康发展带来隐患。建议政府有关部门对物流企业的准入门槛进行严格规定，如在车辆认证、设备审核，尤其是对重大件及危险品运输的资质和设备认证等方面，建立严格统一的标准和权威的管理机构，改变目前由不同行业协会进行认证的现状。

（2012 年 5 月，本文同杨帆、沈熙同志合作完成）

关于"国轮国造"有关政策建议

一、拆解和更新船舶具有重要意义

加快为我国海运业提供新型船舶的建造和老旧船舶更新，不仅有助于当前航运业减少能源消耗、降低经营成本、改善经营状况，有助于造船业获得新订单、提升技术水平、促进产业升级，更重要的是对今后海运业适应国际海运新规则、获得持久竞争优势具有根本性意义。

海运业推进碳排放税将是大势所趋，特别是在航空业已经推动减排之后，时间表更加邻近。而中国商船队中不符合此标准的运力仍有相当部分，因此更新运力的需求十分必要和迫切。国际海事组织（IMO）已经讨论通过能效设计指数（EEDI），并且透露出一个清晰的信号，2012 年会开展更多工作来制定基于市场化的措施，推动二氧化碳排放税收的执行。联合国的假设是，到 2030 年，由于税收的约束，海运行业会减少燃油使用，从而将碳排放减少 23%。如果海运产生的二氧化碳按照每吨征税 25 美元，那么全行业总的税收将是 250 亿美元；如果按照联合国计算的每吨 50 美元征税，总税收将是 500 亿美元。并且一旦开始征税，税额只会越来越高。

另外，IMO 拟在 2016 年实施严苛的 Tier III 标准，应对船舶氮化物的排放问题，对船舶提出了更加环保节能的要求。欧美、日本等工业发达国家正在这方面积极开拓，并对国际性排放限制法规的制订与实施起到牵引与推动作用。目前，为了应对船舶 NOx 排放问题，各国都在积极备战 Tier III 标准。日本三井造船计划测试大型新一代四气缸发动机，研发废气循环技术和采用催化剂的氮氧化物减排系统，目前预计投资 15 亿日元（1840 万美元）左右，且部分资金来自日本国土部门资助。丹麦也设立"未来绿色船舶"项目通过使用现有技术实现船舶减排，旨在对 NOx 和 SOx 减排达到 90%。

"十五"计划以来，国家支持国轮国造的政策起到了很好的效果，拉动了船舶工业、钢铁及配套产业发展，提升了我国船舶研发、设计、建造能力和检验水平。在当前全球节能环保的整体环境下，国家对于高能耗、高排放、安全状况差的老旧船舶，鼓励加快淘汰、加快拆旧，对提高技术创新能力、推动造船技术升级、优化船队结构具有重要的意义。应当制定和出台符合国际惯例的鼓励船公司拆旧船、造新船的积极性的新政策，实现远洋运输业、造船工业和钢铁等相关产业全产业链拉动和产业升级的战略目标。

二、国外拆解和更新船舶补贴的作法

为远洋运输企业提供拆解和更新船舶补贴是世界各国普遍采取的一项有力措施。分为两个方面，一是对船东提前拆解船舶进行补贴，二是对为此更替的新船提供补贴、贷款优惠，旨在扶持本国造船业，更新本国船队，提高本国船队的国际竞争力。

（一）拆船方面

在船舶运力供大于求、大量船舶闲置时，各国纷纷提供船队更新补贴，鼓励拆掉旧船，促进优化船舶结构、提高本国船队竞争力。如日本曾对船东每总吨补贴 1473—1700 日元拆船费；在 Erika 发生油轮泄漏事故后，2001—2004 年意大利船东获得了 130 欧元 /ltd 的拆船补贴，这促成意大利拥有了全球最年轻的油轮船队；法国对船东提供占船价 2%—5% 的更新补贴，马来西亚对水运业减税 50%—75%，用作船舶更新费用。

1989 年，欧盟理事会通过《内河运输领域里的结构调整》的 1101/89 条例，旨在通过拆船减少运力。根据该条例的规定，内河运输船队规模超过 10 万吨的成员国建立拆船基金，对拆船船东给予适当补贴。此后，欧盟又根据实际情况对这一政策作了相应的调整和完善。拆船政策的实施，大大减少了船只的数量，加快了船只的更新改造，促进了运力结构的调整。各国纷纷将加快船只更新，建设一支高效率的、技术革新的内河航运船队作为增加内河航运竞争力的一项重要措施。德国在 1969 年拥有 7000 艘船舶，通过实施拆船政策，到了 2005 年只保有 2200 艘船舶，虽然船舶数量大大减少，但是运量却大大提高。

(二) 新造船方面

各国造船扶持政策可分为四大类：第一，以船价直接补贴方式，如意大利（补贴率为 9%）；第二，以间接补贴方式，如芬兰（补贴率为 9.5%）；以船价直接补贴加间接补贴的方式，丹麦（总补贴率为 28.5%）、西班牙（总补贴率为 29.7%）；第三，以计划造船加间接补贴方式，如日本和韩国，采取计划造船、提供卖方信贷和为科研开发提供援助，第四，以立法加补贴的方式，如美国，1993 年 11 月 30 日美国国会通过了一项 "1993 年国家造船与船厂改造法"，规定国内外船东可以享受到船价的 87.5%、期限 25 年延付的优惠贷款，间接补贴率达 19.8%。

欧盟：欧盟造船业现行法规与造船补贴相关的主要包括以下两项：欧盟第 1177 / 2002 号规则 "关于造船业的临时防御机制"；欧盟第 2003 / C317 / 06 号规则 "造船业国家补贴的框架"。

欧盟第 1177 / 2002 号规则：自 20 世纪 90 年代以来，欧盟造船业占世界造船市场的份额逐年下降，而同期韩国造船业却实现了快速增长。欧盟认为，韩国造船业的不正当竞争是造成欧盟造船业市场份额减少的重要原因。欧盟曾试图通过协商促使韩国船厂提高船价，但毫无结果。于是，2002 年 6 月 27 日欧盟理事会批准 "双轨" 策略，即一方面向 WTO 起诉韩国政府不正当的竞争行为，另一方面通过第 1177 / 2002 号规则采取 "临时防御机制"，以消除韩国造船业不正当竞争所产生的影响。该规则规定船价补贴的上限是合同价的 6%，补贴范围包括集装箱船、化学品船、成品油船和液化天然气（LNG）船。

欧盟第 2003 / C317 / 06 号规则：欧盟委员会于 2003 年 11 月 26 日通过了这一规则，用于替代 2003 年底失效的第 1540 / 98 规则。与旧的补贴规则相比，该规则有一些新的变化，主要包括两个方面：增加创新投资补贴，将补贴占研发投资的比例由 10% 提高到 20%；使造船业补贴规则与对其他行业的补贴规则相一致，允许造船业实施一些横向补贴，如培训补贴、微量补贴、中小企业补贴、援救和重组补贴、环境保护补贴、研发补贴等。该规则的有效期是 2004 年 1 月 1 日至 2006 年 12 月 31 日。考虑到造船业的特殊性，该规则仍然提供了一些针对造船业的特殊类型补贴，例如创新投资补贴、企业关闭补贴、就业补贴、出口信贷、发展补贴和地区补贴，目的是提高欧盟成员国船厂的造船效率，增强市场竞争力，以及履行欧盟在出口信贷和援助发展中国家方面的国际义务。

此外，分国别来看，具体政策又有所不同：

英国：英国是较早实行造船补贴的国家之一。其对英国造船业的扶持政策除造船补贴外，还包括无息贷款、造船科研和发展基金等。1998年英国对造船补贴达到船价的16%，同时提供相当于船价80%的买方信贷，免征船厂所得税和增值税，还退给船厂相当于船价2%的费用，作为船厂交纳的各种间接税收的补贴。

德国：德国1992—1998年对原东德船厂提供了超过55亿美元的改组补贴，其造船补贴最高达到船价的25%；免收船厂营业税；提供贷款达到70%—80%。

荷兰：荷兰免征船厂增值税，1995年提供造船补贴达1.3亿美元，1996年又提供3000万荷兰盾的造船援助。丹麦免征船厂增值税，所提供的造船补贴最高达到船价的30%，同时提供相当于船价70%—80%的优惠贷款。

西班牙：西班牙提供造船补贴达到船价的22%，1995年西班牙曾向其造船企业提供15亿美元的"三年改造"补助费，近来政府又决定向其造船厂提供1800亿比塞塔的财政援助。由于芬兰造船厂产量大幅下降，员工面临解雇的困境，该国政府拟投入修理和订购新船费用8亿芬兰马克（约含14亿港元），以帮助船厂发展生产，减少裁员，保持稳定。

2011年12月7日欧盟推出了评价欧盟造船行业补贴新规则，新规则将于2012年1月1日生效。新规则在细化创新补贴规则的同时，将现有补贴规则规定的补贴范围延伸到了内河船舶、浮动和移动海上结构物。新规则中，仍然保留了还将实施两年的出口信贷和区域性的补贴规则。两年后，这些规定将同今后欧盟对创新和区域性补贴新规则相结合。

欧洲主要国家造船扶持政策

国家	政策
英国	贷款 80%，利率不变，造船合同补贴，免税
法国	对造船和买船 10-15%的投资，造船津贴
德国	OECD 规定，贷款 80%，造船补贴，鼓励出口
意大利	按欧共体法律逐步取消，进出口补贴
丹麦	船舶信贷基金，船厂信贷，OECD 项目
挪威	合同和贷款补贴，100T 和 1000T 以上
希腊	给船主贷款 80%贷款 4 年，给造船 25%担保

美国：为了促进美国造船业的发展，早在 70 年代，美国对造船业提供造船补贴曾达到船价的 35%—50%；1991—1995 年，美国以各种名义提供信贷担保、低息贷款达 15 亿美元。目前，对在美国船厂建造的船舶提供相当于船价 87.5%的信贷担保，还款期定为 25 年，从而使能建造 122 米以上船舶的造船厂获益。自 1993 年以来，美国海事管理局已先后批准了 16.75 亿美元的信贷担保，用于支持商船建造和造船厂等企业的设备更新和现代化技术改造。

日本：日本政府在产业定位上，曾明确提出将造船业列为国民经济发展重点产业之一，将大力发展造船业。政策提出后，日本相继出台了一系列法律为本国造船业的顺利发展保驾护航。如 1950 年颁布的《造船法》、1953 年颁布的《临时船舶建造调整法》、1966 年颁布的《小型船造船业法》、1978 年颁布的《造船业基础整备事业协会法》等。除颁布上述法律之外，日本政府在造船业萧条时期，为保证产业的顺利发展，还制定了临时性的法律，如 1976 年至 1986 年的《中小企业事业转换对策临时调整法》、1978 年至 1983 年的《特定不景气产业安定临时措施法》。

日本政府鼓励和支持造船企业扩大规模，提高技术能力，政府对造船企业的新建和企业设施的添置予以适当补贴。开发银行和进出口银行作为国家的金融机构，为造船业的顺利发展提供资金保障，开发银行对新船厂的增设和老船厂部分设施的改造提供优惠贷款。除此之外，日本还实行计划造船制度，本国内的航运公司只要得到政府认可，列入造船计划以后，开发银行即按船价提供部分优惠贷款，对于建造出口船舶，只要满足规定的条件，进出口银行即给予延期付款的好处。其中某些措施一直沿用至今，这些无疑为推动日本造船业的发展起到了积极的作用。

2011 年 7 月 6 日，日本国土交通省发表"新造船政策检讨会"结果，报告包括了官民共同促进对新兴市场的营销、造船厂共同成立技术开发公司、创立造船厂出资的出口船舶专用船舶基金等的具体方案。

第一，为整合业界，通过产业活力再生法，进行减税政策，由于实际结果会需要较长时间，因此首先鼓励企业之间的合作，共同接单、共同生产，收购拥有技术的公司等。

第二，进军新市场、新事业领域。具体步骤是官民合作或利用国际合作银行融资，积极进军到邮轮、海洋开发项目等市场。

第三，为加快接单步伐而选择加强民间金融机构与造船厂的合作。此外，还要成立造船厂出资以及接收金融支援的出口船舶基金，获得更多国外订单。

韩国：韩国政府从 60 年代开始大力发展造船业，把造船业作为支柱产业发展，提出了"造船立国"的口号。1962 年制定了《造船工业奖励法》，1967 年制定了《造船工业振兴法》，1976 年又制定了《海运造船综合发展法》，这一系列法律的出台无疑为韩国造船业的发展提供了优越的条件，也为其今后的发展奠定了坚实的基础。80 年代初，韩国政府为提高本国造船能力，增强其国际竞争力，又先后制定了《造船法》、《韩国造船工业合理化法》，从法律上确定了造船业为重点发展的产业部门。到 2001 年末，韩国手持订单数量 3025 万总吨，占全球总量的 40%，超越日本，成为世界第一造船大国。

除制定一系列法律保障造船业的发展外，韩国政府在资金方面也对企业给予大力扶持。首先，在税收方面，全部免交增值税和物品税，法人税税率也很低，利润在 2.5% 以下时可以免交，利润在 3% 时税率为 0.4%。其次，政府为新建或扩建船厂提供总投资额 65% 的低利息长期贷款，1976 年起实施计划造船制度，由政府提供造船资金并提供出口船延期付款资金。同年，韩国进出口银行提供出口船延付。但是由于担心在 OECD（经合组织）内日本和欧洲的指责，韩国未在政府层面直接出台新的产业扶持政策，而是通过金融机构主导了对造船业的救助。

2008 年 11 月，韩国银行联合会提出对 20 家中小型船企进行差别对待的金融支持计划，将企业分为 ABCD 四级，对 A、B 等级提供信用担保和资金援助，对 C、D 级企业进行债务重组和破产清算。

韩国政府委托韩国信贷银行按照船企信用风险评估模式，分批次审查韩国

38 家和 50 家中小型航运公司的财务状况，提出向韩国造船业"提供 21 万亿韩元"的一揽子支持计划，其中 9.5 万亿韩元投向造船企业，11.5 万亿韩元提供给国内船东。

此外，由韩国产业银行设立 5 千亿至 1 万亿韩元的船舶投资基金，用于购买深陷资金链危机的船舶并回租给航运公司，防止其廉价出售到海外。

印度：印度政府在 2002 年启动了对私有船厂提供 30% 的造船补贴的计划，2007 年 8 月 14 日结束。当时的补贴计划给船厂为国内用户建造长度超过 80 米的远洋商船提供相当于成本 30% 的补贴。对于接获的出口船舶订单，所有船型和运力的船舶都有资格获得补贴。根据计划，给国有船厂的补贴分期支出，给私有船厂的补贴则在船舶交付后提供。但结束后，印度船厂面临的竞争力威胁增大，2008 年印度为推进造船工业发展，迫于压力又不得不恢复取消的造船补贴。

目前，根据航运部制定的新的 2020 年海事议程，印度政府已经制定了将印度在全球造船市场的份额提高到 5%，争取 10% 修船份额和增加 250 万个就业岗位的目标。除了要求首先通过五年造船补贴规定的直接财政支持外，印度航运部还寻求通过免除资本设备进口关税、争取取消国内售船船舶消费税和船舶工业服务税对印度船舶工业提供间接支持。此外，印度航运部还寻求国内钢铁公司像对待出口钢材一样向印度船厂提供钢材，以及给予造船基础设施地位和让国内用户优先选择印度建造挂印度船旗的船舶的其他措施。

三、国轮国造、拆旧造新政策建议

1. 对老旧远洋运输船舶提前更新报废给予船公司拆船补贴。根据中央航运企业的运力情况，建议国家对 15 年以上退役老旧船舶实行拆船补贴，补贴标准可按照船舶退役拆解时账面净值与船舶拆解废钢价格的账面亏损，给予据实补贴。

2. 对国有航运企业拆旧船、造新船给予国有资本预算补贴支持。我国中央远洋运输企业是在完全市场化环境下发展壮大起来的，国家资本金投入不足。建议国家对新建造船舶在必须符合节能减排要求的前提下，国家给予船公司国有预算资本补贴和节能减排等补贴，补贴标准不低于新造船合同金额的 20%，在同船厂签订造船合同时一次支付。

3．对国有航运企业购买新船提供优惠贷款。鉴于目前航运形势严峻，船队经营效益下滑，再加上许多商业银行退出船舶融资，人民币升值的压力使商业银行美元头寸紧张，企业融资难情况非常突出。建议国家对船公司购买新船按船价的80%实行优惠贷款，并继续实行贴息率为3.6%的政策。

4．应由远洋航运集团统筹确定拆旧造新规划。拆旧造新既要淘汰落后运力，也要缩减过剩运力。如同电力行业"上大压小"一样，在拆旧造新实施中，有些不是拆一艘造一艘，而是拆几艘造一艘。如：可能拆几条小集装箱船，造一条大集装箱船；也可能拆几条小散货船，造一条大散货船或一条大油轮等。建议在实际操作中，拆几条小船能抵新造一条大船应按修正总吨进行折算，对所拆的几条小船发生的账面亏损应据实补贴，对新造的这条大船按船价的20%补充国有资本金。具体的实施方案和时间节点，应由上属集团公司统筹确定。

5．放宽对适用船东认定的范围。由于国家税收以及行业惯例，国内船东拥有大量的方便旗船运力，这些方便旗船运力的实际船东为国内航运企业，包括国有航运企业。在新造船的选择时，也涉及到方便旗和五星旗的问题，考虑到营运成本，船东偏好选择方便旗。因此，建议以国有航运公司的权益船而不以船旗为标准，确定拆旧造新范围，鼓励远洋运输企业拆旧船、造新船。

6．放宽对适用造船企业的范围。按照目前的"行动计划"方案，参与国有资本预算的配套船厂仅为中船工业集团和中船重工集团。该政策思路忽视了其它国有和国有控股船舶制造企业，包括国内的骨干船舶制造企业。建议继续参照工信部等部门《关于公布促进老旧运输船舶和单壳油轮报废更新政策符合条件的船舶制造企业名单》，将相关重点造船企业纳入，以保证政策的公平性。

7．将中远集团等企业纳入高技术船舶产业投资基金发起人。设立高技术船舶产业投资基金应是产融结合、推动产业健康发展的一种有效手段，应考虑最终用户的直接参与权利。高技术船舶产业投资基金如果没有船东的直接参与，有可能变为商业银行的模式，失去设立基金帮助船东渡难关的根本目的。建议给予中远集团等国有骨干航运企业参与投资基金的机会。

8．要大力强调技术的先进性和国际领先优势。国家对船舶工业和航运业的大规模更新改造，目的是立足长远，提升船舶工业和航运企业的竞争优势。由于历史原因，国内造船企业技术能力和设计、工业等方面，与造船强国相比，还有一定的差距。建议在立足自身的同时，也要实事求是，认真坚持技术标准，允许在国有合资船厂订造新船，以真正实现船舶产品的国际领先优势。

9. 坚持全产业链升级的总体思路，达到一举多得的效果。全产业链升级是研究振兴船舶工业的基本思路，既要考虑船舶工业本身的困难和需求，也要看到航运企业的需求和发展机遇，同时还要考虑到配套行业的发展契机。建议实现国轮国造的同时，一定要强调战略物资国货国运、符合替代进口要求的配件和材料国轮国配，使政策发挥最大化的效用。

（2012 年 11 月，本文同薛梅、高勇军、沈熙同志合作完成）

关于减免船员个人所得税有关政策建议

远洋运输业的直接生产主体是船员，船员对我国远洋运输业的发展进步起着直接作用，是我国远洋运输业最宝贵的人力资源，是我国远洋运输业核心竞争力的重要组成部分。为振兴我国远洋运输业，保障船员队伍特别是高级船员队伍的吸引力和稳定性，我们建议，免除船员在航行期间工资薪金收入所得税，或大幅度提高船员个人所得税起征点，或设立免征个人所得税的高级船员特殊津贴。

一、减免我国船员个税的必要性

船员职业是国际公认的特殊职业，其特殊性主要体现在以下几个方面：

（一）具有风险性、艰苦性、流动性的特点

（1）风险性：船舶常因台风、海啸等恶劣气候影响船舶的航行安全，给船员的人身安全形成威胁；船舶途经的海区或地区可能出现海盗、战乱、瘟疫等，给船员的人身安全和身体健康形成威胁；船舶常常长时间远离陆地航行，船员一旦患病，往往难以得到有效、及时的治疗。

（2）艰苦性：船舶空间狭窄，船上生活、工作、卫生条件有限，如果遭遇恶劣气候等原因无法及时补给，甚至会影响船员基本生活；船员长期在温度多变、高噪音条件下工作，还可能受到油气和电磁波的侵害，如遇风大浪急，船员不仅要克服晕船等身体不适，还要坚持和完成工作。

（3）流动性：由于船舶的高度流动性，船员随船舶长期处于流动状态，远离陆地和家庭。这对于船员自身的心理、生理健康的伤害以及对自己的家庭产生不利影响，是从事陆地职业的人们所难以体会到的。

由于船员职业同时具备了风险性、艰苦性、流动性等特点，船员职业已被国际上公认为特殊艰苦职业，世界上很多航运业或船员劳务业比较发达的国家和地区均采取了多种措施鼓励公民从事船员职业，税收优惠是重要的鼓励措施之一，如瑞典、新加坡、菲律宾、香港地区、英国等对船员采取了免税或实质上的免税措施，其中不乏对税收征缴非常看重的高福利国家。《中华人民共和国船员条例》也对船员职业的上述特点予以认可，认为："船员用人单位应当根据船员职业的风险性、艰苦性、流动性等因素，向船员支付合理的工资……"。

（二）具有显著的全球性特点

（1）工作生活场所的全球性：海洋和全球港口是我国船员工作生活的主要场所；在这些场所，还有世界各国的船员在同时工作和生活。

（2）工作要求的全球性：国际海事组织（IMO）通过出台《1974 年国际海上人命安全公约》（SOLAS）、《1978/1983 年防污染公约》（MARPOL）和《经 1995 年议定书修正的 1978 年船员培训、发证和值班标准公约》（STCW）等国际公约，并持续予以修订，对在船船员提出了全面系统的工作要求。船员在船的工作行为必须符合有关国际公约并获得认可和发证，船舶才被允许国际航行。

（3）工作条件的全球性：80 多年来，国际劳工组织（ILO）出台了 42 个专门针对船员工作条件的国际公约，占 ILO 公约总数的 22%，内容涵盖船员工作年龄、身体检查、培训和资格、招募、就业协议、工资标准、工作休息时间、休假、遣返、赔偿、配员水平、职业发展、起居舱室、娱乐设施、膳食、医疗、社会保障、健康保护、劳动保护、医疗保障、福利设施等各个方面。虽然这些公约大部分并未得到 ILO 多数成员国的正式批准接受，但很多公约要求已被实际接受并得到广泛应用，从而形成了船员工作条件方面的国际惯例。2006 年，第 94 届国际劳工大会通过了《2006 年海事劳工公约》，该公约在综合和修订 68 个公约和建议书的基础上，建立了统一的国际海事劳工标准。由于该公约具有"不提供更优惠待遇"条款，全球各海运国家对该公约的批准势在必行，从目前的批约进程看，该公约可能在 2012 年正式实施。

（4）监督检查的全球性：在船员工作要求方面，IMO 依托遍布全球的成员国港口国检查，已经实现全球性监督检查；在船员工作条件方面，待《2006 年海事劳工公约》正式实施后，ILO 也将实现全球性监督检查，不论船舶所属国家是否批约，已批约国家均可要求停泊其港口的所有船舶遵守该公约的标准。

（三）船员是我国建设航运强国的战略性资源

海运业作为基础性服务产业对我国国民经济发展起着重要的支撑作用，自改革开放以来，我国海运业也随着国民经济的快速发展而得到迅速发展，目前，海运船队总规模达到9000多万载重吨，列世界第四位，其中专业化的液体散货、干散货、集装箱船队规模均位于世界前几位，形成了几家以中远集团为代表、具有较强国际竞争力的大型海运企业集团，我国已经成为公认的世界海运大国。

目前世界航运市场的竞争日益激烈，船舶大型化、快速化、高科技化的趋势明显，船舶操作和管理日趋复杂，各项相关国际公约的规定和要求日益严格，今后国际航运市场的竞争，除了"成本竞争"、"管理竞争"、"科技竞争"、"规模竞争"之外，船员因素越来越成为关键性的竞争因素，能否拥有一批数量充足、素质一流的船员队伍，成为航运公司在激烈市场竞争中能否处于不败之地的基础和保障。可以毫不夸张地说，船员资源是我国海运业核心竞争力的重要组成部分，是我国从"海运大国"向"海运强国"转变的战略性资源。

（四）船员日渐成为稀缺性资源

一是船员职业整体吸引力下降，高级船员流失增多。近年来世界范围内港口国检查更加严格、海盗活动日趋猖獗、灾害性天气日益增多，船员的劳动强度、心理压力不断增大。此外，现有船员中独生子女越来越多，有的家庭担心船员上船后的安全问题，有的船员担心上船后无法照顾妻子、孩子和老人，船员职业的顾虑加大。加之我国对船员个税起征点仍然较低，税率较高，难以体现船员的职业特点，这一方面导致我国船员与外部市场船员显性收入差距日益扩大，另一方面导致我国船员收入待遇与陆地职业收入差距逐渐缩小，船员职业整体吸引力显著下降。这带来的最直接后果是近年来船员队伍不稳定，船员特别是高级船员流失增多。从中远集团所属航运公司近10年来高级船员的流失情况看，总体呈现上升趋势，特别是近5年来上升加快，年平均流失率接近6%的高位。

二是高级船员市场供不应求，高级船员缺口加大。高级船员队伍的发展受到《海员培训发证和值班标准公约》（即 STCW 公约）的严格约束，自 STCW 公约在我国实施以来，高级船员市场就逐渐从船东市场转为船员市场，这一状况在金融危机爆发后也没有得到根本改变。波罗的海航运公会以及国际海运联合会提供的《世界海员供给与需求》研究报告表明，目前国际海员市场出现高级航运人才世界性短缺。我国交通运输部《2015 年交通专门人才需求预测及交通教育发展战略研究》课题组调研预测，2005 至 2010 年期间，我国年均需要补充高级船员 9097 人；2011 年至 2015 年，年均需要补充高级船员 10044 人。

二、减免我国船员个税的合理性

我们认为，减免船员个人所得税不会影响立法的公平性。主要基于以下考虑：

（一）有国际惯例可以参考和依据

基于船员职业的上述特点和重要性，目前世界上很多国家对船员个人所得税给予一定的优惠政策，其中包括对税收征缴非常看重的北欧高福利国家。如：

美国：支付船员因住院治疗的生活费和保健费，支付船员门诊治疗的生活费不可以作为工资项从工资中扣除；而且，船员的工资不执行美国各州所得税规定，仅执行联邦所得税规定。

日本：对本国船员在陆地取得的收入计征个人所得税，海上收入不予征税。并且由政府负担本国船舶雇佣日本船员与外国船员的成本差别补贴。

德国：船员在船上工作持续 183 天以上，且所在船舶必须在德国航运登记机构注册登记，并悬挂德国旗时，航运公司可减免 40%的应缴工资税。

英国：本国船员若在一个日历年度内离开本国在外航行超过 183 天，个人所得税予以免征。

丹麦：丹麦船员一般在缴纳个人所得税时可享受正常扣除额 1.5 倍的扣除标准；如果丹麦船员受雇于在丹麦国际船舶注册机构（DIS）登记注册的丹麦船舶，则可免除在该船上产生的所得税。

希腊：2006 年 12 月 22 日开始，启用新的海船所得税税率，对高级船员和低级船员实际税率分别为 3%和 1%。

瑞典：对本国船员个人所得税予以免征，并对船员医疗和其他社会性支出补贴。

挪威：免除船员的所得税和社会保障费用。

荷兰：在其境内设立常设机构的船公司，其所属船员可减免应征税额的38%。

新加坡：对本国船员个人所得税予以免征。

香港：船员年度内在本地停留时间累计不足60天，个人所得税予以免征。

（二）船员职业是世界上唯一一个设定了全球最低工资标准的行业

由于船员是国际公认的特殊艰苦职业和高危职业，他们大部分时间无法享受公民在陆地居住应有的公共服务，国际劳工组织（ILO）一直在推动各国保护船员基本权利、改进船员工作和生活条件，2006年第94届国际劳工大会通过的《2006年海事劳工公约》倡导"体面劳动"原则，认为船员不仅要享有基本的权利和自由，还应基于航运全球性的特点，得到特殊的保护，船员因此成为世界上唯一一个设定了全球最低工资标准的行业。

（三）目前国家法律已经认可了船员职业的特殊性

根据国税发〔1999〕202号《国家税务总局关于远洋运输船员工资薪金所得个人所得税费用扣除问题的通知》，"考虑到远洋运输具有跨国流动的特性，因此，对远洋运输船员每月的工资、薪金收入在统一扣除800元费用的基础上，准予再扣除税法规定的附加减除费用标准。"沿海、内河船员均未享受远洋船员个税政策。按照该船员个税起征点形成机制，船员个税起征点＝减除费用＋附加减除费用。2000年1月1日，船员个税起征点为4000元（800+3200），2006年1月1日我国船员个税起征点又调整为4800元（1600+3200）至今。另外，根据有关规定，远洋运输船员的伙食费补贴为每人每日8.5美元，不计入应税额。船员的工资和薪金所得也可以采取按年计算、分月预缴方式。这些政策都充分体现了国家对船员职业特殊性的认可，对船员队伍的关怀和照顾。

序号	普通公民个税起征点	船员个税起征点	依据	执行时间
1	800	800	《中华人民共和国个人所得税法》	1980 年 9 月 10 日
2	800	4000	《国家税务总局关于远洋运输船员工资薪金所得个人所得税费用扣除问题的通知》（国税发〔1999〕202 号）	2000 年 1 月 1 日
2	1600	4800	全国人大常委会关于修改《中华人民共和国个人所得税法》的决定（2005 年 10 月 27 日十届全国人大常委员会第 18 次会议通过）	2006 年 1 月 1 日
3	2000	4800	全国人大常委会关于修改《中华人民共和国个人所得税法》的决定（2007 年 12 月 29 日十届全国人大常委员会第 31 次会议通过）	2008 年 3 月 1 日
4	3500	4800	全国人大常委会关于修改《中华人民共和国个人所得税法》的决定（2011 年 6 月 30 日十一届全国人大常委员会第 21 次会议通过）	2011 年 9 月 1 日

（四）与矿工等职业不具备相比性

船员职业综合了高空、井下作业的危险性，采矿、基建行业的流动性，一般野外作业的艰苦性，特别是长期远离陆地和家庭，在精神上的压力和负疚感是陆地工作难以比拟的。同时高级船员需要接受良好的高等教育，通晓航海科技、船舶管理、货运、外语、天文、气象等各方面知识，一名合格的船长的培养周期最少需要十年的时间，一支结构合理、数量充足、素质过硬的船员队伍需要几十年的不懈努力才能培养完成，船员职业的贡献、作用和对国民经济的重要现实意义是与矿工等行业不能同日而语的，因此将船员职业简单的与矿工等职业进行类比是不合理、不科学的。

三、政策建议

根据以上分析，我们认为切实解决船员个人所得税问题的价值至少可以体现在五个方面：一是稳定船员队伍，为我国建立海运强国保持一支稳定可靠的人才队伍；二是促进航运业战略性稀缺资源建设，为我国航运业可持续发展打造核心骨干队伍；三是体现国家对船员队伍的关心、关爱，展示航运大国按国际惯例履行社会责任；四是体现国家对船员长期不能在陆地生活，不能享受国家公共社会资源的补偿；五是体现国家对船员队伍从事具有特殊艰苦性、风险性、流动性职业的鼓励。现提出以下三种建议方案供选择（测算方案略去）：

一是免除船员在航行期间工资薪金收入所得税，这既符合国际惯例，也符合我国建设海洋强国战略下的长期方向。

二是大幅度提高船员个人所得税起征点，充分考虑船员作为国际公认特殊艰苦职业的风险性、艰苦性、流动性等特点。

三是对包括船长、政委、轮机长、大副、大管轮五类核心高级船员，试行"高级船员特殊岗位津贴"制度，特殊岗位津贴免征个人所得税。

（2013 年 1 月，本文同薛梅、贾广超同志合作完成）

中远集团发展互补产业思考

《中远集团互补产业 2012—2014 年工作规划（征求意见稿）》已收阅。近一段时间，我到境内公司、香港集团和美洲公司调研。所到之处，我深深地为中远厚重的文化传统所感动，为中远持续的创业精神所激励，为中远坚实的产业基础所震撼，为中远宏伟的战略目标所鼓舞，也为中远拥有一支优秀的国际化管理团队所钦佩。"十二五"期间，是中远集团实现科学发展、跨越发展、低碳发展的重大战略机遇期。当今世界处在大变革大调整时代，中国处于发展的关键时期与改革的攻坚阶段，中远集团面对机遇与挑战并存、机遇大于挑战的大背景。尽管世界经济形势总体上十分严峻复杂，但世界经济增长重心加速向亚太地区转移的趋势没有变，中国推进产业结构战略性调整的主线没有变，远洋运输业作为国民经济战略性产业的地位没有变。中远集团提出的四大发展战略，实践证明是完全正确和切实可行的。实施全球化发展战略，就是要在全球范围内拓展发展空间和布局，由"跨国公司"向"全球公司"迈进；实施多元化发展战略，就是要实现生产经营与资本运营双轮驱动，构建航运主业与互补产业两大引擎；实施现代化发展战略，就是要坚持高起点规划、高标准建设、高水平管理、高速度发展；实施可持续发展战略，就是要培育以技术、品牌、质量、服务为核心竞争力的新优势，充分发挥人力资本效率、技术创新效率和资源配置效率。

后国际金融危机时期，全球新科技革命引领新一轮产业振兴的态势已初现端倪。美国推动的制造业"再工业化"和服务业"可贸易化"，页岩气革命和互联网时代的到来，完全有可能成为新的经济增长动力，促进世界经济结构和国际分工格局发生重大变化。中远集团作为世界 500 强中的重要一员，必须统筹选择和确定互补产业发展的战略方向，这是关系中远集团未来发展战略全局的系统工程。中远集团同马士基集团和香港招商局集团相比，既存在一些差距也具备自身独特的优势。中远集团发展互补产业，一要依托集团现有产业、技术、人才和市场基础；二要立足资产优化重组、资源优化配置、资金优化投向；三要综合考虑先进性、关联性、成长性、带动性和导向性；四要通盘研究互补产业的结构设计、规模经济、布局要求和时序安排；五要最大限度地防范市场风险、技术风险、财务风险和法律风险；六要实现较高的全要素生产率、净资产收益率、投资回报率；七要走出一条有限目标、突出重点、迎头赶上、超常发展的新路。据此，建议发展以下几个板块。

一是发展中远重工制造板块。中远集团海洋工程装备和船舶制造达到国内领先水平，已经具备大型成套技术装备和集成制造的研发和生产能力。海洋工程装备制造业处于海洋经济产业链的核心位置，属于高端装备产业和战略性新兴产业。全球海洋工程装备制造格局是，欧美企业垄断海洋工程装备高端制造和设计技术，中国与新加坡、韩国激烈竞争中低端制造市场，呈现"跨国结盟＋技术优势"的战略联盟趋势。中远船务公司应首选纵向联盟，即从产业链上与石油公司、海工承包商、专业分包商、供应商、服务商开展广泛合作；兼顾发展横向联盟，即跨区域、跨所有制、跨行政隶属关系的产业协同。坚持总装与配套同步发展，建设具备较强国际竞争力的海洋工程装备研发、设计、总装、总包基地，同时积极参与国际大型矿山成套技术装备、大型钢结构和港口机械等项目招投标，探索修船和改装船海外发展路径，加大高端装备产业技术研发和商业化力度。中远造船工业公司要深化同川崎合作，攻克关键技术和前沿技术，发展数字化造船和绿色造船技术，在精益生产、敏捷制造、集成创新指导下，大力提高高技术、高附加值船舶比重。特别要探索在工程机械装备、轨道交通装备、节能环保装备和智能型数控制造装备等领域合资合作。总之，两大工业集团现有 2000 名工程技术人员，拥有自主研发能力、先进制造技术和现代管理方式，完全有能力建设产业集群、完善产业布局、推进产业购并、提升产业层级，进行一场立足国内、面向全球的具有长远利益的战略转型升级。

二是发展中远能源开发板块。今后时期，世界油气开发主要集中在海洋并向深海和极地发展。中远集团具备海洋油气钻井设备、浮式生产设备和辅助设备制造能力和单壳油轮改成 FPSO（浮式生产储存及卸货装备）能力，一些主要产品达到国内领先、世界先进水平，中远能源开发的战略重点应放在 FPSO 上。FPSO 是一座"海上油气加工厂"，通常与钻油平台或海底采油系统组成一个完整的采油、原油处理、储油和卸油系统，这种高技术产品在未来海洋工程装备中增长潜力最大。相对海洋工程高风险、高投入、高回报的综合性特点，FPSO 的安全系数要高得多，且投资小，见效快。截至 2011 年 12 月 1 日，全球有 187 艘 FPSO 在运营，其中由运营商运营的 108 艘，石油公司运营的 79 艘。在大型石油公司中，巴西石油拥有最多的 FPSO，2012—2015 年将有 17 艘投入运营；中海油有 14 艘 FPSO，深海石油开发处于早期勘探阶段；法国道达尔拥有 6 艘 FPSO，计划到 2017 年新增 5 艘 FPSO，基本都在西非海域；美国石油公司集中在墨西哥湾和陆上油田项目，壳牌公司集中在 LNG 领域，大手笔投资 50 亿美元打造全球首艘 LNG-FPSO，对于普通的 FPSO 兴趣不大。在 FPSO 运营商中，大多是从事油轮运输或 LNG 运输业务起家，拥有数量庞大的船队和丰富的海上生产经验，是大型石油公司无法取代它们的主要原因，这些企业未计利息、税项、折旧及摊销前的利润率通常都在 35%以上。目前，全球大约 60%的 FPSO 是油轮改造的。油田可开采时间超过 20 年的大都选择新建 FPSO，造价 3 到 5 亿美元；可开采时间低于 15 年的选择改造油轮，造价 0.5 到 2 亿美元。IMO 已把 2003 年所立"依期取消单壳油轮"法案从 2015 年提前于 2010 年开始执行，FPSO 为大批单壳油轮寻求重生提供了机遇。中远集团发展 FPSO 的商业模式应从海洋工程装备制造商、总包商向运营商转变。我在调研中了解到，中远船务公司提出由他们担当制造商和总包商，运营商建议由中远太平洋有限公司谋划，既要发展基于物权转让运营模式和租赁运营模式，更要发展同境内外海洋油气资源开发公司探索油气分成模式，所获分成原油近期可委托炼厂加工（全额记集团销售收入），船用油品自用可以大幅降低航运成本，其他油品议价出售或储存择机出售。这是一项一举数得、事半功倍的重大战略举措。

三是发展中远精细化工板块。精细化学品种类多、用途广、投资少、效益高，直接服务国民经济诸多行业和高新技术产业各个领域。精细化工率是衡量化工产业发达程度和技术水平高低的重要标志，已成为世界各国提升化工产业能级和扩大经济效益的战略重点。中远集团具有发展精细化工板块的基础，中远关西和佐敦公司的集装箱和船舶涂料国内市场占有率领先，工业涂料、建筑涂料、重防腐涂料技术先进，发展汽车涂料、装饰涂料、粉末涂料空间广阔，应全面扩大同日本关西、挪威佐敦公司在绿色涂料领域合作。中远国际正与珠海卡德莱公司（生产腰果壳油，包括固化剂和磨擦粉）的中方股东探讨收购事宜，如成功将同美国公司合作开辟一个新的精细化学品领域。目前，美国、欧洲、日本的精细化工率已达60%至70%，精细化学品年销售额占全球75%以上，世界精细化工呈现产业集群化，工艺清洁化、节能化，产品多样化、专用化、高性能化特点。传统精细化工包括染料、农药和医药中间体等领域，新兴精细化工包括食品添加剂、饲料添加剂、水处理剂、催化剂、塑料助剂、电子化学品、造纸化学品、皮革化学品等领域。中远国际在精细化工领域已有多年的产销经验和人才团队，应当打好COSCO在全球的声望和品牌优势，寻找同美、欧、日特别是欧洲主权债务国家的精细化学品公司合作与购并机会。今后几年，如在上述2至3个方向成功购并几个企业，中远精细化工板块就基本奠定了。

四是发展中远金融投资板块。产融结合是企业达到相当规模后实现跨越式发展的必经之路，当今世界500强企业80%以上都成功进行了产业资本金融化的战略行为。必须看到，产融结合也是一把"双刃剑"。产融互动能够创造新的价值和加快财富积累，金融起到了催化剂和倍增器的作用；但如果风险防范不力，金融资本很容易沦为产业资本的"抽水机"。近几年来，许多央企产业资本金融化快速发展，主要有组建集团财务公司、直接入股金融机构、注册金融控股公司或资产经营公司三种模式。值得注意的是防止轻实业、重金融，重外部金融、轻内部金融，重金融机构投资、轻金融工具运用，重短期财务回报、轻提供长期金融服务的倾向。中远集团已经积极稳健地形成了产业资本金融化的基础，在船舶融资、租船租箱、船运保险、资金结算、航运价格衍生产品以及上市融资、参股金融保险机构等方面，都取得了明显成效。中远集团构建金融投资板块、发展产融结合业务，可以利用产业资本庞大的资金流延伸其价值链，建立自身的资本运作平台，提供专业化金融配套服务，提高成员单位的资金利用效率，谋取超出产业资本平均利润率的收益，实现生产经营与资本经营双轮驱动发展。从目前中远集团现状看，既要发展"产业＋财务公司"模式，以航运金融业务为平台健全风险控制体系和专业管理团队；更要探索

"产业＋投资基金"模式，以互补产业发展为重点发挥金融杠杆效应和购并重组功能。应坚持总体设计、审慎推进、重点突破、防范风险，有计划、有步骤地推动集团资源资本化、资产资本化、知识产权资本化、未来价值资本化。建议认真汲取央企和国际同行产业资本金融化的经验教训，根据中远集团实际提出当前和长远相结合的实施方案。

以上四个战略方向都有明确的投资主体，基本在国资委批准的经营范围内，具备制定可行性研究报告的条件。还有一些小型板块就不列举了。需要强调的是，发展互补产业是在做优、做强航运主业的基础上进行的。"十二五"期间，中远集团将加快从全球知名综合航运企业向航运集群领军企业转变，在全球范围内打造以航运物流为核心、优势业务互补、绿色低碳发展的世界级航运产业集群，形成具有国际领先地位的超级供应链资源配置商。中远航运板块，应围绕应对全球航运业即将来临的低碳环保挑战，配合国家有关部门研究保有运量和保有运力，维护国家经济安全和战略物资运输安全，壮大具有世界领先水平的散货、集装箱、油轮和特种运输船队。中远物流板块，应坚持信息化、网络化、绿色化方向，发展快捷、高质量、低成本的4PL运作模式，拓展工程物流、产品物流以及国际大型设备租赁承运商等领域和发展空间，打造环境友好型、智能服务型的全球物流知名企业。中远码头板块，中远太平洋公司已在全球范围内投资经营着32个码头。应加强同满足国家战略物资需要、适应船舶大型化的深水专业化码头合作，积极争取关系国家全球战略的重大境外码头投资项目，有选择、有重点地发展临港产业和临港经济。中远燃料供应板块，应努力建成海内外统筹布局、竞争力较强、世界一流的船舶燃料公共服务商，为世界各地的船东、租船人、投资者和设备厂商提供全方位的优质高效服务。同时，拓展成品油进口贸易和各类油品代储、代供、代销、代运，发展润滑油等油品来料加工。

今后五年，中国是全球经济增长最快、经济动力最强、经济潜能最大、经济发展最具活力的国家之一。在新的国际竞争格局中，衡量主权国家综合国力的标志之一就是加快建设海运强国和振兴远洋运输业。中国远洋集团作为行业领军企业，必须扬长补短、谋定后动、乘势而上、再创辉煌。在发展互补产业中，亟待抓好以下几个问题。

第一，深化集团投资体制改革。总的原则是：该管的管住、管好、管到位，不该管的放开、放活、放到底，充分发挥二级公司特别是上市公司的企业法人作用和投资主体作用。集团重点加强战略方向控制、全面预算控制、人事管理控制、信息系统控制、投资风险控制、审计监督控制。同时，申请国家有关部门将中远集团作为下放投资审批管理权限试点。

第二，大力发展集团海外事业。中远集团已形成以香港、美洲、欧洲、新加坡、日本、澳洲、韩国、西亚、非洲等九大区域公司为辐射点的全球架构，是国内企业在海外最具人缘、商缘、地缘、情缘优势的跨国公司。中远集团发展互补产业的战略重点在海外，当前应不失时机地通过海外购并进一步推动全球战略布局。建议集团成立海外事业发展部，通盘规划指导各大区域公司实现海外事业大发展。

第三，加强集团人才战略储备。实现中远集团发展战略目标关键靠人才，"三个三百"人才工程是一项有远见的重大决策。建议增设一个"百人计划"，抓住海外经济低迷、就业艰难的契机，在美、欧、日等发达国家名校招收一批本科生和职业型硕士，为中远集团加快互补产业发展集聚一批海外人才。

（2012 年 5 月）

关于中远海工业务发展的两次建议

2013 年 5 月，我到中远船务集团调研计算机审计试点工作，就中远海工业务发展提出九条建议。

这次到中远船务集团来，主要研究计算机审计试点问题。宇航总让我谈谈海工业务发展，没有思想准备。我来中远集团工作一年半的时间了，中远海工制造发展令人振奋。海洋工程装备属于高端制造领域，中远船务集团从修船到造船再到海工装备制造，走出了一条自主创新的路子，做到今天这个程度太不容易了。当前，中远船务集团面临着重大的发展机遇，也要积极应对面临的风险和挑战。企业精益生产和管理应体现在方方面面，发展中遇到的困难经过努力是可以解决的。我们要咬定青山不放松，不被浮云遮望眼，成就一番大事业。我提一些建议，仅供你们研究参考。

1. 建议中远船务集团改名为中远海洋工程装备制造集团或加挂这个牌子，同中远造船工业公司一道形成中远重工板块。现在叫船务集团有点窄了，外界感觉不到有海洋工程装备制造的概念。我觉得一个集团的名称就是品牌和形象，更名之后内部机构和管理体制应该适应市场和发展的变化。

2. 建议将中远船务集团海工研究分中心和船舶研究分中心，改为中远海洋工程装备（南通）研究院和中远海洋工程装备（大连）研究院，或改为中远南通海洋工程装备研究院和中远大连船舶研究院。两个研究院内部对于产品的研究方向各有侧重，要在国家能源局、科技部、发改委挂号并争取支持，也可以探索同中国科学院等科研机构合作，共建博士后工作站、海洋工程装备制造联合实验室等。

3．建议认真研究海工装备的生命周期和产品储备，过去我们讲生产一代、储备一代、研发一代，现在还是这样。要根据市场需求研究我们能做什么、应该做什么、还能做什么，而且关键技术和核心设备要组织攻关。我们要特别关注页岩气革命给海工产品生命周期带来的变化，当前应该攻关抢占什么市场，面向未来应该研发哪些产品，都应该有重点地研究和谋划。这样，当前的市场就很可能抓住，未来的市场现在就开始抓。要在提高传统海工装备、现代海工装备自主研发、集成创新和系统配套能力的同时，超前研究极地油气开采设备、天然气水合物钻探设备等前瞻海工装备。产品储备既要研究海上也要研究陆上，如大型矿山成套技术装备也是模块生产，它的技术含量要比我们海工装备低多了，我们如果有机会中标，生产是没有大问题的。还有节能环保成套装备，在中国的市场需求很大。

4．建议企业要创造"从制造商到总包商到运营商"的商业模式，认真突破海工产品的最终用户。现在我们手里的合同大多是从中介商手中拿到的，一旦在最终用户突破将开辟一片新天地。当前，开发最终用户有三种模式：第一种是产品直销模式，就是我卖给你产品，价格比中介商高；第二种是产品租赁模式，就是我租给你产品，投资回报丰厚；第三种是产品分成模式，就是我出设备同油气开发商合作，开采出来的油气分成。世界上油气开发商和设备制造商合作普遍采取这种模式，这也是发展中远能源板块的最佳路径，而且不需要扩大集团的经营范围。马士基海上油气开发占他们利润的60%，在航运企业低谷时就可以平抑周期性风险了。马士基所拥有的海上油气田在油气开发领域算不上数，他在国际上的地位就是航运巨头。将来中远也是这样的情况，当我们其他业务超过航运的时候，航运还是中远的主业。我们发展中远能源板块要坚持两个底线：一是同油气开发商合作不搞海上油气勘探；二是审慎与当前及潜在竞争对手在制造领域合作。

5．建议海工装备制造发展要坚持产融互动、产融双驱、产融结合，这样才能走得稳当。企业如果没有金融支撑是很难发展的。过去有句话叫"一分钱难倒英雄汉"。我们必须保证现金流不断链，手里一定有几张牌，要不然到关键时刻就卡住了。所以，我们不仅要研究资金，还要研究资产、资本和资源的优化配置。有多种方案可以研讨：可不可以同金融机构共同建立海工租赁基金，可不可以设立海工装备产业发展基金，可不可以整合海工装备制造板块在国内上市 A 股等。一定要尽快在海工产品租赁方面取得实质性进展。

6. 建议认真研究同国内三大石油公司合作的商业模式，同他们的合作方式主要是卖产品和租赁产品这两种。世界 FPSO 运营商中，大多是从事油轮运输或 LNG 运输业务起家，拥有数量庞大的船队和丰富的海上生产经验，是大型石油公司无法取代的主要原因。我们不仅能制造国内领先的海工装备，还有国内排名第一的大型油轮运输船队，完全具备同国内三大石油公司合作的有利条件。国资委正在帮助集团研究扭亏增盈和长远发展，要把我们的优势和合作方式讲透，请他们协调做好同国内三大石油公司的紧密合作。这是一项非常重要的战略举措。

7. 建议采取好的政策、好的机制留住现有人才，同时还要根据企业现实和未来发展需要，储备技术创新人才、生产经营人才、国际营销人才、现代金融人才，特别是复合型管理人才。现在实际上是吸引优秀人才最好的时期，国内外好多名校今年就业困难，应招收一批本科生和职业型硕士，为企业当前和未来发展集聚和储备人力资源。

8. 建议深入研究南海和东海油气开发问题，我们国家发展已经到了这个阶段了。南海周边国家目前与 200 多家西方公司在南海海域合作钻探了 1300 多口油井，其中八成位于争议海域，我国在南海才几口油井。我们要研究南海和东海油气开发现状和前景；国内海工装备制造业整体水平；我们同国内三大石油公司南海和东海油气开发的商业模式；需要国家解决哪些问题。这是维护海洋权益、保障能源供给、发展高端装备的大战略，完全有必要，也有可能实现。

9. 建议适时研究建立海外生产和研发基地问题。

这些建议是想到哪说到哪，可能不够成熟。希望你们能够深入研究重大发展方向、重大经营决策、重大投资项目和重大管理体制，需要你们自己解决的努力做好，需要集团解决的帮助你们做好。

（2013 年 5 月）

2013 年 11 月，我到中远船务集团调研垂直监督试点工作，就中远船舶和海工制造板块战略回顾工作提出五条建议。

这次调研看到，中远船务积极推进垂直监督试点工作并取得了阶段性成果，下一步要修改、完善垂直监督的管理办法、实施方案和考核评价指标体系，探索制造业板块的垂直监督模式。集团目前正在组织战略回顾工作，这是立足当前、着眼长远的一项重大举措。集团领导分工我来负责船舶和海工制造板块的战略回顾工作，谈几点意见供研讨。

一是认真研究市场。总体把握国际国内发展环境，研究修船、造船和海工制造三大领域的规划。造船受航运周期影响较大，国家正在推行拆旧造新政策。改装船有潜力，你们用老旧 VLCC 船舶改装成 FPSO 的项目很值得拓展。海工市场近几年一直快速增长，呈现从近海到深海、从深海到极地的发展趋势。因此，三个业务领域的市场是不同的，应有不同的发展思路。要从全局和战略角度去分析竞争对手情况，确定自身的发展目标和市场地位。

二是认真研究规模。明确今后达到一个什么样的经济规模，包括产业集中度、产能水平和经济效益，还有技术进步和产业组织问题。规模经济和经济规模是不同的，规模经济是指扩大生产规模引起经济效益和市场占有率增加的最佳生产规模，将使平均总成本下降和全要素生产率提高。规模经济首先要考虑技术先进或领先的发展方向，修造改装都能做什么船，造船要造高附加值的，海工装备应提升哪些方面的研发生产能力和集成配套能力等。

三是认真研究结构。包括产品、市场、人才和企业组织结构。企业发展过程中有好多制约的瓶颈是结构性矛盾。要认真突破最终用户，走产融结合和产融互动的路子。如果能搞成船舶和海工租赁，可以对冲风险，可以稳定现金流，可以保障企业可持续发展。调结构要立足当前、着眼长远发展，要有战略协同的多种方案准备。

四是认真研究布局。国内和海外营销、生产和研发布局都要统筹研究。海外布局可以考虑在巴西、墨西哥寻找合作企业。巴西已有很好的基础，墨西哥到 2020 年有 50 多座海上钻井平台的需求。产业布局应体现生产力在空间上的效应。

五是认真研究时序。生产建设和技术创新周期，要总体规划、分步实施、突出重点。发展思路落实要研究时序，产品哪些先上？哪些后上？这么多客户，哪些是战略客户？我们先抓哪个？后抓哪个？投资方面也要确定优先顺序。

我们要特别重视战略定位。集团总公司现在有四个板块：航运、供应链物流、船舶海工装备制造和金融板块，这几个板块之间产业互补性强、产业关联度高，是世界上任何一家航运企业都没有的产业结构。我认为，航运主业的发展方向是绿色航运；供应链物流发展方向是综合物流；制造业发展方向是高端制造，干别人干不了的；产业金融就是要产融双驱，发展融资租赁、物流地产和资本运营等。

（2013 年 11 月）

西方国家考绩制初探及启示

考绩制是西方国家文官制度的重要组成部分。通过"竞争考试"、"择优录用"、"论功行赏"的方式"选贤任能",提高行政效率,是西方各国改革吏治并逐步实现行政管理现代化的产物。考绩制实行一个多世纪以来特别是二战后,经过西方各国不断充实和修正而日益完善,已成为其选拔任用国家公职人员的准则。

一、考绩制的起源

考绩制的思想最早出自于英国著名的《诺—屈氏报告》。1533 年,英国自由党首相格拉斯顿授意诺斯科特和维康两位爵士。他们就英国文官现状进行全面调查,并在反对封建君主的"恩赐官职制"和资产阶级贵族的"政党分赃制"的过程中,撰写出"关于建立英国常任文官制度的报告"(通称《诺—屈氏报告》)。报告中力陈时弊,尖锐指出当时英国文官制度"恩赐官职"、"肥缺分赃"、卖官鬻爵,使昏庸无能之辈,阿谀奉承之徒,在权力的宝座上尸位素餐,无功受禄,导致政治腐败,行政效率低下。为了从根本上革新吏治,报告要求确立公开竞争考试制度,择优录用文官;设置文官的各种等级,根据才干和表现升迁晋级等。正是这个《诺—屈氏报告》奠定了英国近代文官制度的基础。但这个报告业经提出,就遭到保守势力的强烈反对。英国政府为了变革阻碍资产阶级发展的官吏任用制度,提高统治效能,推动经济发展,满足自由主义势力的进步要求,1870 年发布枢密院令以法律形式规定了录用文官的公开考试制度。它顺应了英国"工业革命"之后,新兴工业资产阶级要求国家机器适应和保护生产力发展的愿望,是工业资产阶级反对封建残余势力的一大胜利,带来了具有革命性意义的转变。它标志着世界上第一个常任文官制度的建立，很快为西方各国所采用。

美国是实行总统制的国家，最早效法英国主张取消"分赃制"、实行考绩制的是共和党的总统阿琵。他为了在 1884 年总统竞选中与民主党决一胜负，于 1883 年 1 月在美国国会通过《文官制度法》(通称《彭德尔顿法》)，建立了以公开考试、择优录用、职位分类、职务常任为特点的文官制度，对各级文官的使用和管理作了系统而详尽的规定。这个《文官制度法》，实质上是一种对文官保护的制度，可使一个组织机构更合理化，使政府有一个负责任的行政管理体系，比"政党分赃制"更能体现资产阶级标榜的"机会均等"的原则，更有利于巩固资产阶级的吏治。因此，《文官制度法》的原则在美国一直沿用至今。

法国、日本、德国和意大利的文官制度，是第二次世界大战后建立的。法国制定有《公务员章程》，1945 年在总理府设置了文官管理局，同年建立国立行政学校 (法文缩写 ENA，简称埃钠)，被称为"高级行政人员的制造厂"，以便统一考试、录用和训练高级文官。日本战后在战领当局的推动下，对战前旧官吏制度进行了全面改革。为了人尽其才，它实行了《国家公务员法》，明确规定公务员任命和提升都按能力决定，一切官职都向考试成绩优秀者敞开大门等项原则，并先后做了二十四次修改，逐渐趋于完备，使公务员更有效地为资本主义制度服务。

随着各国行政权力的扩大和行政机构的加强，西方国家文官制度中普遍存在的弊端是，由于国家公职人员大量增加，导致冗员充斥，开支浩大，职能失调，百姓怨声载道，政府声誉扫地。为此，各国都千方百计改革公务员制度，力求在不增加雇员的情况下，获得行政管理的高效化。例如：英国工党政府首相威尔逊在 1968 至 1970 年间的改革中提出的《富尔顿报告》，进一步明确了对文官的管理职能，大大加强了对文官的培养和训练，更加重视文官的流动和交流，以利于准确地选拔和任用有才之士。美国总统卡特当政后，认为政府机构人浮于事，文官制度已成为小权术的集大成者，已趋于智力干枯阶段，故于 1978 年在国会通过了《文官制度改革法》。改革法案的表决和听证延续了一整个夏天，其目标是推进按工作表现付酬的功绩制。1981 年，里根上台后提出三年内消减文官开支 6.5%，主要途径是提高原有人员的工作质量和效率。

目前，西方各国力图在考核制度中贯彻"功绩制"原则，克服文官中论资排辈的思想和碌碌无为的作风，为资产阶级行政组织提供为数众多的谋臣策士和专家干才。

二、考绩制的内容

西方国家的考绩制建立后，紧步明代的潮流，在法治化、专业化、永业化、科学化、人本化等方面不断突破，保持其连续性和创造性。各国基于各自的国情，考绩的原则、考绩的方法、考绩的效用虽各有异同，但在考绩制的实施中，基本思想是一致的，现择其要分述如下。

（一）关于考绩的原则

考绩制的核心一重"考"，二重"绩"。因此考绩制强调以下四项基本原则：

一是"机会均等"原则。对报考者"一视同仁"，"不论其政治派别、种族、肤色、宗教、民族、性别、婚否、年龄或身残状态如何，所有雇员和申请雇用的人在人事管理的各个方面应受到公正平等的对待。主要以品行、知识和能力作为衡量标准，有一定的年龄和文化程度限制。西方各国宣传的这种所谓的"中立"和"超阶级性"，是为了掩盖文官制度的阶级实质。事实上"机会均等"的原则在实施中受到很大限制。例如，对报考者虽然规定在政治倾向和信仰上"一视同仁"，但如果报考者不接受"保留义务"（即不得公开发表与政府不同的政见），则被视为拒绝参加报考。更何况文官中尤其是出身于统治阶级的名门贵族，长期接受资产阶级"正统教育"的禁锢和束缚的高级文官，在政治上是绝难严守"中立"的，都是资产阶级统治的"驯服工具"。无须置疑，"机会均等"原则对工人阶段和下级文官（蓝领工人和职员）来说只是一句空话。

二是"公开竞争"原则。西方各国倡导"自由竞争"、"考试取仕"。即使像美国这样一个总统直接任命官员人数最多的国家，它的"联邦文官"中，9/10也是通过考试方式录用的。公务员的各种录用考试都公告通知，公开进行。考试公告写明考试的职务、责任、待遇、报考资格、考试的时间地点，并采取各种形式广造舆论，使"路人皆知"。同时在各地举行考试咨询和说明会。日本1979年度，仅初级考试的说明会就举办251场。考试的种类包括笔试、经历评定、实地操作考试、业务评定、口试、体检等，新的考试手段有个别测验、实际测验以及智力测验和直觉测验等多种心理测验方法。考试的科目按政府各部门工作特点和要求统一规定，而且只有笔试合格才能参加口试，考试合格名单向考试者公开发表。日本还实行一种"登用制度"，类似中国的"毛遂自荐"，为没有经过考试的人提供晋升机会。近年来，西方国家还采用招募和招聘等方式弥补"考试取仕"方法的不足。

三是"择优录用"原则。"考试取仕"在实施中，西方各国遵循广收慎用、好中选优的途径，将考试合格者降次排列，供用人单位筛选。日本对考试合格者的录用方法是人事院把全体合格者编辑成录用候补名册，应国家各单位要求推荐候补者。每录用一人，人事院从名册中提出五个得分最高的志愿者由各用人单位选择。美国考试机关的作法是将合格者编为分类候用名册，有效期1至2年。主考机关与候用人员经常密切联系，以保持候用名册的实际动态。据日本人事院1979会计年度报告书公布，自1949年1月开始实行公务员录用考试以来，截至1980年3月末，日本共进行518次考试，报考者728万人，合格者71万人，录用32万人。法国在七十年代，甲类高级文官的报考者和录用者的比例是3:1；乙类公务员4：1至10：1；丙类和丁类公务员是10:1。美国联邦政府仅1953年一年就举办各类考试2.4万次，报考者172万人，经考试及格任用者43万人。

四是"功绩主义"原则。文官制度建立初期，文官的晋级主要凭资历，"水涨船高"。在重贡献、看才能的考绩制建立后，各国推行严格考核、"论功行赏"的功绩主义原则，以促进文官积极向上、个人奋斗的内在动力。这种作法以美国较为典型。美国的《文官制度改革法》第一次用法律确立了联邦政府人事制度应遵循的九条功绩制原则。(1)录用人员公开竞争；(2)平等对待；(3)同工同酬；(4)廉洁奉工；(5)讲求效益；(6)留优汰劣；(7)重视培训；(8)保护雇员；(9)保障批评。同时规定禁止歧视任何人，禁止破坏择优制，禁止在本机关内任命、提升其亲属，禁止报复揭露政府弊端的官员。并在中、上级文官中推行"功绩工资制"。即一般行政级（GS）12—15等的14万男女官员，从1981年10月1日起将不根据他们的工作年限实行等内加薪，而根据他们的贡献以及他们所主管单位的成绩评价来进行加薪。这种做法体现了弹性价值观念，对推动全局性的工作起到了杠杆作用。

（二）关于考绩的方法

西方国家在考绩制的实施中，不仅有严谨的职务分类，而且还有慎密的内容方法，使考绩制的原则付诸实践，不至流于形式，避免偏袒瞻徇致使贤能向隅的流弊。

职位分类的精神是实现所谓"办事择人、用当其材、人称其职、同工同酬"的人事理想，使考绩制度有更强的针对性和实用性。西方各国的职位分类，是在对各种职位的工作内容加以切实调查的基础上建立的，按其行业工作性质的不同划分为若干职组、职系，就各类职位按其责任轻重、工作繁简、教育高低、技术精细划分为若干职级，然后将每一职级给予准确的定义和说明，制成职级规范，作为考绩制运用的准绳。例如：英国共有100多万公务员，共分为四大类：一是实业人员与非实业人员；二是编制人员与非编制人员；三是财政委员会主管人员和各部主管人员；四是普通行政人员与专门技术人员。每类中又有详细的职级划分，如专门技术人员共有180个职级，其中50个职级归财政委员会主管，余者为各部主管。而专门技术人员又包括五类：(1)专门职业人员；(2)科学人员；(3)技术人员；(4)特技人员；(5)劳动机械人员。对各类、级的公务员都有明确具体的职责要求。职位分类平面上是一个静态的"塔形结构"。实际上是处于不断持续变更的能位匹配网络，使考绩制在实施中有章可循。

西方国家考绩的内容和方法虽不尽一致，但都是为了提高公务员的服务质量，发挥最大的行政效率，除平时考勤外，还有定期的考绩。英国现行的考绩方法系考察报告制，事先制定考绩报告表，依据此表所规定的要素和标准，由各委员会加以考察后作为升降奖惩的依据。考绩评分每项均为A、B、C、D、E等，每项各按等评分，再按考绩5等给予总评。考绩结果不公布，但成绩不良者，由主考机关通知本人。

美国联邦政府自1934年起实行统一考绩制，最初考绩项目共有16项，1943年又将考绩项目修订增加为31项。统一考绩的程序和方法，由主管或监督人员就所属公务员平时的工作情况和行为，与考绩表中列举项目逐项考评，优者作正号，中者作V号，劣者作－号。评后送长官复核，根据规定的计分方式转换为分数，得出考绩成绩，报送考绩委员会审查。但是，这种考绩法难免主观。所以1950年通过的新考绩法，废除了统一考绩制，实行工作考绩制（也称周年考绩法）。其方法是由考绩委员会的监督人员及工作人员，就公务员所任职位的内容，作客观的科学的职务分析和工作评价，把工作成绩与工作效率作为主要考核标准，考绩结果分为优秀、满意、不满意三等，以此决定提升、减薪、降级或免职等。

具体的考核方法还有"臆断考绩法"、"工作标准法"、"代表比较法"、"加权平均数法"、"作品引用法"、"因素评级法"等，此文不一一赘述。当今，西方各国都竭力在考绩的定量化和标准化方面进行尝试，以供考绩者进行立体思维，使考核结果"文如其人"。

（三）关于考绩的效用

为了避免考绩形同虚设，西方国家注意把考绩与培训、考绩与晋升、考绩与奖惩结合起来，任何人事动议均以考绩做基准，形成一个相互联系的链条。

1. 考绩与培训。随着微电子技术的广泛应用，以及国家干预经济和社会活动的加强，对公务员的"专业化"、"知识化"要求愈来愈高。西方各国是通过任职前培训（也称见习培训）和任职后培训（也称在职进修）的方法，缩小公务员的差距。英国政府规定，各类院校的应届毕业生在公务员考试合格后，不得立即委任正式职务，要在文官训练学院经过两年的录用期训练后方能就职。除了解政府职能外，还要掌握新知识、新信息、新技术。英国历届高级文官的应考者大都毕业于"牛津"、"剑桥"等名牌大学。据 1961 年统计，这两所大学的应届毕业生有 13.5% 参加了文官考试，有 22.6% 被录取，录取率分别高于同年全国其他大学两倍。即便如此，任职者接受培训也概莫例外。在职期间，除"公务员补习教育"和"高级公务研究"等培训形式外，英国还设有行政干部学校，招收各界经考绩优秀的公务员进行知识更新。日本也注重把考绩和培训（日本称在职培训为研修）结合起来，在东京设有"国家公务员研修中心"，形式是多层次、多渠道的。仅由人事院直接组织的培训就有"行政研修"、"管理者研修"、"行政官驻外国研究员制度"、"行政官国内研究员制度"等 10 余种。1978 年度日本全国各种类型的研修人员近 19.3 万人，占一般职国家公务员 81 万人的 23.9%。同时，西方各国把培训成绩作为平时考绩的重要内容，促使公务员获得大系统的管理经验，以适应现代化大生产的客观要求。

2. 考绩与晋升。考绩结果决定晋升是西方国家考绩制的明显特征。法国公务员的升迁，主要参照服务年资和工作成绩两个方面，分为晋级和提职两种。晋级主要看资历，根据公务员的服务年资、职业差别、鉴定优劣，条件具备就自动升级。提职则分为选拔提升、业务考核提升和招收考试提升三种方式，考绩鉴定好坏直接关系到公务员的晋升。选拔提升是由行政部门负责人决定提职的名额，并根据公务员近三年的考绩鉴定，从中挑选比提职名额多一倍的公务员名单，由晋升委员会逐个审议，根据公务员的鉴定，并参考业务和资历提出建议，最后由行政部门负责人正式确定提职名单。西德的公务员考核与晋升实行首长负责制，认为美国式的标准计算方法或法国式的竞争升级考试方法不符合科学精神，对公务员的考绩由顶头上司直接考察，由机关人事官员负责办理较为可靠。晋升主要根据工作成绩、长官考绩、服务年限三项因素计算，公务员的工作数量、质量、服务情况的优劣、勤懒、粗细及性格、思想、生活、行动等均在考核之列，并做明确记载，视其成绩优劣作为晋升依据。除人事官员例行记录外，主管长官对其下属的考察和印象至关重要。美国前几年的人事改革中，在联邦政府各机关设置9200个"高级行政长官"（简称SES），使联邦政府能够任命富有行政管理经验的高级职业文官，担任政府高级领导职务。SES职务由文职人员一般行政16、17、18三等及行政长官V级和IV级职务的人员自愿参加。主管机构从提高效率（包括提高其属下工作效率）、节约开支、减少文牍和符合肯定行动目标等方面进行考绩，总评为"不满意者"从SES中除名，任何人在任何三年中没有得到一次"表现突出"的评语，也必须从SES中除名后降职使用。在美国98.5%的高级职业文官自愿加入SES行列，这有助于保持既保护文官又保证效率这样一个连续变量，为管理者提供更大的灵活性。

3.考绩与奖惩。西方国家在考绩的前提下实行"择优薪俸制"，按绩取酬，奖惩分明。日本《国家公务员法》和《报酬法》规定，总理大臣和政府各部门长官在考绩后，"应采取措施表彰工作成绩优秀人员"。表彰的种类繁多，有"总理大臣表彰"、"大臣表彰"、"长官赏赐"、"业务成绩表彰"、"功劳章"等。工作成绩优异者可领取"成绩奖"，奖金最多是本人一个月报酬总额的60%；成绩特别优异者可以得不同等级的勋章和奖章，并相应提升职位和缩短提薪期限或越级提薪。同时也有明确的惩戒制度，对考绩结果较差者给予教育、训诫，对失职、违法者视情况轻重给予警告、降薪、降职、停职、免职等处分。法国公务员的报酬由基本工资和特别津贴组成，分为A、B、C、D

四级类。在一般情况下，考绩优秀的公务员晋升也会相应地增加工资。但有些原职薪中较高级别的工资，往往高于新职薪中较低级别的工资。这种情况是通过津贴使晋升的公务员工资达到原来的工资水平，而且在特别津贴中还规定有效率津贴和超勤津贴，使考绩成绩显著者优绩优酬。对公务员的惩戒也较为明确。公务员触犯刑法，由刑事法院审理；公务员触犯行政法，由行政法院处理；公务员违反纪律时，由行政部门在与惩戒委员会内对等的行政委员会协商后，才能行使处分权。美国联邦政府在对担任 SES 职人员实行有奖有罚的考绩制度中，总统每年可对 5% 的 SES 授予"优秀行政长官"衔，发奖金一万美元，对 1% 的 SES 授予"杰出行政长官"衔，发资金二万美元。

三、考绩制的启示

考绩制作为文官制度的基础，反映了西方国家人事行政管理的沿革，有些科学成果值得我们学习和借鉴。纵观考绩制的始末，可以从中得到几点深刻的启示。

1. 考绩制是增强干部素质的有效措施。科学技术和现代管理是实现四化的两个轮子，而现代管理人才则是轴心。所谓"人存政举、人亡政息"，在一定程度上说明了人事工作对国家政权管理的极端重要性。我们要大力发展社会生产力，创造比资本主义更高的劳动生产率，就一定要对干部实行严格的考绩，破除干部考核制度中的陈规旧习，创立具有中国特色的考绩制，来选拔那些"开拓型"而不是"守成型"，"管理型"而不是"执行型"，"开放型"而不是"封闭型"，"综合型"而不是"单一型"，"科学型"而不是"经验型"的人才，来开创改革开放和现代化建设的新局面。在我们中国，人们通常把行政管理干部（西方国家的文官）戏称为"万金油"。这是人们认识上的一种逻辑误差，必须正本清源。现代化是一个发展的概念。我们面临的世界新技术革命挑战，不仅带来生产力的巨大解放，也带来一场管理体制和管理技术的深刻革命。要把提高干部管理素质，建立"T"型（文理兼通）的知识结构提到和发展科学技术同等重要的地位，把加速"软专家"的培养作为一项重要任务。要建立起中国式的"牛津"、"剑桥"、"埃纳"、"哈佛"等承担行政管理培训任务的学院，招收那些考绩优秀的各级、各类行政管理干部和考试优秀的大学应届毕业生、研究生学习深造，培养一批能够跨世纪担当重任的高级行政管理人才。

2. 考绩制是提高行政效率的中心环节。唯物辩证法认为，在能量转换中百分之百的效率是不存在的，而人的主观能动作用（创造精神）的发挥则可实现效率的最优化。我们一些单位效率低下的重要原因之一是机构庞大，人浮于事，职责不清，赏罚不明，要求不细，加之缺乏定期的考绩，导致办事拖拉、互相扯皮、龙多四靠、政出多门、议而不决、决而不行等等。这种状况，使岗位责任制徒有虚名，一些干部在工作中吃"大锅饭"，干与不干一个样，干多干少一个样，干好干坏一个样，多数干部的积极性受到压抑。学习西方国家的先进经验，就要把责任制、考绩制、奖惩制有机地统一起来，让责任制、考绩制、奖惩制出效果、出效益、出效率，更主要的是出人才。根据我们工作的实际，考绩制的实施应该因事设人，体现精简效能；严格管理，明确工作目标；定期考绩，做到奖惩分明。总之，要责、权、利挂钩，使"朝无庸人，野无遗贤"。

3. 考绩制是改革人事制度的重要内容。人事制度改革是各项管理体制改革的核心，而考绩制是它的关键环节。列宁在临终前对当时苏维埃政权机关的官僚主义十分不满，认为它们实质上是照搬沙皇时代的旧模式。他在自己最后一篇政治论文《宁肯少些，但要好些》中，已经提出了建立社会主义国家公职人员考试录用制度的设想。我国长期以来，行政管理学在人们心目中，还是一门被遗忘的学科，至今还缺乏健全的行政立法，西方国家在这个领域是捷足先登，遥遥领先的。例如日本强调实行"法治主义"，各项行政制度和行政工作都有详细的法律规定，据1981年度版的《六法全书》公布，日本现有法律法令1.4万多种，仅人事制度方面的立法就有15种，使人事工作有法可依。我国人事制度的根本改革，首先应该本着"古为今用、洋为中用"的原则，特别是集建国以来经验教训之大成，加快建立各种行政立法，其中当然也包括以法的形式确立的各种人事制度，同时相应建立考试委员会、考绩委员会、晋升委员会、惩戒委员会等机构，统管政府的考试等项职能，来执行适合中国国情的考试任用制、职位分类制、考绩晋升制、择优薪俸制、继续教育制，激发广大公务员在各项行政管理中，以最小的行政消耗获取最大的行政效能。

（2003 年 5 月）

西方国家公务员职位分类制度研究

西方国家的公务员制度，是各国政府长期探索与实践的结果，是人类文明宝库中的共同财富。职位分类是现代人事制度的起点和基础，它与"选拔贤能"并列堪称西方国家公务员制度"两大柱石"。我国国家公务员制度是根据中国国情建立的，既改革了传统人事制度的弊端，又不同于西方国家的文官制度，在科学化、法制化的轨道上不断前行。认真分析研究西方国家公务员的职位分类，对于我国深化干部人事制度改革，完善干部职务和职级相结合制度和干部分类管理制度十分必要。

一、西方国家公务员职位分类制度沿革

职位分类作为文官管理的一种科学方法，是经济社会发展到一定阶段的产物。分类的概念最早出自于 1883 年美国国会通过的《文官制度法》（统称"彭德尔顿法"），该法体现了以职务作为分类基础的思想。19 世纪末，美国经济已完成了从传统管理向科学管理的过渡。随着行政权力的扩大以及国家干预经济职能的加强，美国政府机构日益庞大，冗员逐渐增多，行政效率低下，迫切需要改变这种状况。职位分类就是适应这种时代的要求产生的。

经过较长时间的探索，1923 年美国国会制定了《职位分类法》。根据该法设置人事分类委员会，将联邦政府公务职位分为 5 类 44 等，后改为 7 类 81 等。1949 年，美国大规模修改《职位分类法》，将公务职位由原来 7 类并为两大类：第一类为"一般类"（简称 GS），分为 18 等，23 个职组，427 个职系；第二类为"技艺保管类"（简称 CPC），分为 10 等。1954 年简化分类结构，取消 CPC 类，将其中一部分职位归入 GS 类，其它定为非分类职位。此种分

类方法一直沿续至今。20世纪70年代以后，为了纠正职位分类"重职不重人"的偏向，美国特别强调人对职位的影响，在1978年的文官制度改革中，联邦政府各机关新设了9200个"高级行政长官"（简称SES）职位，规定进入该职位的文官不受职位分类法的限制，实行级随人走，使联邦政府能够破格任命富有行政管理经验的职业文官担任政府高级行政职务，既可发挥和调动个人的特长和积极性，又为管理者提供更大的灵活性。

英国是世界上最早实行公务员制度的国家。1853年，英国首相授意诺斯科特和屈维康两位爵士就英国文官现状全面调查，并在反对封建君主"恩赐官职制"和资产阶级化贵族的"政党分赃制"的基础上，撰写出"关于建立英国常任文官制度的报告"（统称《诺—屈氏报告》）。报告要求确立公开竞争考试制度，择优录用文官，设置文官的各种等级，根据才干和表现等升迁晋级。正是这个报告奠定了英国现代文官制度的基础。英国采用品位分类，将公务员分为若干级别不同的组合层，只要是具有一定级别的公务员，就可以担任一定级别的职务，并享受一定级别的待遇。1968年以前，英国常任文官分为六级：一是行政人员级，即高级文官；二是执行人员级；三是专业和科学技术人员级，分甲、乙两类，甲类包括会计师、律师、工程师等，乙类包括绘图员、化验员、科学助理人员、护理人员等；四是办事员级；五是助理办事员级；六是勤杂人员级。1968年英国政府根据《富尔顿报告》整顿分类制度，宣布取消6个等级，代之以职业为基础的类别划分。新的划分方法将文官分为10大类：即综合类、科学类、专业技术类、训练类、秘书类、法律类、警察类、研究类、资料处理类和社会安全类。这种方法把同一工作性质的上下级分为一类，削弱了原来的等级观念，使才干卓越者有机会晋升，有利于调动各级文官的积极性，提高行政效率。

美国实行职位分类的缺陷是，这种结构的灵活性仍然不够，不能发挥每个公务员的特长和积极性。英国实行品位分类的不足是，由于它的封闭性使优秀人才还是难以脱颖而出，这种官僚结构中的"通才"对决策的影响很大。近年来，西方各国的公务员制度改革，把这两种制度结构进行了整合，形成中低级公务员实行职位分类，高级公务员实行品位分类。实践证明，这是一种积极的、有益的探索。

二、西方国家公务员职位分类制度作法

职位起源于组织，是指文官担任的工作职务和责任。所谓职位分类，就是将文官的职位按业务性质分为若干职系和职组，然后依责任轻重、工作简繁、所需资格分为若干职级加以说明，制成职级规范，作为文官管理的基础和依据。职位分类是一项精确、复杂的系统工程。综观西方国家的作法，职位分类一般按下列步骤：

首先，职位调查。由主管机关负责收集有关职位的各种资料，包括：业务性质、工作数量、责任大小、难易程度、工作报酬、工作时间以及任职资格等。国外将其概括为谁、何时、何地、做什么、如何做、为什么做、为谁做7项，据此制成"职位调查表"。因为这7项内容英文的第一个字母都是 W，所以又称"7个 W"。

其次，职系区分。在行政组织体系中，任何一个具体的组织都和其它组织有一定的隶属关系，负责一定的主管事项和职权范围，其职位的数量也有一定的限制。职系区分就是在调查的基础上，将行政岗位按工作性质的异同划分若干系列。一般来说，一个职系代表一种专门职业，若干工作性质相近的职系可划归一个职组，若干工作性质相近的职组可划归一个职门，从而形成一个分门别类的"金字塔式"的结构。

第三，取级划定。在完成职系区分后，按工作难度、责任大小、轻重程度、技术水平对各职位进行评价，划定职级。所谓职级，是指那些可以用相同职称表明的职务、责任和权限相同的职位。所有的职位都可划分为各种适当的职级，每个职系的职级数量根据需要而设。这样，同一职系的所有职位便能分为不同的级别，按各自的标准进行比较和管理。

第四，编制职级规范（亦称"职位说明书"）。分类分级工作完成后，要编订职级规范，确立"职位标准"至关重要。取级规范的内容主要有：一是职位名称（包括定义和编号）；二是职务内容（包括工作性质、复杂程度、职权、管辖、协调、联系的范围）；三是责任程度（包括工作要求、工作环境、主要工作举例）；四是任职条件（包括资格、学历、能力、专长、个人品格和具体状况等要素）；五是工作报酬和升迁路线。

最后，职位归级。即把各种职位分入适当的职级，分类分级进行管理。

在人事管理实践中，由于不同的人具有不同的经历、知识、能力和品格，往往与职位标准不一致，使机构在运转中产生各种障碍。为了缩小公务人员和职位标准之间的差距，提高政府的工作效率，西方各国除颁布法令确立职位分类外，还制定了有关公务员考试、录用、考绩、培训、奖罚、待遇、晋升、调动、解聘等一系列规章制度。同时，建立公务员分类候用名册，随时供用人单位筛选。

根据西方国家的实践，职位分类在执行中要坚持四条原则：一是最低职位数量原则"。职位的数量由这一组织在体系中的地位、任务、职权范围、人员培训的需要及经费预算五项因素决定。职位数量也称作行政组织的编制。为了实现"以最小的消耗获取最大的效益"，编制必须根据"最低职位数量原则"确定。这是指，当机构的事务增多和工作量增加时，必须用"个体分析法"增设职位，同时又必须用"总体分析法"保障设置最低数量的职位来完成机构的工作，而避免冗员膨胀。二是"动态能位匹配原则"。这里的"能"是指人员的才能，"位"是指人员所处的职位，能位合理匹配应充分反映能位适度，体现用人唯能。由于职位差异及职位本身随着形势要求在不断变化，人员也必然随着发生群体的相对变化和个体的绝对变化，从而决定了职位分类不是一成不变的，而是在动态中求得匹配。

三、西方国家公务员职位分类制度效能

职位分类，为实现人事行政管理的适才适用、同工同酬、职责分明、公平合理提供了有利条件。具体表现在以下几个方面：

第一，为考试、任用、考核、晋升提供客观标准。西方各国畅行考试取仕、择优录用。特别是在科学技术进步，公务职能繁多的今天，传统的考试制度和考核方法很难选到所需要的人才，容易使人们对考试的信度、效果和客观性产生怀疑。实行职位分类后，可以遵循职位标准，进行命题合理的标准化考试，"广收慎用"，达到事在得人，人尽其才的目的。美国政府规定，凡联邦政府文官职位空缺，必须向全国公布，保障人人机会均等。日本《国家公务员法》规定，"一切官职都对考试成绩优秀者敞开大门"。实行职位分类还能按照职位标准，对在职人员完成职务情况进行评定，根据考绩结果确定官员的晋升，论功行赏，优胜劣汰。

第二，能够建立公平合理的薪俸制度。实行职位分类，工作性质、难易程度、责任轻重、所需资格相似者为同一个职级工资。责任重、工作量大的职位所得报酬亦多，责任轻、工作量小的职位所得报酬亦少。这样可以使每个公务员在其位、谋其政、尽其责、取其酬。同时可以避免苦乐不均和不同职位间的平均主义。如英国文官待遇比较优厚，薪金高于企业职工。其工资制度坚持比较平衡、适应物价、同工同酬和定期提薪等项原则。为了挖掘文官潜力，各国政府还实行"择优薪俸制"。日本《国家公务员法》和《报酬法》规定，总理大臣和政府各部门长官应采取措施表彰工作成绩优秀人员。特别优异者，可以缩短提薪期限或越级提薪。第三，实现事事有定人，人人有定事。职位分类划分了职系、职组的界限和等级范围等，强调在政府职位设置上，"权力"和"职称"相称，"权力"和"责任"并行，把"职"、"权"、"责"三者有机的统一起来，不陪衬"有责无权"、"有权无责"以及"权职不称"的职位，从而使尸位素餐的人不能滥竽充数，有利于克服机构重叠、职责不清、人浮于事的弊端，最大限度地创造行政效能。需要指出的是，职系、职等划分便于确定升迁路线和幅度，既不会产生"直升机式"的官员，消除政治上可能带来的影响；也不排除优秀官员尽职尽责，经考试或考绩连升数级。总体上是按一定的升迁路线，有一个适当的幅度限制，使其不断熟悉扩大的职务范围，胜任新职。

第四，易于编制行政预算和培训计划。西方各国文官的开支是浩大的。美国刚建国时，仅有国务院、财政部、陆军部三个部门，国务院只有5名书记官。而在20世纪80年代联邦政府则有280多万文官在2000多个机构里工作，每年仅薪金就达480亿美元。由这些人制造的文牍同样是惊人的。1970年至1975年，仅登载联邦政府规章制度的《联邦年鉴》就达6万页！英国政府每年在国家预算中支付的文官工资总额已达37亿英镑。因此，20世纪80年代以来，西方各国一直在进行"精兵简政"，更加重视职位分类的作用，以科学的方法确定机构和组织的全部工作量，按其职位标准明确职位数量和合理的编制，对节约政府开支、减少文牍有一定作用。

培训计划是根据各类职位的工作要求规定的，有很强的针对性和目的性。公务员经过培训是上岗和晋升的必备条件。培训包括"职前培训"、"在职培训"和"晋升培训"，各国尤其重视高级文官的培训。如法国的国立行政学院（简称"埃纳"），被称为"高级行政人员的制造厂"，已经成为培养法国政权领导阶层的摇篮。

第五，有利于发挥组织功能。行政组织的结构是指执行领导和管理任务的体制，组织的层次和管理的幅度是形成组织机构的两项决定性因素。层次设置过多或过少都会影响行政效率，管理幅度适当是组织发展的原动力，职位分类是使行政组织结构优化组合的链条。在纵向结构上，通过指挥监督权作用的相互结合，形成上下级领导和被领导的关系；在横向结构上，则通过协议和事务委托等办法相互联系，形成密切协调与合作的关系。这就使得在组织中，担负一定的"职位"，并承担相应的"责任"的"人"认识到行政责任不仅是一种义务，也是一种任务，还是一种监督、控制和制裁行为，从而对自己的行动产生一种约束力，在健全的组织中改善上下级和同僚之间的关系，减少人事纠纷和工作中的相互扯皮，使领导者便于"决策分解"和"政策立案"，实现行政效率的组织化和最优化。

近年来，人事行政改革潮流席卷西方各国。主要有：废除过多、过严的人事管理法律规章，赋予基层组织和每个公务员更多的自主权，以调动他们的主观能动性；人员任用由委任制为主转变为以聘任制为主，在公务员中大幅度地推行聘任制，这是西方文官制度改革的重要趋势；西方各国都更加重视激励机制，普遍实行功绩工资制，将公务员个人工作的实际成效和工资待遇结合起来；西方各国相继建立了专门的人事监督机构，加之来自议会、法院、新闻界以及公务员工会等方面的外部监督，已形成了公务员制度监督机制的多元化和双向化的格局，等等。但职位分类始终是西方各国公务员制度改革和发展的基础。

四、西方国家公务员职位分类制度启示

衡量一个国家经济发展、科技进步、社会繁荣的重要标志之一，就在于从事国家行政事务管理的公务员应当集中全社会的优秀人才。我国《国家公务员暂行条例》颁布实施以来，公务员队伍管理不断健全和完善，建立了竞争择优、优胜劣汰机制，廉政勤政、监督保障机制，能上能下、新陈代谢机制，职级工资、考核晋升机制等。党的十六大报告为健全公务员制度指明了方向，明确指出，"完善干部职务和职级相结合的制度，建立干部激励和保障机制。探索和完善党政机关、事业单位和企业的干部人事分类管理制度。"针对我国干

部人事制度的现状，比较和借鉴西方国家的做法，建议实行职位分类制度，这是完善干部职务和职级相结合制度和干部人事分类管理制度的有效途径。应注意以下几个问题：

1. 职位分类要"人"与"事"协调。现代人事管理的"职位观"要求因事而求才，因才而施用，并使事能得其人，人能用其当，做什么事选什么人，选什么人就做什么事，使得个人的品德、才能、资格等与担任的职位相吻合。这样做的目的，是使每一项行政事务都能有适当的人去处理，工作任务都能有适当的人去完成，不至于因人多事少而浪费人才，也不至于因人少事多而贻误工作，保证国家机关公务员队伍的优化、精干和高效。

2. 职位分类要"人"与"法"并重。用人乃行政之本。我国坚持贯彻"依法治国"的基本方略，必须坚持做到"依法用人"。公务员制度本质上就是职位分类管理的一种制度，是国家机关公务员管理的完整规范。应抓紧将《国家公务员暂行条例》修订为《国家公务员法》，使国家机关公务员管理有一个总规范。同时，还要有若干个配套的单项法规及其实施细则、方案和办法，形成一整套健全和规范的法律法规体系，使人事管理部门和每一个公务员有法可依、有章可循。

3. 职位分类要"职"与"能"相称。任何一个行政机构内的职位设置，都是为实现管理目标而进行的系统而有效的分解，使所设职位能够发挥应有的效能。因而，职位的设置和效能的发挥应相互一致。切实可行的办法就是以编制为核心实现"职"与"能"的统一，它应包括人员定额控制、效率咨询考核和人事行政管理三层含义。人员定额控制是刚性的，一经核定必须严格执行而不能突破；效率咨询考核旨在探讨提高效能的最优化程序；而人事行政管理则按职位标准监督执行。

4. 职位分类要"工"与"酬"均等。职位分类要体现社会注意的分配原则，公务员报酬应与职务高低、责任轻重、工作简繁、贡献大小等紧密联系；工资水平应考虑地区生活差别、物价指数的变化而浮动；凡担负同等级、同分量份的工作，报酬标准应一致；公务员薪金应与其他行业保持大致的平衡，不宜过高或过低；随着国民经济发展定期增加公务员工资，政府应在每年的财政预算中保证必要的提薪经费。积极推进国家机关同企业社会保障制度相衔接，既有利于公务员流动，又能免除公务员的后顾之忧。这方面，应学习新加坡的经验，探索将目前实行的国家机关住房公积金制度，调整为公务员公积金制度，统筹考虑国家机关公务员的住房、养老和医疗保障问题。

5. 职位分类要"统"与"分"兼顾。要根据人事管理制度所包含的范围及种类等各自特点，建立和健全不同系统的、分门别类的人事管理法规制定，还要对全系统、各类别人员之间的职位分类、待遇标准等问题做全面、通盘的考虑，使各系统的管理工作科学化、统一化、规范化。同时，既要正确处理好人事管理部门上级同下级之间、同级之间以及同级内部分管单位之间的关系，又要正确处理好人事管理部门同劳动、教育、科技等其他部门之间的关系：既要各司其职、各负其责，按照各自职责范围及分工授权进行工作，又要互相协作、密切配合、有秩序、高效率地发挥人事行政管理的职能。

（2003 年 7 月）

国外煤炭矿区（城市）工业转型主要做法

朱镕基总理在今年《政府工作报告》中指出："支持以资源开采为主的城市和老矿区发展接续和替代产业。"这一问题，特别是煤炭矿区（城市）的工业转型问题，已经引起各级领导同志的关注。当前，煤炭仍占世界能源消费总量的 1／4，而我国作为发展中国家，煤炭在能源消费总量中占 75% 左右。2001 年，我国煤炭产量 11.1 亿吨，约占世界 12 个主要产煤国家煤炭总量的 25% 左右，但从事煤炭开采业的员工却超过 400 万人，占世界从事煤炭开采业员工总数的 60% 以上，如果加上与煤炭相关的附属行业，队伍更加庞大。随着高新技术的推广，劳动生产率的提高，以及减员增效和衰老矿井关闭、破产，煤炭行业每年都有大量职工过剩，对社会已构成了沉重压力，我国东北和中西部地区许多"因煤而兴"的城市尤为突出。如何避免"矿竭城衰"，综合分析和研究资源开发、环境保护、产业替代和城市功能，加快劳动力战略性转移和社会保障体系建设，实现矿业城市的工业转型和可持续发展，是当前和今后一个时期的重大战略任务。

世界各国政府都高度重视煤炭矿区（城市）工业转型问题，创造了许多值得学习借鉴的经验，主要有以下几点：

1. 政府是转型的主导。煤炭矿区（城市）工业转型是一场社会的重大变革，也是一项复杂而巨大的系统工程，仅靠一个行业或一个地区是力不能及的，国家具有不可替代的主导作用，主要负责制定规划和政策、筹措工业转型基金、创造良好的投资环境等。政府的资金投向：一是基础设施建设；二是劳动力转业培训；三是煤炭价格补贴；四是提前退休及下岗职工安置；五是扶持发展替代产业。如法国洛林地区 30 年前也是一个以煤炭钢铁为主的老工业基地，因煤炭进入深部开采成本高，生铁成本也远高于国外，导致大批煤矿和钢铁厂被动转型。法国为此成立了国土整治与工业转型部，由国家有关部门组成协调委员会，任命了资历深、协调能力强的部长，为工业转型提供了组织保障。每年法国政府投入约30亿法郎（约5.6亿美元）作为洛林地区的工业转型基金。德国政府为资助煤炭工业转型，采取"煤—芬尼"政策，向用电户间接征收"煤炭附加费"，并从1996年起，向所有一次能源用户直接征收"煤炭补贴税"，每年可征收80至90亿马克（约52至58亿美元）。

2．用法规和规划规范转型行为。许多国家在工业转型的实施阶段，都通过立法或制订规划和方案统一人们的思想和行动。如德国出台了《煤矿调整法案》，法国制订了《国土整治规划》，英国出台了《煤炭工业私有化方案》和《煤炭远景展望》，日本颁布了《煤矿离职人员临时措施法》、《产煤地区振兴临时措施法》等法律和《第九次煤炭对策大纲》，俄罗斯批准实施了《整顿和关闭无前途严重亏损矿井和露天矿的基本原则》，保加利亚制订了《关矿计划》和《复垦计划》。许多国家基于工业转型初期失业急骤增加，且采掘业人员转产安置难度较大，大都制订了提前退休的政策，以解燃眉之急。如法国法定退休年龄为65岁，1984年7月24日起早退限定在55岁，50岁者须特批。德国允许关闭煤矿50至55岁者提前退休，并发给补贴。日本于1994年允许矿工提前3年退休，矿工拥有2年不工作的权利，其间发给补助金视同休假工资，约为月薪的60%。保加利亚对提前退休者多发3年工资。

3．把关矿减人作为转型目标。目前，世界上多数国家对煤炭矿区（城市）的工业转型大都处于被动式，即煤炭资源到了衰退期，甚至临近枯竭时，才采取工业转型措施，一般把关矿减人作为工业转型的目标。如比利时已于1995年底实现了关闭所有煤矿的工业转型目标。法国决定2005年前关闭所有煤矿。日本到2002年关闭所有煤矿。波兰到2005年，由1994年的70座煤矿、29.4万人，关闭13座、减少4万人。捷克到2005年，由1994年的21座煤矿、8.2万人，关闭19座、减少3.2万人。匈牙利到2005年，由1994年的25座煤矿、2万人，关闭17座、减少1万人。罗马尼亚到2005年，由现有的117座煤矿、12.1万人，关闭18座、减少2.8万人。斯洛伐克到2005年，由1994年的5座煤矿、3万人，关闭3座、减少2万人。

4．大力发展替代产业。坚持在发展中解决问题，是这些国家的一条成功经验。法国洛林地区重点发展了汽车、计算机、电子、激光、生物制药、环境保护等新兴产业，汽车及其零部件产值已占 GDP 的 30%；高新技术产业占 GDP 的 15%；第三产业就业人数的比例，也由 1975 的 46% 上升到 1997 年的 67%。在应用高新技术改造传统产业方面，使市场短缺的汽车钢板和镀锌薄板生产线实现了自动化，提高产品附加值 1 倍以上，在欧洲市场的份额扩大到 45%。1982 至 1990 年间，法国在健康领域安置 25 万人，休闲文化和体育领域安置 10 万人，在为企业服务领域安置 30 万人就业。英国通过发展服务业和手工业安置了大部分下岗矿工，一部分安置在旅游业。比利时发展环保、旅游、供电供热和技术服务业吸纳下岗矿工。俄罗斯等国发展日用品、建材、电器、塑料制品、农副产品加工业和第三产业安置下岗矿工。

法国洛林地区还出台优惠政策，吸引内外商投资办企业。如雇用一名下岗矿工（时间两年以上）可补贴 3 万法郎（约 5600 美元）。一方面鼓励下岗职工创建企业和内商吸纳安置下岗矿工；另一方面配套制定其他优惠政策，以及优越的地理、交通、通信等硬环境和优质服务等软环境，大量吸引外商投资建厂。截至 1997 年，已有 18 个国家的投资商在洛林地区创建了 350 个企业，创造了 47600 个就业岗位，占洛林地区工业就业岗位的 20%。同时，还在法国、比利时、卢森堡接壤地区创建法比卢经济特区，到 1997 年已创建了 52 个企业，创造了 5600 个就业岗位。

5. 培训是实现再就业的有效途径。国外专家把转产培训称为工业转型的一把钥匙。培训途径主要有两个：一是培训下岗矿工，提高其再就业能力；二是培育中小型企业，吸纳下岗矿工。法国为每个下岗员工提供 2 至 3.5 万法郎（约 3600 至 6500 美元）的转业培训费，1982 至 1990 年间通过培训解决就业 17 万人。洛林煤炭公司在 1985 至 1997 年间培训提前退休矿工 740 人，培训转岗矿工 1115 人。至今洛林地区 75% 的矿工和 89% 的钢铁职工已经实现了转移。据统计资料表明，法国经培训再就业的员工重新失业率只有 7%。德国对青年矿工转岗培训提供"转业培训津贴"，培训中心还与各招工局联网，可向每个培训者提供两个以上的就业机会。日本创办职工培训学校，政府资助 65% 至 75% 的培训费；对培训者发给年薪 2/3 至 3/4，每人每天补贴 3500 日元（约 30 美元）。在培育中小企业方面，欧盟在 15 个成员国建立了百余个"欧洲企业创新中心"，对每个中心资助 1000 万法郎（约 180 万美元），每年创建 20

至 30 个新企业，成功率在 85% 以上。法国创建的"企业园圃"，亦称"企业培训中心"，约有 150 个，其中洛林地区 10 个。每个园圃每年培育 10 至 15 个中小企业，仅 1998 年就创建了 700 个企业。新创建的企业 5 年内存活率达 80%，而未经培育的中小企业存活率只有 50%。

6. 体制和机制变革是推动工业转型的动力。许多国家都着眼于煤炭企业的制度创新。法国洛林煤炭公司是国有企业，在转型过程中扶持创办了 100 多个企业，新建企业规模较大的采取股份制的形式，规模较小的则采取私营形式。洛林钢铁公司在转型过程中，经历了由私有到国有、再转为股份公司的过程，国家只保留了 9% 的股份。法国在近 30 年的工业转型实践中，还创建了一些行之有效的组织模式，如法国促进矿区工业化金融公司（SOFIRUM），在资助新建企业实施转型项目方面，机制灵活，卓有成效。1984 至 1997 年间共资助了 630 个转型项目，共 13.5 亿法郎；基金会还无偿提供 6.4 亿法郎，解决就业 21975 人。1970 年以来，这个公司吸引德、美、英、比、意等国投资新建企业 324 个，吸纳就业 46897 人。

7. 环境整治是检验工业转型效果的重要标准。环境整治是工业转型的一面镜子和形象工程。它包括土地整治、复垦还田、公害治理、改善招商环境等内容。位于法国与比利时、卢森堡接壤处的欧洲资源转型与调整中心的办公大楼内，挂有昔日洛林钢铁基地乌烟瘴气的大照片，窗外就是工业转型复垦后的绿色世界，形成鲜明的对比。在洛林的阿姆涅维勒市，就是在一个钢铁厂关闭后的一片废墟上建成的综合型游乐园，成为法国乃至中欧的一个度假胜地。德国联邦政府对矿区内的环保项目承担 2/3 费用，地方政府负担 1/3。

总之，国外煤炭矿区（城市）已积累了近 30 年的工业转型经验，正在从被动转型入手，探索主动转型新路。说到底，还是"型往哪里转，钱从哪里来，人往哪里去"的问题。

（2002 年 7 月）

国外促进就业主要做法

控制失业率，增加就业岗位，有效促进就业，是当今世界许多国家都十分重视和致力于解决的重大经济和社会问题。各国的做法大体可归纳为以下几个方面。

一、大力发展服务业

近 10 年来，许多国家的就业结构发生了明显变化。在发达国家，农业、工业的就业比重下降，而服务业成为吸纳就业的主体。多数经合组织国家从业人员在不同产业间的大体分布为：农业占 5%，工业 25%—35%，服务业超过60%。2000 年美国、日本、德国农业就业的比重分别为 2.6%、5.1% 和 2.8%；工业分别为 22.9%、31.2% 和 34.5%；服务业分别为 74.5%、63.1% 和 62.6%。据美国劳工统计局预测，1996—2006 年美国两大群体的就业岗位增长最快：一是计算机和数据处理人员，人数将增长一倍，达 250 万人；二是低技能的服务性职业，如家政服务、餐饮服务等。各国促进服务业发展的措施：一是根据本国资源特点发展相关服务业。如埃及、新加坡、西班牙等国积极发展旅游经济，既创造新的就业岗位，也带动了相关产业发展。二是发展社区服务业，满足社区多种需求。美国的美洲银行专门设立贷款项目用于支持社区发展，如为低收入者提供优惠住房贷款，发展社区小企业，发放消费贷款等。三是发展IT 等高新技术产业，带动第三产业发展。美国 20 世纪 90 年代中期提出建设信息高速公路，计划用 10 年时间建立覆盖全美的信息高速公路网。欧盟在1997 年责成欧洲投资银行在 3 年内拨款 300 亿埃居（1 埃居合 1.3 美元），资助新兴科技领域的中小企业建立跨欧洲的计算机网络，以增强竞争力。德国放宽了技术移民在德就业的限制，今后每年将引进 5 万名专业技术人员。

二、扶持中小企业的发展

各国中小企业占全部企业的比重一般在 95% 以上。经合组织国家小企业就业人数占全部就业人数一半以上，每年创造的就业岗位占当年全部新增就业岗位的 60% 左右。各国扶植小企业发展的做法：一是提供多项优惠政策。1998 年欧盟成员国《关于就业政策指导方针的建议》提出，成员国应简化新创建企业的手续，对中小企业降低行政管理收费；减少企业因增加雇工而支付的费用；组建特别工作组协调欧盟整体行动，清除现存的社会保障制度中不利于创建小企业的障碍；发展风险资本市场，特别注意满足中小企业在这方面的需求。二是安排资金扶持，减免小企业税赋。日本在通产省的中小企业厅设立了金融公库，以解决小企业投资和经营方面的困难，提供短期融资、紧急贷款融资、新兴产业融资和无担保贷款等服务。

德国为缓解新联邦州经济和失业难题，对该地区的小企业给予特殊的投资和税收优惠。规定：不论小企业营业收入如何，可从银行优先获得贷款；在开办的最初两年免征所得税；失业者开办企业前，劳动部门帮助其培训雇员；创办企业后，社会保险机构继续给其支付半年的失业保险金，使之有一个过渡期。三是鼓励和扶助中小企业出口。美国政府要求有关机构建立投资和出口信贷基金，为中小企业出口提供优惠信贷担保，利用国际金融机构的贷款项目，建立出口服务中心和信息网络等。四是在政府部门中设立专门为中小企业服务的机构。一些国家的经济或劳动就业部门设立了"中小企业司"、"小企业处"或"小企业创造就业处"。国际劳工组织也成立了促进小企业发展的管理机构。

三、加大财政资金投入

从 20 世纪 90 年代中期开始，经合组织成员国都开始重视增加财政资金投入，以促进就业，仅 1996 年投入促进就业项目的资金占其当年 GDP 的平均比例为 0.9%。同期，欧盟成员国平均比例为 1.2%，其中瑞典、丹麦、芬兰、爱尔兰、比利时等国超过了 1.5%。除了中央财政正常年度预算拨款外，有的国家还针对失业高峰期，采取专项筹款用于促进就业的做法。有些国家除了中央财政拨款外，地方财政也为促进就业项目拨付经费。有些国家为鼓励企业多雇用失业人员，采取了减免企业税费等方式。如芬兰对中小企业实行减税 4%的优惠政策。英国在对失业人员创办小企业实行免税措施的同时，还提供 52 周的就业津贴和一次性培训补贴。

据对经合组织美、英、法等 11 个成员国财政资金支持的劳动力市场项目分析，资金主要用于五个方面：一是职业培训。二是提供免费公共就业服务或求职援助服务。三是直接创造就业岗位。如开办公共工程项目、服务项目或社区服务项目，以安排长期失业者临时就业。四是对雇佣失业人员的企业或自谋职业的个人给予工资或就业补贴。五是扶持失业者创办微小型企业，自谋职业。各国在不同项目上使用经费的比重差异较大。但总的看，用于职业培训、公共就业服务和公共工程项目的比重较大，平均比例分别为 51%、22%和 18%左右。

四、发展多种就业方式

近 10 年来，许多国家的就业方式呈多样化发展趋势。非全日制就业、派遣就业、远程就业、自营就业、临时就业等形式得到了一定发展。英国、日本、荷兰等国从事非全日制工作的从业人员占全部从业人员的比重上升，分别达到 23%、22%和 30%左右。灵活就业方式适应了人们多种多样的需求，扩大了就业空间，增加了劳动力市场的弹性，为妇女、青年及一些困难群体提供了就业机会。

一些国家的主要做法：一是规定非全日制和其他灵活就业方式的劳动者与全日制劳动者享有同等权利。欧盟在《非全日制工人指南》中规定，非全日制雇员与全日制雇员如从事同样的工作应得到同等的小时工资，并在病假、生育津贴、职业年金等方面获得平等待遇。二是实行非全日制就业补助制度。德国政府 1998 年规定，如果企业安排 55 岁以上的劳动者在领取养老金之前转为非全日制就业，并将其原来的工作安排给其他求职者，联邦政府将当事人原工资的 20%给予企业作为补助。同年德国建筑业的集体合同中规定：55 岁以上员工在工作的最后 10 年中改为非全日制就业，例如，工作时间缩短一半（为 19.5 小时／周），或者头五年不变、后五年提前退休，则工资可按从前的 70%发放，社会保险金减为从前的 90%。该条款覆盖的劳动者约 110 万人。三是鼓励自营就业。自营就业（相当于我国的自由职业）占各国就业比重的差异较大，发达国家中葡萄牙、意大利、新西兰所占比重较高，分别为 25.5%、24.5% 和 19.9%。意大利服务业中自营就业者占从业人数的 64%。发展中国家菲律宾、墨西哥和埃及自营就业比重分别为 36.2%、28.5% 和 28.1%。国际劳工大会通过的《促进自营就业报告》建议各国政府：为促进自营就业提供财政补贴和贷款；提供市场开发援助；协助自营就业者得到原材料、工作场地；提供信息和技能管理培训等。德国、荷兰、丹麦、波兰等国家通过提供信息咨询、低息小额贷款、开展培训等方式，帮助失业人员自营就业。

五、完善公共就业服务体系

许多国家政府进一步完善了公共就业服务体系，通过提高服务质量和效率，促进失业人员再就业。具体做法：一是完善公共就业服务机构管理体制。市场经济国家公共就业服务体系通常相当完善，多数实行垂直管理。机构设置主要有三种类型。(1)隶属于劳动部门或是政府的一个独立机构。经济转轨国家大多实行前种模式，英国实行后种模式。(2)由政府、雇主和工会组织组成的三方委员会管理的公益性自治机构，依法运行。德国、瑞典等国家采用这种模式。(3)少数国家实行就业服务"公费民营"模式。1998 年澳大利亚将公共就业服务体系民营化。二是公共就业服务机构的经费主要由财政负担。按照国际劳工组织第 88 号公约规定，公共就业服务机构应免费向求职者和雇主提供服务。目前有 87 个国家批准了 88 号公约。有的国家（如英国、加拿大、挪威）在为雇主提供专业人员和高级管理人员招聘服务或提供劳动力市场信息时，收取一定费用。三是实行"一站式"、"个性化"的就业服务方式。美国一站式服务的内容包括：职业指导、培训咨询、职业介绍、申领失业金等一系列相关服务。英国目前正在进行新的试点，准备把公共就业服务机构、失业津贴机构、劳动力市场政策项目、私营和志愿机构的合作伙伴集中在一起办公，旨在提供综合性服务，方便失业者。个性化服务是根据不同求职者和雇主的需要提供不同方式的服务。如对年龄较大、技能老化、失业时间超过半年以上的求职者提供面对面服务；对失业超过一年以上的长期失业者、残疾人或其他特困群体提供一对一的跟踪服务。四是建立完善的劳动力市场信息网络。市场经济国家非常重视劳动力市场信息网络的建设，以及空岗信息的搜集、处理和传播。美国已建起了企业、求职者、职业介绍机构等共同参与的信息网络系统。一些国家就业服务机构还利用报刊、电台及与企业建立多种联系等传统方式，搜集就业信息。

六、注重职业培训

各国都十分重视职业教育和培训，把培养高素质和多技能的技术工人作为提高企业和国际竞争力的重要手段。具体做法：一是政府购买培训成果。不少国家采取了市场化和社会化的培训管理方式。瑞典、加拿大、法国等国实行的"政府购买培训成果"的机制是：（1）劳动部门根据有关标准认定培训机构的资格，并在全国范围内成立职业培训机构网络；（2）由设在城市社区的公共就业服务机构按照本地就业岗位需求，向有资格的培训机构预订培训项目并输送学员；（3）培训结束后，经专家委员会验收合格，培训机构才能得到全部培训经费。美国"伙伴培训"的机制是：（1）由全美460个职业培训行业委员会分别同联邦政府签定培训合同；（2）再由各委员会把合同转包给各培训机构；（3）培训机构签约后按合同实施培训计划，并获得资助。二是多方式、多渠道筹措就业培训经费。国外筹措培训经费的主要渠道：（1）政府财政拨款。多数国家采用这种方式。（2）征收培训税。巴西、委内瑞拉、秘鲁等拉美国家采取这种方式，税率一般为企业工资总额的1%—2%。（3）由企业、个人或团体集资建立培训基金，政府给予资助。德国、新加坡等采取这种方式。三是提倡和鼓励"终生学习"和"继续培训"。英国政府为离职培训的雇员提供低息职业发展贷款，期限为一年。澳大利亚政府为接受各类职业培训和高等教育的个人垫付培训费或学费，待学员毕业参加工作后，在其工资收入超过国民平均收入水平后，再以缴纳工资1%附加税的形式偿还。

七、完善失业保险制度

失业保险作为社会稳定器的作用越来越突出。近年来，各国失业保险的功能逐步扩大，从单纯为失业者提供生活费，发展到同时资助技能培训和就业服务，以激励和促进失业者尽快就业。具体做法：一是扩大失业保险适用范围。韩国经历1998年金融危机后，失业保险覆盖范围从10人以上企业扩大到5人以上企业。日本从2001年起把从事非全日制或临时性工作的人员纳入失业保险范围，规定只要这些人员每周工作达到20小时，并在同一单位工作满一年即可参加保险。加拿大自 1996 年开始采用以小时而不是以周为单位计算就业时间和津贴给付期限，提高了低收入者的津贴标准，并对月薪 2000 加元以下低收入者的失业保险个人缴费予以部分返还。二是严格失业津贴给付条件。近年来，一些国家采取了严格享受失业津贴条件、促进失业者尽快就业的措施。英国规定：失业者必须进行求职登记，每周提交寻找工作计划，接受职业指导和培训，保证能够立即上岗工作，并同就业服务顾问签订求职协议等。否则，停发失业保险金。日本政府自 2001 年 4 月起采用新的失业津贴资格条件，将失业原因作为决定是否能够享受失业保险的一个标准。三是强化失业保险促进就业的功能。从消极保障基本生活转向促进失业者求职，是发达国家失业保险制度改革的重要内容。英国将失业保险改为"求职津贴"，日本、加拿大改为"就业保险"。加拿大规定，失业者如及时参加培训可以取消领取失业保险金的等待期。德国失业保险基金的 60% 用于津贴发放，40% 用于培训等就业服务。经合组织国家规定，失业者领取津贴一段时间后（青年为 6 个月，其他为 12 个月），如未能就业的，则必须参加培训才能继续领取失业津贴。

八、促进弱势群体就业的优惠政策措施

市场经济国家一般把长期失业者、缺少技能和经验的青年、妇女、残疾人等视为就业弱势群体。政府的就业政策，对弱势群体予以特别扶持。具体做法：一是财政补贴雇主。英国政府"从福利到工作"方案的主要目标是促进青年就业。法国 1997 年开始实施"青年就业计划"，在公共部门、非营利性部门等为数十万失业青年提供为期 5 年的不续期合同。该计划规定：政府负责支付最低工资的 80%，其余部分由雇主负责。二是努力减少长期失业现象。长期失业者约占欧盟国家失业者总数的一半，因此，欧盟十分注重长期失业的早期预防。1998 年欧盟"就业政策原则"要求成员国承诺，为每个成年失业者在其失业 12 个月内提供培训、工作机会或有助于提高他们就业能力的措施，青年在失业 6 个月时就可以享受上述措施。一些国家政府出资为长期失业者提供建筑、植树、社区服务等公共工程就业岗位。三是实施特殊措施帮助残疾人就业。许多国家实行按比例安置残疾人就业的政策。日本政府规定，企事业单位和政府机关雇佣残疾人的比例应分别占其雇佣总人数的 1.5% 和 1.9%；西班牙、荷兰规定比例 2%。许多国家对雇佣残疾人企业的最低规模作出规定。如意大利、沙特阿拉伯分别规定 35 人、50 人以上

意大利、沙特阿拉伯分别规定 35 人、50 人以上的企业必须雇佣残疾人。瑞典等国家专门建立残疾人企业用于安置就业。美国、奥地利等国规定因雇用残疾人而增加的设备改造等费用，由政府给予补贴。四是消除劳动力市场歧视。国际劳工组织《残疾、老年和遗属津贴公约》等国际劳工标准规定，为残疾人等提供职业训练、帮助就业、保持工作和获得保障的权利。1995 年世界妇女大会通过的《行动纲领》强调，"消除职业隔离和所有形式的就业歧视"。英国为保障妇女的平等就业权力，颁布了《反对性别歧视法》、《同酬法》等法律。日本颁布了《妇女平等机会和待遇及女工福利改进法》。

（2003 年 8 月，本文同刘文海同志合作完成）

国外推进信息化建设主要做法

　　近年来，各国政府都将信息化建设视为综合国力竞争的一个焦点，根据各自的国情采取了强有力的措施。我国信息化建设起步晚，发展快，但与国外比差距大。据美国国际数据公司（IDC）去年对全球55个国家和地区信息化建设的23项指标综合评价的结果表明，瑞典暂居第一，我国排名在第52位。在突飞猛进的信息时代，我国信息化建设应学习借鉴国外有关国家的做法。

　　美国的信息基础设施一直处于全球领先地位，正在大力加强宽带网建设。1993年克林顿政府提出《国家信息基础设施行动计划》（NII），将"信息高速公路"建设作为施政纲领。布什政府上台后，加快宽带网建设，强调市场力量的作用，强调供方和需方的共同推动。美国商务部认为，宽带代表互联网发展的一个新阶段。宽带的用途和服务将对政治、经济、军事和社会事业发生深刻变革，宽带的部署和应用将对国家和企业的全球竞争力产生重大影响。美国政府采取的主要措施：一是逐步完善国家信息化战略，加强宽带技术研究、开发和应用。二是通过新的《电信法案》，消除行业垄断，推动宽带网建设，重点加强社区、农村和边远地区的因特网发展。三是出台《电子政务法案》，规定各级政府尽可能实现网上办公，在宽带应用方面起表率作用。四是创造良好的法律环境，制定税收优惠政策，促进电子商务国际化，着力扶持小企业电子商务发展。五是出台宽带等固定资产设备投资加快折旧的条例，鼓励企业对新系统投资。六是对新的内容和网上服务免征税收，确保商品、服务和创意在网上自由流通，增强消费者的信心。七是公布国家网络安全战略，保护知识产权并支持数字内容。

　　英国政府意在建设信息技术强国，进行一场同19世纪工业革命相比肩的信息革命。英国政府先后发表了《我们的未来：建立竞争的知识经济》、《政府现代化》等白皮书，阐明信息化建设的方针和目标。一是将电子政务建设、全民使用因特网、发展电子商务列为信息化建设的三大任务，其中首要任务是发展电子商务。二是兴建各类培训中心和网络中心，推进信息技术普及和应用，到 2005 年让所有希望上网的人都有条件接入互联网。三是政府为公共服务网络化投资 10 亿英镑以上，2005 年以前政府所有服务都要上网，进行以"公众为中心"的全天候服务，并充分考虑少数民族和残疾人的特殊需求。四是让所有年轻人都能掌握 21 世纪需要的技能，政府提供资金使每一所学校在 2006 年都实现宽带连接。五是重点加强中小企业信息化建设，到 2005 年将英国建设成为全球最适合发展电子商务的地方，电子商务交易额占商品交易总额的比例和中小企业信息化建设处于西方七国领先地位。

日本政府致力于通过 IT 革命促进经济的恢复和发展，到 2005 年使日本成为信息化程度最高的国家。日本政府制定了《日本高度信息网络社会形成基本法》和《E–JAPAN 重点计划（2002）》，明确了信息化建设的基本方针、领导机构和战略重点：一是成立 IT 战略总部，负责编制和实施信息网络社会的重点计划，对信息化建设重大方案进行审议并制定推进措施。二是建设世界最高水平的信息通讯网络，到 2005 年至少实现可覆盖 3000 万用户的高速网络和可覆盖 1000 万用户的超高速网络的基础环境。三是加快教育振兴和人才培养，到 2005 年实现所有教室接入互联网，提高 90 万名公立学校教员 IT 运用的指导能力，力争引进 3 万名国外优秀人才。四是加强电子商务相关制度的建设，促进 IT 在企业中的有效利用，加快数字内容的流通，维护消费者合法权益。五是今年将建成最先进的电子政府基础设施，政府 98% 的业务在网上开展，提高政府官员的信息技术知识水平。六是保障信息网络的安全性及可靠性。

俄罗斯公布"电子俄罗斯"发展纲要，适应世界信息通讯技术发展潮流。俄罗斯信息技术领域相当落后，信息通讯产业在 GDP 中的比重仅为 0.5%，远低于经合组织国家平均 8.3% 的水平。为了改变这种状况，俄罗斯推出了《2002 至 2010 年俄罗斯联邦信息化发展目标纲要》。主要做法：一是成立专门委员会负责解决有关信息化的组织和技术问题，确定符合《纲要》要求的项目，评价《纲要》的执行情况。二是明确实现社会和经济信息化的目标。到 2005 年，互联网用户为 2000 年的 8 倍，所有高等教育机构都接入互联网；到

2010 年，信息技术产业占 GDP 的比重提高到 2%，信息技术产品和服务出口在 2000 年基础上增加 5-6 倍。三是制定国际与国内长途电话业务反垄断规则，建立公平竞争的环境。大规模发展家庭计算机，大力加强俄语因特网的建设。四是专门成立由总统直属的联邦政府通信信息总署和俄罗斯社会网络研究所共同组成的监管机构，规范政府网站，开展电子政务建设。五是先后出台《信息、信息化和信息保护法》、《国际信息交流法》等一系列法律、法规，保证信息通信系统安全。

瑞典提出建设数字瑞典的目标，利用信息技术实现国家繁荣和增强竞争力。为了保持信息化建设领域的世界领先地位，瑞典把增强对信息技术的信心、提高应用信息技术的能力和促进信息技术的普及应用作为优先发展的三大工作领域，国家在制定和健全信息领域的法律法规、开展信息技术教育和培训、加强信息基础设施建设方面进行集中投资，特别是在信息基础设施建设上遵循开放、公正、民主、透明的原则。一是成立信息技术委员会，作为政府宏观决策的咨询机构，并颁布《全民信息化社会法案》，明确信息化发展的目标。二是出台《进一步促进移动通信市场竞争法案》，规定所有移动通信供应商都有权进入移动通信网络，创造自由竞争的市场环境。三是政府带头使用信息技术，向公众提供 24 小时电子自助式信息服务，并重点帮助妇女、老年人和残疾人使用信息技术。四是制定有关加强电子商务的信息安全、统一税收、政府管理、消费者利益的相关政策，鼓励电子商务应用。五是保障因特网的安全和稳定，在其他国家的网络出现问题时，瑞典的因特网仍可以独立运行。同时，保障国家设定的因特网时间准确可靠。六是在政府预算中强调向信息产业倾斜，将占国内生产总值 7.7% 的资金投向信息技术领域，并设立 22 亿瑞典克朗用于信息科学和技术的研发。七是继续执行《学校信息技术教育计划》，投资新建 16 所科研型学校，在技术和自然科学院校增加信息技术教育课程，在大学和技术学院、研究所之间建立最先进的骨干网，在中小学引入有关信息技术的教学内容。

通过以上比较分析，可以得出这样的结论：第一，各国信息化建设的共性特点，都是从制定信息化发展战略、加强信息基础设施建设、实行电子政务工程、发展电子商务、推进企业信息化、注重信息安全和培养高素质人才等几个方面入手的。第二，大力推进信息化建设，不仅增加本国对信息产品和服务的需求，促进经济增长，创造就业岗位，提高工作效率，而且能够改善生活质量，增强国民素质，推进政府机构改革，实现社会繁荣、民主和公正。第三，在全球信息化的浪潮中，国与国之间的竞争首先取决于信息的占有量，谁占有了足够多的信息，谁就能占领政治、经济、军事和文化的制高点。在新一轮国际分工与竞争中，我国加快建设信息技术强国势在必行。

（2003 年 7 月）

国外解决铁路公益性问题主要做法

世界各国的铁路，在现代社会和综合运输体系中都占有十分重要的地位。20 世纪 80 年代以来，由于高速、重载等技术的突破，加之运输成本低，全球铁路呈恢复态势，在综合运输中的比重趋于回升。为支持铁路发展，许多国家对交通运输政策进行了调整，高度重视解决铁路公益性问题，在建设投资、财政补贴、税收优惠等方面采取各种有效措施，支持铁路事业的健康发展，提升铁路的地位和作用。

一、理顺政府与铁路的关系

多数国家都注重调整政府与铁路的关系，明确政府在铁路基础设施建设、偿还历史债务、补贴公益性服务等方面的职责，减少并逐步取消对非公益性运营亏损的政府补贴。一方面明确政府铁路建设的投资责任。根据运输项目的经营属性和区域性质给予投资或投资补助。总体上看，对于全国性或跨区域性的公益性铁路项目，其投资责任由中央政府承担；对于地方公益性铁路项目，其投资责任由中央与地方政府分别承担。为促进铁路事业的发展，都加大了铁路投资力度。例如，德国政府对铁路新线建设给予大量的投资，每年超过 80 多亿马克；法国政府承担了线路基础设施的投资责任，计划 2001—2010 年十年间对铁路线路投资 1200 亿法郎；日本政府对铁路新线建设承担 50% 的投资，对既有线路改造负担 40% 的投资，对城市地铁建设负担 70% 的投资。另一方面妥善处理铁路公益性与经营性关系。对公益性铁路和经营性铁路进行区分和认定，根据这两类业务的不同性质和特点，制定不同的政策，建立不同的经营机制。美国采取客货分营方式，1971 年成立了美国铁路客运公司（Amtrak），接管各铁路公司的客运业务，使客运业务独立于货运业务，将客运业务视为公益性运输活动，从而实现了亏损业务与盈利业务的分离。欧盟采用"账目分离"方式，将基础设施、铁路货物运输和铁路旅客运输账目分开，进一步改善财务管理并增强透明性，弱化铁路内部的交叉补贴。印度采取公益性铁路认定方式，明确区分公益性铁路与经营性铁路，公益性铁路补贴范围包括：以低于运输成本价格运送基本消费品的亏损；完成特定业务运输亏损，包括市郊运输、城市间客运月季票优惠运输、军邮物资运输等；维持公益性铁路支线亏损；新线开通 15 年内的累积亏损等。

二、有效化解铁路历史债务

许多国家都把减轻铁路历史债务作为政府的职责，对铁路债务实行特殊清算制度，以支持铁路改革，使铁路轻装上阵。特殊清算制度，是指国家通过一系列的转移支付，将铁路企业因公益性运输产生的历史债务纳入国家公共预算，由国家财政负责偿还的制度。1993 年到 2000 年期间，欧洲主要国家都采取了特殊清算措施，将债务从铁路公司分离出来，采取不同策略将其纳入公共预算。例如，2000 年，德国将东德、西德铁路共计 680 亿欧元的债务直接转入了公共预算。法国铁路拥有历史债务 304 亿欧元，但都未记入铁路公司账目，大部分记在特定债务账户上，政府计划通过预算转移支付来逐步削减。在西班牙，国有铁路 RENFE 的大部分历史债务正在转入公共预算，总计约 54.6 亿欧元。1998 年，日本制定《国铁清算事业团债务处理法》，决定解散国铁清算事业团，将国有铁路时代形成的巨额债务全部移交给国家财政。加拿大在 CN 私营化时注入 10 亿加元，减轻铁路历史负债，使 CN 资产负债率从 60% 下降到 35%。

三、对公益性运输实行补贴

一是补贴主体和资金来源。国外普遍建立了公益性铁路运输公共财政补贴机制，将补贴资金纳入公共预算，由政府财政支付。从各国实践看，公益性运输的补贴主体主要是中央政府和地方政府。在美国，对于地区铁路建设以及地方铁路运营亏损，除获得中央补贴外，也可以获得地方政府的补贴。欧盟各国的补贴金来自中央政府、自治区/省政府和欧盟三个方面。与美国一样，补贴资金根据不同情况，由中央政府和地方政府按比例负担，原则上中央负担45%，地方政府负担55%。这不仅有利于减轻中央政府的财政压力，也有利于调动地方政府的积极性。

二是补贴范围。主要包括运营亏损补贴和投资补贴两个方面。一方面是运营亏损补贴。美国实行客货分营，政府对具有公益性的客运经营亏损进行补贴，补贴对象是美国铁路客运公司。此外，许多大城市如纽约、波士顿、费城以及芝加哥等的城郊公益性线路也可以获得联邦政府和地方政府双方面的补贴。另一方面是投资补贴。英国政府对一些具有较大社会效益的线路建设进行投资补贴；西班牙分为政府机构基于协议的投资补贴和非政府机构基于协议的投资补贴两部分，以中央政府的投资补贴为主。日本政府实行铁路建设补助金制度，对于具有公益性的地铁、近郊铁路、地方中小铁路建设给予一定额度的投资补助金。例如，日本新干线的建设由国家和地方按2∶1的比例负担建设补助金。三是补贴方式。一种是直接确定补贴额。由政府与铁路企业签订协议，根据公益性运输种类，通过一定的公式换算确定补贴额，由中央政府、地方政府直接拨给铁路运输企业。例如，欧洲一些国家规定，城市近郊公共运输补贴可以根据城市人口、铁路线长度等参数进行额度确定。同时，政府对补贴用途以一定的约束，要求铁路企业用于维持或加强公共运输服务或用于企业账目合理化。

另一种是公益性运输服务政府购买制度。政府以公益服务需求者的身份，通过竞争性投标的方式，购买铁路企业的公益性服务。各铁路企业以最小成本投标，价低者得。铁路运输企业应按照协议履行相应的服务义务。政府对公益性运输服务进行监督，从而保证公益性服务的质量和效率。这种方式较好地解决了铁路公益性与企业经营性之间的矛盾，实现了政府补贴与市场机制的有效结合。

四、制定扶持铁路建设的土地、税收、金融等优惠措施

在土地、税收和利率等方面制定一些特殊优惠措施，扶持铁路建设事业的发展。土地方面：不少国家对铁路建设提供赠地或较为优惠的供地条件。1850—1871年，美国实行向铁路赠地的政策，各铁路公司实际获得联邦和地方政府赠地高达1.8亿英亩，相当于当时国土面积的1/10。据统计，铁路公司

仅通过出售土地而获得的纯收入就达 5 亿美元。税收方面：为促进铁路等事业的发展，不少国家对交通运输业实行低税率或免税。一是优惠税率。法国对铁路实行了部分优惠税率。例如，法国增值税率 20.6%，但旅客运输增值税率仅为 7%，是正常税率的 1/3。日本对铁路也实行优惠政策，2000 年，本州 3 家铁路的法人税占营业收入的 4% 左右，而其他公司都不高于 0.1%。二是免税政策。英国政府目前对铁路免征税收；美国政府对某些确属国家需要的不盈利线路采取免税政策；日本对 JR（日本国有铁路）四国铁路公司免征法人税，对新干线线路免收固定财产税，对短线铁路抵免所得；印度政府对铁路免征营业税和所得税；瑞典政府对铁路免征所得税、能源税等。三是一些国家通过加大征收公路燃油税来补贴铁路，目的是将公路的部分运量调整到铁路。金融方面：对铁路建设提供优惠贷款条件等扶持措施。例如，美国政府提供直接贷款或贷款担保，为公益性铁路建设提供长期低息贷款。最近，联邦运输法案将政府担保贷款的额度从 35 亿美元提高到 350 亿美元。日本中央和地方政府都对公益性铁路建设提供无息贷款，允许发行公益性铁路建设政府债券，其最高额度可达到建设成本的 90%。

五、其他灵活性解决政策

20 世纪七八十年代，在推进铁路体制改革的同时，许多国家采取灵活多样的政策，帮助承担公益性运输任务的企业摆脱困境。如建立经营稳定基金。日本政府为解决公益性铁路运输的经营亏损，建立了"经营稳定基金"。日本北海道、九州、四国地区的铁路项目，长期以来运量不足、经营困难，属于公益性铁路运输。日本铁路体制改革时，不仅免除其应承担的债务，而且建立"经营稳定基金"以弥补运营亏损。又如推进地方支线铁路改革。实行"干支分离"，鼓励发展承担公益性运输的小铁路公司。大铁路公司通过甩掉包袱提高了自身竞争能力；小铁路公司由于人员较少、管理成本较低、经营机制灵活，获得了发展空间。此外，完善铁路企业退出机制，关闭部分亏损严重、社会效益不大的公益性支线。例如，美国 1980 年《斯塔格斯铁路法》规定，对那些经营亏损、价值不大的地方铁路支线和专用线，通过法定程序准予关闭。

（2007 年 4 月，本文同刘应杰、郭立仕同志合作完成）

国外生物技术产业发展情况

生物技术在当今世界高技术领域中对人类的影响最大，生物技术产业是全球最突出的研究密集型工业。过去的 20 年，生物技术在医药领域发展迅猛，被称为生物技术的第一次浪潮。全球生物药品市场规模 1997 年为 150 亿美元，2000 年为 300 亿美元，预计今年将达到 600 亿美元，占世界生物技术产业的 70%以上。特别是由于绘出了人类基因组工作图，基因药物可以使几千种基因病症预防、缓解和治愈的可能性大大提高，有专家认为"一条基因就能形成一个产业。"到 2020 年，利用基因重组技术研制的新药可能会达到 3000 种。20世纪 90 年代中期，生物技术在农业领域迅速应用，被称为生物技术的第二次浪潮。尽管人们对转基因食品存有疑虑，但从 1996 年商业种植转基因作物以来，全球转基因作物的种植面积仍然增长了 30 多倍，2001 年已达 5260 万公顷。预计到 2010 年，转基因食品的销售额将达到 250 亿美元。

随着时间的推移，生物技术在环境、能源、材料、信息等领域的运用和融合将会不断扩展，还会出现一个又一个新的浪潮。生物技术发展及其产业化，不仅关系到人类本身的健康长寿，也关系到与人类接触密切的动植物和生态环境的变化，对国民经济和社会事业的发展也具有明显的推动作用。认真分析国外生物技术发展趋势，研究我国生物技术发展面临的挑战和机会，对于加快发展生物技术产业是十分重要的。

美国处于全球领先地位。2001 年，美国生物技术公司 1457 家，不包括相关技术公司和传统制药公司，占全球的 34%；实现销售收入 285 亿美元，比 1992 年增加 2 倍以上，占全球的 65%；从业人员 17.4 万人，超过了玩具和体育用品产业的就业人数之和；上市公司 342 家，总市场价值为 2240 亿美元；

用于研究开发经费 115 亿美元，占全球的 70%。波士顿、旧金山湾、华盛顿、圣迭戈和北卡研究三角园，是美国五大生物技术产业基地。目前，美国在艾滋病研究、基因组测序、克隆和干细胞研究等领域均占据领先地位。从 1982 至 2001 年，已经批准了 199 种以上生物技术药物和疫苗，使全球约 3 亿 5 千万人受益。正在进行临床试验的生物技术药物制品和疫苗至少有 350 种，这些药物或疫苗针对 200 多种疾病开发，包括各种癌症、早老性痴呆症、心脏病、糖尿病、硬化症、艾滋病和关节炎等。

进入 21 世纪后，生命科学的发展重点从人类基因组测序转向了基因功能探测和蛋白质功能探测，美国又率先引领了这一浪潮。美国的私立和政府研究机构分别启动了基因变异鉴别工程，目的是寻找出 20 万个与人类疾病有关的变异基因，这方面的成果将有助于开发更有效、副作用更小的药物。美国联邦卫生部门还在着手进行"临床蛋白组学计划"，开发以蛋白组研究为基础的癌症诊疗技术。美国生物技术产业发展呈现三个特点：一是从事系统生物学研究、鉴别和记录病原体方面的创业公司，将从研究领域脱离出来。二是与计算技术结合的生物学研究将继续依赖信息技术的发展。三是"911"事件后，防止生物恐怖列为研究重点，开发生化探测剂和各类疫苗将成为今后生物技术产业开发的热点，并将为生物技术产业的发展提供动力。

英国力求保持世界第二的地位。英国于 2000 年发表了《生物技术制胜——2005 年的预案和展望》，其目标是在生物技术产业发展领域，保持仅次于美国的世界地位。近年来，生物技术相关产业对英国 GDP 年增长贡献份额保持在 0.2 个百分点，1.4 万多名从业人员年创造的销售额约 40 亿英镑。生物制药是英国生物技术产业中的强项，以生物技术为主的医药产品的贸易逆差在 20 亿英镑左右，并持续高速增长，预计到 2005 年将翻一番。涉及这一产业的企业除了世界著名的大型跨国公司之外，还有约 250 多家较小的独立公司，且每星期约有一家新的生物技术公司诞生，数量占欧洲同类公司的 1/4 以上。英国生物技术产业取得的巨大成就，与其在生命科学领域进行的基础研究实力密不可分，迄今英国在生理和医学领域已获得了 20 多个诺贝尔奖。DNA 结构及单克隆抗体构造的发现，DNA 指纹印的发明，以及抗体工程的进展等，为生物技术产业的发展创造了十分有利的条件。英国是"人类基因组"计划的重要参与者，承担了约 1/3 的测序工作。英国又是世界上第一只克隆羊"多莉"的诞生地，在基因治疗等方面也有杰出的贡献。今后一个时期，英国确定生物技术的主要发展领域有：结构生物学/分子生物学；植物科学；牲畜遗传学和基因绘制；干细胞研究；基础遗传学；细胞内和细胞间信息表达；微生物基因学；神经生理学等。

德国在欧洲的优势进一步扩大。截至 2001 年底，德国有生物技术产业公司 540 家，企业数量居欧洲首位；从业人员达 1.44 万人，较之 2000 年增长35%；销售额达到 105 亿欧元，拉近了同美国和英国的距离。德国政府将2001 年命名为"生命科学年"，生物技术成为科技投入最多的领域，在过去的3 年中，仅政府投入的项目资金就翻一番，提高了科研竞争力。2002 年德国在不伦瑞克举行了联邦教研部第四届生物技术大会，确定投入 1.8 亿欧元建立国家基因研究网，仅所属的不伦瑞克中心就有近 400 个单位，不伦瑞克的生物技术研究处于德国和欧洲领先水平。德国生物和基因技术发展走上良性轨道，还得益于联邦政府加强了科研立法。围绕基因技术在德国各党派内部展开了空前的大讨论，2002 年 7 月正式通过了干细胞法案，2002 年 11 月开始制定基因测试法，起到了统一思想、依法规范的作用。

尽管德国拥有的生物技术公司数量在欧洲最多，销售增长率也名列前茅，但与美、英相比还有很大差距。安永国际会计咨询公司主持的首次国际生物技术产业调查报告显示，欧洲在 2001 年已有 114 种生物药品进入了二期和三期临床试验，德国只有 7 种，而德国在欧洲的最大竞争对手英国占了 66 种，美国仅三期临床试验（市场准入的最后阶段）的药品就达 300 种。

日本提出"生物产业立国"的战略目标。日本认为 21 世纪是生命科学的世纪，制定了《生物技术战略大纲》，发布了"开创生物技术产业的基本方针"，提出了"生物产业立国"的口号。自田中耕一荣获 2002 年诺贝尔化学奖后，日本政府决心把生物技术产业作为国家核心产业加以发展。这是继汽车和信息产业之后，又一个被日本明确纳入国家发展战略的产业领域。为此，日本采取了实现跨越式发展的三大战略措施：一是始终致力于世界领先水平的研究。投入 24 亿美元加大生命科学研发，实施评价程序标准化；培养生物技术人才，计划到 2010 年超过 110 万人；充实生物遗传资源，重点投资的领域为医疗/医药品、微生物/生物加工、功能食品/农业生物、推进融合生物技术–IT–纳米技术领域、医工合作、医农合作等。二是改革产业化激励制度，从根本上加强产业化进程和能力。三是建立国民能够恰当判断、选择的体系，信息提供要公开透明，充实学校和社会教育。

总体来说，日本在生物技术研究开发方面落后于欧美，但在某些方面也具有一定优势。如日本冈崎国立研究所的水稻基因研究、京都大学的再生医疗研究、东京工科大学片柳研究所的生物探测装置研究、田中耕一的蛋白质和糖链研究等均位居世界领先水平。此外，日本科学家在解析各种疑难病的基因和脑科学研究方面也不断取得突破性进展。在以生物技术为基础的医药领域，从事各种检测设备和分析仪器开发、新药试验的新兴企业不断涌现，到 2002 年春季已达 300 家。风险投资也方兴未艾，从 2000 年到 2001 年两年间生物风险投资猛增到 540 多亿日元。

澳大利亚注重发挥天然优势。澳大利亚是世界上生物物种资源最丰富的国家之一，澳大利亚政府试图利用这一天然优势，使其在生物技术产业领域有所作为，以改变国家过于依赖矿产资源和畜牧业的局面。为了加强生物技术领域的创新和产业化，实施生物技术创新基金计划，政府提供 4000 万澳元，已经受理三轮企业的资助申请。由昆士兰大学与 CSIRO 共同建立分子生物科学学院，总投资 1.05 亿澳元，目标是建立亚太地区生物技术和生物工业中心。加强干细胞研究的管理与立法，《有关胚胎研究法案 2002》已提交议会讨论。颁发 2002 年国家级科学奖，授予生命科学家 JOEIMACKAY 博士，奖励他在基因控制方面作出的贡献。近两年来，澳大利亚生物技术领域取得许多重要成果，主要有牛肉嫩度基因测试技术研制成功，培育出转基因羊，培育出高产小麦新品种，牛皮癣基因治疗法有新的突破。澳大利亚现有 120 多家生物技术公司（不包括医疗器械公司），其中 20 家是上市公司，34% 的生物技术公司从事医疗保健研究，另外各有 5% 从事生物化学品、基因组学／信息学研究。这些公司大多数属于中型企业，许多都与国际制药公司或澳大利亚研究机构有合作伙伴关系，每年的营业额为 10 亿澳元左右。在医药领域，约有 220 个生物技术产品进入市场，另有 50—60 个处于临床试验或临床开发阶段，约有 120 个在开发早期。

生物技术（BT）正成为印度继信息技术（IT）之后的又一流行语。印度前些年在生物技术领域的研究实力较弱，但近年来受计算机软件领域巨大成功的鼓舞，印度也在积极推进生物技术成果的产业化。目前，印度生物技术领域有

800 多家公司、50 多个研究和开发实验室、2 万余名专业人员。印度科研人员在生物技术的某些方面，如动植物 DNA 的重组、生物信息技术、对微生物和动物细胞的基因控制技术等已经确立了自己的竞争地位。据印度生物技术部专家估计，印度生物技术产品的消费量将从 1999 年的 17.89 亿美元增加到 2005 年的 21.86 亿美元和 2010 年的 42.7 亿美元。印度已经在卡纳塔克邦建立了 3 个生物技术园区，从事植物组织培养。水产业的中小企业纷纷加入生物技术产业，特别是参加合同研究，大约 2.3 万个此类公司将与跨国大公司合作。在孟买组建的印度医学研究实验室信任生命科学公司已拥有 7 个干细胞培养生产基地，设在班加罗尔的印度国立生物科学中心也具备了发展干细胞培养基地能力。这样，经美国国立卫生研究院鉴定的世界上仅有的 64 所培养实验室中，印度就占 10 所。这使印度进入世界胚胎细胞菌采集最先进的十大研究中心之列。另外，印度的合同研究机构（CRO）在基因组测序、DNA 文库构建、新型农作物品种的遗传学研究和生物信息学方面前景看好。在世界范围内，将研究与开发部门向低成本地区扩展的趋势越来越明显。CRO 有望与印度软件公司相媲美，成为出口大户。

我国的生物技术起步于"六五"计划末期，20 年来已经取得了长足的进步，但目前尚处在成长期，生物技术产业还是一个幼小的产业。今后一个时期，我国生物技术领域同样也是机遇和挑战并存，应该制定适合国情的发展战略，解决创新产品少、品种重复多、专利和新药审批慢、投融资渠道不畅和优秀人才匮乏等突出问题。第一，制定生物技术中长期发展战略，高度重视技术融合对未来经济社会的重大影响。第二，大力支持创新产品开发，在资金投入、项目审批、税收减免、技术入股、产业聚集等方面建立系统的优惠政策。第三，跟踪研究核心技术和平台技术，如蛋白质组、功能基因组、高统量筛选、生物信息学、生物芯片、干细胞、人源抗体以及规模化的制备技术等方面的研发。第四，下决心培养和引进优秀人才，建设一批世界一流的产业化基地和科研机构，加强国际交流与合作，在一些重要领域努力赶超世界先进水平。

（2003 年 8 月）

国外可持续能源政策

2000 年以来，世界石油价格呈上升趋势，且存在许多政治和经济上的不确定因素，国际能源机构和世界许多国家都极为关注能源供应安全，纷纷制定可持续的能源政策，值得我们研究和借鉴。

国际能源机构提出可持续的能源政策框架。该组织提出了一个兼顾能源安全、经济增长和环境保护的政策框架。主要内容：一是通过多样化以及供给中断事件发生时灵活运用应对机制，保证能源供应。二是提高能源效率，进一步发展和推广非矿物燃料技术。三是确保能源市场以竞争和透明且不失真的方式运作。四是建立一个稳定的、向市场发出准确信息的决策框架，促进可持续性选择。五是继续保护环境和加强社会福利，使能源市场自由化。六是政府鼓励系统地采用更清洁、更有效的技术。七是全球共同努力向现在未能用电的人们提供电力。八是对能源设备、工厂和基本设施运行和维护执行高安全标准，建立应对潜在的意外事件和故障的机制。九是资助能源研究开发、信息交流和传播，鼓励商业应用和规范消费者行为。

美国"国家能源政策"的立足点是能源安全。美国占世界能源需求量的 1/4，而美国本土已知石油储量占全球 8%，对石油进口的依赖度很大并越来越大。布什政府上台后制定的新能源政策，确立了五个具体的国家目标。一是实现节能现代化。二是实现国家能源基础设施现代化。三是增加能源供应。四是加快环境保护和改善步伐。五是增强国家能源安全。为了保障能源安全，在美国国内实行油气煤齐上，水电和核能齐上，再生和非再生能源齐上。美国能效委员会把节能和提高能效作为"国家能源政策"的重要依据。

欧盟强调能源供应多样化。欧盟目前近一半的能源供应依靠进口，如无有效措施将会继续大幅度提高。欧盟一直把"安全、竞争力和环境"作为能源政策的三个支柱。在其最新发表的能源绿皮书中指出，欧洲要保障能源供应安全，不是使能源自给最大化或对进口依赖最小化，主要是减少同这种依赖相关的风险。达到这样目地的一个主要目标，就是各种不同供应来源保持平衡和多样化。欧盟确定能源供应安全的长期战略任务是，保证公民福利和经济适当运作，市场上能源供应不会中断，所有消费者能消费得起，同时重视环境问题和面向可持续发展。一是反复平衡有利于能源供应需求的政策。二是真正改变消费行为。三是优先同全球气候变暖作斗争。

德国重视发挥能源政策的理性作用。德国经济与技术部发表到 2020 年的前瞻性、可持续的能源政策，强调能源的理性作用在环境保护、供应安全和经济增长等"各方共赢"的选择中起主导作用。主要政策要点：一是提高能效对环境保护和供应安全具要极其重要的作用。二是能源政策中供需双方导向要相辅相成。三是必须以技术创新推进能源节约和利用。四是制定可靠的政策保障有竞争力的能源生产和加工基地。五是褐煤和硬煤对于德国电力生产来说是必不可少的。六是未来能源政策的一个重点是对外经济政策。七是输出开拓性的气候保护先进技术。八是共同实现环境保护、供应安全和经济增长的目标。英国能源政策坚持可持续发展准则。英国可持续发展委员会确定，英国能源政策有六条具体的可持续发展准则：一是使生活质量的经济、社会和环境方面一体化。二是尊重生物物理学限制。三是污染者要付出代价。四是保持并提高英国的竞争力。五是促进社会公正和包容。六是实现能源安全。为了遵循这些准则，英国努力提高能源效率和可再生能源比例，发挥政府的政策导向和体制改革作用。

综上所述，有几点共同的启示：一是保障社会和经济活动的能源供应是能源政策的出发点。二是千方百计减轻能源生产和利用对环境造成的不利影响。三是节能和提高能效是保障能源供应安全和减轻环境压力的重要措施。四是能源生产和利用技术的研发是可持续发展的重要保证。五是保证边远地区和困难人群利用现代能源是社会公正的主要目标。

（2003 年 7 月）

世界能源技术发展趋势

一、煤气化多联产技术成为新热点

煤炭是化石能源中储量最大的能源，可开采年限远高于石油和天然气。近年来，随着国际石油供应紧缺和价格攀升，高效清洁的煤炭利用技术逐渐成为国际能源技术研发的新热点。

美国将煤炭气化为基础的多联产系统作为未来能源技术的重要方向之一，最大型的研究项目是 FutureGen。2003 年 2 月，布什总统宣布实施一项名为 FutureGen 的技术示范计划，联邦政府将在 10 年内投入 10 亿美元，建造世界上第一座以煤为燃料、既能发电又能制氢、而排放为零的电站。FutureGen 电站的装机为 27.5 万千瓦，在生产电能和氢气产品的同时，能捕获和收集 CO_2，并将其埋藏于地下深层，实现碳封存。这一计划的实施，每年将减少 100 万吨的 CO_2 排放，实现能源和环境的双重效益。该计划还将开辟一条新的煤炭利用技术路线，可进一步提高煤炭利用效率，而且能最大程度地降低对环境的影响，并兼顾为未来发展"氢能经济"提供新能源。

目前，我国也有一些企业开始以煤炭气化为核心的多联产系统的开发与应用。上海焦化总厂 1998 年完成第一期煤气、化工产品、热电多联供工程竣工验收，这是煤炭多联产技术的一次初步尝试。2005 年，山东兖矿集团与华东理工大学洁净煤研究所、中科院工程热物理所合作，完成 76 兆瓦发电和年产 24 万吨甲醇的煤气化 – 甲醇合成 – 联合循环发电联产示范工程的建设并已经正常运行。该示范工程是我国第一个煤气化多联产工业示范系统。

二、核能技术酝酿新的突破

在核裂变技术方面，美国等十国在 2002 年提出了第四代核电技术研究计划，已选定六种堆型作为第四代核技术。第四代反应堆概念与前几代完全不同，必须以大量的技术进步为前提。目前，这些系统的研究才刚刚开始，到 2035 年可能开始实现首批工业应用。

在核聚变技术方面，欧盟、美国、俄罗斯、日本、韩国和中国于 2005 年 6 月达成协议，决定在法国建造国际热核聚变实验堆（ITER），标志着这项争执已久的合作项目正式启动。目前，磁约束聚变和惯性约束聚变两条技术途径同时进行并行研究。ITER 仅为实验堆，工程浩大，技术障碍重重，核聚变开始商业化应用最早要到本世纪中叶。

我国近期在技术上将以第三代先进压水堆为主，实现百万千瓦级先进压水堆机组的国产化，使之成为我国核电建设的主力机型。我国已经建造运行了世界第一座模块式高温气冷实验堆 HTR-10，并将在 2010 年左右建成一座发电功率为 20 万千瓦级的高温气冷堆示范电站。

三、氢能技术研发国际合作加速

氢能在国际上被普遍认为最有可能在未来成为石油的替代品。2003 年 11 月，世界 15 国和欧盟共同签署《氢经济国际伙伴关系计划协议》(IPHE)，正式成立国际氢能合作机构，促进在氢能技术的研究、开发、示范及商业应用等方面的双边和多边合作。IPHE 的最终目标是，到 2020 年推动氢能经济发展，能使伙伴国家的消费者购买到价格有竞争力、可以方便加注燃料的氢能动力汽车。

目前，世界汽车工业巨头如戴姆勒 – 克莱斯勒、通用、福特、奔驰、宝马、丰田等都在大力研究氢燃料电池汽车。戴姆勒 – 克莱斯勒公司是世界领先的燃料电池汽车制造商，共有 33 辆燃料电池公共汽车参加欧洲的 CUTE、ECTOS 和 STEP 等示范项目。丰田、本田、日产等公司计划在未来 5 年内让氢能试验车上路。

我国通过 "973" 计划和 "863" 计划，重点支持了氢能的规模制备、储运及相关燃料电池的基础研究和应用开发，已研制出氢燃料电池发电系统和燃料电池汽车，在氢燃料经济性方面达到世界先进水平，在氢能技术的总体水平上已进入世界先进行列。在 IPHE 会议上，中国氢能和燃料电池的快速发展得到高度评价，中国也被选为副主席国。

四、天然气水合物技术研发渐趋活跃

天然气水合物的全球藏量估计有 10500–42000 万亿立方米，超过石油、煤和天然气的总和，只要有 1% 天然气水合物得到利用，即可缓解全球能源危机。

美国对于天然气水合物的研究走在世界前沿。2000 年美国开展天然气水合物研究和发展计划，计划 5 年之内投资 4300 万美元，开展基本运用研究，确定、勘探、评价和发展天然气水合物。目前的勘探表明，在阿拉斯加陆地和墨西哥湾海区存在水合物，美国能源部估计在 2015 年左右开始水合物开采。2004 年日本投资 6500 万美元来开展天然气水合物研究，并完成了钻井和取芯计划。2002 年美国、日本、加拿大等国联合在加拿大马更些三角洲 MaLLik 地区开展水合物开采测试研究，试验证明生产天然气水合物在技术上是可行的，但经济可行性的问题尚没有解决。

我国近几年来已在南海北部陆坡、南沙海槽和东海陆坡等处发现天然气水合物存在的证据。目前，有多个科研机构正在研究其开采利用的技术，取得了一定进展。

五、CO_2 封存技术受到重视

《京都议定书》的生效促使部分发达国家更加重视 V 的封存技术。世界上正在进行的 CO_2 封存示范项目，主要包括加拿大的 Weyburn、挪威北海的 Sleipner、美国的 Frio、波兰的 RECOPOL 和澳大利亚的 Gorgon 等。美国在 2003 年发布了碳封存研发计划的路线图，并在 2005 年 8 月的能源法案中宣布开展一个为期十年的捕集和封存研究计划。美国的 Vision21 计划设想在 2015 年后，CO_2 的回收及封存技术能够在商业上获得成功。此外，国际碳封存技术领导人论坛（CSLF）于 2003 年 2 月启动，成员国包括中、美、英等 14 个国家及欧盟。该论坛致力于改进碳回收和封存技术，促进各类技术的商业应用，达到维持大气中温室气体含量的目的。

我国对 CO_2 封存技术的研究尚处于起步阶段，正积极参加有关的国际合作。

六、可再生能源产业化进程加速

光伏发电是近年来国际上发展速度最快的可再生能源技术，年均增长率超过 60%，其次是大型并网风力发电，年均增长率超过 25%，单机 3 兆瓦的风电机组已经商业化，2004 年 5 兆瓦的风电机组开始试运行，有望近期投入商业化生产。2004 年 9 月，世界最大的太阳能光伏发电站在德国莱比锡附近建成，总功率为 1 万千瓦。国际上光伏组件的生产线规模由 2000 年的 5—20 兆瓦 / 年扩大到目前的 50—300 兆瓦 / 年，欧盟预计 2010 年太阳能光伏发电生产能力达到 200 万千瓦。

生物质能研发的热点是生物质液体燃料。巴西实施了大规模的甘蔗制乙醇计划，2004 年产量 1100 万吨，提供了 44% 的汽车燃料。由于利用木质纤维素制取燃料乙醇的经济性看好，美国能源部 2002 年制定的生物质技术发展路线图中，主要目标之一是由木质纤维素制取乙醇燃料，具体目标是使生物液体燃料在交通燃料中的比例从 2001 年的 0.5% 提高到 2010 年的 4%，再提高到 2020 年的 10%。

可再生能源产业化的最大障碍是成本偏高，但目前风电的成本已经降到 4—5 美分 / 千瓦时，商用光伏电池发电成本在 0.15—0.25 美元 / 千瓦时之间，与煤电和天然气发电的成本差距在缩小。

我国到"十一五"末期，风电总装机容量计划达到 500 万千瓦，风电场建设将主要集中于东部沿海和"三北"地区的风能丰富区。到 2004 年底，我国已安装光伏发电系统 6.5 万千瓦，主要为边远地区的居民及交通、通讯等领域供电。我国已经建设了 3 个以陈化粮为原料的燃料乙醇生产基地，年生产能力为 102 万吨。近期内重点技术研发方向是，利用非粮食原料（主要为甜高粱）生产燃料乙醇技术和以麻疯树为原料制取生物柴油。

七、国外大型清洁发电设备制造技术日趋成熟

目前，国外的发电设备主要是围绕高效、节能、环保、安全和高可靠性的主题，相继研发出多种先进技术，如超临界煤电机组、F 级重型燃气轮机联合

循环机组、新一代核电商用堆等，并广泛采用新材料、新工艺和信息技术。现今国际上只有美国、日本和欧洲的几个国家可以生产这些发电装备。

高效、清洁发电技术已成为火力发电技术的主要方向。美、俄、日、欧等国家设计制造的超临界机组和高效超临界机组已成为火力发电的主力机组，投入最大单机超临界机组容量美国是 130 万千瓦，原苏联是 120 万千瓦，日本是 100 万千瓦。这些国家已有数百台高性能、高参数机组投入运行，占火电装机容量的 50% 左右，已有完整的设计制造技术和运行业绩。超临界机组（250Mpa，566℃/566℃）热效率达到 40%，供电煤耗 300 克/千瓦时，要比亚临界参数火电热效率绝对值高一二个百分点，高效超临界参数机组（300Mpa，600℃/600℃）热效率更高，可达到 43%—45%，可靠性稳定，环保指标先进，可复合变压运行，调峰性能好，已得到广泛应用。

洁净煤发电技术发展较快，诸如循环流化床、增压流化床、煤气化燃气蒸气联合循环等技术均得到了推广应用。燃气轮机联合循环机组具有能源利用率高、建设速度快、低污染、低成本、少用水、调峰性能好等突出优点。目前，全世界每年增长的发电容量中，有 35%—36% 系采用燃气–蒸气联合循环发电机组，联合循环机组已成为以天然气和石油制品为燃料的发电市场的主流机组。

我国能源装备制造业同国外发达国家相比虽有较大差距，但取得了一定的进展。我国设计制造的 600 兆瓦超临界机组已于 2004 年投入运行，1000 兆瓦超超临界机组采用以中方为主，引进国外先进技术，联合外方共同设计、合作制造的方式，计划于 2007 年投入运行。300 兆瓦大型 CFB 锅炉引进国外设计制造技术正在执行中。F 级重型燃气轮机联合循环机组正处于引进技术、消化吸收阶段。

我国水电装备中，三峡的水电装备是当时世界上容量最大、直径最大、重量最重的机组。经过"九五"、"十五"的发展，现已实现 70 万千瓦特大型水电机组 85% 的国产化率，其中东电开发的巨型混流式水轮机、轴流式水轮机和贯流式水轮机综合性能已在世界领先，具备了年产 2 至 3 套三峡机组的能力。

（2008 年 5 月）

世界科技领域值得关注的若干趋势

近年来特别是过去的一年，世界科技领域呈现出若干值得关注的发展趋势。

1. 世界科技领域竞争的格局稳中有变。2001年经合组织区的研发支出占全球的83%，其中美国占经合组织区研发支出的44%，欧盟占28%，日本占17%。经合组织国家占欧洲专利局1999年收到专利申请的97.6%，占美国专利和商标局1998年授予的专利件数的95%以上。这说明，世界科技发展的局面仍然是美国称雄，美、欧、日三足鼎立。就研发支出而言，美国近年增长较快，欧盟徘徊不前，但欧盟一些国家的信息化水平高于美国。有些较小的富国在某一领域的优势引人注目，主要发展中国家在某些科技领域取得的成就不容忽视。

2. 科技进步是全球新一轮经济增长周期的重要推动力。过去三年来，大多数国家的知识投资继续增长，高新技术发展一派生机；美国等国由于普遍应用信息通信技术使生产率继续上升，美国生物技术产业以两位数的速度增长；市场力量对产业和企业进行优胜劣汰，产业重组在很多国家进行。可以预期，科技进步仍是新增长周期的推动力，步履将更加稳健。

3. 许多国家都在努力增加研发投入。各国政府的研发支出占本国GDP的比例，根据本国能力分别定为"3、2、1"。发达国家的研发强度向3%迈进。日本现在已处于这一水平。美国的研发强度超过了2.8%，计划到2010年将民用研发预算翻一番。欧盟提出到2010年达到3%的目标，2003年出台了实现这一目标的计划。印度、巴西等主要发展中国家，确定了未来若干年内达到2%的目标。在非洲发展新伙伴计划部长级科技会议上，非洲各国一致表示未来五年内研发投资达到 1% 的目标。

4．科技创新仍然是经济社会发展的一个主题。各国政府的科技创新政策更加完善、更加得力，专家们对科技创新的研究更加深入、更加到位。2003年，一些国家发表了政府的科技创新报告，不仅从资源方面支持科技创新，更注意营造支持科技创新的环境。如促进技术转移和商业化，设立种子基金，开辟风险基金来源，建立企业孵化器等，将科技创新作为提高本国核心竞争力的根本性措施。

5．军用技术成为国际科技竞争的前沿。进入 21 世纪以后，西方大国的国防研发支出又趋增加。美国联邦 2003 年的国防研发预算达 586 亿美元，比2002 年增长 17.6%，2004 年为 660 亿美元，已占联邦研发预算总额的 54%，占经合组织区国防研发预算的 3/4。特别是在伊拉克战争中，美军指挥、控制、通信和情报系统的数字化、实时化、网络化使得作战达到"灵快准狠"，军用技术现代化成了军事大国向往的目标，对其增加国防研发投入起着推波助澜的作用。

6．各国对优秀科技人才培养、吸引和使用的竞争更加激烈。各国都把"世界级"的科技人力资源建设作为一项战略任务。许多国家都在从少年儿童抓起，既培养顶尖的研究人员，也培养熟练的产业技工。对优秀科技人才的争夺异常激烈，发达国家以种种方式吸引国外人才，发展中国家想方设法留住和召回本国科技人才。在制定有效使用科技人力资源的政策上，各国既注意促进科技人才的流动，也很注意防范优秀研究人员的流失。

7．制造部门在工商业中的研发地位仍然举足轻重。正在蓬勃兴起的知识经济是"服务经济"。在经合组织区，服务业平均占 GDP 的 70%，而制造业仅占 18%，美国为 17%。但是，制造业在任何一个国家工商业中的研发地位并没有下降。如美国产业界进行的研发占美国全国研发总量的 75%，而制造部门则占其中的 70%。制造部门提供了大部分技术、先进设备和原材料，在知识经济发展中仍居中心地位，世界许多国家都十分重视制造业。

8．"大科学"成为促进国际合作、推动科技进步的重要方式。近年兴起的所有"大科学"计划均由政府出资，其中大多数都采取一国牵头、多国合作、费用和风险分担、成果合理分享的方式。计算机科学、材料科学和仪器科学的发展，也使"大科学"研究的失败风险明显降低。因此，欧盟出台了"伽利略"全球定位系统计划，国际核聚变实验堆（ITER）的选址工作已近尾声，四项蛋白质组学计划已先后启动等，标志着"大科学"模式将成为国际科技合作的催化剂。

9. 各学科不断融合和分化并在学科交叉处孕育着重大突破。科学技术发展已经进入技术融合时代，而且融合期提前，速度加快。科学家们断言，信息通信技术、生命科学、纳米技术和认知科学，依靠科学家在原子和分子水平操作物质的能力所产生的融合，在这些学科的交叉处将取得重大突破。生物信息学已脱颖而出。纳米电子学已在实验室孕育。纳米医疗技术也处在探索之中。几个学科结合产生的医疗保健技术甚至将提高人的素质，包括体能和脑力。

10. 公共安全成为科技发展的新热点。去年，世界各地天气异常、地震和病毒引起的危险和灾害事件频发，对社会经济造成巨大破坏。由病毒引发的新发和复发传染病尤其令人担忧，恐怖组织也极有可能利用病毒作为武器。而原有疫苗和药品对复发传染病往往丧失效力，新发传染病又往往尚无疫苗和药品可以防治，传染病在 21 世纪对人类安全构成严重威胁。除了政府的理性政策和管理以及人们的良好生活行为之外，人类还必须依靠科技积极防治、最终战胜各种传染病，加强国际合作和协调极为重要。

11. 高技术竞争的重点更加注重原创性。各国科技竞争的主战场仍然是高技术领域，对高技术研发重点进行了调整。如美国在生命科学领域突出抓生物医学，欧盟在信息通信技术领域着重于通信技术领先，日本先后提出了"E（信息化）日本"、"B（生物技术）日本"的口号，韩国制定了"国家核心和战略技术计划"。在注重原创性方面，日本提出了"知识财产立国"的战略方针，加强独创性研发，增加重大发明专利；韩国要从技术追随国变成引领国。率先推出既定标准和强化知识产权管理，是技术先进国家的重要竞争手段。

12. 信息通信技术的主导作用突出体现在服务与应用上。信息通信技术（ICT）领域的创新成果层出不穷，产品更新换代的周期继续缩短。生产性信息通信技术投资继续增长，对提高生产率的贡献首屈一指。但是，ICT 产业目前的利润率已很低，业内竞争十分激烈，其发展主要由需求拉动。各国重视信息化的服务与应用，软件业增长速度超过了硬件业增长速度。信息通信技术的发展，安全和隐私保护是扩大服务的两大障碍，硬件技术尤其是芯片技术仍是一个重大研发领域。

13. 生命科学领域蛋白质组研究计划启动。"后基因组"时代的生命科学研究向纵深发展。在基因组层次，继续开展植物基因组学、结构基因组学、功能基因组学、化学基因组学等方面的研究。一年多来，在蛋白质组层次已先后出台了由一个国家的研究人员担纲，由公共经费资助的四项研究计划，如人类血浆、脑和肝的蛋白质组计划，其中肝脏蛋白质组计划由我国科学家贺福初主持。在分子水平上研究人体各个系统是生物医学的一个新动向。

14. 纳米技术前景看好且研究力度连年加大。2002年，全球纳米技术产业市场约为450亿美元。据预测，2008年这一市场将扩大到7000亿美元，2015年将超过1万亿美元。现在，已制定纳米技术研究计划的国家和地区约50个，各国都在加大纳米技术研究投入的力度。各国政府投入的研究经费，1997年为4亿美元，2002年为20亿美元，2003年达到30亿美元，许多国家都准备增加经费。此外，美、日、欧私营部门的投入激增，有的与政府的投入相当，有的比政府投入高1倍。

15. 能源的远期供需、能源多样化和能效备受关注。继国际能源机构发表2020年的世界能源预测报告之后，欧盟又发表了2030年的世界和欧盟的能源供需预测。比较一致的看法是：实现能源来源多样化，减少对石油的依赖；增加天然气所占比例；推进可再生能源利用；提高能效和节能是各国能源政策的一个关键要素。"氢经济"突然间在美欧被炒得火热，并开始被纳入研究计划。世界许多国家都从可持续发展出发，从长谋划能源问题。

16. 空间大国以地外探测为目标的航天活动异常活跃。又有一些国家加入了航天"俱乐部"，还有一些国家已将卫星发射列入国家计划，航天活动更加频繁，空间大国之间的竞争已主要放在月球和火星探测方面。2003年，欧盟和美国先后发射了火星探测器，欧盟的猎兔犬2号登陆失败，美国的勇气号和机遇号登陆成功；俄罗斯制定了探测火星的计划；美国布什总统宣布了重新载人登月的计划；日本计划于2004—2005年发射月球探测器；印度决定于2008年发射探月卫星。

（2004年8月）

美国提出实施"美国竞争力计划"

今年 1 月 31 日，美国总统布什在发表国情咨文中提出实施"美国竞争力计划"，并于 2 月 2 日在白宫正式公布，承诺 2007 财年预算对该计划投入 59 亿美元，以增加研发投资、加强教育和鼓励创业精神。就政府研发投资而言，布什宣布将在 2007 财年预算中使联邦政府研发投资总额达到 1370 亿美元，比 2001 年的水平高 50%。这项计划被媒体称为重新点燃创新精神的火炬。现将该计划的两项主要目标和内容介绍如下：

一、"让美国的基础研究领先世界"

美国政府认为，持续的科技进步和创新是保持美国竞争优势的关键。美国的经济优势和全球领先地位，在很大程度上取决于产生和利用最新科技进展以及把这些进展转变为现实生产力的能力。需要采取有重点的政策，为继续保持美国在创新、探索和独创方面的领先地位奠定基础。为此，"美国竞争力计划"提出以下目标：

1. 在纳米组装和纳米制造领域拥有世界一流的能力，它有助于把目前的实验室科学转变为范围广泛的新应用，这些应用实际上涉及所有商业部门，包括电信、计算、电子、保健和国家安全。

2. 借助于一些必要的基础设施，如能源部的国家同步加速器 II 和国家标准与技术研究院的中子研究中心，在化学、生物学、光学和电子材料方面取得突破，这些突破对于纳米技术、生物技术、替代能源以及氢经济领域的前沿研究非常重要。

3. 拥有世界领先的高端计算能力（千兆级）以及利用先进网络推动科学

进步的能力，为此要借助于规模空前的、非常复杂的、涉及很多学科的建模和模拟，这种能力对于智能制造、准确的天气预报、安全有效的药物设计非常重要。

4．为量子信息处理的实际应用和量子力学模拟解决技术障碍，前者将根本地改变安全通信领域，后者将应用于物理、化学、生物学和材料科学，使之发生根本转变。

5．通过材料科学中的基础研究新方法，为氢能、核能和太阳能的有效且经济利用解决技术障碍。

6．解决网络安全和信息安全保障之间存在的差距和问题，防止依赖于 IT 的经济受到故意和无意的破坏，还要在知识产权保护和控制方面领先于世界。

7．改进传感器和探测能力，这将带来世界领先的、有广泛应用的自动化和控制技术，对于国家安全、保健、能源和制造等非常重要。

8．为供应链开发制造标准，以促进并加快更有效的生产实践的发展和集成。

9．提高应对国际标准挑战的能力，这些挑战包括利用标准设置贸易壁垒从而影响美国的竞争力并限制美国企业的出口。

10．加快新技术标准的制定工作。

11．在材料科学和工程学方面取得进步，开发相应的技术和标准，提高结构性能以抗御地震和飓风等危险事件。

12．提高能源部和国家标准与技术研究院实验室的容量，并改善其维护和运行情况。为了"让美国的基础研究领先世界"，"美国竞争力计划"提出了两项重要措施：一是加大对基础研究的支持力度。未来十年间美国政府对国家科学基金会、能源部科学办公室和商务部国家标准与技术研究院的资助翻一番，相当于 500 亿美元的新增投资，用于高影响力、推动创新的基础研究领域。二是鼓励私营增加创新投资。美国私营企业的年研发投入总额在 2000 亿美元以上，占全美研发总投入的三分之二。为了使研究和试验税收减免制度永久化，激励私营企业长期增加研发投入，美国政府未来十年的税收减免总额将达 860 亿美元。

二、"让美国的人才和创造力领先于世界"

美国政府认为，要使美国经济保持全球领先的地位，必须保证人才的持续供应。这些人才包括受到高等训练的数学家、科学家、工程师、技术人员和相应的科学辅助人员，同时还必须保证美国人民普遍具备科学、技术和数学方面的修养。"美国竞争力计划"强调，继续实施2002年1月获国会通过的《不让一个孩子落后法》，保证每一个孩子都能受到高质量的教育，成长为21世纪大有作为的公民。围绕实现这些目标，开展了一些新的拓展计划。

1. 大学先修/国际学士（AP/IB）计划。多培训7万名教师来指导AP/IB计划的数学和科学课程，使更多的低收入家庭的学生参加严谨的课程，并把这些学生通过AP/IB数学和科学考试的人数从23万人增加到70万人。

2. 建立支教联合会计划。支持学校与公共或私人机构形成伙伴关系，发挥公共教育体系之外的高素质人士的作用，鼓励3万多名科学、数学和工程专业人士到高中当教师。到2015年培养10万名高素质的数学和科学教师。

3. "国家阅读专家小组"和"国家数学专家小组"。旨在对教授数学和科学课程的各种方法进行研究，以便为改进教学方法和教材奠定基础，重点提高学生的阅读和数学能力。

4. 小学、中学数学计划。小学数学计划在于使学生为初中和高中学习更高难度的数学课程做好准备。中学数学计划在于为那些数学水平较低的学生，进行强化和系统的教育。

5. 高中改革计划。根据学生需要的额外帮助，进行有针对性的、已被证实有效的干预，以提高高中生的成绩，使所有学生都能在毕业时掌握他们进入大学或参加工作所需的知识和技能。

6. 美国竞争力补助金计划。这项计划是向完成了高中课程且在大学平均学分保持在3.0以上的低收入大学新生和二年级学生，以及主修数学、科学和重要外语的三、四年级学生追加助学金。

7. 鼓励学生主修科学、技术、工程和数学（STEM）领域。美国国家科学基金会管理的48项计划，都是围绕改进STEM的教材和教学方法、支持教师培养和职业发展、提高学生的成绩和兴趣，以及招聘和留住STEM专业学生和招收研究生的计划。

8. 全国教育进展评估（NAEP）。也叫国家成绩单，对各个年级学生的阅读、数学等课程的成绩进行测度，评估政府对教育投资的效果，以便随时掌握国家总体教育绩效和进展情况。

9. 改革劳动力培训制度。在 2007 财年设立"职业发展账户"计划，每年将向 80 万人提供培训机会，每位新工人、换工作工人和需要新技能来保持就业或晋升的在职工人可获得 3000 美元的培训费。

10. 支持全面的移民改革。提高美国从世界各地争夺并留住最优秀、最聪颖人才的能力，让世界上最有天赋、最勤奋的人能够利用其技能为美国工作，提高美国的创业精神和国际竞争力。同时减轻国境压力，加强国土安全。

为了"让美国的人才和创造力领先于世界"，"美国竞争力计划"提出要加大对教育尤其是中小学教育的支持力度，加大在工人培训、更新知识方面的资助力度，加大吸引所需要的移民和非移民学生和工人的工作力度，以使美国的学生和工人成功地成为 21 世纪的劳动力。"美国竞争力计划"最后指出："在未来的若干年内，美国将面临许多国家日渐增强的经济竞争。我们必须更加努力地工作以保持我们的竞争优势。如果我们今天为我国科学技术的卓越奠定基础，那末明天就会继续在探索、发明和创新方面领先于世界。"

（2006 年 3 月）

美日两国行政审批制度改革的做法和启示

行政审批制度作为政府对经济、社会生活管理和调控的重要手段，西方发达国家都普遍采用，并都经历了一个改革的过程。第一次世界大战前，行政审批事项数量较少，但在二次世界大战期间，为了适应战时的需要，各国通过严格的管制，强化了对社会的控制，审批行为渗透到政治、经济和社会生活的各个方面。二战结束后，这些国家虽然取消了战时的军事管制体制，但繁琐的管制却基本上延续了下来。20 世纪 70 年代以后，伴随着经济全球化和行业规则国际化，放松政府管制，改革行政审批制度，成为发达市场经济国家转变政府职能、促进经济社会发展的一项重要任务。至今，日本已进行了 9 次审批制度改革，美国进行了 5 次，英国、法国、德国也都不断地推进这项改革。重点分析一下美国、日本的案例：

一、美国政府规制的改革

20 世纪 70 年代以前，美国政府规制（相当于我国的行政审批）的范围较广，规制内容繁琐，几乎延伸到社会生活的各个领域。例如，在钢铁工业领域政府制定了 27 个法规、5600 项条例。从 1938 年到 1978 年，美国连续 40 年没有新批一条空中航线，也没有新增一家航空公司。另据统计，从 1964 年到 1974 年，美国政府干涉使私人企业承受的损失与负担增加了 50%。过多的政府规制，给政府官员带来过多的"寻租"机会，导致官员恣意扩大和增加审批权，而不管是否符合公共利益。这一方面造成规制机构的急剧膨胀和财政支出的急剧增加，另一方面也增加了企业用于"寻租"的成本和造成社会资源的巨大浪费，使公众的公共利益受到严重损害。由于存在上述严重弊端，美国于

20世纪70年代开始酝酿行政审批制度改革。1975年，政府取消了证券市场股票委托手续费的有关规定，拉开了行政审批制度改革的序幕。1997年，通过了《航空业解除管制法》，取消了国内航空业的大部分准入管制和价格管制，允许有许可证的企业自由进入，允许各航空公司自行制定票价、增加航班。此后，美国政府通过一系列举措相继放开了政府在天然气价格、石油价格、汽车运输、铁路运输、电力电话设备、银行等领域的大部分规制。

美国政府规制改革基本上遵循了市场经济、公共行政和依法行政的基本要求，其主要做法：

一是大胆下放政府规制权力。大幅度精简规制项目，将原来由政府承担的部分社会管理、经济管理职能推向社会、推向市场。政府放开大多数竞争性行业的经济性规制，让企业有更大的自主空间，使其能按照市场机制组织生产，提高效率。政府对社会中介组织充分放权，注重社会团体的自主管理，逐步将资格审查、价格监督、质量控制等权力向商会、行业协会等中介组织转移，缩小规制的范围和规模。

二是注重分析规制的效益成本。政府为了确保规制对市场和社会的科学合理介入，在设置规制过程中，特别强调效益成本分析，把它作为设置的标准之一。美国里根政府的12291号行政令就对成本分析进行了明确的规定：对于重大项目（经济影响超过1亿美元以上）必须经过正式"规制影响分析"才能做出决定；在制定有关社会性规制时，必须经过"风险分析程序"寻求科学依据，否则不予规制。

三是合理设置和调整规制项目。在改革过程中，并不是一味地减少规制项目，而是有减有增。一方面，政府有选择性地废除不合理和不合时宜的规制项目；另一方面，对确实暴露出"市场失灵"的领域，增设了新的规制内容和标准，以弥补市场缺陷，促进市场经济的健康稳定发展。

四是依法规范规制行为。先颁布一个新法规，据此对规制的内容和标准进行调整。同时，由规制改革领导机构对历年颁布的法规进行全面的审查和清理，对不适当的规制的法律条文，向国会提出修正或取消的建议，推动规制的立法改革。

五是注重发挥市场机制的作用。以美国的电信管制改革为例。20世纪80年代以前，AT&T依靠国家政策的扶植，代表政府基本上独家垄断了美国电信市场。但到 80 年代初，电信行业垄断导致服务费用高居不下、新技术应用缓慢、服务管理水平无改善，在一定程度上阻碍了当时电信新业务的发展。针对这一情况，1984 年美国政府以反垄断法为依据，将 AT&T 强行肢解为一个长途电话公司（AT&T）和 7 个地方性电话公司，开放电信市场的竞争，使 Sprint、Wordcom、MCI 等一批全新电信商应运而生，促进了美国电信业的新发展。1992 年，美国长途通信费用创纪录地下降了 38%—40%，基于电话网上的增值服务业务达到 30 万种之多。美国政府通过上述一系列改革措施，成功地实现了政府规制与市场、社会的良性互动，取得了明显成效：市场竞争更加充分，产品和服务的质量明显提高，价格明显降低；市场准入更加宽松，新企业快速增加，企业用于"寻租"的成本大幅度下降，企业的竞争意识和活力进一步提高；规制机构大大压缩，减轻了财政负担；扩大了需求和投资，促进了经济的快速增长。

二、日本政府管制的改革

日本对经济的管制（类似于我国的行政审批）大约是自 20 世纪初开始的，先是在海运领域，后来逐渐建立了各种各样的天皇特别行政机构。这些机构依照国家法律建立，对各种经济活动，尤其是对对外海运和捕捞事务进行审批和监控。二战后，日本成为战败国，更是加强了对经济的管制，这样拥有行政审批权的机构就越来越多，行政审批权的范围也越来越大。到了 20 世纪 60 年代，日本政府对于企业经济活动的管制、对于公民个人行为的管制以及政府内部事务的管制达到了高峰，在资本主义国家中行政审批项目是最多的，被称为"政府主导型市场经济"。比如，就连个体户卖大米饭，也要经过政府批准资格。过多的管制和审批手续在加强监管的同时，也产生了许多副作用，使政府工作效率过低，资源浪费严重，束缚了日本经济的发展。从 70 年代末开始，日本开始大幅度减少了审批项目，进一步简化了审批程序，在许多管制领域引入市场机制，使政府逐步淡出微观经济领域。行政审批制度改革取得了明显成效，对于二战后日本经济持续高速发展、确立世界经济强国地位，发挥了十分重要的作用。日本政府管制的改革同样是在市场经济、公共行政和依法行政理念的指导下进行的，但更强调放松管制和提高工作效率。主要做法如下：

一是依法确定行政审批制度改革范围和清理审批事项。日本行政审批的范围包括许可、批准、登记、核准、同意、认可和初审等。根据职权法定原则，凡有法律、法规、规章依据的予以保留，没有的一般予以取消。仅 1965 年，日本中央政府就取消了不合法、不正当的行政审批事项 1000 多项。

二是按照"市场规则"的要求，循序渐进、步步推进审批制度改革。日本有比较完善的市场体系，市场发育比较成熟。在行政审批制度改革中，政府十分注重市场规则的运用，充分发挥市场对资源配置的作用，不干预企业生产经营自主权。充分发挥社会中介组织的作用，能够由中介组织履行的职责，政府就不会插手。例如，1999 年在发电领域引入招投标制度；在供电领域，收费管制弹性化，实行申报制，也即备案制。

三是引入司法审查和司法救济机制。为了减少错误的行政审批和无效的行政审批，日本在行政审批中引进司法审查机制和司法救济机制，所有的政府管制和行政审批要接受严格的司法审查。行政管理相对人对行政审批不服的，可以提起行政复议或行政诉讼，胜诉后可获得一定的行政赔偿。

三、几点启示

从美、日行政审批制度改革实践中，可以得到以下启示：

一是行政审批制度改革必须以市场为基本导向。在市场经济条件下，由于存在"市场失灵"问题，行政审批的存在不但是合理的，也是必要的。但应该看到，过多地依赖行政机构处理一切经济社会事务，并不能解决所有问题，反而只会造成政府职能的过度膨胀和社会功能的萎缩。因此，政府应采取一种以市场为导向的分权化策略：将原来由政府承担的部分经济管理职能、社会管理职能推向市场、推向社会，充分发挥市场机制的作用。具体地说，在竞争性领域，政府可以完全退出，不再实行行政审批；在资源类、反垄断类等一些仍需保留行政审批的领域，也应放松对市场主体准入的限制，引入招投标等市场竞争方法。

二是行政审批制度改革必须服务于社会公共利益。一方面，应取消经济领域的大量不合理的、影响市场机制发挥的行政审批项目；另一方面在涉及国计民生的重要领域，应进一步强化规制和管制，增加与环境、健康和安全等有关的新的社会性审批项目，以防止因为过度的经济自由而导致公共利益受损。

三是行政审批制度改革必须依法进行。审批是一项重要的行政权力。在没有法制约束的前提下，行政管理者往往出于自身利益考虑而不断额外设立审批项目，增加"寻租"机会，从而使行政审批最终偏离社会公共利益这一根本目标。为此，必须依法对行政审批的设定、行使、监督、救济等一系列环节，都做出具体明确的规定。

四是各国应根据国情来选择具体的行政审批制度。例如，美国历史上比较注重公民拥有枪支的权利，管制就比较宽松，只要公民没有犯罪前科就可以申请拥有枪支。但在我国对枪支就要有严格的管制制度，一般公民都不可以拥有枪支。再如，在美、日等国家，土地是私有的，对土地资源的使用就没有非常严格的管制；但在我国土地属于国家所有，人均国土资源非常稀缺，国土资源使用需要实行非常严格的行政审批制度。

（2007 年 9 月，本文同刘文海同志合作完成）

加拿大发展电子政务的做法及启示

20 世纪 90 年代以来，世界各国电子政务建设迅速发展，名列"信息高速公路"五个领域的首位（其他四个领域为电子商务、远程教育、远程医疗、电子娱乐）。联合国经济社会事务部把推进发展中国家政府信息化作为工作重点，各发达国家更是纷纷推出国家信息化建设规划，"电子政府"已成为推进政府管理现代化的方向，也是带动整个社会信息化的基础。据安盛咨询公司提供的最新报告，加拿大在发展电子政务的四个方面，即创新领先者、远景跟随者、稳定获得者、平台建设者的总体满意度得分超过 50%，处于全球领先地位，新加坡、美国和澳大利亚列第 2、3、4 位。加拿大电子政务发展后来居上的许多做法，值得我们学习和借鉴。

一、充分发挥中央政府的统一规划和协调作用

加拿大政府注重通过中央政府进行整体规划和制定标准，自上而下实施电子政务建设。1997 年 9 月，加拿大总督提出要将加拿大建成世界上网络最发达的国家，加拿大联邦工业部推出了全国联网战略。该战略包括加拿大在线计划、智能社区计划、政府在线计划、与世界连接计划、资料数据连接计划和电子商务计划等 6 大计划，以政府在线计划推动电子政务发展。加拿大政府于 1999 年 10 月启动国家电子政务战略计划（政府在线计划），提出政府要做使用信息技术和互联网的模范，整个行动计划的制定与率先实施都由联邦政府负责，力争在 2004 年前将政府的信息和各种服务全部上网，实现向所有社区居民、企业提供高速宽频网络服务的目标。在国家电子政务战略计划落实中，加拿大政府发挥了强大的组织领导作用。由国家财政部部长全权负责，并由国家

总理亲自挂帅，推行"统一的政府"实施策略，加强各级政府和各部门之间的协同发展，向公众提供一体化的、满足需求的电子服务。首先在2001年1月前完成了政府门户网站建设和政府组织结构调整，将网络连接到每一个用户，从而使服务网络扩展到全加拿大。财政部负责跨地区和跨机构的电子政务协调发展，对各级政府、不同部门的行政界限进行合理界定；委任首席信息官负责国家电子政务建设的整体规划和信息管理，制定最及时、统一的法律法规、政策措施和标准体系，涉及内容包括隐私、安全、身份认证、网络管理和采购工具等。2001年6月，加拿大政府与私营部门签署了一项关于"安全通道"的工程合同，确保整个政府完成安全的、重隐私的、无缝隙的电子交易。庞大的、全面的系统结构和一个经过不断整合的电子政务架构，是加拿大实施国家电子政务战略计划的基础。

　　加拿大电子政务迅速发展，与其强化基础设施建设密切相关。加拿大全国主要城市都是高速数据网联通，通讯上网费全球最低。1999年建成的"校园网"和"图书馆网"项目，是全球第一个把国家所有公共图书馆和学校通过互联网连接起来的国家。与此同时，通过实施社区互联计划（CAP），建立了覆盖全国城市、农村和偏远地区的8800多个公共互联网接入点。CAP计划还帮助人们学习互联网知识、发展在线服务、从事研究、交流信息、发布社区广告，以及链接政府的战略规划和服务。2001年由政府和企业共同建成了国家光纤网，其技术比美国领先6个月。加拿大政府特别注重身体上、视觉上或听觉上有障碍的公民，尽量使其能够获取到政府提供的信息和服务。加拿大推进电子政务建设，扩大了政府传播信息的渠道，扩展了政府提供服务的职能，提高了行政效率和办事透明度，拉近了政府与公民间的距离。目前，加拿大号称是全球上网率和联网率最高的国家。

二、树立"以客户为中心"的政府服务理念

　　加拿大电子政务的所有网上服务，都是在对用户进行广泛的市场调研的基础上推出的。加拿大共有35个政府信息和服务的群组，网站用户分为"加拿大公民"、"加拿大企业"、"非加拿大公民"3类，体现了"以客户为中心"的"一站式"政府服务理念，改变了过去政府网站按照部门或机构的职责来划分和组织信息的形式。目前，加拿大政府提供的网上服务领域主要有以下7个

方面：

一是建立国家网站。这是所有联邦政府网站的总入口，可获得电子目录、大量常用表格和出版物。每一个入口都严格按照主题、客户需求或生活周期事件，分类进行信息和服务传递。二是医疗卫生网站。将全国460家医疗机构联在一起，开设有1000个医疗专题，涵盖生活方式、健康、疾病预防与医疗等各个方面，实现健康信息资源共享，向全体居民提供服务，在世界上是首家此类网站。三是就业和学习网站。建立全国职业数据库，平均每天在网上公布约25000个就业机会，点击在10万次以上，成为加拿大最忙碌的网站之一。建立电子劳务交换系统，求职人员和用人单位通过网上交换信息，快速匹配，找到所需工作或人员。四是电子报税及退税网站。允许专职税务人员通过网络处理收入税业务，允许个人通过网络申报个人收入税以及退税业务，仅2000年就有500万笔业务和400万居民获得这两方面的服务。五是旅游和文化网站。加拿大外交部的网站提供世界各国旅游信息网上服务，包括旅游资料手册等。文化遗产信息网络则提供加拿大及世界各地的博物馆、艺术馆及文化遗产方面的信息服务。六是环保服务网站。提供各地由于污染、交通运输、开发建设造成的环境影响信息，同时向市民介绍联邦政府在保护环境、保护濒危动植物方面所做的努力。七是企业服务网站。通过"加拿大企业服务中心"网站，可以获得所有联邦、省区出台的商业计划、服务举措和相关规定等数据和信息。通过"成立公司"网站，可以向世界任何一个地方的公民提供24小时的公司注册服务，提供安全的网上付费，并可在当天下载注册证书。通过"加拿大知识产权办公室"网站，可以完成网上专利申请全套程序，包括检索、申报、付费和获取证书。此外，企业还可以通过专门网站，获得有关国际贸易的信息，包括企业名录、国际贸易展览、各国海关、联邦及企业资助政策等，并能从加拿大遍布世界的133个商会办公室获得网上服务。

加拿大政府正在规划推动的电子政务应用项目主要有：(1)推动电子化的公开招标系统，使加拿大全国各地区的公司都有同等机会对政府采购活动招标。(2)推行单一的商业注册登记号码。(3)运用电子资料交换系统推动电子商务，进行政府采购、支付和税费的征收。(4)试行以电子布告栏及国际互联网传递政府的电子文件。(5)实现公司及委托会计师网上报税。(6)推动电子医疗记录、远程医疗、全国医疗机构的联网和会诊，以及其他以网络为基础的服务。(7)将共同性的需求整合成一个综合性的电子信息基本框架，避免各自为政带来的负面影响。进入 21 世纪后，加拿大政府认为推进电子政务更重要的是使加拿大与世界联成一体，提升政府在世界范围内的影响，在数字化时代继续保持领先地位。

三、加拿大电子政务建设对我们的启示

我国已经进入全面建设小康社会、加快社会主义现代化建设的新阶段。党的十六大报告和十六届三中全会通过的决定，都把发展电子政务作为深化行政管理体制改革的重要任务。目前，我国电子政务蓬勃发展，已经取得了多方面进展，但存在许多亟待解决的问题。认真分析和研究加拿大等先进国家的做法，从中受到的启示主要有以下几点：

第一，必须以中央政府为主导。电子政务的核心是政务，要采取"中央集权式"的方法自上而下地推行，从经济效益、社会效益和行政效益三个方面确定电子政务发展的优先领域，既要做到统一领导、统一规划、统一标准，又要做到分类指导、分层推进、分步实施。我们已经有了一个比较好的、但仍需不断完善的规划和标准，最重要的是处理好中央与地方、部门与部门之间的关系，防止各自为政、重复建设、贪大求洋。

第二，必须以管理创新为目标。构建适应信息时代发展要求的现代政府，必须消除数字鸿沟，重塑业务流程，健全服务网络，创新管理方式。要充分发挥电子政务多媒体、交互式、开放性等特点，改革行政机关的组织结构、机构层次和运行规律，转变公务人员的传统理念、思维习惯和工作作风，达到精兵简政、降低成本、提高效率的目的，使各级政府更好地面向世界、面向社会、面向企业、面向公众，加快形成行为规范、运转协调、公正透明、廉洁高效的行政管理体制。

第三，必须以公共服务为中心。加拿大等国的政府服务正朝着"单一窗口"、"跨部门"、"24 小时"、"自助式"的方向发展。我们只有加快推进电子政务，才能使政府的公共服务更为快捷、更为方便、更为畅通、更为直接、更为公平。当前，应把发展电子政务同贯彻实施《行政许可法》结合起来，同推进市以下行政机关政务公开结合起来，抓紧建立和完善相对集中行政许可权制度，统一办理、集中办理和联合办理制度，政府信息服务和网上办工制度

等，架设改善政府同公民、法人和其他组织关系的新媒介。

第四，必须以制度建设为基础。电子政务法律与制度建设，是新兴的、跨部门的法律领域。根据世界各国行之有效的经验，在发展电子政务的基础性法律法规方面，需要进一步完善行政组织法和尽快制定行政程序法；在涉及政府一般信息行为的法律法规中，最主要的是信息公开法和信息资源开发法。在实施电子政务活动的核心性法律法规方面，主要是制定涉及计算机信息网络安全的信息安全法等，制定规范政府信息管理活动与个人数据保护关系的个人数据保护法等。在电子政务的运作性法律法规方面，国务院已经提请全国人大常委会审议《电子签名法(草案)》。这部法律对于促进电子政务和电子商务发展至关重要，有关部门应抓紧制定具体实施办法。

第五，必须以资源共享为平台。我国电子政务的基础设施建设已经有了良好的基础，关键是打破条块分割、部门分割，整合现有资源加快高速、宽带、大容量的基础网络建设，并在此基础上促进电信、电视、多媒体三网融合。加拿大政府 2003 年至 2004 年用于政府在线计划的财政预算仅为 1.6 亿加元，他们把这笔钱用在了"刀刃"上，非常值得我们反思。要实现以资源共享为平台，建立不同业务范围、不同应用领域的网络体系是前提，建立适应经济社会和人的全面发展需要的数据库是支撑，而建立能够全方位地为公民、法人和其他组织服务的政府门户网站是根本。这是我们必须认真付诸实践的。

第六，必须以信息安全为保障。针对现代信息技术的特殊性，世界各国推行电子政务都把网络安全放在首位。"9·11"事件发生后，美国政府发表了《国家网络保安战略》，把它作为美国国土安全战略和国家安全战略的重要补充，提出了发展安全文化、实现网络安全的 9 项原则，并加大了这方面的投入。我国在网络安全上已经采取了一系列措施，但要特殊强调的是这项工作不仅包括政策制定者和执行者，也包括网络拥有者和使用者，必须在全社会倡导"网络安全、人人有责"的新观念。国家有关部门应抓紧建立安全评估、安全政策、安全标准和安全审计体系，确保电子政务信息的安全性、有效性和可靠性。

（2004 年 4 月）

日本"公害防止管理者制度"简介

二战后，日本在环境污染方面有过惨痛的教训。20世纪五六十年代，日本进入战后经济高速增长时期。由于当时缺乏对公害问题的认识，先后出现了震惊世界的四大公害事件。进入20世纪70年代，日本政府、企业和社会都意识到公害防止工作的重要性和紧迫性。1970年召开了公害防止特别国会，制定了《公害对策基本法》等一系列法律。鉴于当时企业普遍缺乏执行法律的自我管理能力，1971年又颁布了《在指定工厂建立污染防治组织的法律》，全面推行"公害防止管理者制度"。1993年日本又实施《环境对策基本法》，环保地位已从服从于经济发展过渡到优先于经济发展。这些措施，使"公害防止管理者制度"成为日本全社会普遍接受的、卓有成效的环境管理基本制度。日本已建立起50多万人的防止公害管理队伍，到20世纪80年代，公害问题迅速得到解决。日本的"公害防止管理者制度"很值得我国学习和借鉴。日本"公害防止管理者制度"有五个特点：

一是广泛性。特定行业的工厂和具有特定排污设施的单位，是指商品加工业、供电业、供气业、供热业及安装排放烟气、烟尘、特定粉尘、废水、噪声、振动设施的单位，几乎包括了除服务业以外的所有排污单位，但不包括固体废物。

二是强制性。日本"公害防止管理者制度"规定了企业公害防止机构的设置、公害防止管理员及助理的任用、职权、惩罚等一系列的内容。公害防止经理由厂长担任，大型工厂还要配备公害防止主任管理员。公害防止管理员不是一般意义上的环保人员，企业排污情况、燃料和原材料使用情况都要报其签字确认后才有效。公害防止管理员可以对污染治理及燃料和原材料的使用提出意见或建议，并监督实施。公害防止管理员违反法律时，必须从企业公害防止机构中离职，并在 2 年内不得复职。

三是统一性。日本"公害防止管理者制度"在全国统一推行，并实行统一标准、统一考试、统一颁证、统一管理。如统一规定废水排放量 1 万吨 / 日以上、废气排放量 4 万 M/H 以上的为大型工厂，并规定 8 种大气污染物质和 23 种水污染物质为有害物质，以此作为配备公害防止管理员的依据。公害防止管理员的考试由国家有关机构统一组织，在全国 9 个城市设考场，在统一时间用统一试题进行考试。

四是严密性。公害防止管理员资格（PCM），分为主任 PCM、1-4 级大气 PCM、1-4 级水 PCM，以及粉尘、特定粉尘、二恶英、噪声、振动 PCM 等 14 个等级。考试内容包括环境基础知识、法律法规、一般污染控制技术、有害物质治理技术、监测技术等，根据报考等级各有侧重。考试相当严格，合格率仅为 20% 左右。目前，全国已有 50 多万人取得 PCM 资格，每年还有几万人报名参加考试。企业必须按照企业规模和是否排放有害物质，配备相应等级的PCM。如大型且排放有害物质的工厂要配备 1 级 PCM，小型但排放有害物质的要配备 2 级 PCM，大型但不排放有害物质的要配备 3 级 PCM，不排放有害物质的小型工厂要配备 4 级 PCM。

五是协调性。日本在推行"公害防止管理者制度"过程中，与环境法律体系不断完善相适应，与环境行政执法相协调，以维护公众利益为根本，以政府的经济援助为支援，以公害纠纷调整机制为补充，形成了完整的企业环境管理体制。中央政府和县政府的环保部门对企业进行突击检查，发现超标问题，及时提出改正意见。日本的企业普遍把处理好同社区居民的关系作为企业生存的前提，千方百计维护居民的利益和满足他们的要求，使公害防止标准不断提高。企业公害防止管理员及其助理，负责定期向县政府报告公害防止情况。日本政府对企业提供必要的经济援助，如对公害防止设备允许加提 16% 的特别折旧，公害防止设施减免固定资产税、土地保有税及事业所得税；排污设施迁移到指定地区时免除土地、建筑物转让税收。日本开发银行和各级金融公库提供优惠融资服务，并成立了专事环境保护融资的环境事业团。日本建立了独特的调整机制，解决公害纠纷问题。日本内阁在总务省设立公害调整委员会，各县政府也设立了公害审查会，负责公害纠纷的斡旋、调停、仲裁和判决，85%

以上的公害纠纷都能通过这种方式解决，比司法途径更为经济、快速、有效。日本"公害防止管理者制度"有六方面作用：

第一，企业公害防止责任明确化。企业负责人作为公害防止经理，担负总责。主任管理员负责向公害防止经理提供技术支持并管理 PCM，PCM 负责检查确认排污设施和原料、燃料的使用情况，车间、班组负责人负责具体的节能降耗与减污工作，形成明确的责任体系。丰田车体公司将污染控制、事故预防和应急等责任分解到各班组、各负责人，建立了高效运转机制和办事程序。

第二，企业公害防止组织机构标准化。各大中小企业均依法设立规范的公害防止组织机构，被指定为小型企业的实行 B 类，被指定为大型企业的实行 A 类，在 B 类基础上增加主任管理员，使公害防止机构制度化、标准化，以避免因人而异导致公害防止机构的削弱。

第三，企业公害防止管理人员专业化。通过资格考试的人员必须具备一定的专业知识和实际工作经验，这就保证了只有专业人才方可进入企业公害防止管理岗位。即使是中小企业，这些人员的专业知识也会在实际中发挥重要作用。如日本合成橡胶公司规定，担任有关课程及班组负责人，必须具有一级 PCM 资格。

第四，公害防止工作渗透到企业生产的各个环节。法律规定 PCM 除负责治污设施正常运转外，有权检查企业排污设施和原料、燃料的使用情况。因此，公害防止工作实际上已渗透到生产过程甚至消费过程，一旦发现异常现象，就可以指导和要求生产部门采取措施。如山森株式会社的公害防止管理员，指导生产部门采取清洁水分离、残液回收、减少杀菌剂用量，甚至改用温水洗净滤布，减少洗涤剂用量等一系列措施，大大减少了排污量，对固体废物分 13 个种类进行回收利用，使废物最终的填埋量削减了 90%以上。日本合成橡胶公司更是将环境管理活动渗透到车间、办公室、食堂和职工家庭，通过使用免淘米，将固体废物分 55 类进行处理，实现了零排放。

第五，公害防止的最新技术、政策及时普及。公害防止管理员资格虽然是终身制的，但法律规定遇有国家法律有重大调整时需要组织培训和知识更新。这样就保证了公害防止最新技术、政策和法律的及时普及。

第六，形成企业与政府、民众的和谐关系。公害防止管理员实际上成了企业与执法机关、公众联系的纽带。企业普遍建立了与周围社区的定期通报制度、听取居民意见制度，以及向政府的定期报告制度。三重县政府条例还规定，排放二氧化硫 10NM 立方 /h 以上的企业，要安装远程在线监控设施；排水量超过 5000 吨 / 日的企业，按照协议安装 COD 远程在线监控设施，并与县政府 24 小时联网。日本已有 350 多个企业编写企业年度环境报告书，公开发表。环境省已准备编写企业环境报告书编写指南，进一步推进这项工作。日本"公害防止管理者制度"有三大成效：

第一项成效是公害防止工作得到深化。20 世纪 70 年代以后，日本的公害问题迅速得到解决，但日本政府并没有放松这项工作。地方政府都制定了比国家排放标准严得多的排放标准，企业除保证达到法律规定的要求外，还要与当地政府或社区签定《公害防止协定》，保证达到更严的标准，不少企业的自主 COD、二氧化硫、氮氧化物排放标准已比国家标准严 10 倍左右。如三重县政府 COD 排放标准比国家标准高 8 倍；丰田车体公司的自主标准和实际排放都优于国家的二类地面水质标准，而且还把流经厂区的初期雨水一并处理。钢铁、石化行业的节能工作也堪称世界一流。这是日本 30 多年来坚持不懈防止公害、坚持公众参与和施行"公害防止管理者制度"的结果。

第二项成效是新兴环保产业得到发展。公害防止工作的深入开展，促进了环保产业的发展。企业的污水处理普遍在物化生化处理后，采用了砂滤、活性炭吸附及消毒工艺，大气污染普遍采用了脱氮、脱硫、静电除尘技术。如碧南发电厂建设采取了 2 级静电除尘，环保投资占全部建设资金的 24%。在生活垃圾处理方面，已经采用世界领先的熔融技术，以防止废渣中的二恶英。这些环保技术和产品已经成为日本环保产业的新增长点。

第三项成效是现代环境管理理念开始普及。在日本，企业的环保工作已从单纯的公害防止向现代环境保护理念迈进。循环型经济、循环型社会成为企业谋求可持续发展的战略思想。丰田车体公司提出了从设计、生产、销售到回收的循环型经济思想。日本合成橡胶公司始终超前于国家环保政策，在环保竞争中处于主动地位。由于有了"公害防止管理者制度"的基础，日本 ISO14000 认证工作迅速发展，目前已有 1 万多家企业通过认证，在国际上遥遥领先。优先采购通过 ISO14000 认证单位的产品，逐步成为机关和企事业单位的共识。

（2003 年 7 月）

日本老年护理新模式值得借鉴

日本 1970 年进入人口老龄化国家行列后，人口老龄化的发展速度很快。到 2002 年 9 月，日本 65 岁以上的老年人口已达到 2362 万人，占总人口的 18.5%，75 岁以上的老年人口也突破了千万大关，成为世界上老年人口比例最大的国家。随着日本老年人绝对数量和需要长期护理人员增加，一方面是社会保障经费开支越来越大，原有的"老人福利制度"和"老人保健制度"难以承担激增的健康保险费用；另一方面是家庭承担赡养老人的责任也越来越重，现实的"少子化"趋势又使得传统式的老年人家庭护理功能逐渐弱化。为了改变这种状况，日本于 1997 年颁布了《看护保险法》，并于 2000 年 4 月 1 日起正式实施，建立了适合日本国情的看护保险制度。这标志着日本社会保障模式逐步由"政府主导型"向"社会主导型"转变，以家庭为核心的老年护理模式也逐步向家庭、社会并重的方向过渡。

（一）关于看护保险制度的目的

看护保险制度的对象，主要是"由于年龄增长而引起的身心健康疾病，处于需要看护状态"的老人，在他们需要"洗澡、排泄、饮食等看护，身体机能训练及看护和疗养上的管理等医疗服务"时，"有必要为其提供享受保健医疗服务和福利服务时的费用"。为此，在实施保险给付过程中，一要与医疗配合，对需要看护状态的人进行预防，防止恶化；二要根据被保险者的选择意向，提供多种多样的、综合全面的高效服务；三要对在家的被保险者优先提供生活支援。

（二）关于保险单位与被保险者

保险者的基本单位为市町村。这主要是日本在近几年提倡地方分权中，将权力下放地方政府的结果。地方政府作为住民生活的最基本单位，根据本地区的实际情况和住民的切身利益，制定和提供更客观、更有效的保险服务。在此基础上，中央政府、都道府县、医疗保险单位、养老保险单位等互相协作与支持。看护保险制度的保险对象为40岁以上的全体公民，65岁以上者为第一类被保险者，40岁以上65岁未满的医疗保险加入者为第二类被保险者。2000年，日本参加第1类和第2类看护保险人数分别为2200万人和4300万人，两项合计占日本国民总数的一半以上。

（三）关于利用手续申请和认定

利用者首先向所在的市町村进行申请，当需要看护或支援的申请得到认可后，看护支援人员将根据申请人的身体状况，制定综合的、适合于申请人的看护计划。对于第二类被保险者，如脑血管疾病患者、老年痴呆等由年龄增加而引发的特定疾病，也按需要看护或需要支援来认定。对于看护或支援的认定，由申请人所在市町村设立的看护认定审查委员会来具体实施。这个委员会由保健、医疗、福利等领域的具有专业知识的人员构成。首先，由调查人员登门访问，按标准对看护对象需要看护状况进行"第一次判断"；之后，看护认定审查委员会据此并结合主治医生的意见，考虑每个看护对象的特殊情况进行最终判断，即"第二次判断"。

（四）关于看护保险服务的方式和内容

看护内容按照看护对象的身体健康状况，分为需要部分看护、轻度看护、中度看护、重度看护、最重度看护等层次。被保险者提出的申请经认定后，可有选择地享受有关保险服务。一是家访看护，服务人员定期家访，帮助料理家务等；二是帮助清洁，服务人员定期到家帮助被保险者洗澡等；三是家庭理疗，医务人员定期到家服务，帮助被保险者进行身体机能恢复运动等；四是医务人员家访，进行身体检查和营养指导等；五是全天看护，在看护设施内为被保险者提供当天的各项服务；六是短期设施内看护，被保险者可以搬入看护设施享受服务；七是痴呆病人的集体设施看护；八是自费老人设施内的看护；九是轮椅等医疗器材的使用及特殊器材、医疗所需住宅改修的费用补助；十是对在家看护的支援，根据被保险者身心状况及提出的服务要求，与服务提供团体协商解决。此外，被保险者还可以享受进入特别老人养老设施、老人保健设施、疗养治疗型看护设施。同时，各地区的市町村可以利用第一类被保险者的保险费，自主向被保险者提供必要的送饭服务、洗涤服务等。

（五）关于看护保险费的来源

看护保险费主要由被保险者利用保险时的使用费、政府补助金和个人缴纳的保险费等三部分构成。保险使用费由被保险者在享受保险服务时缴纳，费用为利用总额的10%。除此之外，剩余部分由公费与个人分别承担50%。公费部分由国家、都道府县和市町村各承担25%、12.5%、12.5%。个人部分为第一类被保险者缴纳18%，第二类被保险者缴纳32%。由于保险者的基本单位为市町村，为解决地区经济发展不平衡的矛盾，日本各都道府县建立了"财政安定化基金"，对于财政恶化地区采用短期资金借贷或资金给付等措施进行支援。另外，在国家承担部分中抽出5%的资金，对第一类被保险者的保险费进行平衡。

日本实行看护保险制度取得了明显效果。一是减轻政府负担和促进国民自立。这种保险制度以社会互助为前提，通过社会保险方式，理顺了给付与负担（即权力与义务）的关系，让国民（所有保险参加者）共同承担风险。二是给保险利用者自行选择的权利。在实施看护保险中，是否需要看护、选择什么样的服务方式都尊重申请者的意愿。如果申请者对市町村的安排意见不满意，可以向都道府县的审查机关提出个人要求，选择适合自己的看护服务。三是有利于调动地方政府的积极性。日本的社会医疗保险体系受中央政府监管，而看护保险体系主要接受地方政府监管。地方政府对于确定护理服务内容以及当地居民应交保费数额拥有很大的决定权限，还有权调控这一体系的财务状况、看护设施机构的人员组成以及筹资管理等方面的情况。四是在运行中引入了竞争机制。日本的社会福利机构是在政府预算下提供特定的服务，具有一定的稳定性。看护保险制度实施后，不仅提供相似护理服务的机构之间存在着竞争，而且专业看护人员和其它非专业医疗人员之间也存在竞争。这种积极的良性竞争，有利于提高护理服务的效率和质量。五是促进了医疗机构和社会福利机构职能的协调统一。

过去，老年人护理在政策上属于福利范围，但在具体操作过程中又属于医疗范畴，因而在医疗费用支出方面产生了一系列问题。实行看护保险制度后，上述两种情况均由看护保险来支付费用，从而在一定程度上解决了护理与医疗混乱的局面。我国于2000年加入了老龄化国家的行列，占世界和亚洲老年人口的 20%和 50%。老年人口规模之大，老龄化速度之快，是世界人口发展史上罕见的。在我国老龄人口中，60 岁以上老年人慢性病患病率是全部人口的 3.2 倍，伤残率是全部人口伤残率的 3.6 倍，老年人消费的卫生资源是全部人口平均消费水平的 1.9 倍；"三代同堂"式的传统家庭越来越少，城乡纯老年人家庭分别为 37.3%和 32.9%，80 岁以上的高龄老人现有 1500 多万；目前约有 3250 万老年人需要各种照料护理，而全国社会养老床位数约为老年人总数的 0.84%，远远低于发达国家 5%至 7%的水平。近年来，我国的养老保险、医疗保险等制度逐步完善和落实，人们对生活、医疗费用的后顾之忧有所缓解。但由于居住方式的代际分离和家庭平均人口的逐步下降，家庭给予老年人的生活照料与精神慰藉的功能有所减弱，这意味着健康不佳的老年人在经济供养之外还面临生活不便、照料不够、精神苦闷等问题。面对汹涌而来的"银发浪潮"，对满足老年人日益增长的长期照料护理需求，必须要有高度的重视和长远的谋划。建议有关部门将完善基本养老、医疗制度和建立长期护理制度并重，探索适合我国国情的家庭养老和社会化养老相结合的新途径，切实解决老年人经济生活保障和身心健康保障问题。

（2007 年 3 月）

新加坡开放型经济发展考察报告

今年 5 月 11 日至 18 日，中央组织部组成第三期中央国家机关领导干部赴新加坡培训考察团，主题是"经济全球化条件下的开放型经济体系建设"。通过这次培训考察，使我们对新加坡成长道路有了更深刻的认识。新加坡是一个城市国家，面积 704 平方公里，人口 468 万。虽然国土狭小，资源匮乏，周边环境压力大，但新加坡位居马六甲海峡主要交通枢纽，早期以转口贸易、航运等服务业为发展重心。新加坡自 1959 年自治和 1965 年独立以来，着力构建具有综合竞争力的开放型经济体系，从一个贫穷落后的殖民地发展成为新兴工业化国家，成为亚洲重要的商业中心、金融中心和航运中心。

一、新加坡建立开放型经济体系的成就

20 世纪 90 年代中期以来，新加坡的总体竞争力一直保持在全球第二的名次，是亚洲最具竞争力的经济体。新加坡经济发展的主要成就有以下几个方面。

第一，经济发展总体势头强劲。多年来，由于良好的国际环境和适当的国内政策支持，新加坡经济的平均增长率一直很高。2007 年，新加坡经济克服美国次贷危机、世界经济放缓等不利影响，继续保持快速增长的势头。全年实现国内生产总值 1613 亿美元，比上年实际增长 7.7%。服务业和制造业成为推动新加坡经济增长的双引擎，服务业在 GDP 中的比重已达到 66.9%，制造业在 GDP 中的比重为 33%，农业仅占 0.1%。特别是服务业的持续高速增长，缓冲了制造业的周期性波动。新加坡已进入发达国家行列，去年的人均 GDP 已达到 35163 美元，外汇储备近 1400 亿美元。

第二，对外贸易持续大幅上升。对外贸易是新加坡创造经济奇迹的生命线。依托战略性港口优势和自由港政策，奠定了新加坡作为区域贸易和货物集散地的国际地位。1986年以来，新加坡贸易以年均11%的速度增长，去年贸易总额达到5620亿美元，为GDP的3.48倍。新加坡的服务贸易出口自1996年到去年超过了2倍，离岸贸易自2000年到去年超过了4倍。在新加坡的主要贸易伙伴中，马来西亚占13%，欧盟占11.5%，中国占10.8%，美国占10.4%。新中双边贸易自1991年建交以来，以年均增长20%的速度发展，去年的双边贸易额为建交初期的16倍。

第三，对外投资贡献效果突出。近年来，新加坡海外运营对整体经济的贡献率（GDP＋海外生产要素收入）呈现上升趋势，去年已接近20%。1994年至2007年，新加坡对外直接投资以年均14%的速度增长，在许多国家和地区经济发展中成为关键的投资者，特别是对中国的投资呈现逐年上升趋势。1990年至2007年，新加坡累计在华投资334亿美元，占新加坡海外总投资的1/4。新加坡在华投资主要集中在房地产业、制造业、服务业和计算机信息产业，在华东地区的投资占总投资的40%。

第四，物价水平保持温和上涨。长期以来，新加坡经济在持续较快增长的情况下，国内通货膨胀一直保持在良性水平上。近两年，受国际高油价和食品价格上涨影响，新加坡的消费者物价指数上升。2006年的CPI增长，在很大程度上与CPI"篮子"中的能源相关产品价格上涨有关，住房价格和食品价格上涨也是重要因素。去年8月和9月，新加坡CPI分别达到2.9%和2.7%的水平，接近新加坡金融管理局预测的通胀上限。为了缓解国内通胀压力，新加坡金融管理局采取了加快新元升值政策，去年新元兑美元升值幅度已超过6%。对消费品价格上升，政府不是直接干预市场，而是对困难公民实行价格补贴。

第五，就业增长屡创历史新高。新加坡的就业率多年来持续走高，整体失业率始终处在低位。2007年，新加坡就业人数为273万，为总人口的58.3%；失业率为2.1%，是10年来的最低水平。在273万就业人员中，服务业占76.2%，制造业占17%，建筑业占6.6%。由此看出，服务业已成为就业增长的主力军，新加坡成功的经济转型是创造就业岗位的动力源。新加坡重视提升劳动队伍素质，在总就业人口中大学学历占23.7%，专业文凭占12.1%，高中学历占12.7%，初中学历占23.9%。值得提出的是，新加坡目前外籍劳工90万人，在总就业人口中占 33.3%，他们在经济衰退时承受了工作岗位减少的冲击，在经济扩张时又回来填补人力资源的短缺。

新加坡在取得这些成就的同时，还解决了一些新兴国家发展中的难题。一是成功地建立国有经济管理体制。新加坡的淡马锡控股公司是国家最大的资产管理公司，公司的全部资产由财政部所有。就财政部和淡马锡关系看政企是分开的，就淡马锡与属下企业的关系看所有权与经营权是分离的。二是成功地建立劳资政三方和谐关系。雇主、劳动者与政府间相互信任，在面对困境时达成共识，是新加坡的一大竞争优势。新加坡总理公署部长林文兴认为，劳资政之间紧密合作是新加坡成功的秘密武器。三是成功地建立政府储备管理制度。新加坡将财政结余作为政府储备，他们称之给后代人的需要而留下的资产财富，主要是为了克服国家灾难、应对紧急情况和严重经济衰退。这一制度性安排，使新加坡人对未来充满信心。四是成功地建立廉洁高效、为民服务的政府。李光耀把"廉洁的政府、有效的为民服务"作为一条重要的治国原则。新加坡曾被评为亚洲最不贪污的国家，政府效率也曾在国际竞争力评比中列为第一。一个廉洁、高效、依法行政的政府，是新加坡保持国民经济持续快速发展的首要条件。

二、新加坡建立开放型经济体系的经验

新加坡这样一个城市国家，为什么能够进入世界经济发展的前列？关键是新加坡适应经济全球化日益深入的需要，走出了一条符合国情的经济发展道路。

1. 依靠制度形成稳定的政治社会环境。新加坡是一个多元文化的社会，最大的特色是民族和睦、生活素质高、政治稳定和治安良好。这是新加坡建立开放型经济体系的重要基础，是人民安居乐业、经济良性发展、社会保持和谐的重要原因。新加坡 1964 年推行"居者有其屋"计划以来，目前已有近 90% 的人口居住在政府提供的低价公共住房里，70% 以上的住房面积超过 100 平方米，人均居住面积达到 30 平方米。中央公积金是一种独具特色的社会保障制度，他解决了新加坡人包括养老、失业、就医以及支付买房、教育费用等所有福利问题。新加坡是全球公认的最适合人类居住的国家之一，在 468 万总人口中有 101 万外来居民。同时，新加坡实行单一所得税政策，融合东西方文化精

髓，聚合国际与本土人才，亲商环境在世界银行去年对 180 个经济体排名中位居第一，美国商务部认为新加坡是亚洲投资回报率最高的国家。

2. 持续不断地推进开放型经济不动摇。新加坡建立开放型经济体系的核心是贸易立国、外资立国，长期刺激国内企业出口，鼓励外国投资，从而增强新加坡经济的国际竞争力，并成为亚太区域的国际经济中心。新加坡政府认为，只有在国内和国外经济比翼齐飞的情况下，资源有限的新加坡经济才能保持长期稳定的增长。新加坡贸易集散地的发展，直接带动了国内相关产业乃至旅游业发展，出口导向的国际化经济政策又促进了国内产业结构的不断调整，进一步增强了经济发展的活力与后劲。新加坡制造业主要靠外国直接投资，是一个典型的生产国际化的成功范例。近年来，对海外投资收入采取免税、双重收税扣除等优惠政策。总体上看，新加坡引进来的主要是现代新型产业，转移出去的主要是劳动密集型产业，这一进一出使新加坡的产业结构发生了质的变化，为建成高技术制造业中心和具有综合功能的国际工商港奠定了基础。目前，在新加坡的跨国公司投资企业 7000 多家，对外直接投资已达到 2170 亿新元，自 1994 年以来增加了 5 倍。

3. 制定一个高起点国家经济发展战略。新加坡建国初期是一个落后的农渔业小国，经济发展极度依赖于转口贸易。新加坡建国后发展开放型经济体系是从工业化突破的，重点是确保制造业为经济的主要组成部分。引进外资发展工业制造业的发展会增加就业和带动服务业发展，过度依赖国际市场的转口贸易是不稳定的，国际经济稍有波动就会给新加坡带来巨大影响。新加坡经济发展战略的实施，大体经历了三个阶段。第一阶段，从建国初期到 20 世纪 70 年代，积极向日本等先进国家学习，建立了航天、造船、石化等支柱产业，成功地实施了工业化计划。第二阶段，在 20 世纪 80 年代，政府挑选电子产业、海空运、金融服务业，刺激产业重组与升级。第三阶段，20 世纪 90 年代以来，政府极力推荐的产业是微电子、生物、信息科技等。尤其是信息科技发展计划，将使新加坡成为一个高效的商品、服务、资本、咨询和人力资源的国际转换枢纽。在发展知识密集型经济取得初步成效后，新加坡政府计划通过实施科技强国战略，到 2015 年成为世界上最具竞争力和活力的知识经济型社会。

4. 着力培育具有核心竞争力的新经济。新加坡建设开放型经济体系的一项重大措施，就是兴建工业化中心和新兴产业基地。新加坡现有 41 个工业园区，占地面积 44 平方公里，其中著名的有裕廊综合工业区、加冷公园工业区、加冷盆地工业区、格蓝芝工业区等。新加坡的炼油业，自 1961 年开始就不断吸引壳牌、莫比尔、埃索、美孚等国际著名石油公司的投资，多年保持世界第三大炼油中心的地位。海事工业由于日、美等国的造船公司和海上钻油公司的投资，使新加坡发展成为东南亚的造修船中心和世界第二大海上钻油台输出国。新加坡的电气电子工业由于世界跨国公司的竞相投资，促使他成为国际著名的电气电子产品出口加工基地。在出口工业带动下，新加坡不仅是东南亚的一个转口贸易中心，而且仅次于世界第二大港。同时，新加坡还是亚洲著名的金融中心、旅游中心和国际会议中心。进入 21 世纪以来，新加坡寻求新的经济增长点，大力提倡研究发展生命科学、资讯通信、洁净能源、环保服务、精密工程、纳米技术和光电子等新兴产业，保持新加坡整体经济在全球竞争中具有高度竞争力。

5. 打造高素质的公务员和劳动力队伍。新加坡的价值观念体系和社会文化特征，使其政府对人才的渴望是世界上任何国家都不能相比的。新加坡政府高度重视"精英人才"的培养教育，每年选派 100 名最优秀的学生到哈佛、耶鲁、牛津、剑桥等世界名牌大学深造，直接接受现代科技和管理知识训练，并同时研究吸取发达国家的社会制度。这些享受总理公署奖学金的留学生，是在世界上竞争最激烈的大学学习的，有一半是带着最高的荣誉回国服务，大多数被安排在政府部门担任职务，接受实际锻炼和发挥重要作用。在建立具有全球竞争力的劳动队伍方面，新加坡劳动力发展局推动持续教育与培训，实施劳动力职业培训计划、技术资格鉴定制度和就业必备技能制度，提高劳工的专业技能、高技术水平和再就业能力。同时，新加坡政府注重全方位、多渠道引进人才。对急需的人才制定了很多优惠条件，如他们的工资高于国际标准，允许把赡养人带入新加坡，也可以在任职期间同新加坡人通婚，可享受住房及其他新加坡公民不得享受的权利，能够比较容易地获得永久居留资格和新加坡国籍。

6. 政府履行适应市场经济需要的职能。自由经济和国家干预相结合的经济发展模式，是新加坡发展开放型经济体系的又一个重要特点。新加坡政府作为政策制定者和监管者，注重加强重要生产资料、经济部门和公用设施管理，健全完善投融资体系和资本市场，创造良好的宏观经济发展环境。如在生产领域，政府不直接经营企业，但通过立法和监督间接干预企业的经营活动，国内外所有企业都需按法令注册登记；国家直接或间接投资的企业，以股东身份控制企业；国营企业的董事主席或执行董事，多由政府官员兼职，工资由政府支付，个人收入不直接与企业经营成果挂钩，但个人的绩效却影响职务的升迁；企业倒闭政府不予补救。在计划领域，新加坡政府根据经济发展和转型的需要，实行均衡化、多元化的发展计划，尤其重视用具有决策意义的年度财政预算计划来规划政府部门事业的发展。同时通过实行诸如工业化计划、建屋计划、城建计划等发展计划规划经济与社会发展，并以政策手段有效配置与调节资源、市场和财务分配。

三、几点启示

新加坡政府在求生、务实和竞争的精神指导下，迎着经济全球化此起彼伏的风浪，把新加坡开放型经济建设不断推向前进。新加坡的发展为我们提供了可资借鉴的深刻启示。

（一）必须坚定不移地扩大对外开放

随着经济全球化的深入发展，各国间的经济联系更加紧密。新加坡善于利用经济全球化的机遇，将世界作为发展的"腹地"，没有开放型经济就没有新加坡的今天。我国改革开放以来，始终坚持把对外开放作为基本国策，实现了从封闭半封闭到全方位开放的伟大历史转折，为世界经济发展和人类文明进步做出了重大贡献。学习和借鉴新加坡的经验，我们需要加快完善内外联动、互利共赢、安全高效的开放型经济体系，在积极融入经济全球化中形成参与国际经济合作与竞争的新优势。

（二）必须正确履行政府经济管理职能

新加坡的开放型经济发展战略，是通过一系列政府法定机构实施的。如新加坡的经济发展局是负责规划与执行经济发展战略的政府机构，现在海外设置19个办事处；国际企业发展局的职责是推动以新加坡为基地的企业海外投资及促进国际贸易，现在海外设置35个办事处。他们的工作基点是打造新加坡世界级、国际化的企业，主要通过市场机制和解决企业系列服务办不了的事情。反思我们一些地方政府和经济管理部门，应改变在招商引资中层层下指标的做法，把工作重心放在支持产品品牌开发、政策引导服务、融资能力发展、建立商业联盟和提高企业国际竞争力上。

（三）必须根据国情制定发展的目标

新加坡在不同发展阶段都提出了适合国情的发展目标，由初期优先发展劳动密集型的"进口替代"工业，到着重发展资本和技术较为密集的以加工产品为主的"面向出口"工业，然后再向制造业与服务业双引擎驱动的知识密集型经济发展。我国虽然成为世界上第四大经济体和第三大对外贸易国，但仍然是世界上最大的发展中国家，城乡、区域发展不平衡的状况十分突出。我们要从基本国情出发，制定分地区、分阶段的发展目标，立足国内和国际两个市场资源互补，实现投资、出口和消费三大需求联动，走出一条中国特色的新型工业化、新型城镇化道路。

（四）必须始终坚持执政为民的理念

新加坡的人民行动党非常重视党和人民的联系，大力倡导和践行为民服务的理念。国会议员每星期一都到选区和民众见面，有一批志愿者协助了解社情民意，由议员签名将民众实际问题发往有关部门解决。这项制度得民心、办实事的制度已实行多年，深受广大社区民众的赞誉。我们党和政府一切工作的根本宗旨是全心全意为人民服务，保持同人民群众的血肉联系应当经常化、规范化、制度化。特别是市县区的党代表和人民代表，也应实行定期同社区群众见面制度，听取群众呼声，关心安危冷暖，解决实际问题，赢得真心拥护。

（五）必须加快建立法制政府与社会

新加坡不仅有健全的法制，而且执法是非常严厉的。尤其是防止公务员贪污腐败的法律法规全面、细致、系统，并有独立的法院、国会总审计署，总理直接管理的贪污行为调查局，还有隶属于财政部对专业化很强的部门进行监督的商务局。我国在发展社会主义市场经济中，一定要充分认识反腐败斗争的长期性、复杂性、艰巨性，形成拒腐防变的长效机制、反腐倡廉制度体系、权力运行监控机制、严格执法保证机制。新加坡的经验证明，一个国家只要有坚强的决心、健全的法制、严格的监督，贪污腐败就不是不治之症。

（六）必须进一步加强人力资源建设

新加坡政府始终把提高人力素质作为经济建设的长期战略任务来抓，通过采取正规教育和职业教育相结合，因材施教和实用教育并举的方法来提高人的教育水准和劳动技能，使新加坡成为"脑力服务"和"知识服务"中心。"国以人兴，政以才治。"在我国实现社会主义现代化，走人才强国战略是必然选择。这关乎我国综合国力和国际竞争力的增强，关乎中国特色社会主义事业的成功，关乎中华民族伟大复兴目标的实现。我们不仅需要造就世界一流的科学家和科技领军人才，还需要培养各行各业的管理人才和一线创新人才，在全社会营造尊重知识、尊重人才、关心和重视人才的良好氛围。

（七）必须形成中华民族的社会文化

新加坡是一个多民族文化融合的社会，在建设开放型经济体系中重视发展具有历史文化特色的城市风貌，特别是在思想道德建设中借鉴了中国的传统文化。新加坡政府倡导国家为上、社会为先，家庭为根、社会为本，关怀扶持、同舟共济，求同存异、协商共识，种族和睦、宗教宽容。这五大价值观反映新儒化的精华。当今时代，文化已成为民族凝聚力和创造力的重要源泉，成为综合国力竞争的重要因素。中华民族几千年悠久灿烂的文化是我们的宝贵精神财富，我们需要在新的时代条件下继承和发展，使之与当代社会相适应、与现代文明相协调，形成规范的行为准则、道德规范和社会风尚，让中华文化永远成为中华民族生生不息、团结奋进的不竭动力。

（2008 年 5 月）

GE 领导力建设的成功实践

　　党的十八大对深化国有企业改革提出了一系列新任务、新要求和新课题，具有十分重大深远的意义。报告中突出强调："要毫不动摇巩固和发展公有制经济，推行公有制多种实现形式，深化国有企业改革，完善各类国有资产管理体制，推动国有资本更多投向关系国家安全和经济命脉的重要行业和关键领域，不断增强国有经济活力、控制力、影响力。"这些论述为当前和今后一个时期国有企业改革发展指明了方向。中国改革开放以来，国有企业改革一直处于经济体制改革的中心环节。30 多年来特别是党的十六大以来十年，国有经济发生了重大变化，规模实力明显提升，布局结构不断优化，运行质量和经济效益显著提高，在国家经济社会发展中发挥出越来越重要的支撑和引领作用。在国有企业中，已经发展形成了一批大企业大集团，这些企业在规模上已经具备了与跨国公司抗衡的实力，2012 年进入世界 500 强的国有企业已达 64 家，这其中也包括我们 COSCO。事实充分证明，党中央、国务院关于国有企业改革发展的决策部署和方针政策是完全正确的，改革开放 30 多年探索出的中国特色国有企业改革发展道路完全符合中国经济社会发展实际。

　　党的十八大提出了"两个一百年"的奋斗目标，一个是在中国共产党成立一百年时全面建成小康社会，一个是在新中国成立一百年时建成富强民主文明和谐的社会主义现代化国家。国有企业在实现中华民族伟大复兴中国梦中肩负着重要使命，深化国有企业改革是坚持社会主义初级阶段基本经济制度的必然选择，是坚持市场化取向的经济体制改革的内在要求，是公有制与市场经济结合的重要实践，是解决当前面临困难和问题的迫切要求。深化国有企业改革，一是必须加快国有经济布局结构调整转型，在转变发展方式中发挥排头兵作

423

用；二是必须建立完善中国特色社会现代企业制度，不断完善公司治理结构和进一步推进企业劳动、人事、分配制度改革；三是必须实施创新驱动发展战略，迎接全球范围内新一轮新技术革命和产业革命的挑战；四是必须培育一批具有世界水平的跨国公司，在走出去参与国际分工与竞争中发挥领头羊作用；五是必须提高国有企业党建科学化水平，把政治优势转化为企业的核心竞争力。

这次参加第十四期中国高级管理人员研究班共有 24 位中央企业负责人和 4 名工作人员，在 GE 公司纽约克劳顿韦尔奇领导力发展中心和华盛顿办公室进行集中培训，分组到休斯敦和辛辛那提市 GE 能源、航空业务集团进行实地考察，参观了美国国会、纽交所、西点军校等重要政治、经济、军事场所。GE 公司精心组织安排研究班在美各项学习培训活动，董事长伊梅尔特等 10 多位高管亲自授课、主持演讲并互动交流，还邀请 2 位美国现参议员、2 位前参议员，1 位前助理国务卿，2 位美国大使，1 位世行副行长，以及美国参议院财政委员会、商务部、投资促进署和纽交所负责人等发表演讲、回答问题。整个课程安排紧密、务实、高效、科学，大家在深层次互动交流中获益匪浅。我在 1994 年在辽宁省经贸委工作期间，参加国家经贸委在加拿大举办的现代企业制度培训班，事隔 20 年再参加这种类型的培训感慨良多。

GE 成功的秘诀是什么？这是学员们反复思索和探讨的问题。GE 已经走过 135 年的辉煌历程，成为道琼斯工业指数 1896 年建立以来唯一存在的公司。GE 被业界誉为高级领导人才的制造厂，世界 500 强中超过 1/3 的 CEO 来自 GE；GE 多次被《财富》杂志评选为全球最受推崇的公司，多年居世界股票市值最大公司之列；GE 创造了堪称典范的 GE 管理模式，对现代企业管理产生巨大而深远的影响；GE 拥有 150 多项世界领先技术，深刻改变着人类的生产和生活方式。我们在培训中深刻体会到，领导力建设是 GE 基业长青的重要法宝，推动着 GE 与时俱进的变革、持续领先的创新和常胜不衰的贡献，他们现在的目标是作 21 世纪全球最棒的企业。

一、卓越团队是 GE 领导力建设的核心

"全球最具竞争力的企业"的根基是世界一流的团队。GE 实行董事长兼 CEO 的领导体制，管理层级是由公司—事业部—工厂 3 级组成的扁平结构，

强有力的公司治理和合规管理推进了长期价值的实现和发展。他们把战略规划的职责下放到各个事业部，明确总部是投资中心，事业集团是利润中心，工厂是成本中心，要求 GE 公司要像小公司一样快速决策、快速执行，大力推广应用信息技术，大大提高了管理效率。目前 GE 的董事会十七位成员，只有伊梅尔特董事长兼 CEO 是内部董事，其余十六成员都是具有多元化背景和经验的外部董事，有在强生、康菲石油、拜耳等大公司做过 CEO 经历的，有美联储、美国金融业监管局等具有金融领域经验的，有具有能源、基础设施、医疗、金融业和技术等行业经验的，有多名具有全球经验的包括非美国公民在内的跨国企业 CEO，JP 摩根前董事长兼 CEO 道格拉斯是主持董事，董事会否定伊梅尔特董事长的提案只有一次，道格拉斯说："你错了，我们要用另外一种方法。"就说了这一句话。伊梅尔特董事长说"好啊。"这种默契主要是他们之间随时沟通和相互信任。董事会下设审计委员会，管理层培养和薪酬委员会，提名、公司治理与责任委员会（董事会就是由这个委员会选出来的），风险委员会，科技委员会。董事会的重要性体现在：他是公司管理最好的顾问；他可以检查与制衡合规和透明度；他可以挑选和培养领导人；他可以督导董事会和公司治理、薪酬和股东利益保持一致。董事会每年至少举行八次会议，仅非执行董事每年就举行三次会议，董事每年还要到两个业务集团实地考察访问。

GE 倡导能者优先的领导哲学，建立 21 世纪卓越团队崛起流程，吸引、发展、管理、留用杰出人才。第一个环节是提出明确预期。每个员工特别是领导者都要设定自己的年度目标，而且在实践中要体现五个成长型价值观：一是专注外部，就是关注客户需求和新的利益相关方；二是思维清晰，就是不仅要能够深入浅出的表述战略，而且要以不变应万变来适应复杂环境；三是富于想象充满魅力，就是要在防范风险中开拓创新，能够从错误和挫折中学习不断向上；四是包容大度，就是在全球化发展适应文化的多样性，特别要学会倾听；五是独具所长，就是每个人不仅要成为业务专家，而且能够让别人分享你的专业知识，让他在业务上很快成长起来。

第二个环节是助力人才成长。GE 认为领导经验 80% 来自实践，20% 来自培训。CAS（全球审计）是最重要的领导力培养计划，100 多年来 GE 一直用它来培养全球的业务领导人，GE56% 的 CFO 都有 CAS 的工作经历。这个计划是由公司审计部门（CAS）、审计与咨询实践（AAP）、GE 金融集团的内部审

计 (GECIA) 组成，通过共同的任务和品牌将三个部门统一起来。主要任务是对六大风险领域进行全面审查：一是财务。主要是收入认可，司库、现金和衍生品，跨公司 / 税务，复杂交易，财务和监督报告。二是合规。采购和反海外垄断法，国际贸易，控制 / 海外资金控制办公室，远程站点，监管法规和指南，AML（反洗钱）。三是 IT。合理的安全，数据隐私，IP 数据保护，ERP 简化，DRP/BCP（数据恢复及数据库备份）营运，数据质量。四是运营 / 其他。简化与 / 本地化，收购稳定性，产品质量与可靠性，模式治理，ERM（企业风险管理），治理与报告，合资企业治理。五是市场与流动性。ALM/IRM（资产负债管理 / 信息管理），外部与内部融资，衍生品与外汇，流动性 / 资金管理 / 运营资金。六是 GE 金融集团的信用。压力测试，估价 /ALLL（债务及租赁损失预提），承包与组合管理。GE 公司的 CAS 共有 735 人，70% 的人员关注审计，30% 的人关注流程改造，他们的职业背景是金融财务占 74%、IT 占 10%、工程占 3%、运营占 2%、其他占 11%，对他们的成长型价值观要求更高了。每四个月对审计队伍进行重新洗牌；平均团队规模为每个审计经理领导 5—6 名审计员；每个人都要进行严格的审计审查和培养计划；每次审计开始和结束都会召开培训和调职会议。对 CAS 人员的职业素质要求有五个方面：一是执行力。主要是用于承担责任，主动 / 有紧迫感，按时交付完成任务，组织 / 确定优先程序，密切客户关系。二是批判性思维。主要是风险评估，分析，处理模棱两可的情况，富有想象力，解决问题。三是沟通能力。主要是口头沟通，书面沟通，倾听技巧，坚定信心。四是领导力。主要是文化敏感性就是包容性，团队精神，自我意识。五是业务专长。主要是具有学习敏感性，具有技术深度，具有控制 / 监管心态，具有业务敏锐性，具有流程概念。选拔到 CAS 人员主要有三个方面的锻炼：一要丰富多样化的经验。每年有 3 次考虑行业、地域、控制 / 运营 / 增长因素的全球审计，要求具备业务敏锐性，同时接触高层领导，这是非常重要的在职培训。二要强化绩效反馈。每年有 6 次评价、6 次同行 360 度反馈、1 次绩效总结和 3 次经理级反馈。三要加强技能培养。每年有 15 天以上的技术、合规、领导力交流、通用会计准则培训和 IT 培训。一般的成长规律是：头两年是助理审计员，培养执行基于控制的审计，主要关注构建核心技术、财务和领导技能；第三年做审计经理，领导审计的实施、高级技能培训，对助理审计员进行管理和辅导；第四年做 SAM（高级审计经理），是现场的总指挥，进行风险评估、大范围交往能力培养；第五年至第六年做 EAM（审计总监），分配到业务部门做头头了，接受克劳顿村高级技能培训；再往上走就是高级运营领导直至副总裁了。

GE 非常重视各类人员的培训，克劳顿村（领导力培训中心）是 1956 年组建的美国首个企业大学，被称为"美国企业界的哈佛"，GE 每年用于培训的经费达 10 亿美元，90% 以上的领导人都在这里培训过，每年还接待 1000 多名客户培训。既有财务、工程、法务等专门培训，也有注重知识理念的领导力培训。GE 的人才储备项目的重要任务，就是不断发现有潜力的年轻人，让他们在担当一些超极限的任务中崭露头角，从中找出最卓越的、最优秀的人才，进行横跨公司业务的换岗和内容不同的培训，这种双管齐下的办法使他们加快进步并不断提升。在克劳顿村有一个"住院老总项目"很有特色。GE 业务遍布 150 多个国家和地区，几百个高级主管之间的思想交流会产生极大的力量。GE 每一次培训，都会有一位老总脱产驻村，坐在咖啡厅和酒吧里，同学员们无障碍交流和征询意见并发现人才。

第三个环节是实行绩效考核。GE 的 EMS（员工评价体系）系统就是员工管理系统，被他们称为历久不衰的系统，也是他们的核心商密。这一流程主要包括三个方面：一是员工管理体系。每一个员工每年至少填一次 EMS 系统表格，包括内部履历表，自己的优势在哪里、需求在哪里？感兴趣的工作在哪里？希望有哪些改善？然后管理人员来看这些内容。最上层的人由伊梅尔特和董事会成员审查。二是九宫格。这是确保差异化和在 GE 内部发展人才的措施。九宫格的 Y 轴就是纵轴体现绩效考核目标的表现，X 轴就是横轴体现成长型价值观，蓝色的九个格子里就是整体评估分数。如果你两种表现都很好，你就越往右上角去。三是组织评估议程。这是 GE 绩效管理的枢纽性制度，主要对组织进行评估，研究改进措施；对个人业绩、职业前景和须加强地方作出评价；制定重要领导岗位继任计划；评估公司重大举措实施情况。绩效考核的结果是与薪酬挂钩的，点燃了员工的创业激情和团队合作的精神。GE 普通雇员的薪酬主体是薪水；技术人员以薪水为主，外加年度奖金；中层管理人员以薪水和年度奖金为主，外加股票期权；高层管理人员则包括薪水、年度奖金、股票期权和长期激励计划。特别是大范围的期权激励，为 GE 保留了大批核心人才，他们是 GE 最有创造力的宝贵资产。

二、发展战略是 GE 领导力建设的关键

GE 一以贯之地重视战略规划的制定与实施，创造科学合理、世界领先的产业结构。伊梅尔特上任后，GE 把推进全球化作为发展战略的核心，紧紧跟随时代前进的步伐进行公司战略转型。

在产业结构战略调整上，GE 坚持突出主业、相关多元、产融双驱，不断延伸高新技术产业链和价值链。近几年来，GE 果断退出工程塑料、影视媒体领域（BBC 和全球影视），收缩金融板块中与主业关联度小的信用卡和房地产领域，集中发展航空发动机（14%）、医疗设备（12%）、石油天然气（10%）、发电和水处理（19%）、家用电器和照明设备（12%）、能源管理（5%）、交通运输（4%）、金融（31%）八大业务板块（个别板块有交叉）。GE 去年 1474 亿美元的销售收入中，工业生产大约占 500 亿美元左右，主要承担全球 60% 航空发动机。海工和 LNG 船成为新的战略发展领域，主要在海工的动力定位系统、自动化系统和电力推进系统，LNG 船主要是研究使用双燃料燃气轮机代替传统的曼牌和瓦锡兰发动机。GE 的客户服务大约占 400 亿美元左右。比如 GE 提出建设工业互联网，是由传感器 + 大数据创造的新引擎，是适应时代需求的智能服务新领域，旨在建设更好、更快、更安全、更清洁、更经济的世界。伊梅尔特董事长认为，工业互联网是第三次工业革命，也是中国的下一个机遇，到 2030 年工业互联网将可能为中国经济带来累计 3 万亿美元的增长。GE 公司目前已经推出 24 种工业互联网产品，涵盖了石油天然气平台监测管理、铁路机车效率分析、医院管理系统、提升风电机组电力输出、电力公司配电系统优化、医疗云影像技术等一系列提升管理效率、降低运营成本的软件产品。比如燃气轮机、机车、飞机引擎、也包括我们的商船等，实际上都可以成为数据收集器的。GE 聘请许多软件工程师，把这些数据收集起来分析，预测设备什么时候可能会停机，在没停机前就进行维护，可以使设备运行更有效率并减少燃料，从而减少或降低成本。在这方面实现 1% 的潜力，仅对于航空业客户来说可以在 15 年内节省 300 亿美元。GE 金融大约占 460 亿美元左右，主要包括五个部分：一是全球商业贷款和租赁平台，GE 的全部资产超过 5000 亿美元，主要是服务终极市场。这其中包括银行中的现金，以保障流动性安全。二是消费者金融，这一块大约有 6000 万多样化的全球用户。三是全球

房地产业务，现在的价值400多亿美元，每年的收益近10亿美元。四是航空业务拥有超过1500架飞机用于租赁。五是能源金融服务，每年约200亿美元的设备租赁收入。

在产业结构战略重组上，GE围绕有机增长进行资源配置和产业升级，实现价值最大化的业务组合和运营收益。2004年至2013年，GE用于收购的资金总额为1050亿美元，出售资产的总金额为960亿美元。GE并购的成功率是75%至80%，就是10个里头有一个不够理想，但可能有3个超过设想的目标。GE20世纪80年代退出的电讯、IT网络、数据分享等领域，后来被证明是成功的领域，但他们在有所为有所不为的思想指导下并不后悔。现在要进入新领域的原则是战略需要、核心业务、数一数二，不要重新做起。GE选择潜在收购目标是一个严格、主动、反复筛选的过程，主要在所熟悉的相邻领域拥有可靠的计划内项目单，能够给GE增加价值的补强型收购机会，强化GE供应链、技术、服务和便于覆盖的竞争优势。在战略上，重点关注技术、关注客户、关注服务、关注管理、关注新领域和新市场；在可用性上，考虑对方希望出售、拍卖流程和监督问题；在可接受的回报上，必须在第一年增值、可接受的五年回报和最低资本回收率。GE对收购进行绩效评估的基本原则是：所有交易的内部收益率要大于加权平均资本成本，并通过收入、运营利润率和现金流业绩与原计划对比来考核战略协调性，并推动对交易战略和3—5年期业绩制定业务问责制。

在产业结构战略布局上，GE深刻认识到全球化是增长和竞争优势的重要源泉，大力开拓美国本土以外的市场和消费者，提高全球收入、全球经营利润率和通过全球采购降低成本。伊梅尔特认为一个企业家最重要的领导力或说是领导性，是要能够把握趋势。今后十年，GE要通过持续努力成为更全球化的公司，在新兴市场有更多的增长，一定要不断寻找美国以外的成功机会。全球化改变了世界、改变了美国、也改变了GE。10年间，GE的全球业务扩展到160多个国家，30万员工中海外员工数量超过本土员工数量，在全球的销售额增长了近6倍，全球销售额占总收入的比例也翻了一番，60%来自美国以外的市场。GE去年1474亿美元的销售收入中，美国占700亿美元，欧洲占290亿美元，亚太地区占230亿美元，加拿大和美洲占130亿美元，中东和非洲占120亿美元。2011年，GE把全球增长及运营总部设在香港，并把中国作为今后海外事业发展的战略重心。2012 年，GE 在中国的员工超过 20000 名，工业收入和采购金额分别达到 70 亿美元和 60 亿美元，在中国 35 个城市拥有 154 个办事机构。

三、先进文化是 GE 领导力建设的灵魂

GE 成长中形成了恪守诚信、渴望改革、注重业绩三个重要的文化传统，已经深深融入公司的制度中、流程中和员工的理念中、行动中。

GE 的品牌、声誉、诚信是最重要的优势和竞争力之一。GE 的诚信体系涉及到公司的各个层面，从董事会治理结构到公司的执行委员会，再到强大的审计部门和法律部门，其运行范围覆盖了公司的所有角落。在 GE 运行系统里，诚信程序是贯穿全年的重要议程，是每个季度都必须检查的议题。GE 历届领导人都认为，遵纪守法的诚信表现是企业生存发展的生命线。GE 所有员工都明白，坚持诚信对自己职业生涯的极端重要性。伊梅尔特的一个重要思想是："GE 不让人力资源部门的人来负责诚信，也不会让律师来负责。我们让业务集团的领导、CEB（公司高管）、总经理和销售部门的领导来负责诚信。这些人才是诚信的负责人。伟大的领导者需要问责制，也需要承担责任。"合规是 GE 诚信体系的核心，他们的目标是创建世界级的合规文化。第一个环节是预防，建立遵守道德、合规运作和防止监管过失的工具。主要有政策与程序、沟通、培训与教育、防范预料之外的风险、发现鼓励优秀合规者、体现在日常事务中、进行卓越监管等。这其中领导者制定并带头执行计划承诺是关键。第二个环节是监测，建立早期发现过失的工具。主要有建立早期预警系统、设立流程监控指标、客户疑虑受理系统、合规审理委员会、合规议程、审计与检查、程序控制等。这其中程序对确保合规意义重大。第三个环节是响应，建立全体员工快速有效执行的工具。主要有调查研究、所有层面执行纪律、不断改善程序、案例研究、公司专家评估。这其中经理负责成功与过失，其评估和奖励的技能中明确纳入和考量合规与诚信。GE 公司法务部有 1000 多名律师，如果法务部成为律师事务所的话，可能是世界第 18 大律师事务所。GE 在中国有 32 名律师，还有 63 名监察员。监察员的任务是负责响应或处理员工在某些方面的违纪犯规行为，或者受到客户关注、投诉需要警示的问题。

GE 奉行领导就是变革的理念，采用上行下效的变革模式。进入新世纪以

来，知识资本成为战略驱动要素；持续、迅速、复杂的变化，产生不确定性，增加了预测的难度；经济全球化导致研发、生产、贸易、技术和信息的全球化，世界经济日趋开放，企业之间互相依赖的程度加深。在某种意义上，企业发展不是大吃小，而是快吃慢。企业新的口头禅是"少开销，多做事，更好更快的做事。" GE有一项变革技术叫"GE胜利公式"，这是他们在连续几年的群策群力活动中总结出来的。这个公式就是 Q*A=E，E代表效果，Q是质量技术，A是人们的接纳。这个公式说明，取得有效效果，除了具备技术能力，还需取得人们的接纳。这也是GE前些年能够比摩托罗拉更快、更好地达到"六西格玛"目标的主要原因。GE加速变革共有7个核心流程：一是领导变革由谁负责；二是建立变革的共同需要；三是明确变革后的远景；四是发动方方面面履行变革承诺；五是监控评估变革进展；六是持续地变革；七是变革制度与结构，使变革成果制度化。培养加速变革领导人是GE的经常性工作，领导者不仅是经理人，还是专业的变革者。他们认为变革型领导具有变革企业的能力，应该具备P+4E的特征。P是指激情，4个E是动力、激励、锋芒、执行。激情就是对工作高度执著和兴奋，这是领导者的高能燃料；动力就是以行动为导向，与下属更多地接触，以身作则，使整个组织明白和认同公司的价值观；激励就是用更多的方法唤醒员工，完成富有挑战性的工作任务；锋芒就是对产品、市场和人事安排的难题果断作出决定；执行就是能用坚强的执行力完成工作目标。

GE管理系统中的"管理"指的就是"管理业绩至上的文化"。伊梅尔特认为，价值观需要卓越的业绩，业绩是硬指标。GE对员工的考核采用价值观表现和业绩并重的方式，"360度考核"是重要的考核评估工具。GE员工特别是管理人员，每个人身后都有三把枪。一把是前面讲的合规；一把是前面讲的审计；第三把就是考核。这个考核系统是从两种表格开始的，这两张表客观地反应了员工知识技能和个人表现，栏目有自评和上级评价两部分，是员工绩效考核的基础资料。EMS-2是严格保密的个人履历，主要记载个人在GE的经历、入手培训情况、获奖情况等。通过这张表可以找到企业需要的人才。EMS-3则是个人年度成绩和进步的总结，包括个人贡献、职业发展目标和计划等，还包括上级经理给予的评价。这张表是GE运营系统中一个整合性非常强的模块，将目标、行动、考核、诚信联系在一起，可以评判领导潜力，准备继任计划。"360 度考核"就是全方位、全角度考核，这是一个形象说法，把员工当作圆心，把上级、下级、同事、顾客当作圆周，从多个信息来源进行综合评价。所有员工根据业绩和价值观得分高低，分为 A（20%）、B（70%）、C（10%）三大类。依照区别对待的法则，A 类员工将获得丰厚的薪酬和可观的股票期权，C 类员工将不得不离开 GE，具有特殊技能者可能会多给一次机会，这是每年一次的考核和人员流动，当然都是体面离开，已成为公司文化。经过严格挑选进入 GE 的新员工，三年之内淘汰率为 50%。

四、技术创新是 GE 领导力建设的动力

GE 作为全球公认的技术引领公司，源源不断的新技术是 GE 的生命线。全系统现有 40000 名技术人员，其中科学家和卓越工程师近 2000 名，2012 年申请了 3615 项美国专利，研发投入占营业收入的 6%，现在已达 160 亿美元 / 年。

GE 的全球研发总部设在纽约，还在美国密歇根州设有先进制造中心、加州设有软件开发中心、俄克拉何马设有油气技术中心，全球范围的研发机构主要在德国、日本、以色列、俄罗斯、印度、巴西和中国。近年来，GE 在中国的研发能力不断壮大，上海、北京、成都、西安和无锡已有 3000 多名研发人员，截至 2012 年共开发 900 个注册专利，带动立足中国、服务世界的技术创新，核磁共振和掌上超声波等医疗设备就是在中国开发的。GE 拥有世界一流的多元化工业研究机构，在传统工业领域着力打造能够带来增长的新制造模式，发展智能制造技术、逐层添加制造技术、高性能计算和验证技术以及工业互联网。以市场为中心的研发是 GE 技术创新的基石，源源不断地为开发新产品提供核心技术。为发展最畅销的大型喷气发动机，着力改善燃油效率并降低排放，发展碳纤维复合材料、轻型合金材料以及低氮氧化物排放的燃烧室等。发明的新技术如先进电池，为交通运输业提供了斩波电源技术，为电信、不间断电源和智能电网提供新的发展机遇等。大力开发分子影像和诊断技术、电子材料系统、可再生能源、材料系统和纳米技术、先进的推进系统、能源转换先进技术。同时，向整个 GE 公司传授技术，致力于培养世界级人才。

GE 的发展理念是与时俱进的。如 20 世纪 80 年代至 90 年代他们的发展理念是"数一数二"。GE 认识到：当遭遇经济衰退时，最受伤害的就是那些排

在第三、第四的企业。数一数二的企业能够通过积极的定价战略和产品战略来捍卫自己的市场份额，跟随者则不可能这么幸运。到21世纪初，工业发动机、医疗系统、塑料制品、金融服务、飞机引擎等是全球第一；照明产品及家用电器是全球第二。进入新世纪以来，GE制定了"梦想启动未来"的纲领，这个新理念提出了绿色创想和健康创想两大主题，创造高利润率、高投资回报率的增长，培育面向新世纪的核心竞争力，应对人类和世界面临的重大挑战。围绕实现绿色创想主题，发展清洁、高效的新能源技术和装备，迎接燃气时代的到来。GE开发的大型燃气轮机效率达到65%，分布式发电效率达到70%，新型双燃料机车使燃料成本降低50%，天然气飞机使燃料成本降低30%等。GE开发的技术，还将使电网利用率最大化、使风电比以往更经济、使工业废水回收率更高、使油气采收效能更优化，使页岩气和油砂开采更先进。围绕实现健康创想主题，GE计划在6年内投资60亿美元，重点发展分子病理学、细胞疗法、计算机断层扫描、融合超声设备、新一代危重症患者监护仪等，建设高效、便捷、高质量和低剂量的先进临床应用的医疗关爱平台，让更多的民众以更低的成本享受更健康的生活。

GE创造了公司、政府、大学密切合作的官产学研发体制，围绕八大板块在航空热力学及机械系统、电气技术及系统、化学和化学工程、制造与材料技术、诊断学及生物医学技术、软件科学与分析等方面成立若干商业项目办公室。GE有着严格的创新和产品转化流程，全球研发和业务部门之间采用通用的语言，密切关注计划、管理项目、技术就绪及生产准备就绪水平的进展，评估产品转化的就绪程度。GE业务部门的项目，主要是下一代产品技术和应对短期技术挑战；总公司的项目主要是先进技术方案、新思路、高风险/高回报的项目；外部合作及政府资助项目主要是联合开发技术和特定用户关注的项目。GE的技术创新采取业务驱动的模式，实行项目优先顺序和资源配备增长战略。建议是由业务部门、客户、风投、并购、政府机构、国家实验室和大学等提出。在流程中最重要的议程T就是技术会议，主要由跨职能的团队组成，了解市场和客户需求、研究开拓新兴市场技术、确定业务和技术规划、提供均衡的技术组合。这个流程是市场需求及技术应用—评估技术储备—技术规划会议—建立战略蓝图及技术规划—领导评审—对公司业务规划的建议。GE全球研发的使命是通过推动突破性技术赋予GE竞争优势。

综观国际国内大势，我国发展仍处于可以大有作为的战略机遇期，我们中远集团也处在可以再创辉煌的战略机遇期。尽管世界经济形势总体上十分严峻复杂，尽管中远集团当前面临前所未有的困难挑战，但世界经济增长重心加速向亚太地区转移的趋势没有变，远洋运输业作为战略性基础产业的地位没有变。后国际金融危机时代，世界经济处在大变革大调整之中，全球先进产业转移为振兴中国远洋运输业提供了多元发展机遇，技术资金转移为振兴中国远洋运输业提供了国际投资机遇，服务外包转移为振兴中国远洋运输业提供了市场拓展机遇，特别是新科技革命将为振兴中国远洋运输业提供创新驱动、产业转型的永续动力。还要看到，全球经济和航运业开始进入上行周期和结构调整期，也必将为振兴中国远洋运输业提供许多新的发展契机。一是世界经济要素资源向亚太地区和中国集聚，将促进我国国际航运中心和远洋运输业加快发展；二是世界经济区域化和一体化发展，将为中远集团这样的全球化企业跨国经营与投资提供新商机；三是全球航运市场寻求新的合作联盟方式，将推进中央航运企业增强高绩效供应链和现代物流融合发展的竞争优势；四是中国建设海洋强国和发展蓝色产业带，将为发展强大的远洋运输业和互补产业拓展新的空间；五是国家已出台的船舶更新政策和即将出台的振兴海运业若干意见，将为中央航运企业提高综合竞争力创造更好的发展环境。我们中远集团作为中国远洋运输业的领军企业，必须从全局和战略的高度充分认识振兴远洋运输业的重大责任，牢牢把握这些机遇实现科学发展、跨越发展、绿色发展。这是保障我国充分利用两种资源和两个市场的需要，是维护我国海洋权益和海洋开发的需要，更是推进我国改革开放和现代化大业的需要。

在伊梅尔特董事长演讲时，有同学问到他怎样看未来十年中国企业的发展？他认为中国改革开放三十多年，中国经济发展取得巨大成功并产生了一批具有全球竞争力的大企业。今后五年、十年、二十年，中国应该培育一批三星那样的具有全球竞争力和创新力的企业，更多地摆脱政府依赖而更加市场化和全球化。我们深深感到，中央企业在实现中华民族伟大复兴中国梦中所肩负的重要责任，必须加快缩小同 GE 等国际一流跨国公司的差距，增强我国在全球产业发展格局中的竞争力、影响力和话语权。20 世纪 90 年代，中国的国有企业打了一场改革脱困的攻坚战；今后十年国有企业将进行一场改革升级，就是制度创新和产业升级的攻坚战。我们学习归来，提出四条建议：一是加快建设中国特色现代企业制度，规范公司治理结构，逐步落实董事会业绩考核、薪酬管理和高管人员选聘等职权，深化企业劳动、人事、分配制度改革。二是在政府管理职能、宏观经济政策、市场运行机制和经济发展模式上，结合国情同国际惯例接轨，该管的管住、管好、管到位，不该管的放开、放活、放到底，使央企真正成为市场经济的竞争主体和法人实体。三是加大央企走出去参与全球化布局与竞争的步伐，在世界范围内优化配置资源、推动产业调整和战略转型升级。特别要提高自主创新、风险管控和国际化经营能力，加快培养造就一批具有全球视野、战略思维和通晓国际规则和管理的优秀企业家。国家应在产业发展战略、经济政策法规、科技开发投资、海外并购重组等方面向央企倾斜，在今后 10 年打造一批世界一流的大企业大集团。四是按照适度相关多元化的原则合理确定央企经营范围，推动产业结构战略性调整和发展方式根本转变，统筹研究发展适应全球化发展与经营的产业链、供应链和价值链，有效防范和对冲经济周期风险、市场竞争风险和产业调整风险。

（2013 年 10 月）

后 记

我是从基层一步步成长起来的，亲身经历了改革开放的历史进程，耳闻目睹了伟大祖国的沧桑巨变。参加工作四十年，我始终秉持正直、善良、诚实的人格，践行忠诚、敬业、奋斗的人生。如今耳顺之年将至，我问心无愧的是年华没有虚度。

回首往事，我永远不会忘记党组织对我的培养，永远不会忘记老领导对我的教诲，永远不会忘记同志们对我的支持，永远不会忘记亲朋好友对我的帮助，也永远不会忘记关心我成长的老师、同学和师傅们。我将珍惜这些永久的记忆。

本书收集的文章，绝大部分用于内部刊物和决策参考，其中有些得到国务院领导同志的批示，在推动相关工作中发挥了重要作用。书中在国务院研究室的文章，是我在繁重的文稿起草服务之余完成的，无数个不眠之夜、许多次重大调研历历在目。

在研究成果形成中，得到了国务院研究室和中远集团领导的指教，有些是我与同事共同撰写的。在此谨表谢意。我的爱人董允娣女士多年来无怨无悔支持我的工作使我得到激励，我的爱子品学兼优的成长经历使我感到欣慰，他们是我竭诚尽智为国家服务的强大后盾。

宋大伟

2014 年 12 月

《决策参考》书系

　　本套丛书所收录的书稿，是国务院政策研究和决策咨询部门——国务院研究室的同志，以及地方党委、政府、企事业单位的政策研究部门围绕中心工作，独立或与其它部门同志合作调查研究后形成的优秀调研成果，为相关政策制定和实施发挥了重要推动作用，为党和政府科学决策、民主决策、依法决策提供了重要参考。

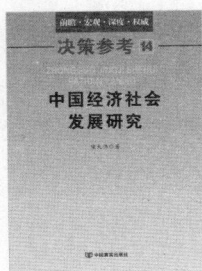

决策参考 14 中国经济社会 发展研究	决策参考 13 我国重要战略机遇期 内涵和条件变化研究	决策参考 12 大连全域城市化发展战略研究	决策参考 11 中国政府债券法律制度研究
决策参考 10 我国政府债务 对收入分配的影响研究 ——基于1978—2007年的考察	决策参考 9 中国经济转型 战略研究	决策参考 8 转型时期的金融控制 ——基于中央银行信贷政策视角的分析	决策参考 7 直面危机 两次金融危机中的思考和建议
决策参考 6 转型期的中国 ——挑战与应对	决策参考 5 海洋经济发展战略研究	决策参考 4 中国经济二次腾飞的 若干思考	决策参考 3 中国能源政策研究

决策参考 ②

XIANDAIHUA
YUNONGMINJINCHENG

现代化与农民进城

决策参考 ①

KEJIZHICHENGYANGLINGJINGJISHEHUI
FAZHANNENGLIYANJIU

科技支撑引领经济社会
发展能力研究